Dieter E. Zimmer

SPRACHE IN ZEITEN IHRER UNVERBESSERLICHKEIT

| Hoffmann und Campe |

1. Auflage 2005
Copyright © 2005 by Hoffmann und Campe Verlag, Hamburg
www.hoffmann-und-campe.de
Schutzumschlaggestaltung: Steigenberger Grafikdesign, München
Satz: Dörlemann Satz, Lemförde
Druck und Bindung: Clausen & Bosse, Leck
Printed in Germany
ISBN 3-455-09495-3

HOFFMANN
UND CAMPE

Ein Unternehmen der
GANSKE VERLAGSGRUPPE

Inhalt

Es ist besser, ich lege meine Karten gleich auf den Tisch und sage, wie ich dazu gekommen bin, dieses Buch zu schreiben.

Jahre-, jahrzehntelang habe ich als Redakteur im Feuilleton der Wochenzeitung *Die Zeit* »Sprachkritik« – meist in der Form von »Sprachglossen« – ohne jeden Skrupel befürwortet und auch dann praktisch unterstützt, wenn ich im einzelnen nicht gleicher Meinung war; gelegentlich habe ich sie auch selber verfasst. Zweifel an ihrer Legitimation hatte ich in keinem Augenblick. Wie ich es sah, musste sie gar nicht Recht haben. Wenn sie nur ein geschärftes Sprachbewusstsein bezeugte, konnte sie nie schaden, wie mir schien. Sie würde den einen oder anderen zum Nachdenken über den Gebrauch bringen, den er von der Sprache machte, würde ihrem Gebrauch vielleicht etwas von seiner gedankenlosen Automatik nehmen. Es konnte gar nicht genug davon geben.

Allerdings wunderte es mich ab und an, dass sich kaum ein journalistischer Sprachkritiker je auf irgendwelche Erkenntnisse der Sprachwissenschaft berief. Hatte diese zum aktuellen Sprachgebrauch etwa nichts beizutragen? Oder waren ihre Erkenntnisse so abgehoben und arkan, dass normale Sprachbenutzer, wie es Journalisten sind, nichts damit anzufangen wussten?

Mitte der achtziger Jahre beschloss ich, einige dringende aktuelle Fragen des Sprachgebrauchs – den Einstrom von Anglizismen, den Sexismusvorwurf, aber dann auch die Frage des Spracherwerbs – nicht nur so impressionistisch zu kommentieren, wie es die Art der Feuilletonisten ist, sondern ihnen systematischer auf den Grund zu gehen. Zu diesem Zweck begann ich mich in den Sprachwissenschaften umzutun. Es wurde eine lange und überaus lohnende Entdeckungsreise, denn seit meinen Studientagen hatten sie sich so herausgemacht, dass sie nicht wiederzuerkennen waren. Nicht nur ihre Themen hatten sich geändert, weg vom Historischen zum Grundsätzlichen, sondern auch ihr Gestus, der einmal arg priesterlich gewesen war. Mein eigenes Sprachverständnis wurde darum in vieler Hinsicht verändert und bereichert. Zu meinen Ausgangsfragen zwar fand ich damals wenig. Aber ich entdeckte vieles andere, was mir wesentlich interessanter schien und wert, einer breiteren Öffentlichkeit mitgeteilt zu werden, die zu erreichen die Linguisten selber offenbar gar nicht mehr versuchten.

Nebenbei entdeckte ich, warum ich zu meinen Ausgangsfragen so wenig Erhellendes gefunden hatte. Die Linguistik plagte sich inzwischen mit ganz anderen Fragen herum als die publizistische Spielart der Sprachkritik. Sie redeten beide von der Sprache, aber sie redeten nicht nur aneinander vorbei, sie mochten sich gegenseitig nicht. Hinter dieser gelegentlich aufscheinenden Abneigung stand mehr als die übliche Geringschätzung der Wissenschaftler für die Unseriosität der Medienmenschen und der Medienmenschen für die Weltfremdheit der Wissenschaft. Aus der Sicht der Linguistik taten die publizistischen Sprachkritiker etwas, das man prinzipiell nicht tun sollte. Sie bewerteten den Sprachgebrauch. Die Linguistik aber hatte (und hat immer noch) eine Art Bewertungsallergie, die sie hindert, sich mit praktischen Ratschlägen in den aktuellen Sprachgebrauch einzumischen.

Damit war ich unversehens mitten in einen Konflikt geraten, der viel größer und grundsätzlicher ist als die periphere Fehde zwischen Sprachfeuilletonismus und Sprachwissenschaft: in den Normenkonflikt. »Sollen, wollen, dürfen, können wir eine sprachliche Norm haben?«, wie ein wissenschaftlicher Aufsatz überschrieben war, dessen Antwort ausnahmsweise Ja lautete.[1] Soll, will, darf, kann irgendjemand jemand anderem vorschreiben oder auch nur empfehlen, wie er reden und schreiben soll? Wer wem? Gibt es überhaupt ein absolut gutes oder schlechtes, ein richtiges oder falsches Deutsch? Gibt es wenigstens von Fall zu Fall ein relativ besseres oder richtigeres? Es ist eine dieser beunruhigenden Hintergrundfragen, die allen zu schaffen machen, die anderen Sprache beibringen müssen, allen, die öffentlich sprechen und schreiben und wissen, dass sie nolens volens mit einem Beispiel vorangehen.

Ein Nichtwissenschaftler ist schnell bei der Hand mit der Antwort: Aber ja doch! Man soll! Wieso denn nicht? Bis man über irgendeinen konkreten Fall nachzudenken beginnt, bei dem man selber nicht ganz sicher ist. »Es ist draußen kalt, weil sie hat einen Pullover angezogen.« Solche Sätze – mit Hauptsatzstellung nach *weil* und *obwohl* – hört man seit etwa zwanzig Jahren immer öfter, seit etwa zehn Jahren bekommt man sie auch immer öfter zu lesen. Vorher wäre allein die Nebensatzstellung richtig gewesen: »… weil sie einen Pullover angezogen hat.« Offenbar ist hier unter aller Augen ein Sprachwandel im Gange. Die Hauptsatzstellung ist heute auch im Schriftdeutsch fast schon genauso häufig wie die Nebensatzstellung. Soll der Lehrer oder Prüfer sie rot anstreichen? Soll die Schulgrammatik sie verbieten? Wie lange noch? Ist sie denn falscher? Ist sie schlechter? Warum eigentlich? Wo nimmt man den Maßstab für ein Urteil her?

Wer solchen Fragen nachgeht, stößt bald darauf, dass die Normenskrupel der Linguistik nicht trivial und mit einem Achselzucken abzutun sind. Sie sind begründet – genauso tief wie auf der anderen Seite das offensichtliche Normenbedürfnis der Öffentlichkeit (wobei »Norm« das falsche Wort ist, wie sich zeigen wird).

Davon handelt dieses Buch. Um sich in dem Konflikt orientieren und entscheiden zu können, verfolgt es ihn bis tief in die Zusammenhänge zwischen Denken und Sprechen, dorthin, wo das Sprechen aus dem Denken entsteht und dieses mehr oder weniger gut wiedergibt. Erst wenn es gezeigt hat, dass die Bewertungsscheu der Linguistik nicht, oder nicht nur, Ausdruck wissenschaftlicher Wertneutralität ist, sondern ihrerseits Bewertungen impliziert und quasi ideologische Wurzeln hat, schaltet es die Ampel nicht auf Grün, aber immerhin auf Gelb, für beide Seiten.

Den Weg dorthin aber fand ich selber interessanter als das Lichtsignal an seinem Ende.

Meinungsverschiedenheiten

Sprachkritik und Sprachwissenschaft –
Ein folgenreicher Dissens

Sprachwissenschaft und Sprachkritik sind nicht gut aufeinander zu sprechen. Gemeint ist nicht jene philosophische Sprachkritik, die sich vor allem mit der Frage beschäftigt, warum ein Wort und ein Satz so etwas wie Bedeutung zukommen kann – gegen sie hat die Sprachwissenschaft nichts –, sondern die publizistische, öffentliche, wie sie sich in Stilfibeln, Vorschlägen und Anleitungen zur Sprachverbesserung und in den gelegentlichen Sprachglossen der Presse niederschlägt.

Wer den Fall nicht kennt, käme nicht darauf, dass hier überhaupt ein Spannungsverhältnis bestehen kann. Im Gegenteil, man könnte ja meinen, hier läge ein glücklicher Ausnahmefall vor: Beide Seiten beschäftigen sich mit dem gleichen Gegenstand, der Sprache, das öffentliche Interesse dafür ist sichtlich vorhanden und muss nicht erst künstlich angefacht werden – also müsste es auch ein Leichtes sein, zwischen dem praktischen Sprachberatungsbedarf der Öffentlichkeit und dem angehäuften Spezialwissen der Sprachwissenschaft zu vermitteln. Dennoch herrscht gegenseitige Gleichgültigkeit, Verachtung, ja Feindschaft.

Die Schlüsselszene für diese Fehde hat sich in den sechziger Jahren abgespielt, bei dem Streit um die »unmenschlichen« Wörter. In der Sprachglossensammlung *Das Wörterbuch des Unmenschen* hatten gleich nach dem Krieg der Publizist und Politologe Dolf Sternberger und zwei Koautoren fünfunddreißig Wörter als nazistisch und in einem allgemeineren Sinn als unmenschlich gebrandmarkt – merkwürdigerweise keine echten Naziwörter wie *Endlösung, Endsieg, Entartung, Führertum, Gefolgschaft, Gleichschaltung, Heil, Kraft-durch-*

Freude, Rassenschande, Sippenhaft, Sonderbehandlung, System-zeit, Volksgenosse, Volksopfer, Volkssturm, Vorsehung, sondern heute recht unverdächtig wirkende Vokabeln wie *Anliegen, er-arbeiten, Gestaltung, Verwendung, Zeitgeschehen.* Unter anderem ging es um die *be-*Verben, jene gut vierhundert Verben des heutigen Deutsch, von *beabsichtigen* bis *bezwingen,* denen zu einem großen Teil noch ihre Herkunft aus diversen historischen Amtsstuben anzumerken ist, siehe *bevorzugen, bewilligen, bezuschussen.* Eins dieser Verben ist *betreuen,* und in nuce war die ganze jahrzehntelange Fehde in der Auseinandersetzung um das eine Wort *Betreuung* enthalten.

Mit wuchtigem Pathos erklärte Sternberger damals, 1946, Unmenschen – »der Unmensch« – hätten mithilfe der Vorsilbe *be-,* die Unterwerfung signalisiere, aus dem zutiefst menschlichen Wort *Treue* ein transitives, zupackendes Verb abgeleitet, das sein personales Akkusativobjekt des eigenen Willens beraube. *Betreuung* sei etwas, das dem Menschen angetan wird und ihn »als eigenes Wesen auslöscht«. Vorher konnte man nur *jemandem treu sein,* Dativ; jetzt wurde er *betreut* und damit entpersönlicht und vergewaltigt.

Es war nicht klar, ob die Sprache oder die Wirklichkeit oder beides das Ziel dieser Kritik war. Fand die behauptete Entmenschlichung in der Wirklichkeit statt, und spiegelte die Sprache sie nur wider? Dann wäre dieser eigentlich kein Vorwurf zu machen: *Betreuung* wäre dann vielleicht ein verwerfliches Tun, aber wenn das Wort als Wort genauso verwerflich war, wäre es genau das richtige – sollte die Sprache etwa beschönigen? Oder war vielmehr der Vorgang der Betreuung moralisch nicht zu beanstanden, wurde aber diskreditiert durch ein unangemessenes Wort dafür? Oder war beides gleich schlecht, die Sache und das Wort, und machte erst diese doppelte Zumutung alles so katastrophal schlimm?

»Der Verderb der Sprache ist der Verderb des Menschen«, stellte Sternberger streng fest – und dieses »ist« hatte es in sich. Indem es keinen Unterschied zwischen Reflektieren und Bewirken machte, behauptete es einen Kausalzusammenhang und verwischte ihn zugleich. Um der Sprache einen Strick aus einem Wort wie *Betreuung* zu drehen, muss man in der Tat annehmen, es spiegele nicht nur etwas Reales wider, sondern wirke selbst in die Realität zurück. Wie das? Sternberger behauptete, es befreie die *Betreuer* von der Notwendigkeit, noch irgendjemandem *treu* sein zu müssen; das Wort *Betreuung* schaffe sozusagen die Treue aus der Welt. Wörtlich: »Die Betreuung ist diejenige Art von Terror, für die der Jemand – der Betreute – Dank schuldet. Und das tut dem Unmenschen wohl. Nur noch dieses Wohlgefühl erinnert an das Stammwort ›Treue‹. Der Betreuer aber braucht nun – Gott sei Dank – niemandem (im Dativ) mehr treu zu sein.«[1]

Das war natürlich eine reine Unterstellung. Zum einen, weil der Ausdruck *betreuen* den Ausdruck *treu sein* ja keineswegs verdrängt und ersetzt hatte – Treue lässt sich heute nicht schlechter zum Ausdruck bringen als ehedem, *treu sein* kann man auch sprachlich immer noch auf die gleiche Weise, sogar dem *Betreuten*. Zum anderen, weil niemand hätte sagen können, ob es in der modernen Welt tatsächlich weniger Treue gibt als früher und ob das Wort *betreuen* irgendeine Mitschuld daran trifft.

Es war also eine Diagnose aus jenem kulturkritischen Fundus, aus dem sich jeder jederzeit bedienen kann, ohne dass ihn irgendetwas je widerlegen könnte – bestätigen aber auch nicht. Die einzige mögliche Reaktion darauf ist ein bedächtiges Wiegen mit dem Kopf, das weder Ja noch Nein heißt. Indirekt aber kommt in solcher als Sprachkritik verkleideten Kulturkritik die illusorische Zuversicht zum Ausdruck, eine Ächtung oder Abschaffung einzelner Ausdrücke, etwa einiger Transitivverben mit *be-* (*beherrschen, bestrafen, betrügen*), könnte die Welt irgendwie menschlicher machen. Ihr entspricht die drohend geäußerte Befürchtung, wer sich dieser Sprachkritik nicht anschließe, schlage sich auf die Seite der Unmenschen.

Der Einspruch der Linguistik ließ vierzehn Jahre auf sich warten, aber er kam, als der Sprachwissenschaftler Herbert

Kolb den Akkusativ von der Anklage der Unmenschlichkeit freisprach. Es gebe im Deutschen seit Jahrhunderten einen Hang zur Transitivierung der Verben und damit weg von Genitiv und Dativ und hin zum Akkusativ; dieser habe auch die *be*-Verben *be*günstigt. Der Akkusativ sei eben ein attraktiver Kasus. Er sei handlich, erlaube die einfachsten syntaktischen Konstruktionen und lasse die meisten Ableitungen zu.

Denn erstens ist er meist mit dem Nominativ identisch, und wegen dieser Formengleichheit ist er der näher liegende Fall: Nominativ *die Männer*, Genitiv *der Männer*, Dativ *den Männern*, Akkusativ *die Männer*. Zweitens bilden die *be*-Verben wie die meisten deutschen Verben ihr Perfekt grundsätzlich mit *haben*, nicht wie manche der ihnen zugrunde liegenden Verben mit *sein*: *Sie haben die Straße befahren*, aber *Sie sind gefahren*. Zum Dritten erlauben sie die Umsetzung ins Passiv: Man *beliefert jemanden, jemand wird von einem beliefert*. Das Grundverb erlaubt keine solche Umsetzung, *geliefert* werden kann dieser Jemand nicht. Des weiteren lässt sich aus dem Partizip II der *be*-Verben ein Substantiv machen: aus *beliefern* wird der *Belieferte*, aus *beauftragen* der *Beauftragte* – der *mit einem Auftrag Versehene* wäre viel umständlicher. Oft springt bei der Transitivierung auch noch ein Adjektiv mit ab: *unschreiblich* lässt sich nicht bilden, *unbeschreiblich* aber sehr wohl. Fünftens erzwingen die *be*-Verben den personalen Akkusativ, erlauben aber, das Sachobjekt auszusparen – in dem Satz *Er beliefert den Kunden mit Ware* kann *die Ware* wegfallen. Das Grundverb dagegen verhält sich umgekehrt. Es erzwingt das Sachobjekt, erlaubt jedoch die Aussparung des personalen Objekts: *Er liefert* allein ist unmöglich, aber *Er liefert die Ware*; dass er sie *dem Kunden* liefert, muss nicht gesagt werden. Wo das Sachobjekt, etwa aus Gründen der Diskretion, wegbleiben soll, muss auf das *be*-Verb zurückgegriffen werden: *Die Apotheke beliefert den Kunden* – wenn sie ihm Viagra liefert, braucht sie das aus Gründen der Grammatik nicht zu verraten. Schließlich lassen sich von den *be*-Verben leicht abstrakte Substantive wie *Bemutterung* oder *Beschäftigung* ableiten.

Transitivverben haben also praktische Vorzüge. Mit ihnen lässt sich in der Tat manches leichter und kürzer sagen, als es sich mit Verben sagen lässt, die den Dativ oder eine Präpositionalfügung nach sich ziehen. *Jemanden beschenken* ist in diesem Sinn praktischer als *jemandem etwas schenken*, *jemanden erwarten* als *auf jemanden warten*; auch kann etwas *erwartet*, aber in dieser Bedeutung nicht *gewartet werden*, das *Erwartete*, aber nicht das *Gewartete*, *erwartbar*, aber nicht *wartbar* sein.

Die Neigung zum nominativgleichen Akkusativ ist auch keineswegs eine Sache der Moderne. Er hängt mit dem mählichen Kasusverlust der indogermanischen Sprachen zusammen, der, gemessen am Kasusreichtum von Griechisch und Latein, im Englischen sehr weit fortgeschritten ist und im Deutschen mittelweit. Hier ist also eine sich über Jahrtausende erstreckende grammatische Systemwandlung im Gange. Und die Verben mit der Vorsilbe *be-*: Wie Kolb belegte, sind sie in der deutschen Rechtssprache schon seit dem ausgehenden Mittelalter an der Tagesordnung – etwa *beamten*, *befördern*, *befrieden*, *befriedigen*, *begraben*, *begleiten*, *begnadigen*, *begünstigen*, *beherbergen*, *belohnen* und viele verschollene wie *bebroten*, *bemorgengaben*, *bemonatsolden*. Da die Akkusativierung viel älter ist als die Moderne, können die *be-*Verben logischerweise kein Symptom für die üble »geistige Haltung des modernen Massenzeitalters« sein, wie im Einklang mit Sternberger und dem Sprachforscher Leo Weisgerber damals sogar die *Duden*-Grammatik behauptete, die vor *berenten* warnte, das prompt tatsächlich hinzukam. Im übrigen, schrieb Kolb, gebe es auch heute noch neben *betreuen*, *beherrschen*, *bestrafen* *be-*Verben von ostentativer »Menschlichkeit«. »[Die Akkusativierungen] sind kein Zeichen der Zeit. Kulturpessimismus und Zeitkritik finden an ihnen einen untauglichen Gegenstand. Der Akkusativ ist weder inhuman noch human, sondern eine grammatische Form, die von human und inhuman Gesinnten gebraucht werden kann. Sogar die akkusativierenden *be-*Bildungen sind so wenig inhuman, wie es inhuman ist, die Gefangenen zu befreien, die Schwachen zu beschützen, die Nackten zu bekleiden.«[2] Die ganze moralische Entrüstung über ein Wort und einen Kasus – eine Seifenblase, die mit dem Einspruch der Linguistik geplatzt war.

In seiner Entgegnung steckte Sternberger jedoch nicht im mindesten zurück, sondern sattelte moralisch noch drauf. Als der Linguist Peter von Polenz, der Kolb zu Hilfe geeilt war, noch einmal die Verlockungen der Akkusativierung beschrieb, hatte er von ›Sprachökonomie‹ gesprochen: »Eine Sprache ohne sprachökonomische Regulation wäre heute in Verwaltung, Wirtschaft, Handel oder Technik nicht mehr funktionsfähig.«[3] Kolb hatte dafür mehrmals das Wort ›Bequemlichkeit‹ gebraucht: Der Akkusativ sei ganz einfach der bequemere Kasus. An diesem Punkt hakte Sternberger ein: »… für wen sind [diese Verben] bequem? Doch gewiss für die Sprecher, und eben zumal für die bequemen Sprecher, die sich die Mühe nicht machen mögen, der Humanität wegen das reinere Wort und die schwierigere Konstruktion zu wählen! Es ist ja gerade diese verruchte Bequemlichkeit, diese unheimliche Verführungsmacht gewisser Wörter und Konstruktionen – wie in unserem Falle des Betreuens und der Betreuung, der Verben mit dem persönlichen Akkusativ –, welcher der Sprachkritiker entgegenwirken und zu Leibe rücken möchte. Die Bequemlichkeit des Wortgebrauchs, der Wortableitungen und der Satzbildung, kommt in verhängnisvoller und verräterischer Weise mit der anderen, geistigen, triebhaften, moralischen Bequemlichkeit überein, welche das gesellschaftliche Verhältnis der … Beherrschung von Menschen durch Menschen … bietet.«[4] Nazis und frühere wie spätere Unmenschen: allesamt Komplizen in verruchter Bequemlichkeit, und die Linguisten deren Apologeten.

Sternberger war offenbar entgangen, dass er nicht nur die Sprachkritik, sondern auch die Kulturkritik, die er im Mantel der Sprachkritik betrieb, auf diese Weise vollends entwertete. Je »reiner« (älter? ursprünglicher? unverformter? moralisch höherwertiger?) die Worte, je schwieriger die grammatische Konstruktion, desto humaner der Mensch? Wenn die »Unmenschlichkeit«, die angeblich in der Bildung und Benutzung eines Wortes wie *Betreuung* lag, in nichts anderem als ewiger allgemeinmenschlicher Bequemlichkeit bestand, dann waren alle Menschen immer Unmenschen gewesen.

In dem dichten Gestöber der Worte ist gar nicht leicht auszumachen, was da eigentlich vorgefallen war. Ein Sprachkritiker hatte eine Bedeutungsdiskrepanz zwischen einem Wurzelwort (*treu*) und einer Ableitung daraus (*betreuen*) zu bemerken geglaubt. Viele vor und nach ihm haben das Gleiche getan. Wenn heute einer gegen eine Wendung wie *Kultur der Misshandlung* opponierte, und in meiner Eigenschaft als Sprachkritiker tue ich es hiermit, dann nicht nur, weil dies ein schwer erträglicher Euphemismus für ›Folterpraxis‹ ist, sondern auch weil die »eigentliche« Bedeutung von *Kultur* sich nicht mit Folter verträgt. Die Sprachwissenschaft hält dem entgegen, dass solche Bedeutungsvergleiche unangebracht seien und gar nichts bewiesen. Denn wenn aus einem Ausdruck ein anderer abgeleitet wird, so verselbständigt sich dieser, nimmt seine eigene Bedeutung an, lässt die des Grundworts hinter sich, gefriert sozusagen in der eigenen Bedeutung, wird »lexikalisiert«, und die Bedeutung des darin enthaltenen Wurzelworts verblasst und verschwindet schließlich ganz. Niemand denkt bei *benötigen* noch an die *Not*, bei *behandeln* an den *Handel* und bei *Handel* an die *Hand*, bei *bemänteln* an den *Mantel* oder bei *berücksichtigen* an den Blick nach hinten (*Rücksicht* war Lessings Lehnübersetzung von lateinisch *respectus*). Ein Wort hat die Bedeutung, die ihm gerade zugemessen wird; seine früheren Bedeutungen klingen höchstens noch nebenbei mit an, und vielen kommen sie gar nicht zum Bewusstsein. Solche Vergleiche beweisen also nicht viel. Dennoch muss sich niemand das Vergleichen verbieten lassen. Wer eine Bedeutungsdiskrepanz wahrnimmt, der nimmt sie wahr, wer sie komisch findet, der lacht darüber, und wen sie stört, der ärgert sich, das ist sein

Recht, und niemand kann es ihm entziehen. Ein Sprachverfall aber lässt sich daraus nicht ableiten, sonst wäre die ganze Sprachgeschichte ein einziger Verfall. Sehr erheblich sind derlei Beobachtungen nicht.

Nun kann ein publizistischer Sprachkritiker es aber nicht dabei bewenden lassen, der Öffentlichkeit unerhebliche Beobachtungen zu unterbreiten. Niemanden außer ein paar Gleichgesinnten würden sie interessieren, er bekäme sie vielleicht nicht einmal gedruckt. Darum steht die feuilletonistische Sprachkritik unter dem ständigen Zwang, ihre Beobachtungen zu dramatisieren, aus jeder Mücke einen King Kong zu machen. Auch wenn es nur um ein Wort und eine gewisse Bedeutungsdiskrepanz zwischen einer Ableitung und ihrem Wurzelelement geht, muss diese Diskrepanz unbedingt als Symptom für etwas bedrohliches Allgemeines verstanden werden. Mit gleich schlechten Gründen könnte der Sprachkritiker behaupten: Ein Wort wie *Betreuung* beweise, wie raffiniert die Sprache bei ihren Neubildungen vorgehe, sodass sie sogar dem heute leider meist unpersönlichen Vorgang der *Betreuung* ein menschliches, persönliches Element beimenge. Aber das wäre ja positiv, und eine positive Sprachkritik wäre gar keine. Der Sprachkritiker muss kritisieren. Er muss jede seiner kleinen Beobachtungen nach Kräften als Symptom eines allgemeinen Sprachverfalls und möglichst auch noch eines epochalen Sittenverderbs hinstellen. Er ist ständig versucht, hemmungslos zu moralisieren.

Aus der Sicht der Sprachwissenschaft hatte Sternberger bei seiner grollenden Moralisierung eine Reihe von geradezu klassischen Fehlern gemacht und damit besonders krass vorgeführt, wie Sprachkritik nicht sein darf. Er hatte weitreichende, vernichtende Schlüsse auf den Zustand der Sprache, der Gesellschaft, der Epoche aus der Verwendung eines einzigen Wortes gezogen. Er hatte über dieses Wort keine der Auskünfte eingeholt, die ihm Sprach- und Literaturwissenschaft hätten verschaffen können: über seine Herkunft, seine Einführung, seinen Gebrauch. *Betreuen* ist ja keine Neubildung der bösen Moderne. In der Mitte des neunzehnten Jahrhunderts heißt es bei Marie von Ebner-Eschenbach: »Ein liebender Sohn kann seinen Vater nicht sorgfältiger betreuen, als er den Greis betreut hat«, und bei Adalbert Stifter nimmt sich jemand vor, seine Bäume »zu pflegen und zu betreuen«. Unmenschlich im Sternberger'schen Sinn war das gewiss nicht gemeint. Überhaupt bedeutet *betreuen* etwas ganz anderes als *jemandem treu sein*, nämlich *versorgen, pflegen*; beide sind so transitiv wie *betreuen* und werden offenbar nicht in unmenschlichem Sinn gebraucht und verstanden. Laut dem Grimm'schen Wörterbuch kommt *betreuen* nicht einmal von *treu*, sondern von *trauen* (das allerdings zusammen mit *treu* auf eine gemeinsame Wurzel im Sinn von *fest, zuverlässig* zurückgeht) – der erboste Kritiker hatte nicht einmal in den Grimm geschaut.

Der Kritiker hatte ferner den »Systemzusammenhang« ignoriert – nämlich nicht mitbedacht, dass die deutsche Sprache seit dem Mittelalter einen Hang zum Akkusativ hat. Er hatte sich nicht gefragt, ob sich eine grammatische Form überhaupt moralisch beurteilen lässt, und einen ganzen Kasus moralisch verworfen, und das aufgrund einer rundheraus falschen Annahme: dass der Akkusativ immer eine Vergewaltigung ausdrücke. Er hatte einen Grundfehler aller Eiferer gemacht: nämlich keine Gegenbeispiele zu der vermeintlich unmenschlichen Bildung *betreuen* gesucht und geprüft. Es gibt *be*-Verben wie *beleidigen* und *bestrafen*, aber es gibt auch *befrieden, begütigen, belobigen, belohnen, besänftigen*. Das Wesen des Akkusativs ist es, im Satz nicht den Täter, sondern eben den Gegenstand seines Tuns zu bezeichnen, das »Objekt«. Das tut der Dativ im übrigen ebenso, und er »vergewaltigt« das personale Objekt nicht mehr und nicht minder: Man kann *jemandem vertrauen*, aber auch *misstrauen, jemandem treu sein*, aber auch *untreu*, man kann *jemandem nützen,* aber auch *jemandem schaden*. Absurd, der Grammatik zu verdenken, dass sie Satzobjekte erlaubt. Der Sprachkritiker also hatte das transitive Verb zu Unrecht bezichtigt und diese Bezichtigung dann zu einer so radikalen wie vagen Bezichtigung der Epoche ausgeweitet.

Wirkungslos war die ganze Aufregung auch noch. Der Zug zur Transitivierung setzt sich ungebremst fort. Seitdem sind unter anderen hinzugekommen: *abstimmen* (»der Antrag wurde abgestimmt«, statt »über den Antrag«), *anfragen* (»die Schule will, dass die Eltern sie anfragen«), *entfremden* (»die Kinder wurden entfremdet«), *erinnern* (»wir schöpften vom Erinnerten das Bittre« – denn *etwas erinnern* statt *sich AN etwas erinnern* beschert praktischerweise auch *die erinnerten Tage* und *das Erinnerte*), *glotzen* und *gucken* (»sie glotzen Tatort«), *nachfragen* (»die Marke wird weniger nachgefragt«), *schimpfen* (»sie haben ihn geschimpft«, statt »mit ihm geschimpft«), *umziehen* (»eine Webdomain zu einem anderen Provider umziehen«), *verarmen* (»die Arbeiterklasse verarmen«), *verhandeln* (»Sie haben kein Recht, die Interessen des Volkes zu verhandeln«), *zustimmen* (»die Hilfsmaßnahmen wurden zugestimmt«). Auf Schritt und Tritt begegnet man in Funk, Presse und auf der Straße Sätzen wie: »*Wer kuckt Ihr Programm?*« – »*Schill ist nicht freiwillig aus dem Amt geschieden worden.*« – »*… eine für die geklagten Schmerzen ursächliche Erkrankung.*« – »*Die Navigation einer Webseite …*« – »*Er blickt das einfach nicht.*« – »*Ein Diktator, der gesagt werden können muss …*« – »*Die Wunden dürfen nicht draufgehauen werden.*« – »*Und der Vater hat gesagt: Hör das blöde Heulen auf!*« Dass manches feine Sprachgehör das Adjektiv *unverzichtbar* nach wie vor falsch findet, obwohl der Grimm es schon für das Mittelniederdeutsche belegt, liegt eben daran, dass *verzichten* bisher nicht transitiv ist. Man kann nach wie vor nicht *etwas verzichten*, sondern nur *auf etwas*; das Adjektiv hat die Transitivierung des Verbs vorweggenommen.

Für die Sprachwissenschaft war damit die Sprachkritik ein für alle Mal blamiert – erst das *Wörterbuch des Unmenschen*, dann Karl Korns *Sprache in der verwalteten Welt* verkörperten all das, was sie selber unbedingt vermeiden wollte:

Sobald [die] Deutung von Sprache zu einer Verurteilung wird – vor allem mit pseudodualistischen Werturteilen wie »unmenschlich«, »Ungeist«, »undeutsch«, »entartet« –, müssen sich die Wege von Sprachkritik und Sprachwissenschaft trennen (Polenz 1963).[5]

»… der Herr von Polenz hat … damals die Sprachkritik kaputt gemacht«, berichtete zwanzig Jahre später ein jüngerer Kollege nicht ohne Genugtuung (Heringer 1982).[6]

Für die Sprachkritik aber hatte sich die Sprachwissenschaft mit diesen Einwänden ein für alle Mal als sprachlich und moralisch maßstablos dekuvriert:

In ein paar Jahren steht eben das als herrschende Bedeutung in den Wörterbüchern, was eben noch für Missbrauch, ja auch bloß als falsch galt. Diese Aussicht wächst sogar in dem Maße, als die Grundsätze einer wertfreien Registrierung sich durchsetzen, und der Verzicht auf Normen zum Ethos einer entmannten Wissenschaft erhoben wird (Sternberger 1967).[7]

Beide sind sich seitdem aus dem Weg gegangen. Auch die wenigen Sprachwissenschaftler, die Sprachkritik für möglich oder sogar notwendig halten, meinen eine akademische Sprachkritik und sind sich mit dem großen Rest des Faches einig, dass man sich auf keinen Fall mit der öffentlichen Sprachkritik gemein machen dürfe. Wenn die Linguistik ausnahmsweise einen Seitenblick hinüber zum munter weiter gedeihenden Sprachfeuilleton warf, hat sie es mit Vorwürfen überhäuft – auch sie ihrerseits strikt »defizitorientiert«. Ich bündele die Einwände zu einigen Clusters.

Die feuilletonistische Sprachkritik sei, erstens, unwissenschaftlich und manchmal geradezu wissenschaftsfeindlich. Im Kleinen, wenn sie bei ihren Etymologien mogelt, keine Belege liefert, sie bisweilen gar selber schneidert; im Großen, wenn sie immer nur einzelne Wörter und Ausdrucksweisen rügt und dabei jedes Verständnis für die Begründungszusammenhänge des Sprachsystems und der Sprachgeschichte vermissen lässt. Beispiel:

[Die Autoren sprachkritischer Glossen] sind nicht nur keine prakti-
zierenden Linguisten, ihnen fehlt überhaupt erkennbar jeder linguistische Sachverstand … [Sie] stammen nicht aus der linguistischen
Zunft, sie stehen ihr auch ausdrücklich abweisend gegenüber. Immer
wieder schlägt ein deutlich antiakademischer und antiaufkläreri-
scher Geist durch (Sitta 2000).[8]

Sie sei zweitens durchweg negativistisch und finde am Sprachgebrauch nie etwas gutzuheißen: schulmeisterlich, besserwisse-
risch, marottenhaft, hämisch, aggressiv, destruktiv, querulan-
tisch. Beispiel:

Die Beschäftigung mit Sprache … ist … immer defizitorientiert: …
die ganze Richtung beschäftigt sich ausschließlich destruktiv, ent-
wertend und sehr oft dem Topos der Laudatio temporis acti [Lob-
preisung der Vergangenheit] verpflichtet, überall Sprachverfall witternd, mit dem Gegenstand Sprache… (Sitta 2000).[9]

Drittens seien die Kriterien der sprachkritischen Nörgelei undeutlich und ad hoc: mal sprachlich, mal ästhetisch-ge-
schmäcklerisch, mal moralisch oder aber völlig unerkennbar.
Mit Grund, denn objektiv begründbare Normen könne es gar
nicht geben. Beispiel:

… eine einigermaßen konsistente Beurteilungsgrundlage [ist] offenbar nicht vorhanden. Von Fall zu Fall wählt der Sprachkritiker andere Kriterien oder kombiniert verschiedenartige aus einem Reser-
voir, das vor allem die folgenden Möglichkeiten enthält: (1) die
Berufung auf eine Autorität (z. B. den Duden oder das, was man in
der Schule gelernt hat), (2) die Berufung auf den gegenwärtigen
Sprachgebrauch, (3) die Berufung auf den früheren Sprachgebrauch,
(4) die Berufung auf bestimmte auszuzeichnende Sprechergruppen
(z. B. die guten Schriftsteller der Gegenwart oder der Vergangenheit),
(5) die Berufung auf eine erhöhte Funktionalität (z. B. die Möglichkeit semantischer Differenzierung) und (6) die Berufung auf die
Struktur der Wirklichkeit bzw. das diese Wirklichkeit bzw. das diese
Wirklichkeit »sachgemäß«, »logisch«, »richtig« erfassende Denken
(Dieckmann 1991).[10]

Viertens sei die andauernde Berufung auf das eigene Sprachgefühl nichts als eine faule Ausrede für kriterienlose Subjekti-
vität. Wenn es so etwas wie Sprachgefühl überhaupt gebe, so
sei es eine notorisch subjektive, konservative und unzuverläs-

sige Instanz. Beispiel, aus einem ausnahmsweise höchst amüsanten, geradezu feuilletonistischen Buch aus sprachwissenschaftlicher Feder:

> Seine Entscheidungen stützt der Sprachkritiker so gut wie nie auf linguistisch begründete Einsichten, er verlässt sich durchweg auf seine persönliche Ansicht: sein »Sprachgefühl«. Dies wäre nicht weiter schlimm, wenn unser Sprachgefühl als eine einigermaßen vorurteilslose Instanz gelten könnte. Indes, als Summe des erworbenen Sprachwissens und der lebenslangen Spracherfahrung eines Menschen, ist es in höchstem Grade subjektiv geprägt (Sanders 1992).[11]

Fünftens sei Sprachkritik auch undemokratisch. Sie verteidige die gewählte Sprache einer Bildungselite gegen das Volk der andringenden Dialekte, Soziolekte, Funktiolekte und der produktiven Systemverstöße, die die Sprache voranbringen. Sprachkritik sei, politischer gesagt, ein Herrschaftsinstrument der Bourgeoisie. In einem detaillierten, Namen nennenden Rückblick auf über hundert Jahre öffentlicher Sprachkritik und Sprachpflege heißt es zum Beispiel:

> Einerseits wollen sie die feinere Umgangssprache von plebejischen Sprachformen freihalten, andererseits brauchen sie aber die Sprache des Volkes, um die Erstarrungen der zeitgenössischen Schriftsprache aufzulösen … Sie lieben nicht das Volk, aber den Volksmund … die Rolle der Sprachkritik in der Verteidigung bildungsbürgerlichen Sprachkapitals … (Dieckmann 1991).[12]

Sechstens: Sie segele unter falscher Flagge. Sie sei gar keine Kritik an der Sprache als System (Saussures *langue*), das das Studienobjekt der Linguistik bilde, sondern Kritik am individuellen Sprachgebrauch (*parole*), eigentlich nur windige Stilkritik und oft nicht einmal das, sondern diffuse Kulturkritik im Mäntelchen der Stilkritik. Beispiel:

> Sprachkritiker [unterscheiden nicht] zwischen Kritik an der Sprache und Kritik am Sprachgebrauch (Dieckmann 1991).[13]

Was ist zu diesen Einwänden zu sagen? Bleibt da überhaupt etwas zu sagen? Die beiden letzten sollten besser gestrichen werden. Natürlich ist diese Art öffentlicher Sprachkritik immer Kritik am Sprachgebrauch und oft an einzelnen Ausdrücken, nicht an der menschlichen Sprache als lexikalisch-grammatischem System. Die Sprache an sich kann niemand kritisieren, auch die Linguistik nicht. Zur Kritik braucht es einen Standort außerhalb, der einem erlaubt, verschiedene Objekte mit ähnlicher Zweckbestimmung zu vergleichen. Diesen Standort außerhalb können wir nicht einnehmen; immer bleiben wir in unserer menschlichen Sprache gefangen. Nur ein Bewohner von Alpha Centauri, der überblickte, wie die Wesen auf vielen Planeten des Universums das Kommunikationsproblem lösen, hätte vielleicht mit wahrhafter Sprachkritik aufzuwarten. Sprachkritik als Kritik an einer Einzelsprache dagegen könnte es sehr wohl geben; der Kritiker müsste mehrere Einzelsprachen aufs intimste kennen, dann könnte er vergleichen. Da diese Voraussetzung nicht oft gegeben ist, kommt diese Art auch im Sprachfeuilleton selten vor – oder nur in der trivialen Allerweltsform, dass Französisch oder Italienisch für schön klingende Sprachen gehalten werden, während Polnisch zu viele Zischlaute habe. Sprachkritik kann es also nur als Sprachgebrauchs- und Stilkritik geben, und in dem öffentlichen Raum, wo sie sich abspielt, ist auch gar nichts anderes gefragt. Um die Bezeichnung ›Sprachkritik‹ zu beanstanden, muss die Linguistik demselben Aberglauben erliegen, den sie der feuilletonistischen Sprachreflexion zu Recht vorwirft: Sie muss tun, als dürfte man ein Wort nur in seinem wörtlichsten Sinn gebrauchen. Sprachkritik aber muss nicht Kritik am System der Sprache selbst sein, um sich so nennen zu dürfen. Auch Sprachgebrauchskritik ist Sprachkritik, so wie sich etwa auch Sozio- oder Pragmalinguistik selbstverständlich zur Sprachwissenschaft zählen.

Auch der soziale Einwand sollte besser gestrichen werden. Auf eine dunkle Weise steht er hinter allen anderen Einwänden. Ohne ihn hätte ihnen das rechte Feuer gefehlt. Er war der Tribut des sprachwissenschaftlichen Zweigs der Germanistik an den Zeitgeist der siebziger und achtziger Jahre. So wie ihr literaturwissenschaftlicher Zweig in dem Gegenstand seiner bisherigen Bewunderung, der bürgerlichen Literatur, einen Hort jenes »falschen Bewusstseins« entdeckte, das es zu enttarnen und im Namen der kommenden proletarischen Revolution zu entkräften galt, erkannte die Sprachwissenschaft in der bürgerlichen Hochsprache ein Instrument der Repression und Diskriminierung. Indem sie sich stark machte für die Sprache der Unterschichten, spielte sie einer fortschrittlichen Pädagogik in die Hände, die dem »bürgerlichen Bildungsbegriff« und dem »Leistungsdenken« den Krieg erklärt hatte und deren Motto von den Pink Floyd stammte: »We don't need no educaishen, we don't need no thought controw ...« Es war die Zeit, als die Filmemacher Jean-Marie Straub und Danièle Huillet eine fortschrittliche pädagogische Wahrheit zu verkünden schienen, als sie in einem Kurzfilm (*En rachachant*, 1982, nach einer Notiz von Marguerite Duras) ihren kleinen Sohn einem verkniffenen und unsympathischen Lehrer gegenübersetzten, ihn auf dessen Frage, wie er denn lesen und schreiben lernen wolle, »Ich werde es können. Unvermeidlich!« antworten und nach Hause gehen ließen. Die Wertungsphobie der Linguistik war also keineswegs neutral und wertfrei, sondern selber eine politische Wertentscheidung – und als solche eine Sache der Perspektive.

Doch auch wenn es um nicht weniger geht als um den Gang der Weltgeschichte, das Argument muss fallen gelassen werden. Es ist nämlich eins von jenen Argumenten, die sich durch nichts widerlegen, aber auch durch nichts erhärten lassen. Vielleicht dient das Pochen auf Hochsprache tatsächlich den Interessen einer Klasse, einer Schicht, eines Milieus zu Lasten einer anderen Klasse, einer anderen Schicht, eines anderen Milieus; vielleicht tut das auch die Kritik an der bürgerlichen Standardsprache. Vielleicht ist es subjektiv so, dass sich der Bildungsbürger vor dem Gebrabbel des Volks ekelt und befürchtet, es könnte bis in seine besseren Kreise vordringen. Vielleicht gereicht es dem Proletariat, falls es das noch gibt, objektiv zum Nachteil, wenn ihm der Sprachstandard des Bürgertums, gar des Bildungsbürgertums abverlangt wird. Vielleicht verhält es sich aber auch ganz anders. Vielleicht will der Bildungsbürger subjektiv dem unterprivilegierten und diskriminierten Sprecher eines »restringierten Codes« gerade helfen, seine Marginalisierung zu überwinden. Vielleicht schadet es dem Underdog objektiv, wenn ihm die bürgerliche Standardsprache vorenthalten wird. Vielleicht, vielleicht … – man weiß es nicht, weder im Besonderen noch im Allgemeinen. Jeder ist allezeit dem Verdacht ausgesetzt, sein Verhalten könnte – in irgendeiner Hinsicht, gleichsam, gewissermaßen, sozusagen, irgendwie, Sie wissen schon! – undemokratisch sein und bösen Interessen dienen, und dieser lässt sich nie ganz ausräumen. Selbst die Linguisten, die den undemokratischen Charakter hochsprachlicher »Normen« entlarven, müssen sich ihn gefallen lassen. Diskriminieren sie nicht auch jemanden, die Besitzer des »elaborierten Codes«? Schaden sie nicht den unterprivilegierten Minderheiten, die sie in Schutz nehmen wollen? Sind sie nicht auch nur bürgerliche Scheißer, die sich an ihren Theorien selbst befriedigen, statt wirklich etwas für die Emanzipation der Unemanzipierten zu tun? Schwindelerregende Perspektiven, über die sich im endlosen Gesprächsmarathon kunstreich und leidenschaftlich, aber ohne Ergebnis diskutieren lässt.

Derweil aber findet draußen das Leben statt, wird so oder so gesprochen und geschrieben, wollen die Leute wissen, wie sie besser und richtiger reden und schreiben können, und man weiß nicht, ob man jene in Ruhe lassen sollte, die es gar nicht wissen wollen. Aus der Klemme, in die das Demokratieargument nicht nur Sprachkritiker bringt, sondern mit ihnen Lehrer, Professoren, Erzieher, Eltern, Kinder von hoher Sprachkompetenz, Redakteure, Autoren, Übersetzer, also jedermann und jedefrau und jedeskind, kann man sich wohl nur auf eine Weise befreien: durch die Anerkennung, dass es eine Hochsprache gibt, dass sie in verschiedenen Graden der Elaboriertheit vorkommt und dass es der gesamten Gesellschaft nützte, wenn jeder in ihr artikuliert, ja – warum nicht gar? – kultiviert kommunizieren könnte.

Aber wenn man die letzten beiden Einwände gegen die öffentliche Sprachkritik abgezogen hat (»falsche Flagge«, »undemokratisch«), bleiben eine Menge übrig, genug, um den Schlussstrich unter dieses unseriöse Treiben zu rechtfertigen, den Peter von Polenz 1999 in seiner magistralen dreibändigen deutschen Sprachgeschichte zog:

> … die Beliebtheit der Sprachglossen- und Stillehre-Literatur [ist] etwa zu vergleichen mit der Beliebtheit von Kabarett, Anekdoten, Skandalgeschichten, womit ebenfalls das Vergnügen am Bloßstellen menschlicher Schwächen (hier: Bequemlichkeit, Fahrlässigkeit, Eile, Neuerungssucht, Ungeschick, Halbbildung usw.) befriedigt wird, ohne dass solche Kritik an der Weiterexistenz solcher »Unarten« in der gesellschaftlichen Wirklichkeit viel ändern kann.[14]

Hält man diese Charakterisierung vor die priesterliche Pose mancher Sprachglossisten, die sich beschwörend dem Verfall der Sprachkultur entgegenstemmen, so ermisst man die Breite des Grabens. Es gibt hier nichts zu vermitteln. Frieden zwischen den Parteien stiften wird niemand. Es muss aber auch gar nicht sein. Man kann beiden Seiten bereitwillig zustimmen, ohne sich selbst zu widersprechen.

Die Linguistik hat mit ihren Einwänden im Großen und Ganzen völlig Recht – nicht mit jedem in jedem Fall, doch zu jedem Gegenbeispiel ließen sich mühelos viele andere finden, die ihre Antipathie vollauf bestätigen. Die öffentliche Sprachkritik ist oft, viel zu oft genau das, was die Linguistik ihr vorwirft: schulmeisterlich, destruktiv, moralisierend, subjektiv, ohne begründete oder auch nur erkennbare Kriterien, linguistisch ahnungslos. Diese Schwächen kompromittieren die öffentliche Sprachkritik und machen es der anderen Seite unnötig leicht.

Denn deren Einwände treffen, aber die Hauptsache treffen sie nicht. Wenn ein Sprachkritiker aufträte, der alle jene Fehler sorgsam vermiede: bescheiden, ohne erhobenen Zeigefinger, nirgendwo Sprachverfall witternd, ebenso gern lobend wie krittelnd, den Soziolekten der Unterschichten wohlgesinnt, seine Urteile begründend, linguistisch beschlagen, ein

Freund des Akkusativs und des anderen Opfers vieler Sprachkritik, der Funktionsverben (*zum Ausdruck bringen* statt *ausdrücken*), duldsam sogar gegenüber Systemverstößen wie der Wortstellung nach *weil* – er könnte es der Linguistik dennoch nicht recht machen. Sie nämlich hat nicht nur etwas gegen diverse schlechte Eigenschaften der Sprachkritik. Sie hat etwas dagegen, dass diese irgendeinen Sprachgebrauch bewertet. Sprachkritik bewertet, aber die Linguistik will grundsätzlich nur wertfrei beschreiben und analysieren. Das ist der entscheidende Punkt.

Im Jahr 1950 erschien ein einflussreiches Buch, das die selbstgestellte Frage, ob die Linguistik je irgendeine für die Gesellschaft wichtige und nützliche Erkenntnis zutage gefördert habe, mit einem emphatischen Ja beantwortete: Doch, anderthalb Jahrhunderte wissenschaftlicher Sprachforschung hätten Gründe geliefert, Sprachverbesserern aller Couleur endgültig das Handwerk zu legen. Es war eine Art Manifest der linguistischen Wertfreiheit. Sein Autor war der amerikanische Linguist Robert A. Hall, und es trug den programmatischen Titel *Leave Your Language Alone!*, »Lass deine Sprache in Ruhe!«. Hall antizipierte die Bewertungsphobie der modernen Sprachwissenschaft nicht nur, er formulierte sie schon im Detail aus.

Kein Dialekt, kein Sprachzustand, keine Sprachäußerung – schrieb Hall – sind je besser oder schlechter, richtiger oder falscher als andere. An keinem Sprachgebrauch gibt es je etwas auszusetzen. Werturteile sind auf Sprachen grundsätzlich nicht anwendbar; eine Sprache ist so gut wie die andere. Es gibt dauernden Sprachwandel, nichts hält ihn auf, aber es gibt keinen Sprachverfall. Sprache ist immer in erster Linie mündliche Sprache; die Schriftlichkeit ist ein spätes, sekundäres und nicht weiter wichtiges Phänomen. Wörterbücher oder Grammatiken sind keine brauchbaren Leitfäden für den Sprachgebrauch; der einzige gültige Leitfaden ist der eigene mündliche Gebrauch. Wörter haben keine »richtige« Bedeutung, sondern bedeuten, was auch immer der Sprecher mit ihnen sagen will. Rechtschreibung ist Zeitvergeudung. Dem Sprachsystem ist ein Faktor der Selbstheilung eingebaut: der Zwang zur Verständlichkeit, der sie daran hindert, in lauter Privatsprachen auseinander zu driften. Normen sind überflüssig und irrational. Die Behauptung eines »richtigen« Sprachgebrauchs dient allein der sozialen Ausgrenzung; »richtig« heißt nichts anderes als »gesellschaftlich akzeptabel«. Niemand sollte auf Sprachverbesserer hören; sie richten nur psychischen Schaden an. Wer anderen sprachliche Vorschriften zu machen sucht, ist ein Betrüger und Hochstapler. Kurz:

Die Botschaft, welche die Linguistik momentan für unsere Gesellschaft bereithält, lautet: *LASS DEINE SPRACHE IN RUHE!* Wir haben es so krass formuliert, um hervorzuheben, dass jede Einmischung im Namen der »Richtigkeit«, der Rechtschreibung oder des Nationalgefühls der Sprache Schaden zufügt ... Wir müssen den alten, dogmatischen, normativen, theologischen Ansatz der herkömmlichen Grammatik und des gesellschaftlichen Snobismus aufgeben und ihn durch den relativistischen, objektiven Ansatz der wissenschaftlichen Analyse ersetzen.[15]

Bei deutschen Sprachwissenschaftlern las sich das dann so:

Die *Sprachwissenschaft* hat sich von der Sprachkritik und Sprachpflege meist ferngehalten, weil sie aus methodologischen Gründen jede subjektive Wertung ihres Forschungsgegenstandes scheut (Polenz 1963).[16]

Normen ... können nicht begründet werden, weil in der Sprache alles seine Existenzberechtigung hat. Wem irgendwelche sprachlichen Mittel nicht passen, der braucht sie ja nicht zu verwenden. Als Mittel der sozialen Kontrolle anderer Sprecher können solche Normierungen keine moralische Begründung haben ...
Ich bin nämlich der Ansicht, dass man Normen nicht begründen kann. Jede Begründung basiert wieder auf einer Norm. Warum soll ich nicht altmodisch reden? Warum soll ich nicht anders reden als Goethe? ... Alle erträglichen Sprachnormen [sind] überflüssig, weil sie verordnen, was ohnedies jeder aus eigenem Antrieb tun würde [nämlich verständlich reden]. Wo sie nicht überflüssig sind, sind sie unerträglich, weil sie in eine Angelegenheit eingreifen, die unser aller

Angelegenheit ist. Die Sprache ist nicht Sache einiger weniger, auch wenn sie noch so schlau sind und sich vielleicht sogar noch dafür dünken (Heringer 1982).[17]

Beschreiben und Bewerten sind strikt zweierlei, man kann es gar nicht sauber genug auseinander halten. Der Bamberger Germanist Helmut Glück hat zwar den Einwurf riskiert, dass Linguisten, sogar die objektivsten unter ihnen, die Generativen Grammatiker, nicht ohne ständiges subjektives Werten auskommen:

> Sie wollen alle grammatischen Sätze und nur die grammatischen Sätze einer Sprache erfassen und beschreiben, und deshalb müssen sie alle ungrammatischen Sätze systematisch ausschließen. Deshalb müssen sie bewerten und entscheiden, ob z. B. folgende Äußerungen Sätze des Deutschen sind: (1) Flight LH 4711 von Cologne nach Vienna via Nuremberg ist in delay und wird gecancelt. (2) Die Ulmer hatten sich ein Unentschieden verdient gehabt. (3) Walter muss viel reisen, weil er ist der Vorsitzende.[18]

Aber sogleich zuckt Glück zurück: Nein, Linguisten sollen keinesfalls werten, denn es steht ihnen kein Urteil darüber zu, ob eine Sprache schöner, ausdrucksstärker, wohlklingender, leichter, schwerer, ökonomischer und so fort sei als eine andere: »Es ist nicht ihre Aufgabe, Geschmacksurteile abzugeben oder falsch gestellte Fragen zu beantworten.« Sogar dieser Linguist, als munterer Kämpfer gegen »überflüssige« Anglizismen innerhalb seines Fachs ein Dissident und gewissermaßen selber ein Sprachkritiker, schließt sich der Communis opinio an: Sprachkritik gehört sich nicht für einen Wissenschaftler.

Warum aber darf man Sprachen nicht wertend vergleichen? Zumindest jene, die ständig in mehreren Sprachen denken, sprechen und schreiben müssen, und das sind nicht nur Dolmetscher und Übersetzer, wären nicht uninteressiert, wenn die Wissenschaft erst ihre naiven Fragen gerade rückte und dann etwas Licht brächte in die Unterschiede zwischen den Sprachen, die sie Tag für Tag dunkel erleben. Da belegt eine junge Elsässerin aus einer jüdischen Familie, die fließend

Französisch und Deutsch spricht, einen Sommerkurs, und als sie gefragt wird, warum, antwortet sie: weil für mich Jiddisch die reichste Sprache ist. Hat sie ein bloßes Geschmacksurteil abgegeben? Steht ihr das nur zu, solange sie nicht Sprachwissenschaft studiert? Hat auch der Begründer der Germanistik, Jacob Grimm, nur ein haltloses Geschmacksurteil abgegeben, als er vom Englischen (!) sagte, keine andere Sprache könne sich mit ihm an »Reichtum, Weisheit und strenger Ökonomie« messen, und darum habe es das Zeug, zur Weltsprache zu werden? Ließen sich vielleicht nicht doch objektive Kriterien für so ungreifbare Dinge wie den »Reichtum« oder den »Wohlklang« einer Sprache finden? Warum soll man solche Fragen eigentlich nicht stellen? Weil man sich mit den Antworten unbeliebt machen könnte?

Und soll das Wertungsverbot nicht nur für ganze Sprachen gelten, bei denen ein wertender Vergleich jedenfalls außerordentlich schwierig wäre, sondern auch für Sprechweisen, für den Sprachgebrauch? Läuft jede sprachkritische Wertung, die nicht am System der Sprache selbst Maß nimmt, unvermeidlich auf unbegründete Geschmacksurteile und unerwünschte Antworten auf falsch gestellte Fragen hinaus? Glücks eigene Anstrengungen an der Anti-Fremdwort-Front: auch sie nur Geschmackssache? Ist seine Frage, ob es überflüssige Wörter gebe, ebenfalls falsch gestellt? Sein Spott über den *Leberkäsburger* nichts als ein unbegründbares Geschmacksurteil?

Jedenfalls ist von Linguisten nicht zu verlangen, dass sie selber wertende Sprachkritik treiben oder auch nur ein verschämtes Faible für sie haben. Sie dürfen eigentlich gar nicht. Persönliche Werturteile könnten ihren objektiven Blick trüben. Dann aber sollen sie auch konsequent sein und keinen Sprachgebrauch je entschuldigen oder rechtfertigen. Sobald sie es tun, verlassen sie ihre Wissenschaft und werden selber zu öffentlichen Sprachkritikern, nur mit umgekehrtem Vorzeichen. So sieht es einer von ihnen, der Romanist Hans-Martin Gauger:

33

[Peter von Polenz sagt:] »Fehler und Fehlentwicklungen gibt es in der Sprache ... nicht«; Neuerungen, die sich durchsetzen, entsprächen stets »einem allgemeinen Bedürfnis«. Frage: ist dieser Standpunkt (»was wirklich ist, das ist vernünftig«) nicht auch etwas wie Wertung? Abgesehen davon, daß ja ein »allgemeines Bedürfnis« nicht in jedem Fall gerechtfertigt zu sein braucht. Die apologetische Tendenz der Sprachwissenschaft im Blick auf die jeweils untersuchte Sprache ist bemerkenswert. Es wird immer gerechtfertigt, immer liegt der Sprachwissenschaftler vor seinem Objekt auf den Knien: entweder vom Volksgeist her, oder von der Struktur oder von den Bedürfnissen und dem sozialen Zweck her. Immer kann, was so und so ist, gar nicht anders sein als so und so ... die Sprachwissenschaft sollte nicht werten, mehr noch: sie sollte den unterschwelligen Wertungen, die ihr unterlaufen, auf den Leib rücken; andererseits ist Wertung – außerhalb der Sprachwissenschaft – nicht nur nicht unerlaubt, sondern gefordert (Gauger 1985).[19]

Damit sind wir dem Kern der Sache nahe. »Fehler und Fehlentwicklungen gibt es in der Sprache nicht ...« Das heißt, jeder Sprachgebrauch wäre richtig. Alles, was ist, wäre gut und vernünftig. Mit einem Schlag entwertet eine solche brachialdemokratische Doktrin alles Bemühen um einen besseren sprachlichen Ausdruck. Sprachlich sind dann *Bild* und Henscheid auf einer Höhe. Kein Übersetzer muss sich mehr sorgen, ob er einen Text angemessen übertragen hat, jede Übersetzung ist gleich gut. Es ist ja eh alles gleich.

Es ist weniger die Indifferenz als die unterschwellige apologetische Tendenz der Linguistik, die die öffentliche Sprachkritik gegen sie aufgebracht hat. Die Öffentlichkeit denkt gar nicht daran, sich den gleichen neutralen Blick zu leisten. Zum Wesen des Studienobjekts Sprache gehört es, Meinungen und Gefühle hervorzurufen, sogar leidenschaftliche und ganz und gar unsachliche. Die Sprachgemeinschaft ist voll von zu Recht »selbsternannten« Sprachkritikern. Wäre sie das nicht, sähe die Sprache anders aus. Doch solange beides säuberlich auseinander gehalten wird, könnten Sprachwissenschaft und Sprachkritik sehr wohl friedlich koexistieren. Von dem systematischen und historischen Wissen der Sprachwissenschaft kann die öffentliche Sprachkritik nur profitieren. Zumindest vorstellbar wäre sogar, dass ein Linguist aus seiner wissenschaftlichen Rolle tritt und sich als ein Bürger outet, dem der erforschte Sprachgebrauch persönlich nicht egal ist.

Die Bewertungsallergie hält die meisten Linguisten seit Jahrzehnten davon ab, sich mit irgendeiner Spielart von Sprachkritik gemein zu machen. Oder? »Sprachwissenschaftlern wird oft vorgeworfen, sie registrierten und analysierten nur und enthielten sich jeder Wertung, ein Vorwurf, der in seiner Pauschalität ganz falsch ist und der vor allem nicht diejenigen trifft, die auf wissenschaftlicher Grundlage Kriterien für die Sprachkritik und Sprachpflege entwickeln, wie es etwa die Gesellschaft für deutsche Sprache tut«, schreibt der Darmstädter Sprachwissenschaftler Richard Hoberg.[20] Auf sich selber und auf der Gesellschaft für deutsche Sprache (GfdS) muss er den Vorwurf, wenn es denn einer sein sollte, tatsächlich nicht sitzen lassen; in ihrem Umkreis hat sich in den letzten Jahren einiges getan. Aber hinsichtlich der Haltung seiner Kollegen scheint sich Hoberg einer frommen Täuschung hinzugeben. Etwa zur gleichen Zeit fragten Freiburger Doktoranden fünfhundert amtierende deutsche Linguisten nach ihrer Haltung zur Sprachkritik in Wissenschaft und Öffentlichkeit. Es antworteten überhaupt nur einunddreißig, und deren Haltung war distanziert gegenüber einer akademischen Sprachkritik und gegenüber der öffentlichen Sprachkritik ablehnend.[21] Der überwältigenden Mehrheit waren beide Spielarten offenbar überwältigend gleichgültig.

Dieses Buch vertritt die gegenteilige Meinung: Lass deine Sprache nicht allein! Es plädiert jedoch nicht für Sprachnormen. Um »Normen« geht es überhaupt nicht. ›Norm‹ ist schlicht das falsche Wort. Was Deutschlehrer, Wörterbuchredakteure und Sprachkritiker machen, sind Vorschläge, nicht Vorschriften. Sie treten zwar hin und wieder als Schulmeister auf, aber auch dem schulmeisterlichsten steht eine Normungskompetenz nicht zu. Im Bereich des heutigen Deutsch gibt es überhaupt nur dreieinhalb Normen, die diesen Namen verdienen.

Die eine ist die Rechtschreibnorm, die der Staat den Schulen und seinen Behörden auferlegt und an die sich alle anderen nur darum halten, weil es praktisch ist, eine einheitliche Rechtschreibung zu haben.

Die andere ist die Normierung der technischen Terminologie durch das Deutsche Institut für Normung in Berlin (DIN). Hier haben Normenausschüsse im Laufe der Jahre etwa 200.000 fachsprachliche Begriffe auf 85 Gebieten verbindlich definiert, die meisten im Rahmen entsprechender internationaler Konventionen. Auch diese begriffliche Normung hat einsehbare praktische Gründe. Handwerk, Industrie und Wissenschaft sind auf die Eindeutigkeit der Begriffe angewiesen, mit denen sie zu tun haben. Mag man noch Zweifel haben, ob die Laienwörter *Unkraut* und *Ungras* für die an den Ufern wachsenden Kleinpflanzen wirklich missverständlicher sind als die Wörter *Wildkraut* oder *Wildgras*, die die Norm »Landwirtschaftlicher Wasserbau« vorschreibt – spätestens der Anblick einer defekten Steckdose jedoch macht auch dem Laien den Nutzen terminologischer Normen klar. Fragt man diesen Laien (nach DIN eine »Person, die weder eine Elektrofachkraft noch eine elektrotechnisch unterwiesene Person ist«), wie die drei Kontakte in Dose und Stecker heißen und wozu sie dienen, so wird der meist nur verlegen die Achseln zucken. Nur wer schon selber eine Lampe angeklemmt oder einen Schalter angeschraubt hat, wird mit der einen oder anderen Vermutung aufwarten können. Schlag oder Nichtschlag, Kurzschluss oder nicht, das ist die Frage, ehe man den Schraubenzieher ansetzt. Hier und da hat man ein Wort aufgeschnappt. Der doppelte Metallstreifen außen, der mit dem grün-gelb ummantelten Kabel verbunden ist, ist das vielleicht die *Masse*? Die *Erdung*? Der *Nullleiter*? Der *Außenleiter*? Es erhöht das Vertrauen in die häusliche Stromversorgung nicht, wenn man in Internetforen nachliest, wie sich Gesellen und Azubis des Elektrohandwerks gegenseitig beharken, weil jemand den Begriff *Schutzleiter* oder *Neutralleiter* falsch verwendet hat oder immer noch der *klassischen Nullung* das

Wort redet. Dabei gibt es zur Vermeidung von Stromschlägen ein ganzes Geflecht technischer und sprachlicher Normen, die meisten festgehalten in DIN VDE 0100 (»Errichten von Starkstromanlagen mit Nennspannungen bis 1000 V, Teil 4: Schutzmaßnahmen, Kapitel 41: Schutz gegen elektrischen Schlag«). Um alarmierten Heimwerkern das Geheimnis zu verraten: Die normale Haushaltssteckdose spendet europaweit den gleichen 230-Volt-Wechselstrom. Er ist *einphasig* und kommt also immer nur aus einem der beiden Pole. Welchem, ist äußerlich nicht gekennzeichnet; den stromführenden erkennt man entweder mit einem Spannungsprüfer oder daran, dass er mit einem braun oder schwarz ummantelten Kabel angeschlossen ist oder jedenfalls sein sollte. In diesem seinem Leiter schwingt der Wechselstrom fünfzigmal pro Sekunde in einer Sinusbewegung zwischen Plus und Minus hin und her. (Gleichstromanlagen dagegen haben zwei Pole, Plus und Minus, und ihr Minuspol heißt *Masse*.) Der unter Spannung stehende Pol nennt sich *Außenleiter*, früher hieß er *Phase*. Der andere Pol, durch den der Strom wohin auch immer »abfließt« (in Wirklichkeit »fließt« er nicht, und schon gar nicht zurück ins Elektrizitätswerk), ist der *Neutralleiter*, der bis vor wenigen Jahren *Nullleiter* oder *Ausgleichsleiter* genannt wurde; sein Kabel ist blau. Das Kontaktpaar außen in einer *Schuko-(Schutzkontakt-)Dose* aber ist der *Schutzleiter*, moderner *PE-Leiter* (Protection Earth) genannt, dazu bestimmt, die »berührbaren leitfähigen Teile« eines Elektrogeräts, seinen *Körper*, mit der *Erde* zu verbinden für den Fall, dass bei einem Schaden der stromführende *Außenleiter* mit dem sonst stromlosen *Körper* in Berührung kommt. Wäre in diesem Augenblick nämlich auch der Neutralleiter defekt, was leicht vorkommen kann, so könnte der Strom nicht durch das Kabel »abfließen« und suchte sich den nächstbesten Weg zur Erde, nämlich durch den Reparateur hindurch, der damit selber zum Neutralleiter würde. Schlag. (Wie man schon an solch einem trivialen Beispiel sieht, hängen in unserem Denken Wissen und Sprache aufs engste zusammen, so eng, dass es schwer werden wird, einen Keil zwischen sie zu treiben und in dem Spalt zu erkennen, ob ein bestimmter Gedanke »nur sprachlich« oder »nur nichtsprachlich« ist. Die Begriffe lassen sich nicht erklären, wenn man nicht die Sachverhalte verstanden hat, zu denen sie gehören. Die Sachverhalte lassen sich nur schwer ohne die richtigen Begriffe erklären, wobei es fast egal ist, mit welchen Wörtern diese Begriffe belegt sind.)

Die dritte sprachliche Norm sind die gesetzlichen Gleichstellungsnormen, die das »generische Maskulinum« außer Kraft gesetzt haben: jenen jahrhundertealten Brauch, dem zufolge Frauen von grammatisch maskulinen Gattungsbegriffen mitgemeint waren. (Es gab auch immer ein generisches Femininum und Neutrum: *die Geisel*, *die Führungskraft*, *die Person*, *die Persönlichkeit*, *das Kind*, *das Opfer* meinen Menschen beiderlei Geschlechts – aber diese Begriffe blieben unbehelligt.) Dieser Sprachgebrauch trug dem Umstand Rechnung, dass natürliches und grammatisches Geschlecht keineswegs eins sind. *Weib* zum Beispiel ist nicht weiblich, sondern Neutrum; *die Aushilfskraft* kann genauso gut ein Mann sein. So wurde unter einem *Raucherabteil* ohne Umstände und Missverständnisse immer eines für *Raucherinnen und Raucher* verstanden, unter einer *Fußgängerzone* eine Zone für *Fußgängerinnen und Fußgänger*. Der feministische Protest indessen ignorierte den Unterschied zwischen natürlichem und grammatischem Geschlecht, hielt das generische Maskulinum für patriarchalisch und sexistisch und setzte schließlich die sprachlichen Gleichstellungsnormen durch, denen zufolge Frauen grundsätzlich »sichtbar« zu machen seien und zumindest bei den Berufsbezeichnungen entweder geschlechtsneutrale oder Paarformeln verwendet werden müssten. Seitdem strotzen Texte aus der Hochschulverwaltung Paragraph für Paragraph von *Studentinnen und Studenten*, *Professorinnen und Professoren* und so weiter: »Dem Senat gehören an: 1. die Leiterin oder der Leiter der Fachhochschule als Vorsitzende oder Vorsitzender oder im Falle ihrer oder seiner Verhinderung ihre oder seine Stellvertreterin oder ihr oder sein Stellvertreter, 2. fünfzehn Vertreterinnen oder Vertreter der Gruppe der Professorinnen und Professoren sowie Dozentinnen und Dozenten, 3. acht Vertreterinnen oder Vertreter der Studierenden, 4. zwei Vertreterinnen oder Vertreter der Mitarbeiterinnen und Mitarbeiter (§ 6 Abs. 1 Nr. 4 FHGöD NRW), 5. die Gleichstellungsbeauftragte mit Antrags- und Rederecht.« (Einen männlichen Gleichstellungsbeauftragten scheint es grundsätzlich nicht geben zu sollen.) Die Presse, die ihre Leser nicht in diesem Maße langweilen kann, zeigt ihren guten Willen und quält sich mit *StudentInnen*, *ProfessorInnen* und *DozentInnen*, die zwar kürzer sind, aber den Nachteil haben, sich nicht sprechen zu lassen. Es ist eine jeder Sprachökonomie Hohn sprechende neue Norm, die darum im Alltag auch nur opportunistisch befolgt wird. Eine Politikerin bzw. ein Politiker oder eine Verbandsvertreterin bzw. ein Verbandsvertreter oder eine Medienpersönlichkeit wird es nicht versäumen, das Publikum mit »Liebe Kolleginnen und Kollegen«, »Sehr geehrte Hörerinnen und Hörer« und so weiter anzureden. »Liebe Mitbürgerinnen und Mitbürger« – ja; aber *Bürgerinnen- und Bürgersteig* – nein. Denn die weniger gleichstellungsbewusste, aber mehr auf die Einsparung von Atemluft bedachte Umgangssprache folgt der Norm nur sporadisch. Vom »Volk der Dichterinnen und Dichter sowie Denkerinnen und Denker« hörte man nie reden, und wo ein explizites Sichtbarmachen für Frauen kein Kompliment wäre, unterbleibt es grundsätzlich ganz. Nie jedenfalls hörte man die Paarformeln *Falschparkerinnen und Falschparker*, *Straftäterinnen und Straftäter*, nie hörte man *Auf der A24 kommt Ihnen eine Geisterfahrerin oder ein Geisterfahrer entgegen*.

Die vierte Sprachnorm ist die informelle der Politischen Korrektheit. Es steht nirgends geschrieben, dass man einen *Schwarzen* nicht *Neger*, einen *Roma oder Sinti* nicht *Zigeuner*, einen *Behinderten* nicht *Krüppel*, eine *Lernschwäche* oder *kognitive Entwicklungsverzögerung* nicht *Dummheit*, einen *sozialen Brennpunkt*, zumindest einen nahen, nicht *Elendsviertel* oder *Slum* nennen darf, aber es ist niemandem anzuraten, es zu tun – solche Bezeichnungen sind gesellschaftlich geächtet. Carmens Habanera *Die Liebe vom Zigeuner stammt* müsste heute eigentlich … wie heißen? Was ist der Singular von *Roma und Sinti*? *Rom* und *Sinto*, im Femininum *Romni* und *Sintiza*. Also *Die Liebe von der Sintiza stammt*? Oder war sie eine *Romni*? Das *Zigeunerschnitzel* wurde noch nicht entsprechend umgetauft, wohl aber der *Negerkuss*, der tatsächlich zu einem unappetitlichen *Schokoladenschaumkuss* mutierte. Agatha Christies Stück *Zehn kleine Negerlein* erhielt auch einen neuen Titel: *Und dann gab's keines mehr* (keines was – Schwarzafrikanerlein?). Es versteht sich von selbst, dass keine Gruppe mit einer Bezeichnung belegt werden sollte, die sie selber als Schimpfwort empfindet. Aber der rein sprachlichen Verharmlosung und Verschönerung der Welt sind Grenzen gesetzt, weil sie auf einem uralten Irrtum beruht, der Nichtunterscheidung von Ding und Wort. Gesellschaftliche Vorurteile überleben jede Neubenennung. Wo das Bezeichnete als irgendwie negativ empfunden wird, überträgt sich die alte Antipathie sofort auf die aseptische neue Bezeichnung. Homosexuelle haben den genau entgegengesetzten Weg eingeschlagen und die alten Abwertungen *schwul* und *lesbisch* nicht aus der Sprache getilgt, sondern zu ihren quasi offiziellen Bezeichnungen aufgewertet. Es ist ihnen so gut gelungen, dass in Amerika heute das Wort *homosexual* politisch inkorrekt ist.

Mehr als diese dreieinhalb Sprachnormen sind dem heutigen Deutsch nicht auferlegt. Totalitäre Staaten hängen einem naiven Glauben an die mystische Einheit von Wort und Sache an und forcieren eine semantische Normierung. Wer in der Nazizeit seine Briefe weiter mit der Formel *Hochachtungsvoll* beschloss, riskierte Kopf und Kragen, also schrieb auch *Heil Hitler!*, wer ihm kein Heil wünschte. Wer in der DDR das Bauwerk an der Westgrenze *Schandmauer* und nicht *antifaschistischer Schutzwall* oder wenigstens einfach *Mauer* genannt hätte, wäre in die Produktion oder nach Bautzen versetzt worden. Statt solcher drastischen Sprachregelung gibt es heute nur die Versuche von Parteien und Interessenlobbys, bestimmte Bezeichnungen eher als andere zu favorisieren, lieber von *Freistellung* als von *Entlassung* zu reden, von *Eigenverantwortung* als von *Zuzahlung*, von *Windpark* als von *Windkraftanlage*. Normen jedoch sind das nicht. Niemand braucht sich daran zu halten.

Aber beruft sich die öffentliche Sprachkritik nicht dauernd auf irgendwelche Normen – und damit auf etwas, das es gar nicht gibt und nicht geben kann? Ja und nein. Wo sie sich auf explizite Normen bezieht, blufft sie nur und kann unbesehen des Bluffs überführt werden. Meist aber liegt der Fall komplizierter. Sie scheint sich auf Normen zu berufen, meint aber gar keine Normen, sondern eine der Sprache inhärente Regelhaftigkeit. Keine Norm schreibt vor, dass nach *nicht brauchen* im Sinne von *nicht müssen* ein Infinitiv mit *zu* stehen muss. Aber der deutschen Sprache scheint die grammatische Regel inhärent zu sein, dass zu Vollverben der Infinitiv mit *zu* gehört: *Er versucht sich bemerkbar machen* oder *Sie bemühen sich, die Forderung eintreiben* würde wahrscheinlich die große Mehrheit der Deutschsprechenden nicht für grammatikgerechte Sätze halten.

Dass jede Grammatik solch ein inhärentes Regelsystem ist, bezweifelt niemand und am wenigsten die Linguistik. Es sind Regeln, die der Sprache nicht von wem auch immer oktroyiert wurden, sondern die sich die Sprache selbst gegeben zu haben scheint: sozusagen implizite Verabredungen der Sprachgemeinschaft, die ihr niemand präskriptiv, als Vorschriften aufgezwungen hat und aufzwingen kann, sondern die sich ihr nur deskriptiv, beschreibend, ablauschen lassen. Genauso machen es die heutigen Schulgrammatiken. Einige der schärfsten Kritiker der öffentlichen Sprachkritik haben selber Grammatik- und Stillehrbücher verfasst und damit anerkannt, dass es eine Unmenge solcher Regeln gibt – und nebenbei auch, dass diese sich nicht bei allen Sprachbenutzern von selbst einfinden, sondern ihnen erst nahe gebracht werden müssen.

Diese inhärenten Regeln sind nirgends kodifiziert und lassen sich nicht objektiv begründen. Sie ergeben sich als Mittelwerte aus dem tatsächlichen aktuellen Sprachgebrauch und könnten auch ganz anders lauten. Wenn hinreichend viele Sprecher *brauchen* nicht als Vollverb, sondern als Hilfsverb auffassen und ständig in Analogie zu *Du musst nicht alles aufessen* die Hilfsverbkonstruktion *Du brauchst nicht alles aufessen* verwenden, wird ebendies zur dominanten Regel, und bis dahin kann die Regel nur lauten, dass man so und so sagen kann, aber in gehobener Sprache einstweilen meist das *zu* einfügt.

Die »Norm« also ist nur die Schnittmenge des tatsächlichen aktuellen Sprachgebrauchs: das, was die Menschen von klein auf zu hören und zu lesen bekommen. Bei dem Großteil der Regeln bereitet das niemandem Kopfschmerzen, weder den Sprechern noch den Linguisten, noch den Sprachkritikern: Sie scheinen auch ohne objektive Begründung unverrückbar festzustehen, niemand fühlt sich von ihnen vergewaltigt. Kaum einer müsste erst davon überzeugt werden, dass *Diesen Geräte wird so versteigert wie auf dem Bilder zusehen ist* (der Wortlaut eines Angebots bei eBay) ein nicht der deutschen Grammatik konformer Satz ist. Aber es gibt sehr wohl Randbereiche der Unsicherheit, es gibt Zweifelsfälle. Würde jeder genauso bereitwillig zugeben, dass mit dem Satz *Nirgends werden fremde Menschen so herzlich geholfen wie in Bayern* etwas nicht in Ordnung ist? Wahrscheinlich nicht. (Es ist eine weitere voreilige, vielleicht avantgardistische Transitivierung, wie Verona Feldbuschs zum Werbespruch der Telefonauskunft avancierter Versprecher *Da werden Sie geholfen*.)

Zu diesen Zweifelsfällen kommt es aus mehreren Gründen. In einem komplexen Regelsystem kann es nicht ausbleiben, dass auf ein und denselben Fall zwei widersprüchliche Regeln zutreffen oder dass der Fall selbst mehrdeutig ist. IM VORAUS ist ein adverbialer Ausdruck wie *vorher*, und die werden klein geschrieben, *im voraus*. So machte es die alte Rechtschreibung von 1901, so hatte es schon hundert Jahre vorher Campes

Wörterbuch gemacht. Die Rechtschreibreform von 1996/98 befand, dass *voraus* hier eine Art Substantiv sei, *das Voraus* sozusagen, und änderte die Schreibung zu *im Voraus*. Ein großes deutsches Wörterbuch vermerkte die Änderung in Rot, illustrierte sie aber mit dem Beispiel *einem Erben im voraus zufallendes Erbteil*. Auf seine Weise hatten alle Recht, sogar der Inkonsequente; es gibt eben oft verschiedene richtige Regelinterpretationen.

Zu ständig neuen Zweifelsfällen kommt es auch, weil die Sprache in Bewegung ist und dauernd neue Ausdrücke auftauchen, denen nicht auf die Stirn geschrieben ist, welche Regel auf sie zutrifft. Soll man nun *die E-Mail* sagen, weil die deutsche Übersetzung (*Post*) weiblich ist, oder *das E-Mail*, weil *mail* im Englischen Neutrum ist und Microsoft es so vorschlägt; *der* oder *das Cashflow*, wenn selbst der Bundeskanzler es nicht weiß und es in einem Interview mal so und mal so sagt; *der* oder *das Event, der, die* oder *das Roadmap*? Wieso heißt der Plural von *Appartement* in Deutschland *Appartements*, in der Schweiz aber *Appartemente*? Lautet der Plural *Sponsors* oder *Sponsoren*? Auch der *Duden* kann sich nicht entscheiden. Wird einem Wort die grammatische Gebrauchsanweisung nicht mitgeliefert, sucht man nach Analogien, und wenn man sie nicht findet, oder wenn jeder eine andere Analogie heranzieht, wählt die Sprachgemeinschaft aufs Geratewohl, und der eine sagt *der*, der Nächste *die*, der Dritte *das Loft*.

Der Hauptgrund für die Unsicherheiten der Sprachteilnehmer liegt jedoch woanders. Die Sprache wird immer nur unvollkommen weitergegeben. Das System reproduziert sich nicht fehlerlos. Nirgends ist eben vorgegeben, was richtig und was falsch ist; das ergibt sich allein aus dem gerade vorherrschenden Gebrauch. Jeder hält das für richtig, was er von klein auf gewohnt ist. Aber die Vorlagen, die er erhält, um die gültigen Regeln daraus abzuleiten und dann intuitiv zu beherrschen, sind oftmals dürftig: Er bekommt auch manches Mehrdeutige oder gar Systemwidrige zu hören und leitet sich dann möglicherweise falsche Regeln daraus ab. Je weniger Sprache er hört und liest, je ungenauer er hinhört, je zufälliger und schadhafter die Sprache ist, die er zu hören bekommt, desto lückenhafter und unsicherer wird das in seinem Kopf sich bildende sprachinhärente Regelwerk. Es ist keinerlei Verlass darauf, dass das Regelsystem unverändert und intakt in der nächsten Generation ankommt.

Wenn ein Transmissionsfehler von vielen gemacht wird, begründet er eine neue Orthodoxie: Das Falsche wird zum Richtigen, das Richtige zum Falschen. Communis error facit ius, ein allgemeiner Irrtum wird zum Gesetz, befand Kaiser Justinian. Vor einer Generation sagte man *Sie hat gewinkt*, schwache Konjugation, so wie man damals wie heute *Er hat geblinkt* oder *Die Karten sind gezinkt* sagt. Wer *Sie hat gewunken* sagte, machte einen Scherz: Er behandelte *winken* wie *stinken*, starke Konjugation. Aber dann machten viele diesen Scherz, weil Witzchen nun einmal etwas Ansteckendes haben. Die nächste Generation kannte dann nur noch *gewunken*, und allein diese Form wird heute für die richtige gehalten – als Jörg Pilawa ein paar seiner Quizkandidaten fragte, ob es nicht einmal *gewinkt* geheißen habe, wusste das keiner mehr. Jetzt müssten nur noch viele den Scherz *Sie wank mit dem Taschentuch* machen, und aus dem schwachen Verb *winken, winkte, gewinkt* wäre ein starkes geworden, *winken, wank, gewunken*.

Das war dann ein Fall von Sprachwandel. Er hatte nichts Gesetzhaftes. Er war sogar ein klarer Fall von Systemverstoß, denn die allermeisten Verben sind entweder stark oder schwach, aber nicht bald stark, bald schwach (jedoch nicht alle, siehe *mahlen, mahlte, gemahlen*). Es ist ein harmloser Fall. Was spricht gegen *gewunken*? Warum nicht *gestinkt*? Warum nicht *gehunken*? Warum nicht *gezunken*? Ist doch witzig. Daran geht die Sprache nicht zugrunde. Wie heißt das Präteritum von *hauen*? Sprachbewusste Menschen werden es lieber ganz vermeiden und stattdessen *schlug* verwenden, denn sie wissen es nicht auf Anhieb. Weniger Sprachbewusste haben keine Skrupel, *haute* zu sagen: *Sie hauten mächtig auf die Pauke.* Es heißt aber eigentlich *hieb* (eine unregelmäßige Form, die dem Verb im fünfzehnten Jahrhundert systemwidrig untergeschoben wurde). Warum nicht *haute*? Selbst so harmlose Fälle zeigen: Die Regeln der Grammatik sind so wenig ehern wie die sich ständig verschiebenden Bedeutungen der Wörter, sie müssen von jedem aufs neue erworben werden, sie teilen sich nicht jedem richtig und vollständig mit. Wenn sich etwas im Regelwerk verschiebt, muss man es aber auch nicht gleich als »produktiven Systemverstoß« willkommen heißen, sondern kann auch ganz anders darüber denken.

Die Sprache ist keine uns vom Himmel verliehene Gabe aus korrosionsbeständigem Edelmetall, die immer von allein geglänzt hat und glänzen wird. Sie ist uns auch nicht unversehrbar angeboren. Sie ist ein kollektives kulturelles Artefakt, das durch den Gebrauch, den wir von ihr machen, immer wieder neu konstituiert werden muss. Nicht jeder Sprachwandel ist ein Sprachverfall, das ist richtig. Aber der logische Kreis »Der Sprachgebrauch begründet die Norm, die Norm begründet den Sprachgebrauch« könnte nur dann einwandfrei funktionieren, wenn erstens bei der Ableitung der Normen aus dem Gebrauch und des Gebrauchs aus den Normen keine Fehler unterliefen – und wenn zweitens nicht dauernd neue Sprachtatbestände aufträten, deren Beziehung zu den geltenden Normen noch unsicher ist.

In einem abgeschlossenen System nimmt im Lauf der Zeit die Unordnung zu – der Zweite Hauptsatz der Thermodynamik gilt nicht nur in der Welt der Physik. Wenn ein System sich selbst überlassen bleibt, zerfällt seine Ordnung, wie eine Schneeflocke schmilzt, wenn sie ihre Kälte an die sie umgebende Wärme abgibt und sich gleichmäßig temperiertes Wasser bildet. Das ist die Entropie: der unausweichliche ständige Ordnungsverlust. Ein Setzkasten, dessen Typen nicht immer wieder richtig einsortiert werden, ist bald ein einziges Durcheinander. Wenn ein komplexes System wie die Sprache sich selbst nach der Devise »Alles, was ist, ist gut« verwaltet, wird seine Ordnung Schaden nehmen – Strukturen lösen sich auf, Information zerstreut sich in alle Winde.

Auf die von manchen Linguisten behauptete Selbstdisziplinierung des Systems durch den Zwang zur Verständlichkeit verlässt man sich besser nicht allzu vertrauensvoll. Verständlichkeit nämlich gibt es auf verschiedenen Niveaus. Irgendwie, irgendwo verständlich bleibt auch eine defizitäre Ausdrucksweise, dank dem virtuosen Vermögen der Menschen, unter Zuhilfenahme sämtlicher Indizien, auch nichtsprachlicher, selbst aus einer Trümmersprache noch etwas Sinnvolles zu erraten. Jedes Verstehen reißt erst kurz vor dem völligen Zusammenbruch des Systems ab. Nähme die Sprachgemeinschaft jeden Verstoß gegen das inhärente System gleichgültig hin, auch wenn er nur auf Unkenntnis, Unaufmerksamkeit, Gedankenlosigkeit, Faulheit, Schlampigkeit beruht, so kann es nicht ausbleiben, dass die Sprache an Ausdruckskraft, Ausdrucksgenauigkeit und Ausdrucksdifferenzierung verliert. Der kollektive Sprachwandel ist wie der individuelle Spracherwerb auf Wachsamkeit und Nachhilfe angewiesen.

Nur darum lohnt es sich, den alten Konflikt zwischen Sprachkritik und Sprachwissenschaft wieder aufzuwärmen. Er handelte anscheinend nur von der Legitimierung oder Delegitimierung von Sprachkritik, einer nebensächlichen Sparte des täglichen Feuilletons. In Wahrheit aber ging es darum, ob irgendjemand den Sprachgebrauch bewerten und damit den Versuch unternehmen dürfe, ihn zu steuern. Es ging um die um sich greifende Verunsicherung von Eltern, Lehrern, Erziehern, auch jenen, die weder Sprachglossen noch die linguistischen Einsprüche lesen. 1982 schrieb Peter von Polenz:

Sprachnormenkritik hat Fehlerkritik zu betreiben in dem Sinne, dass festgestellt werden muss, ob vermeintliche »Fehler« wirklich Abweichungen vom Sprachsystem sind oder nur Strafelemente im schulischen Normenritus darstellen … Eine kritische Haltung zu Sprachnormen bedeutet nicht ein Verschweigen der in der Gesellschaft gültigen Sprachnormen gegenüber den Schülern. Der Sprachlehrer hat hier eine Informationspflicht. Die Information über normativ restringierte freie Variationen muss aber nicht mit Strafhandlungen und Fehleranrechnungen verbunden sein. (Polenz 1982).[22]

Im Kontext der damaligen Zeit bedeutete das: Scheinbare »Normen« sollen nicht durchgesetzt, sondern gründlich hinterfragt werden, bis nichts von ihnen übrig ist. Es war ein praktischer pädagogischer Ratschlag aus berufenem Mund, der im Klartext besagte: Lehrer, wenn deine elfjährige Schülerin den Satz *Aber bei turnschuhe is das ja echt nur wegen der größe* in ihr Deutschheft schreibt, dann überleg dir, ob die Substantivgroßschreibung des Deutschen nicht ein pompöses barockes Relikt ist, ob *is* statt *ist* wirklich ein Fehler und nicht nur ehrliches mündliches Deutsch ist und ob es unwiderlegbare objektive Gründe dafür gibt, *bei* oder irgendeine andere Präposition mit dem Dativ zu gebrauchen. Dass sie den Akkusativ nimmt, beweise doch schon, dass das Sprachsystem auch diesen zulässt – in der Sprache hat ja alles hat seine Existenzberechtigung. Streich ihr darum auf keinen Fall einen Fehler an, sondern beglückwünsche sie zu ihrer einfallsreichen »freien Variation«. Verrate ihr aber bei Gelegenheit, dass die vornehmen reichen Säcke irgendwie anders reden und dass sie, falls sie eines Tages bei denen reüssieren möchte, ihre Ausdrucksweise leider der ihren anpassen müsste.

Die Bewertungsscheu der Sprachwissenschaft steht in einem sonderbaren Gegensatz zu dem Bewertungsbedürfnis der Öffentlichkeit, zumindest der sprachbewussten. Sie stöhnt überhaupt nicht unter aufgezwungenen Normen. Sie ruft geradezu nach Bewertung und will aus der *Duden*-Grammatik oder Zeitung nicht erfahren, dass alle sprachlichen Mittel gleich gut und richtig sind, weil die Linguistik sie gleich gern studiert. Da das Sprachsystem Zonen der Unsicherheit enthält und da jeder nur eine unvollständige und möglicherweise schadhafte Kopie des Sprachsystems sein eigen nennt, haben die Menschen ein Bedürfnis nach Sprachberatung, am dringendsten die Sprachbewussten, die sie am wenigsten nötig hätten.

Das System als solches interessiert sie wenig. Ihre Fragen sind praktischer Natur. Was ist von all dem Englisch zu halten, das sich zunehmend unter das Deutsche mischt? Warum soll ich *schneuzen* jetzt *schnäuzen* schreiben, aber *seufzen* nicht *säufzen*, wo es doch auch von einem Verb mit *-au* kommt, *saufen*? Ist da nicht ein Fehler in der Wochenzeitung: »Unterhalb des Papi-muss-sein-Diskurses verbirgt sich quälendes Suchen nach dem Vater als warmen, nahen, liebenden Element«? Wie steht es um »Haaaallo ihr da draussen die sich bis zu meiner Meinung über den Libro Online Chat vorgedrungen haben!«? Ist *derselbe* dasselbe oder das Gleiche wie *der Gleiche*? Was ist der Unterschied zwischen *derweil* und *dieweil*? Beides veraltende Wörter, sagt *Duden* 9, beides als Adverb (›inzwischen‹) und Konjunktion (›während‹) gebraucht, aber nur *dieweil* zusätzlich auch in der Bedeutung ›weil‹ – danke für die Auskunft; sie vergewaltigt mich nicht, sie verschafft mir Klarheit. Alles letztlich Fragen nach dem richtigeren oder besseren Ausdruck, alles Wertfragen.

Wer selber ein schreibintensives Leben führt, ob als Pädagoge, Jurist, Übersetzer oder Journalist, muss Satz für Satz Wertentscheidungen treffen und hat wenig übrig für eine Wertneutralität aus Prinzip. Die Regeln, die einer Rechtschreibung zugrunde liegen, interessieren die Leute herzlich wenig; es interessiert sie immer nur, wie ein bestimmtes Wort recht geschrieben wird. Das unsichtbare Regelsystem dahinter ist nur insofern wichtig, als sich die konkreten einzelnen Schreibungen intuitiv auf bestimmte einfache und allgemeine Regeln zurückführen lassen sollten.

Gerade weil es sich nicht immer von allein versteht, muss es Instanzen geben, die ermitteln, was im konkreten Fall richtiger und was weniger richtiger Sprachgebrauch ist, und wo sich das dem System nicht ohne weiteres entnehmen lässt, muss es von ihnen vorschlagsweise entschieden werden. Solche Instanzen sind Schulen, Sprachvereine, vor allem aber die Verlage von Wörterbüchern, Grammatiken und Stilistiken, denen damit eine große Verantwortung zufällt: Sie können einen effektiven Wandel im Sprachgebrauch nicht dauerhaft ignorieren oder verwerfen, sie können aber auch den Status quo nicht leichtfertig preisgeben. Akademien könnten eine weitere Instanz sein, haben sich die nötige Autorität in Deutschland jedoch bisher nicht zu verschaffen gewusst. Eigentlich müssten die Medien dazugehören, die heute der Motor allen Sprachwandels sind, aber diese sind zu keiner gemeinsamen Willensbildung imstande – *Bild*, *Spiegel* und *FAZ* verbünden sich allenfalls zur Benutzung einer politischen Protestschreibung, aber dass sie sich gemeinsam zur Nichtbenutzung von bestimmten Wörtern, Begriffen und grammatischen Figuren verpflichteten, ist undenkbar.

Und die Rolle der »großen Vorbilder«, über die sich die Kritik der Sprachkritik weidlich mokiert hat? In der Musik, erst recht im proletarischen Sport wurden Höchstleistungen immer geachtet und bewundert; sie bilden dort einen selbstverständlichen Maßstab. Der Trainer, der dem Hochspringer Asterix und nicht den Kubaner Sotomayor als Vorbild vorhielte (der 1993 mit zwei Meter fünfundvierzig Weltrekord sprang), die Gesangslehrerin, die der jungen Sopranistin erließe, sich an der Callas zu messen, würden Befremden ernten. Große sprachliche Leistungen dagegen genießen – warum eigentlich? – keine solche Wertschätzung. Wer ihnen eine Vorbildfunktion zutraute, gälte als elitär, und alles Elitäre war beim Zeitgeist jahrzehntelang in Verruf. In die Verlegenheit, anderen ein Stilvorbild zu nennen zu müssen, wird kaum jemand kommen, und natürlich könnte man heute niemandem den Stil von Goethe oder Thomas Mann anempfehlen, ohne sich lächerlich zu machen. Aber ganz und gar nicht übel wäre es, wenn jene, die der Jugend Deutsch beibringen sollen, willens und in der Lage wären, ihren Zöglingen zu erklären, was Tucholsky oder Brecht oder Enzensberger anderen sprachlich voraushaben.

In diesem Chor der Bewertung gibt die journalistische Sprachkritik wahrlich nicht den Ton an. Ihre Stimme ist nie laut gewesen, auch zu ihren größeren Zeiten nicht. Sie handelt auf eigenes Risiko; jeder ist frei, ihre Ratschläge schlecht zu finden. (Sonderbarerweise ... vielmehr gar nicht sonderbarerweise halten sich die Linguisten, die sich über ihre abgedroschenen Ratschläge mokieren – etwa den, *hin* und *her* nicht zu verwechseln –, meist ohne Murren selber daran.) Überflüssig kann sie sich nur selbst machen, durch Inkompetenz.

»Wir brauchen Sprachkritik. Jeder bewusste Sprachteilhaber ist zu ihr aufgerufen. Jeder sollte sich gegenüber seiner Sprache, gegenüber dem Gebrauch, der von ihr gemacht wird, kritisch verhalten« (Gauger 1985).[23]

Wo aber nimmt dieser bewusste Sprachteilhaber die Maßstäbe her, an denen ein Sprachgebrauch gemessen werden könnte? Sprachkritiker und andere Laien berufen sich in der Tat oft auf ihr Sprachgefühl. Linguisten ist dieses so suspekt, dass sie den Begriff ganz gestrichen haben; nur in der Fremdsprachendidaktik scheint er noch ein unscheinbares Schattendasein zu führen. Sonst ist er in der Linguistik verpönt, als ein schwammiger Begriff für etwas Subjektives, Inkonstantes, Unverlässliches, das sich nicht objektivieren und messen lässt. In den Lexika der Sprachwissenschaft sucht man das Stichwort vergebens. Dafür steht ›sprachgefühl‹ in amerikanischen Wörterbüchern, als deutsches Lehnwort mit der so schlichten wie richtigen Erklärung: »an ear for the linguistically correct or appropriate«, ein Gehör für das sprachlich Richtige und Angemessene. In diesem Sinn war es ein zwar vorwissenschaftlicher, aber kein unvernünftiger Begriff. Jeder Sprecher einer Sprache ist auf eine innere Instanz angewiesen, die ihm sagt, ob ein Ausdruck richtig und angemessen ist – was hätte er sonst? Was er zu Rate zieht, ist nichts anderes die Summe seines sprachlichen Wissens. Der größte Teil dieses Wissens ist unbewusst, implizit, eine Art Gefühl also, eine Intuition. Vielleicht hätte ›Sprachintuition‹ heute, in der Zeit von ›Sprachorgan‹ und ›Sprachinstinkt‹, einen weniger anstößigen Klang. Jeder hält die Sprache so für richtig, wie er sie gelernt hat. Abweichungen erscheinen ihm zweifelhaft oder falsch, und seine Sprachintuition protestiert. Sie treibt Sprachkritik, und diese ist in der Regel konservativ. Das System, das auf seine intuitive Beherrschung angewiesen ist, soll erhalten bleiben, sonst würde die Intuition versagen und die Verständigung schwerer fallen. Diese kollektiven Interessen bremsen den Sprachwandel und verhindern, dass sich die Sprache in alle erdenklichen Richtungen auseinander entwickelt.

Einen Maßstab für die Bewertung der Sprache anderer gibt die naive Sprachintuition jedoch wirklich nicht ab. Aber bei der Bewertung muss trotzdem nicht die reine subjektive Willkür herrschen. Werturteile brauchen in der Praxis des öffentlichen Lebens keine letztgültigen wissenschaftlichen Begründungen. Es genügt, wenn sie plausibel erscheinen.

Solche nicht-nur-subjektiven plausiblen Kriterien gibt es sehr wohl. Eins ist das der Verständlichkeit. Der Linguist Hans Jürgen Heringer meint zwar, Verständlichkeit sei etwas Selbstverständliches und brauche keine Nachhilfe:

> Es gibt keinen … triftigen Grund, das, was man zu sagen hat, so oder so zu sagen. Es sei denn, gerade dies ist wieder eine Frage der Verständlichkeit. Ist es aber eine Frage der Verständlichkeit, dann braucht es keine Norm. Es ist im ureigensten Interesse des Sprechers, verständlich zu reden.[24]

Mit der Betriebsblindheit so manches Experten übersieht dieser Linguist etwas nur allzu Offensichtliches, das auch schon Robert A. Hall in seinem wegweisenden Buch *Lass deine Sprache in Ruhe!* übersah: dass sich die Sprachteilnehmer de facto nicht garantiert verständlich ausdrücken, es nicht wollen, es nicht können, obwohl sie alle ein objektives Interesse an Verständlichkeit haben sollten. Verständlichkeit stellt sich ja nicht quasi von allein ein. Manchem scheint die Möglichkeit, dass man mehr oder weniger verständlich sprechen oder schreiben kann, gar nicht bewusst zu sein. Sprachbewusstsein – das Bewusstsein, mit einem komplizierten Werkzeug umzugehen, das einem ständig Entscheidungen abverlangt – ist eine Mangelware.

Vielen muss zum Beispiel erst mühsam beigebracht werden, dass ihre schriftlichen Auslassungen verständlicher würden, wenn sie sie gelegentlich mit ein paar passenden Satzzeichen versähen. Es hilft der Verständlichkeit, Hauptsätze, die mit *und* oder *oder* beginnen, mit einem Komma abzutrennen. Dass die Rechtschreibreform – nach dem Prinzip »Die Latte niedriger hängen, damit mehr drüberspringen können« – den Verzicht auf das Komma freistellte, weil seit jeher viele es entgegen der früheren Regel weggelassen hatten, war kein Dienst an der Verständlichkeit. Die alte Norm – hier handelte es sich wirklich um eine – war zwar willkürlich, aber begründbar, und es wäre besser bei ihr geblieben.

Ein anderes intersubjektives Kriterium ist die Präzision des Ausdrucks. Wörter treffen den Sachverhalt, den sie im Zusammenhang des jeweiligen Satzes vertreten sollen, mehr oder weniger genau. Das treffende Wort – das Mot juste – ist etwas durchaus Relatives. Am treffendsten ist jenes, das ihn neben allen anderen möglichen am genauesten trifft: also nur ihn und nicht alles mögliche andere. Eine starke Bedeutungsausdehnung kann ein Wort so gut wie unbrauchbar machen. Zwei prominente Beispiele sind die Begriffe *Bürger* und *Gewalt*. Weil sie zu vieles bedeuten sollten, kam es dazu, dass sie am Ende fast gar nichts mehr bedeuteten. Mit bedeutungsentleerten Wörtern lassen sich keine genauen Gedanken mehr ausdrücken und nicht einmal denken. Insofern besteht ein öffentliches Interesse an der Erhaltung eines geschärften Vokabulars.

Im Internet stieß ich zufällig auf einen kurzen Briefwechsel zwischen der Redakteurin eines Computermagazins und einem Leser.[25] Dieser – sein Name: Erich R. Andersen – hatte sich beschwert, dass das Magazin ständig *page* (Seite, Webseite) und *site* (Platz, zusammenhängendes Angebot von Webseiten an einem bestimmten Standort im Internet) verwechselte, indem es beides mit *Seite* übersetzte und so allerlei Missverständnissen Vorschub leistete. »Ihr seid doch Fachleute, die sich in der Nomenklatur präzise auszukennen haben. Nichts für ungut.« Die linguistisch beschlagene Redakteurin antwortete:

> Natürlich haben Sie grundsätzlich Recht mit Ihrem Hinweis. Andererseits unterliegt Sprache einem grundsätzlichen Wandel (siehe Augst, Gerhard: *Sprachnorm und Sprachwandel*). Dieser ergibt sich vor allem durch den Gebrauch der Wörter durch Sprecher. Die Semantiker, die die Gebrauchstheorie der Bedeutung nach Wittgenstein verfolgen, sagen daher wie auch Wittgenstein:»Die Bedeutung eines Wortes ist sein Gebrauch in der Sprache.« Und dieser Sprachgebrauch ist in vielen Fällen weiter als der in der Fachterminologie (siehe auch dazu Abhandlungen von Hundsnurscher etc. *Über den Fachsprachen-Diskurs*). Natürlich können Sie auch gegen den Gebrauch, den Sie monieren, ankämpfen. Das ist aber als Einzelsprecher gegen eine Sprachgemeinschaft verdammt schwierig. Daher wünsche ich Ihnen viel Erfolg und sende Ihnen viele nette Grüsse.

Der Leser aber kannte sich linguistisch nicht weniger gut aus und ließ nicht locker:

> Wittgenstein legt Wert auf Wortbedeutung = Gebrauch als Verständigungsmittel, und er sagt mit Recht, dass viele Probleme sich aus der sprachlichen Verwirrung ergeben (sic!). Also was für ein Gebrauch, das ist es. Eine Redaktion (jeder Art) soll sich ihrer »zweiten Verantwortung, nämlich der für Sprachpräzision« (nicht -pflege!) stets bewusst sein und sich nicht dem Sprech-, also Denkmittelmaß »des« Rezipienten unterwerfen. (Ich verzichte hier darauf, auf Sprach- und Textwissenschaftler etc. hinzuweisen, [und nenne] lediglich die Sprechakttheorie, basierend auf Austin und Searle.) Kurz und gut: Teilen Sprache verbreitende Institutionen wie beispielsweise Ihre Redaktion sich nur »unscharf« mit, so stellt sich von außen der »Ruch des Dilettantischen« ein. Das ist so, ob berechtigt oder nicht. Mehr wollte ich nicht [sagen].

Die Redakteurin darauf:

> Dem kann ich nur zustimmen, andererseits kommt die sprachliche Verwirrung nicht zustande, wenn beispielsweise die Bedeutung von *site* – oder was auch immer – in einer Äußerung … in einem Kontext klar ist.

Schließlich schob der Leser noch diesen Kommentar nach:

> Institutionen aller Art mit sprachlicher Multiplikatorfunktion laufen der umgangssprachlichen Verwässerung (Verflachung) hinterher

und beschleunigen auf diese Weise die Zunahme von Missverständnissen mit ihren sozial (und damit psychologisch) negativen Folgen. Die Möglichkeit wird ignoriert, dass mit dem Angebot von Sprachpräzision (der geäußerte Begriff trifft präzise den gemeinten Begriffsinhalt) in vielen Menschen ein differenzierendes Denken in Breite und Tiefe zu erreichen ist. Ohne Vorlage, trotz latenter Fähigkeit ... bleiben die »internen Welten« des Einzelnen auf flachem Niveau, tiefer noch gehalten dadurch, dass der (eigentlich überflüssige) subjektive Interpretationsaufwand (das Herausarbeiten des Gemeinten nicht nur aus dem Begriff, sondern auch noch aus dem Kontext) höchstens zu einer Verständnisschnittstelle, nicht aber zur Verständniskongruenz führt. Differenzierendes Denken füllt den Wortschatz und fördert die Verständigung und damit das Verständnis (auch gegenüber Fremdem), vordergründiges Denken ohne »eine Welt hinter dem geäußerten Wort« erhält Gleichgültigkeit oder bekämpft Erweiterung ... Sprachpräzision und Purismus sind zweierlei. Die Sprachpräzision wendet sich nicht gegen den natürlichen Sprachwandel, der Purismus versucht es – darum bin ich nicht Purist.

Hat hier ein verkappter schulmeisterlicher Sprachkritiker dem Publikum eine willkürliche Norm aufzwingen wollen? Hat er sich einem produktiven Systemverstoß widersetzt und das Alte gegen das Neue verteidigt? Hat er einen nur-subjektiven Maßstab angelegt? Er hat nur vorgeschlagen, der besseren Verständigung (und einem besseren Verstehen der Welt) zuliebe möglichst präzise Begriffe zu verwenden und durch einen genauen Sprachgebrauch der naiven Sprachintuition der Menschen eine weitere, bessere Vorlage anzubieten. Er hat also vorausgesetzt, dass sich in den logischen Zirkel »Sprachgebrauch setzt Norm, Norm bestimmt Sprachgebrauch« durch bewusste Entscheidungen eingreifen lasse und dass solche Eingriffe nötig sind. Natürlich nützt es alles nichts. *Site* und *page* werden im deutschen Sprachbereich nach wie vor verwechselt. Eine Kleinanzeige in einem Berliner Stadtmagazin illustrierte, welche mehrschichtige Begriffsverwirrung der wissentlich unpräzise Sprachgebrauch in diesem Fall angerichtet hat: »Wer baut mir günstig stylische Web-side in Flash oder html?« Vielleicht meinte er eine *Homepage*, vielleicht einen *Website*. Eine *Web-side* jedenfalls gibt es nicht, und kein

Leser kann dem Inserat entnommen haben, was der Mann wollte.

Ein drittes mehr-als-subjektives Kriterium lässt sich aus der Frage gewinnen, ob ein bestimmter Sprachgebrauch die Ausdruckskraft einer Sprache stärkt oder schwächt. Ein Dauerbrenner der öffentlichen Sprachkritik ist zum Beispiel die Verwischung des Unterschieds zwischen *anscheinend*, *scheinbar* und *augenscheinlich*, dreier Wörter, die eine semantische Differenzierung des Anscheins ermöglichen. Ihre Einebnung gehörte schon zu den »Sprachdummheiten«, gegen die der viel gedruckte, viel gelesene, viel belächelte, viel gelästerte Wustmann seit 1891 zu Felde zog:

> Wenn eine Zeitung schreibt: die Herren verlebten einen *scheinbar* ganz köstlichen Abend – so ist das etwas ganz andres, als was der Zeitungsschreiber sagen will. Mit *scheinbar* wird ein Anschein gleich für falsch erklärt, mit *augenscheinlich* wird er gleich für richtig erklärt, mit *anscheinend* wird gar kein Urteil ausgesprochen.[26]

Viel bewirkt hat die Insistenz der Sprachkritik offenbar nicht, die Wörter werden immer noch falsch gebraucht. Zufrieden notiert der Linguist Walther Dieckmann: »… die Ladenhüter [werden] den Sprachkritikern auch in Zukunft erhalten bleiben, und mit ihnen die Dummen, über die sich auch die Leser und Leserinnen erheben können.«[27] Der Spott erspart ihm die Antwort auf die Frage, ob solche Differenzierungen die Ausdruckskraft der Sprache stärken oder schwächen und ob die mit den drei Wörtern erreichte Ausdrucksdifferenzierung sinnvoll ist. Wenn sie sinnvoll ist, besteht kein Grund, sie rückgängig zu machen. Nur weil viele den Unterschied nicht kapieren und nie kapieren werden, brauchen die anderen nicht darauf zu verzichten. Die Erfolglosigkeit »der Wustmänner« lässt sich dann sogar als Erfolg interpretieren, haben sie doch möglicherweise dazu beigetragen, dass die semantische Differenz trotz einer generell waltenden Einebnungstendenz – einer Art sprachlicher Entropie – noch immer besteht. Der demokratische linguistische Widerstand gegen unnötige und wirkungslose »Normen« in Ehren – aber auch die empfohlene Nivellierung nach unten (hier: in Richtung auf einen Verlust an Ausdruckskraft) ist eine »Norm« und ebenso undemokratisch wie der Einsatz für eine Nivellierung nach oben, die den »Wustmännern« immer vorschwebte.

Bei der Grammatik lässt sich immerhin erahnen, dass ein objektives Regelwerk dahinter steht, wenn auch eins mit vielen Lücken und Ausnahmen und Widersprüchen, die die naive Sprachintuition verunsichern. Auf dem weiten Feld der Semantik, der Wortbedeutungen – die Lieblingsdomäne der öffentlichen Sprachkritik – gibt es kein solches scheinobjektives Regelwerk im Hintergrund. Die Bedeutung eines Worts, eines Ausdrucks, einer Wendung ist nirgends vorgegeben und festgeschrieben. Sie verwandelt sich chamäleonhaft und rasant, verglichen mit dem mehr als gemächlichen Wandel grammatischer Regeln. Kein Wort hat eine wahre, eine richtige Bedeutung, auf die sich ein Kritiker berufen könnte. Aber Wörter sind sehr oft mehr als neutrale Bezeichnungen, mehr als rein sprachliche Symbole. Sie stecken tief in der gesellschaftlichen Wirklichkeit. Sie haben Konnotationen, sie dienen Interessen, sie sind Appelle, sie enthalten Urteile, an jedem haftet die Geschichte seines Gebrauchs. Sie sind darum auch kritisierbar und kritikbedürftig.

Seit dem Ende der Nazizeit gelten Naziwörter als kontaminiert. Immer wieder haben Sprachkritiker daran erinnert und empfohlen, sie am besten ganz aus dem Verkehr zu ziehen. Der Sprachkritiker Karl Korn schrieb 1959:

> Die *Endlösung* klingt wie eine Rechnung mit Logarithmen, die *Liquidation* stammt aus der Revolutionsarithmetik der Sowjetrussen – und die *Säuberung* könnte dem Wortgebrauch der chemischen Ungeziefervertilgung entnommen sein. Die rechnerische Abstraktheit der Vorgänge und der Nomenklatur ist das Unmenschliche. Die Worte sind so schematisch wie die Akten, in denen der gewaltsame Tod von Millionen sich in Vollzugsmeldungen und Ziffern niederschlägt.[28]

Rein linguistisch gibt es zu *Endlösung* oder *Sonderbehandlung* oder *Vergasung* wenig zu sagen. Sie sind morphologisch korrekt gebildet, so korrekt wie *Dauerlösung* oder *Extrawurst* oder *Elektrokution*. Viele Menschen erinnern sich nicht an ihren Gebrauch in der Nazizeit; ihre damalige Bedeutung ist verblasst und verblasst immer mehr. Also folgert ein Gegner der moralischen Sprachkritik, so etwas wie belastete Wörter gebe es überhaupt nicht: Die Wörter selbst seien immer unschuldig.[29] Im gleichen Sinn hatte Peter von Polenz in einer Diskussion argumentiert:

> Nehmen Sie Enzensbergers Kritik an der Redensart *bis zur Vergasung etwas tun*, als er den »Leuten, die in deutschen Vorortzügen sitzen« – und das ist seine Umschreibung für Arbeiter – vorwirft, dass sie ständig diese Redensart im Munde führen und sich aufregt, dies sei unmenschlich. So eine Redensart – er meinte das Wort *Vergasung*, gar nicht die Redensart, mit dem früher der Massenmord an Juden und anderen Menschen verbunden war – dürfte nicht aus der Erinnerung verschwinden. Dagegen habe ich mich damals engagiert gewandt, dass man glaubt, solche Erinnerungen müssten unbedingt in den Wörtern drinstecken … Da kann man doch niemandem, weder den Sprachbenutzern, den Arbeitern »im Vorortzug«, irgendeine Schuld des Aufgebens von Erinnerung oder des Zynismus zuschieben, noch der Sprache. (Polenz 1982).[30]

Da ist, noch einmal und in nuce, der Dissens zwischen Sprachkritik und Linguistik, der sich an Dolf Sternbergers moralischer Verurteilung des Worts *Betreuung* entzündet hatte. Damals hatte die Linguistik gewonnen, aber nur, weil die Kritik so linguistisch ahnungslos, anmaßend und töricht gewesen war. Zu *Vergasung* hätte von Polenz als Linguist, der sich auf die bloße Beobachtung und Registrierung beschränkt, nur sagen können: korrekt gebildet; und als Semantiker: hat seinerzeit nichts kaschiert, nichts verharmlost, nichts Falsches suggeriert, war also ein genau treffendes Wort; ist in seiner damaligen Bedeutung inzwischen vermutlich bei vielen in Vergessenheit geraten.

Exkulpieren dürfen aber hätte er als Linguist ein solches Wort nicht. Sein Freispruch machte ihn ungewollt zum moralisierenden Sprachkritiker mit umgekehrtem Vorzeichen: Er entschuldigte und ermutigte einen bestimmten Sprachgebrauch. Dabei wäre er selber zweifellos davor zurückgeschreckt, einem Überlebenden des Holocaust den wohlmeinenden Tipp zu geben: *Sie sollten nicht bis zur Vergasung in diesem Vorortzug sitzen bleiben.* Er hatte ja nur gemeint, wer dergleichen gedankenlos brabbele, müsse nicht unbedingt ein Nazi sein. Als Apologet eines bestimmten Sprachgebrauchs aber hatte er etwas getan, was nicht in den Kompetenzbereich der Linguistik gehört: Er hatte die historische Vergesslichkeit entschuldigt und damit jene vor den Kopf gestoßen, die selber nicht vergessen haben und nicht wollen, dass vergessen wird, wofür die an sich unschuldigen, aber mit ihren geschichtlichen Erinnerungen behafteten Wörter *Endlösung, Sonderbehandlung* und *Vergasung* einmal gestanden haben und was an ihnen hängen bleiben wird, solange sich irgendjemand an die Shoah erinnert.

Diese Runde ging an die Sprachkritik.

»Die Intelligens stirbt aus«

Beim Wort ›Pisa‹ dachte man in Deutschland immer an einen schiefen Turm. Seit 2001 denkt man dabei an einen Schiefstand ganz anderer Art. PISA ist heute vor allem das Kürzel für das *Programme for International Student Assessment*, das Programm für die internationale Leistungsbewertung bei Schülern. *PISA 2000* hieß die erste Erhebung dieser Art.[1] Getestet wurden in 32 Staaten der Erde, darunter 24 europäischen, etwa 180.000 Schülerinnen und Schüler mit 15 Jahren, gegen Ende ihrer Pflichtschulzeit, und zwar in den Bereichen »Lesekompetenz«, »mathematische Grundbildung« und »naturwissenschaftliche Grundbildung«. Manche wollen es geahnt haben, aber es kam als Schock: In allen drei Bereichen rangierten die deutschen Schüler weit unter dem OECD-Durchschnitt, in Mathematik und den Naturwissenschaften auf Platz 20, beim Lesen auf Platz 21; in der zweiten Studie dieser Art, veröffentlicht 2004, rückten sie etwas vor, beim Lesen aber nur um einen Platz.

Diesen niedrigen Listenplatz verdankte Deutschland nicht etwa dem Umstand, dass hier die Zahl der Schüler, die »sehr gute« Leseleistungen vorzuweisen hatten, besonders klein gewesen wäre; mit etwa 9 Prozent lag sie durchaus im europäischen Mittelfeld, wenn auch im unteren. Es verdankte ihn vielmehr jenen 10 Prozent, deren Leseleistungen noch unterhalb der allerniedrigsten »Kompetenzstufe« gelegen hatten: die es *nicht* geschafft hatten, in einem Text eine »explizit angegebene Information zu lokalisieren«, »in einem Text über ein vertrautes Thema den Hauptgedanken zu erkennen« und »einfache Verbindungen zwischen den Informationen in einem Text und allgemeinem Alltagswissen herzustellen« – mit einem Wort jenen, die die Schule als »funktionale Analphabeten« zu verlas-

59

sen im Begriff waren, um sich zu dem Heer der vier bis sieben Millionen Deutschen mit völlig verkümmerter Lese- und Schreibfähigkeit (»sekundärer Analphabetismus«) zu gesellen. Insgesamt wurden 23 Prozent der Fünfzehnjährigen in Deutschland als sehr schlechte Leser eingestuft. In keinem anderen Land gab es so viele Schüler (42 Prozent), denen das Lesen keinerlei Vergnügen bereitet und die sich der Strapaze darum nicht freiwillig aussetzen. Deutschland ist das Land mit der größten Spreizung, dem größten Abstand zwischen den Leistungsstärksten und den Leistungsschwächsten, und das nicht, weil die Starken hier stärker und zahlreicher als im europäischen Durchschnitt wären – sie sind es nicht –, sondern weil die Schwachen schwächer sind und zahlreich dazu.

Der Lesekompetenz hatte in der ersten PISA-Runde das Hauptaugenmerk aus gutem Grund gegolten: »Lesekompetenz ist mehr, als einfach nur lesen zu können. Unter Lesekompetenz versteht PISA die Fähigkeit, geschriebene Texte unterschiedlicher Art in ihren Aussagen, ihren Absichten und ihrer formalen Struktur zu verstehen und in einen größeren Zusammenhang einordnen zu können, sowie in der Lage zu sein, Texte für verschiedene Zwecke sachgerecht zu nutzen. Nach diesem Verständnis ist Lesekompetenz nicht nur ein wichtiges Hilfsmittel für das Erreichen persönlicher Ziele, sondern eine Bedingung für die Weiterentwicklung des eigenen Wissens und der eigenen Fähigkeiten – also jeder Art selbständigen Lernens – und eine Voraussetzung für die Teilnahme am gesellschaftlichen Leben.« Wer nicht liest, nicht lesen kann, nicht lesen will, bleibt in einer zunehmend auf Wissen beruhenden Gesellschaft unweigerlich draußen vor; auch die meisten Informationen am Computer wollen gelesen werden. Mehr noch: Ihm fehlt genau das Werkzeug, das als einziges imstande wäre, ihn je aus seinem Loser-Dasein zu befreien. Mit dem Wort sollte man sparsam umgehen, aber die Befunde der PISA-Studie bedeuten tatsächlich eine Katastrophe, eine millionenfache persönliche Katastrophe und eine für die Gesellschaft.

PISA hat nur das Leseverständnis der Fünfzehnjährigen getestet, nicht ihre Schreibkompetenz. Wie ist es um die bestellt? Lesen und Schreiben gehören ja zusammen. Wer nicht liest, kann sich auch nicht schriftlich ausdrücken.

PISA 2000 hat diese Frage nicht untersucht. Bis vor kurzem ließ sie sich auch gar nicht untersuchen. Wie die Deutschen in ihrem Alltag schrieben, in ihren Briefen, Anträgen, Bewerbungen, Tagebüchern, Spickzetteln, Kleinanzeigen, blieb deren geheime Privatsache. An die Öffentlichkeit gelangte es nur ausnahmsweise – und wenn, dann in der Regel nicht in seiner spontanen ursprünglichen Form, sondern gefiltert und normalisiert von Korrektoren, Redakteuren, Herausgebern und anderen Fachleuten für die Schriftsprache.

Das aber ist vor einigen Jahren anders geworden. Millionenfach ergießt sich heute spontanes Alltagsschriftdeutsch in Form von Postings zu allen Lebenslagen gänzlich ungefiltert ins Internet. Dort lässt sich aufs ausführlichste besichtigen, wie es um die Schreibkompetenz der aus den Schulen ins Leben entlassenen Bevölkerung bestellt ist, wie »das Volk« schreibt, wenn ihm kein Experte für Schriftdeutsch beisteht, wie das private spontane Alltagsschriftdeutsch – nennen wir es PSA – aussieht.

Um einen Überblick zu gewinnen, habe ich eine eigene kleine Studie unternommen – sozusagen eine Private Internet-Stichprobe Alltagsdeutsch/Schriftsprache, PISA/S-S. Mehr oder weniger aufs Geratewohl habe ich mir ein Korpus aus dem Internet heruntergeladen. Es ging mir wohlgemerkt nicht um »die Sprache des Internet«. Dort steht viel, sehr viel, und das meiste ist unter dem hier interessierenden Aspekt völlig in Ordnung oder zumindest indifferent. Es ging einzig um privates, unredigiertes Schriftdeutsch.

Das Korpus besteht aus tausend Sätzen. Zweihundertfünfzig stammen aus Angeboten im Internet-Auktionshaus eBay, ebenso viele aus Diskussionsforen der drei Parteien SPD, CDU und CSU und fünfhundert aus diversen Beratungs-,

Selbsthilfe- und Klatschforen. Nicht ganz aufs Geratewohl. Dabei sind mehrere vollständige Threads (zu Themen wie »Ich kann nicht einschlafen«, »Sollen Beamte länger arbeiten?«, »Daniels Klamotten«), um sicherzugehen, dass möglichst viele verschiedene Schreiber beliebigen Hintergrunds vertreten waren. Ich habe außerdem darauf geachtet, Postings auszuschließen, die erkennbar von Schreibern stammten, für die Deutsch nicht die Muttersprache ist, und auch solche, die erkennbar durch die Hände von Schreibprofis gegangen waren, welche in Handelshäusern, Werbeabteilungen, Institutionen und Organisationen nach wie vor ihr Werk tun. Es lässt sich meist feststellen. Zum Beispiel sind bei eBay in vielen Sparten die privaten Verkaufsangebote in der Minderzahl; die meisten stammen von Firmen, die sich auf den Online-Versand verlegt haben. Meist erkennt man sie schon daran, dass man ihre Waren nicht nur ersteigern, sondern zu einem Festpreis auch sofort kaufen kann. Diese professionell redigierten Texte sind einigermaßen in Ordnung; die spontanen sind es umso weniger.

Dieser Unterschied, der ein krasser ist, lässt sich zuweilen innerhalb eines einzigen Postings beobachten. Überdurchschnittlich viele unredigierte private Postings gibt es zum Beispiel bei Videokassetten und DVDs. Manche davon sind jedoch nicht nur auffällig wortreich, sondern auch überdurchschnittlich korrekt und sprachgewandt. Das Rätsel löst sich, wenn man mehrere Angebote desselben Films vergleicht. Dann stellt man fest, dass es immer wieder der gleiche Text ist. Offenbar haben ihn die Anbieter von der Kassettenhülle in ihr Angebot abgeschrieben oder von einer einschlägigen Website hineinkopiert. Beim Abschreiben aber machen manche Fehler, oder das Ganze ist ihnen zu lang, und sie raffen die eine oder andere Stelle auf ihre Weise. Das Ergebnis sind sonderbar heterogene Texte – plötzlich scheint ein ganz anderer Schreiber in die Tasten gegriffen zu haben.

Tausend Sätze sind nicht viel, etwa fünfzig Seiten. Eine Magisterarbeit über das gleiche Thema müsste ein größeres Korpus zugrunde legen. Ich habe es bei tausend Sätzen vor allem darum gelassen, weil mir das schulmeisterliche Anstreichen von Fehlern keinerlei Genugtuung bereitet und mir die Arbeit zunehmend vorkam wie eine Müllsortierung. Jedoch sind die Defekte so gleichförmig und so allgemein, dass ich fürchte, auch zehn- oder hunderttausend Sätze würden an dem Ergebnis nicht viel ändern. Die genauen Zahlen sind hier sowieso belanglos. Ich kann nicht einmal garantieren, dass es sich um eine repräsentative Stichprobe handelt; vielleicht stoße ich zufällig dauernd auf überdurchschnittlich schadhafte Texte. Eins aber ist sicher: Es gibt bei den privaten Postings im Internet schadhafte Texte in großer Zahl, und sie sind auf eine recht gleichförmige Weise schadhaft. Dieser Befund lässt sich auch einer relativ kleinen, nichtrepräsentativen Stichprobe zuverlässig entnehmen.

Tausend Sätze: aber sie genau abzuzählen, ist unmöglich, und damit ist schon einer der Hauptdefekte des Privaten Spontanen Alltagsschriftdeutsch bezeichnet. Oft lässt sich nämlich nicht erkennen, was ein Satz ist, wo er beginnt, wo er endet, ob eine quellende Wörterkette ein einziger Satz sein soll oder zwei oder drei oder ob der Punkt, der mitten in einem Satz steht, daraus zwei macht. Sind *froi*, *löl*, *sich wunder*, *öhm* Sätze, sind es Satzteile? Sind sie überhaupt Sprache und nicht nur ein schriftliches Grummeln? Aber die gelegentliche Comicsprache (*ächz, hechel, hust, röchel, stöhn, würg, zong*) stellt noch die originellsten Einfälle in dieser Grammatik- und Orthographiewüste: *grinz*, *verwirrtsei*, *einmalmitfreu* – eklatante Systemverstöße, aber wenigstens von einem gewissen produktiven Sprachwitz. Dank sei Frau Dr. Erika Fuchs, der Micky-Maus-Übersetzerin, die Mitte der fünfziger Jahre den verkürzten Infinitiv erfand.

Die Unsicherheit bei den Satzgrenzen geht nicht nur darauf zurück, dass Satzzeichen, wenn überhaupt, recht allgemein nach dem Zufallsprinzip gesetzt werden. Der Grund ist auch der, dass das PSA oft ein einziger Redestrom ist, ein innerer Monolog wie der von Molly Bloom am Ende von Joyces

Ulysses, in dem es herkömmliche Sätze gar nicht gibt. (Joyce hat dieses schwer verständliche, weil interpunktionsfreie Kapitel penibel richtig geschrieben. Nicht auszudenken, wie schwer verständlich es erst wäre, wenn Molly es selber in einen Computer getippt und als Posting in ein Eheberatungsforum des Internet geschickt hätte.) Dies ist denn auch schon der erste und gravierendste Befund: Im PSA lösen sich vielfach die Sätze auf, und das erschwert das Verständnis ungemein. Viele dieser Postings sind ein ungefähres Gelaber, dessen Sinn sich nur noch mit viel gutem Willen erraten lässt. So wirkt die mangelhafte Schreibkompetenz zurück in die mangelhafte Lesekompetenz.

Damit man sich ein Bild machen kann, wovon hier eigentlich die Rede ist, seien zunächst einige Proben zitiert, um dem Verdacht zuvorzukommen, ich hätte nur vereinzelte besonders bizarre Entgleisungen herausgegriffen, um mich über sie arrogant zu mokieren.

sie bieten hier auf einen topaster der mark xxx , das ist ein garantie rückläufer ! der fehler an dem gerät: der toast einschub rastet nicht ein , das heisst der toaster tut aber normalerweise steckt man die scheiben rein und sie bleiben so lange unten wie man es einstellt , bei dme hier tut das nicht vielelciht kanns ja jemand reparieren der etwas geschickter ist bei sowas. futures : wärme isoliertes gehäuse , stufenlos einstellbar , 3 led leuchten , auftau funktion , aufwärm funktion , schnellstopp , integrierter bröthcenaufsatz , autom. abschaltung , krümelschublade , kabelaufwicklung ! garantie oder rücknahem gibts keine ist klar !

Hänge Clown mit säcke
Zum aufhängen und aufbewaren von Bürsten od. malstifte, etc

sie bieten hier auf einen kompletten pc , das mainboard heisst pc-chip m726 mrt und unterstützt pentium 3 slot 1 cpu bis 600 mhz …
futures , 3 sdram steckplätze at und atx anschluß ist in einem sehr schönen at gehäuse 1,2 gb seagate festplatte … das ratio geht über jumper von 2 fach bis 8 fach in 0.5 schritten,

folgendes problem : durch die software zur erkennung größerer festplatten meint das im bios eingebaute trend chip virus ständig es wäre ein virus auf dem floppy oder auf der festplatte man müsste dann continue drücken , da man dies jedoch abschalten kann im bios kommt auch keine fehlermeldung mehr. (habe das selbst erst rausgefunden durch längerem nachlesen in foren bei diesem board , weil das board vorher nur bis 8 gb platten erkannt hat,es stört jedoch nicht weiter)
2tes problem , wenn der pc aus war kann es sein das er nicht beim ersten mal powerbutton drücken angeht. meistens dann beim 2 ten mal ,es kommt auch manchmal vor das er sich aufhängt was mein amd athlon jedoch auch manchmal macht (könnte auch an dem speicher liegen habe ich mir sagen lassen) wer sich mit sowas gut auskennt kann den hier ja vielleicht wieder super zum laufen bringen , auf alle fälle läuft er seit 2 tagen ziemlich stabil und hat sich in der zeit 2 mal aufgehängt !

Warum sind Sie eigentlich neidisch darauf das andere sich bessere Kleidung leisten können als Sie? Sehr schön das Sie eine eigene Meinung haben. Ich empfinde es sehr schön von Ihnen, dass sie sich von den Medien nicht manipulieren lassen. Ihre Meinung zu hören, dass sie nicht so sind wie andere Menschen. Ihre Wundervolle Art, wie sie über die Zukunft denken, inspiert mich im tiefsten. Sie können stolz auf sich sein. Aber Ihre diverse Art über andere Länder zu urteilen, war ich sehr geschockt. Ich hab in den ersten Zeilen gedacht, dass dieses Schreiben von einem sehr intelligenten Menschen kam, doch dann hab ich herausgelesen, dass ich es mit einem einfach strukturierten Menschen zu tun habe. Sonst hätten sie nicht so über andere Menschen geurteilt. Ich empfinde es als Beleidungen, sowas als Deutscher zu lesen. Da ich selber aus Deutschland komme, sag ich mal, das wir Deutschen doch gar nicht so Deutsch sind. Wir sind in unerer Art ein manipulatives Wesen, dass sich viel zu sehr Amerikanisisert hat. Der Gruppenzwang wird immer größer! Die Intelligens stirbt aus. Wir müssen dagegen ankämpfen und zusammen halten! Sonst wird Deutschland ein primitieves Land werden, voller Parasiten.

Ich wollte hier nur mal meine Meinung abgeben, irgendwie kann in unserem Staat etwas nicht stimmen! Wenn man in seiner Stadt sein fahrrad an einer Laterne anschließt mit DREI schlössern und trotzdem noch geklaut würde, kann ich das nicht verstehen. In usnere Politik läuft einiges Falsch, ob es jetzt nur an der SPD liegt ist schwer zu sagen... darüber sollte man sich gedanken machen und ich denke wenn der osten jetzt geöffnet wird, wird die sache auf keinsten besser...

ja das ist war..... wenn man gut ist dänken das du Cheates wirst alls cheater bezeichnet und kannst nix machen das ist scheisse..ich spiele ja (medal of honor) und (cod) bei mohaa sind auch Cheater die cheaten die sind alle krank ich weiss nicht warum die Cheaten ich weiss nicht warum aber die sind in mein augen krank..ich finde das feige mann kann kein spiel meer spielen da sind alles nur Cheater .....(* ! *) wenn das ein Cheater list ist ein arschloch Scheiss Cheater sind alles nur lackaffen
ich spiele ja auch cod ich bin noch nicht um die ecke da schiessen die schon .. aber ich schiesse dan auch und ich bin imer er weg wie die.... das ist nicht war ich finde das so eine scheisse mit blöden cheater warum habe die das denn geh macht mit den cheats warum ?? das ist doch kein spielen meer sauerei

Hy, ich habe wahrscheinlich das gleiche Problem wie du, auch so "Pickelchen" am Po, an der Unteren Po-hälfte – Sitzfläche, viel rote kleine Pickel, es wahren erst sehr wenig, heute mußte ich feststellen das die gesamte Untere Hälfte an beiden Po-backen bis an den Oberschenkel übersäet ist. Vielleicht hast du ja mittlerweile herausgefunden was es ist, woher es kommt, und was man dagegen tun kann. Meine Vermutung währe ja, das es durch das schwitzen kommt, da meine Unterhose manchmal etwas leicht feucht ist vom Schweiß, man müßte vielleicht mal versuchen einen String oder normalen Slip anzuziehen, wo die Po – Packen nicht vom Slip überdeckt werden, und so kein Schweiß rankommt. Solltest Du in der zwischenzeit eine abhilfe gefunden haben, melde dich bitte mal.

fange heute mal neue Seite an im Tagebuch. Einige wissen ja ich hatte OP gestern ging es mir gut heute ist wieder total das Gegenteil. Wollte heute eigentlich in Haushalt was machen werde ich auch etwas später versuchen muß sein und noch mehr ärgern kann man mich heute nicht mein Freund heute morgen heißt Klo dabei habe ich kaum was gegessen denke Kaffee muß ich noch weniger trinken man scheisse und ich dachte nach Galle-Op würde es endlich besser gehen. Will nicht hoffen das ich jetzt Wetter abhängig werde brauchte heute Morgen wieder mal mein Nitro-Spray das habe ich wenn ich allein zu Hause bin immer in der Hosentasche und mein Handy auch das habe ich meiner Schwester versprochen wenn was ist das ich sie oder Arzt sofort anrufen kann. x geht jetzt zweimal die Woche arbeiten und y ist heute wegen Erkältung 2. tag zu Hause sie schläft auch noch. Mir fehlt sehr wech fahren mit mein Roller bin am Haus gebunden, wenn ich mit x einkaufen gehe lasse ich ihn manchmal allein an der Kasse stehen meist macht mein Kreislauf nicht mit mache in Moment auch eine Umstellung mit mein Blutdruck mit der jetzt manchmal zu niedrig ist vorher musste ich morgens und abends starke Tablette für zu hohen nehmen. Wie habe ich bloß geschafft vor meiner Herzsachen solange nicht zum Arzt zu gehen 14 Jahre brauchte ich keinen ok Augenarzt schon mist genug gemeckert mal sehen wie es weiter geht kann schon wieder nicht mehr am PC sitzen allso bewegen

war heut in der stadt und die hatten wirklich NICHTS dass man auch nur anähernt mit den orginal-daniel-klamotten vergleichen konnte ausser so doofe rot weisse pullis aber ohne bänder....
Bei Pimkie habense jetzt dieses geile oberteil ^^ morgen geh ich shoppen =) un da haben se den laden pimkie un colloseum Eigentlich haben doch pimkie un colloseum ,die es bei uns in verschiedenen centern gibt,trotzdem die gleichen angebote oder? weil irgentwie wär es scheisse,wenn wir da heute extra hinfahren,un es das was ich mir gerne kaufen würd nich haben *löl*
alsoooooooooooo ich war heute ja wiegesagt nu shoppen, bei pimkie hattense das orange leider net,wie in dem center--- =(nunja,dafür habe ich aber das rotweiße =) un ich bin unheimlich stolz drauf es ist zwar wiegesagt net das originale,die bänder fehlen halt,aber auf den ersten blick,fällt nix auf =) un ein untewrschied is noch,das an den armen anstatt 4 rote streifen wie beim kübi,nur 3 bei mir sin,aber dat fällt nu auch wirklich net auf! sonst ist alles gleich denke ich =) also,für alle die interesiert sind,wiegesagt,bei colloseum preis: 14.99 €
also,es lohnt sich finde ich zur not,könnte ich auch mal ein

> foddo mit mir un dem pulli mit unsere digicam machen un lads
> hoch,un stells nur für euch hier rein *g*

Die in der Internetsprache häufigen Kürzel *löl* und *g* sind übrigens eine Art verbaler Smiley. *Löl* ist die eingedeutschte Form von *lol* *laughing out loud*, ›sehr lustig!‹, *g* steht für *grin* ›grins‹, ›grinz‹. Das allgegenwärtige *öhm* hieß im Schriftdeutschen früher *hm*. Dazu eine provokante Gymnasiastenmeinung aus dem Internet, aus dem Spieleforum kultboy.com: »Diese Internet-Verblödungssprache voller Kürzel und unnötigem Englisch-Deutsch-Kauderwelsch trägt meiner Meinung nach nicht gerade dazu bei, dass die Jugendlichen von Morgen in der Pisa-Studie in den nächsten Jahren bessere Ergebnisse erzielen werden. Die Leute geben sich keine Mühe mehr, längere Beiträge zu schreiben und wenn, dann sind sie voller Rechtschreibfehler oder zumindest in so schlechtem Deutsch, dass es einem übel werden kann. Diese beschissenen Kürzel regen mich am allermeisten auf. Was soll denn das? Zu faul, drei Worte auszuschreiben, oder wie? Legasthenisches Pack!! Ich verachte Jugendliche!! Ich verachte die Internet-Sprache!!« – »Ey Alda Wilssu Stress? Hä?« – »Ich finde, dass gerade die *ganz schlechten* Schüler das Problem darstellen. Man müsste Wege finden, auch dem wirklich miesesten aller Schüler zumindest ein Grundgerüst an Bildung zu vermitteln, anstatt sich nur darum zu sorgen, ob die etwas schlaueren, gebildeteren oder motivierteren Gymnasiasten in Ruhe lernen können. Diese stellen doch gar nicht das Problem dar, sondern eben diejenigen, die weder den Bundeskanzler kennen, noch einen Dreisatz beherrschen, noch ihren eigenen Namen fehlerfrei schreiben können.«)

Wie lassen sich in diesem Kauderwelsch überhaupt einzelne Fehler bestimmen und zählen?

Wenn man die tausend Sätze des Korpus einfach durch das Korrekturprogramm des Dudenverlags, *Korrektor 2.0*, laufen lässt, ermittelt dieses 1235 Fehler, davon 499 im Bereich der Wortschreibung. Die Interpunktion ignoriert es vollständig, unter den grammatischen Defekten erkennt es nur manche Kongruenzfehler. Es untertreibt also stark. Gleichzeitig übertreibt es: Im *Duden* fehlende Namen oder Bezeichnungen hält es für verschriebene Wörter, die es als Fehler zählt, ebenso Scheinwörter, die durch das versehentliche oder grundsätzliche Weglassen von Leerzeichen zwischen den Wörtern entstanden sind (*kaufen,weil*).

Also muss man selber zählen – und das im Wissen, dass jeder etwas anders zählen würde. Auf genaue Zahlen aber kommt es nicht an, nur auf das allgemeine Bild. Das allerdings ist hier überdeutlich und ließe sich durch keine Zählweise der Welt wegeskamotieren.

Was aber soll überhaupt als Fehler gelten? Ist *net* (statt *nichts*) ein Fehler? Oder *Mit Ohropax schlafen ist nämlich nicht so ohne*? In meiner eigenen Statistik zählen nur Fehler, die wirklich welche sind – und nicht bloß Unschönheiten, Ungeschicklichkeiten, Unklarheiten, umgangssprachliche Saloppheiten. Auch spielte die Frage, ob die alte oder die neue Rechtschreibung oder beide angewendet wurden, keine Rolle. Wenn sich überhaupt eine erkennen ließ, war das Wort in Ordnung.

Was ist richtig, was falsch? Ist nicht alles, was ist, gut, wie uns manche Linguisten versichert haben? Nicht alles irgendwie richtig? Sind nicht alle Standards geschmäcklerische Willkür, Nostalgie, ein Vergehen am lebendigen Organismus der Sprache? Woher nimmt man die Maßstäbe?

Auf den Gebieten der Schreibung und der Grammatik ist so viel Agnostizismus nicht angebracht und nicht nötig. Wenn ein Lehrer ihn sich leisten wollte, müsste er seinen Dienst quittieren. Es gibt durchaus einen Maßstab, und auch Linguisten respektieren ihn, wenn sie selber schreiben. Er mag einem stellenweise engstirnig vorkommen (in welchem Fall man sich bewusst über ihn hinwegsetzen kann). Er ist in Handbüchern festgehalten, zum Beispiel in den Rechtschreib-*Duden*-Bänden vor und nach der Rechtschreibreform, der *Duden*-Grammatik und dem *Wörterbuch der sprachlichen Zweifelsfälle*, ebenfalls aus dem Dudenverlag.

Man kann es nicht deutlich genug sagen: Im Fall der Grammatik handelt es sich um *deskriptive*, nicht um präskriptive Regeln. Die Verfasser der Handbücher haben keine willkürlichen Normen gesetzt, sondern getan, was Linguisten tun sollen, nämlich beobachtet und analysiert, welchen Grammatikgebrauch die Sprecher des Deutschen für richtig zu halten scheinen, und diesen in Regeln zu fassen gesucht. Im Kernbereich der Grammatik gibt es so gut wie keine Zweifel, und bei den Zweifelsfällen an den Rändern wird meist nur sachlich vermerkt, dass konkurrierende Formen existieren.

Ein Dauerbrenner der Sprachbeckmesserei ist zum Beispiel die angeblich falsche Verwendung des Adverbs *trotzdem* als Konjunktion; richtig sei nur *obwohl* – und das, trotzdem Schriftsteller wie Rilke, Hauptmann und Kafka an dieser Stelle offenbar bedenkenlos *trotzdem* geschrieben haben (»Trotzdem diese Situation mir selber lästig war ...« – Rilke). Der *Duden* schreibt hier gar nichts vor. Er konstatiert nur noch, dass *trotzdem* nach wie vor ein satzeinleitendes Adverb ist (*Trotzdem ist mir die Situation lästig*), aber seit dem neunzehnten Jahrhundert auch als unterordnende Konjunktion verwendet wird, zunächst in der Wendung *trotzdem, dass* (»Und trotz dem, dass ich gehen wollte ...« – Stifter), die seit Ende des neunzehnten Jahrhunderts das *dass* abstreifte. Das Fazit: »Obwohl also *trotzdem* auch in guter Literatur häufig als unterordnende Konjunktion verwendet wird, gilt dieser Gebrauch doch noch weithin als umgangssprachlich.«

Ein anderer Dauerbrenner ist die Spruchweisheit »Wer *brauchen* ohne *zu* gebraucht, braucht *brauchen* überhaupt nicht zu gebrauchen«. Generationen von Schülern wurde sie eingetrichtert, erfolglos. So dogmatisch verfährt der *Duden* schon lange nicht mehr. Zum Ärger der Schulmeister befindet er zu dem Fall nur noch: »Besonders in der gesprochenen Sprache wird das *zu* vor dem Infinitiv oft weggelassen, d.h. verneintes oder eingeschränktes *brauchen* wird wie verneintes oder eingeschränktes *müssen* verwendet: *Du brauchst nicht kommen* = *Du musst nicht kommen*.« Ein Fehlen des *zu* wird also niemandem mehr als Fehler angekreidet. Es verdient allenfalls noch die Anmerkung, dass der Gebrauch mit *zu* in der Schriftsprache der üblichere ist.

Anders steht es mit der Orthographie. Hier und nur hier gibt es *präskriptive* Normen, festgesetzt 1901 und 1996 von den Schulverwaltungen der deutschsprachigen Länder. Diese waren allerdings kein willkürliches Oktroi, sondern systematisierten im wesentlichen nur ein wenig, was sich in drei Jahrhunderten des Schriftgebrauchs quasi von selbst herausgemendelt hatte. Verbindlich sind sie zwar nur für Schulen und Behörden, sodass jeder sonst schreiben könnte, wie es ihm beliebt. Aber selbstverständlich, freiwillig und teilweise geradezu fanatisch hält sich die schreibende Gemeinschaft daran. Sie tut es nicht, weil sie eine perverse Lust verspürte, sich unhinterfragten Autoritäten zu unterwerfen, sondern weil eine einheitliche Orthographie etwas höchst Praktisches ist: Sie erspart es einem, Wort für Wort über die angemessene Schreibweise nachdenken zu müssen, und macht damit Lesen und Schreiben einfacher und schneller, nicht schwieriger und langsamer – ein spürbarer Vorteil in einer Zeit, in der immer mehr und immer hastiger gelesen und geschrieben wird und werden muss.

Damit die Sprache leisten kann, was sie leisten muss, müssen die inneren Abläufe bei der Sprachproduktion und beim Sprachverstehen automatisch vonstatten gehen, gedankenlos. Bei der Schriftsprache ist das nur der Fall, wenn eine im wesentlichen einheitliche Orthographie besteht. Diese hat keinen höheren Daseinsgrund und braucht keinen. Alle ihre Einzelfälle könnten auch anders geregelt sein. Das Entscheidende ist allein, dass sie stabil und einigermaßen einheitlich ist. Insofern scheint sie der allgemeine Wille der Sprachgemeinschaft zu sein, eine Art Höflichkeitskonvention, die das gegenseitige Verstehen und damit das Zusammenleben leichter macht. Wer sich nicht daran hält, vergeht sich nicht an der Sprache, die sich auf viele Art schreiben ließe. Er verhält sich rücksichtslos, wie einer, der sich in der Öffentlichkeit an Luthers apokryphe Benimmregel »Was rülpset und furzet ihr nicht …?« hält. Seine Message lautet: Wer immer ihr seid, ihr seid mir egal. Es ist eine Rücksichtslosigkeit, Fremden einen Text wie diesen hinzurotzen:

> Ich denke mal das größte Problem ihn faktor unsicherheit sind momentan die DAU's die sich so ein ding kaufen sich damit aber nicht beschäftigen, anschliessen funktioniert und lassen es ohne WEP und MAC Filter laufen. Sicherlich wen einer will kommt er ran, wen er sich die Zeit nimmt, fakt ist aber das die meisten bei WEP erstmal sagen weiter gehts. Und auch wen er rankommt, heisst das noch lange nicht das er an meine Freigaben kommt, die NICHT für JEDER freigeschaltet sind :-)

(Für die, die in der Internetsprache weniger versiert sind: WEP steht für Wired Equipment Privacy und ist ein Sicherheitsfilter für drahtlose Netzwerke, ein DAU ist der Dümmste Anzunehmende User. Nebenbei zeigt eine solche Probe, dass die Kombination auch nur weniger orthographischer Fehler mit ungenauen, mit Fachabkürzungen gespickten Sätzen über unklare Gedanken das Ergebnis nahezu unverständlich macht.)

Alle genannten Referenzwerke, die zusammen das heutige Standarddeutsch definieren, wurden bei meiner eigenen Fehlerzählung als Maßstab verwendet, dabei aber noch liberaler ausgelegt, als sie selber den Sprachgebrauch auslegen. Die falsche Zusammenschreibung *nochmal* etwa wurde nicht als Fehler beanstandet, eine konsequente Kleinschreibung aller Wörter auch nicht, auch nicht ein beiordnendes *weil* mit folgender Hauptsatzstellung, obwohl der *Duden* für die Schriftsprache bisher nur das unterordnende *weil* mit folgendem Nebensatz zulässt. Das heißt, *Weil die Reichen in Uk sind reicher als die Reichen in BRD* ging als richtig durch, obwohl es müsste *Weil die Reichen im UK reicher sind als die in der BRD* heißen. (Gemerkt?) Wo der Duden-*Korrektor* 499 falsch geschriebene Wörter zählte, fanden sich bei meiner liberaleren Zählweise nur 297.

Die Fehlerstatistik für das gesamte PSA-Korpus von ungefähr tausend Sätzen sieht folgendermaßen aus: Die Gesamtzahl der eindeutigen Fehler beträgt 1160. 63 Prozent aller

Sätze sind fehlerhaft; jeder von ihnen enthält im Durchschnitt 1,8 Fehler. 37 Prozent der Sätze lassen sich, wenn auch teils nur mit gutem Willen, als fehlerfrei betrachten.

Am bei weitem häufigsten (1010 oder 87 Prozent) sind orthographische Fehler: 40 Prozent Interpunktionsfehler, 25 Prozent falsch geschriebene Wörter, 15 Prozent Fehler bei der Groß- und Kleinschreibung, 7 Prozent fälschlich zusammen- oder getrennt geschriebene Wörter. Wer der Meinung ist, Interpunktionsfehler seien so harmlos, dass sie besser unbeachtet blieben, sollte sich klar machen, wie schwer verständlich ein interpunktionsarmer Satz wird, sobald er auch noch unbekannte Fakten oder unvorhersehbare andere Fehler enthält. Der längste durchkonstruierte Satz im Korpus lautet folgendermaßen: *Ich habe schon ein paar sachen getestet zu denen mir meine freunde geraten haben wie z.B NUR an schwarz oder weiss zu denken nur dies klappt auch nicht, denn wenn ich an weiss denke sehe ich auf einmal das loading von matrix und ich sehe ich neo und morpheus in diesem weiss sitzen in roten sesseln und wie schränke mit waffen angesaust kommen und meine gedanken spielen verrückt so das es unmöglich ist einzuschlafen.* Verständlich wird ein solcher Satz erst beim zweiten oder dritten Lesen. Mit ein paar Satzzeichen wäre er es schon beim ersten, selbst wenn man ihm seine übrigen Fehler lässt: *Ich habe schon ein paar sachen getestet, zu denen mir meine freunde geraten haben, wie z.B. NUR an schwarz oder weiss zu denken. nur dies klappt auch nicht, denn wenn ich an weiss denke, sehe ich auf einmal das loading von matrix, und ich sehe ich neo und morpheus in diesem weiss sitzen, in roten sesseln, und wie schränke mit waffen angesaust kommen, und meine gedanken spielen verrückt, so das es unmöglich ist einzuschlafen.*

Es fällt auf, dass die Zahl der eindeutigen reinen Tippfehler (*Rücknahem, endlcih, ansosnten*) mit 16 relativ gering ist. Wahrscheinlich ist ihre Zahl tatsächlich höher. Aber oft lässt sich nicht erkennen, ob jemand nicht wusste, wie ein Wort geschrieben wird, oder nur versehentlich auf die falsche Taste gedrückt und sich hinterher das Getippte auch nicht mehr durchgelesen hat: Wenn jemand viele andere Schreibfehler macht, weiß er vielleicht auch nicht, dass sich das Wort *Fish* mit *sch* schreibt. Aber selbst wenn die Zahl der bloßen Tippfehler ein paarmal so hoch sein sollte, ließe sie nicht den Schluss zu, dass die Postings in einem Zustand besonderer Zerstreutheit geschrieben wurden, welcher ihren Zustand entschuldigen würde. Wenn ein Wort falsch geschrieben wird (*Midikament, Kreissall, 5 Gang Narben Schaltung, Hallo Bassler... Ich verkaufe die beide Geräte an Basller*), muss man vielmehr annehmen, dass der Schreiber es tatsächlich nicht anders wusste. Dieser Befund bedeutet wiederum, dass von der Ausstattung der Texteditoren mit Korrekturprogrammen keine Abhilfe zu erwarten ist. Um sie zu verwenden, müsste einer wissen, wie sich ein Wort schreibt, dass es überhaupt so etwas wie Orthographie gibt. Wer es nicht weiß, kann auf keine Fehlermeldung, keinen Korrekturvorschlag sinnvoll reagieren.

Die Zahl der grammatischen Fehler beträgt 129 (11 Prozent). Daran zeigt sich wieder, dass die Grammatik relativ stabil und nicht leicht zu zerstören ist. Auch die meisten Schreiber dieser Postings dürften ohne weiteres erkennen, dass Sätze wie *Fliegen Sie schwimmen nach Kärnten*, die ihnen auf den Werbeplakaten einer Fluggesellschaft entgegenblinzeln, falsch und gar keine deutschen Sätze sind. Genau darauf bauen die Werber natürlich: Die Leute sollen stutzen und das Plakat etwas länger und aufmerksamer betrachten als üblich. Der Trick setzt ein intaktes Grammatikverständnis voraus, und wahrscheinlich wirkt er. Aber völlig intakt ist die Grammatik der Postings keineswegs.

Am häufigsten (5 Prozent) sind Grammatikfehler im Bereich des Nomens (falsch deklinierte Substantive oder Adjektive). Beispiele: *Bei manuellen Fokus keine Probleme. – Handy funtioniert sowit ganz gut bis auf dem Empfang!! – Es ist in ein super Zustand und aus Plaste.* Falsch konjugierte Verben sind seltener (wenig mehr als 1 Prozent). Beispiele: *[ich] zerbrich mir dann über irgendwelchen scheiss den kopf. – ... obs bei dir hielf. – Tatsache ist, daß zuviel Nähe scheinbar irgendwie jede*

Beziehung killen.. Deklinations- und Konjugationsfehler sind des öfteren auch Kongruenzfehler: *Diesen Geräte wird so versteigert wie auf dem Bilder zusehen ist.*

Des weiteren gibt es Wortlücken, die sich der Leser bisweilen mit einigem Vorwissen und einiger Phantasie ergänzen kann, von denen ihn manche aber vor ein Rätsel stellen. Beispiele: *ich tät mir den pulli voll gerne kaufen, weil er mir persönlich echt total gefällt, falls sie den in den net mehr haben, weiss jemand, wo ich den sonst noch herbekommen könnte? – Schaut nach meinen anderen Auktionen habe noch mehr Filme und Porto sparen. – Bei uns ist es so ähnlich wie Bruder und Schwester, wie nur super gute Freunde. – Und irgendwann – wenn Du willst – wird das Geländer oder die Rutsche zu einer Art Schanze die Du passierst und ab dann sanft durch die Luft fliegst. – Daher ist es mit Sicherheit richtig, dass die Konjunktur davon so gut nicht betroffen sein wird.*

Ein anderer Fehler sind falsche Wortstellungen: *Ich finde es erschreckend, dass, wenn ich Ausländer in meiner Stadt sehen, die die teuersten Markenklamotten haben und sich total dick fühlen, richtig heimisch, dabei sind sie die "Gäste", die sich unterordnen zu haben und sich an die Regeln halten müssen.* (Hier wird ein Satz mittendrin abgebrochen und ein neuer begonnen, der tut, als wäre er der erwartete Abschluss des ersten.)

Präpositionsfehler, die im professionellen Schriftdeutsch, also in den Medien, besonders hervorstechen, scheinen im PSA nur ganz selten vorzukommen, wohl weil man sie nur in einem relativ elaborierten Code überhaupt bemerkte: *Wie wäre es mit einer MWSt - Erhöhung von Luxusartikeln? – Personen, die nicht damit einverstanden sind, sollten nicht für diesen Artikel bieten.*

41 Fehler (3,5 Prozent) sind Ausdrucksfehler: wahrscheinlich das falsche Wort, die falsche Wendung, ohne dass man wüsste, welche beabsichtigt waren. Beispiele: *Wir dürfen uns in den nächsten Jahren nicht über unser alle Abstriche beklagen. – der [pulli] sieht nicht zu mir!!!! – ... sicherlich wird dies aber kein abgrund sein um dieses tolle sammlerstück zu erstei-*

gern. – *Weil er meinte schlafmittel währ nicht grad das opti-malste und ich selber solche teile nicht nehmen würde. – Aber Ihre diverse Art über andere Länder zu urteilen war ich sehr ge-schockt. – Wir sind in unerer Art ein manipulatives Wesen.*

19 Sätze sind ungrammatikalisch und darum nur schwer verständlich. Sie können nur erraten werden. Beispiele: *Es ist doch z.B. lächerlich wenn jemand meint, dass wenn die Verbre-chen die von Ausländischen Touristen begangen werden mit in die Statistiken einzurechnen, es dann zu einer drastischen Verände-rung kommt. – Ich bin mir aber sicher, dass die Mehrzahl, die Kinder aus finanzillen Gründen ausschlagen, dies tun, um sich den 3. oder 4. Urlaub auf den Maledieven oder anderen Mist leis-ten wollen. – Weil eine Membrane wurde mal in der Mikrowelle ausgekocht und da war was mitdrin was nicht reingehörte und wurde deshalb leicht angschmort, funktioniert aber trotzdem ein-wandfrei und des halb ist noch eine neue unbenützte Membrane dabei. – In der Schule macht sie will freiwillig z.b. im Kiosk mit helfen verkaufen, aber hier zu Hause (aber das machen beide Kinder) wird gemeckert wenn sie mir helfen sollen und eigentlich sollen sie nur die Küche machen aber das klappt nicht.*

Weitere 10 sind aus nicht näher bestimmbaren Gründen unverständlich. Beispiel: *Er ist dann zu mir gezogen, schließen lieben.* Was soll hier versteigert werden? *Af.minolta,und zube-hör.2800af Blitz.35–70.und70–200 AF objektief.Zasche.*

Die mittlere Satzlänge in diesem PSA-Korpus beträgt 14,9 Wörter. Das scheint annähernd normal; es ist fast die Satz-länge der Zeitungssprache, die bei 16 liegt. Viele der schein-bar längeren Sätze jedoch sind eigentlich mehrere aneinander gereihte kürzere, zwischen denen nur zufällig die Punkte feh-len. Beispiel: *genau die Schuhe auf dem Bild will die so gerne haben weiß jemand ob das Frauen oder Männer Schuhe sind weil wenn es Frauenschuhe sind werden sie mir nicht passen Ich hab Schuhgröße 44.* Zerlegt man diese Gebilde in ihre einzel-nen Sätze, so erhöht sich deren Gesamtzahl auf 1096, und die mittlere Satzlänge fällt auf 13,6. Das ist näher an der *Bild*-Zei-tung, bei der die mittlere Satzlänge etwa 12 beträgt, mit der

Besonderheit, dass ein erheblicher Teil ihrer Sätze weniger als fünf Wörter hat (der Sprachkritiker Wolf Schneider hat 47 Prozent solcher Kürzestsätze gezählt). Zum Vergleich: In der Plakat- und Anzeigenwerbung gelten Neunwörtersätze als das Äußerste, aber oft hält sie sich nicht daran. Die mittlere Satzlänge bei *Spiegel* und *Zeit* liegt bei etwa 20. Bei Kafka sind es 23, mit einem als angenehm, als natürlich empfundenen Wechsel von längeren und kürzeren Sätzen, bei Thomas Manns *Dr. Faustus* 31, bei Hermann Brochs *Der Tod des Vergil* 91, die selbst den gutwilligsten Leser überfordern.

Ist es fair, ein solches Korpus aus dem Internet auf den eigenen Computer herunterzuladen, es näher in Augenschein zu nehmen und zu irgendeiner Demonstration zu benutzen? Daraus Schlüsse über die Schreibkompetenz der Deutschen oder auch nur einer Gruppe von Deutschen, der Internetnutzer, zu ziehen? Handelt es sich nicht nur um formlose Kritzeleien? Wüssten es die betreffenden Schreiber nicht besser, wenn sie sich auch nur die geringste Mühe gäben? Allerdings hatte ich manchmal das mulmige Gefühl, unabsichtlich einen Blick durchs Schlüsselloch zu werfen und Zeitgenossen bei einer unvorteilhaften Selbstentblößung zu beobachten.

Doch alle diese Botschaften waren ja keine Notizzettel, keine Selbstgespräche, keine Mitteilungen an nächste Verwandte und engste Freunde. Sie waren für die anonyme Öffentlichkeit bestimmt. Die Schreiber des Internet befinden sich sozusagen nicht in den eigenen vier Wänden, nicht im Boudoir und nicht im Pissoir, sondern in formellen Kommunikationssituationen. Es ist gleichsam Exhibitionismus, aber einer im Schutz der Anonymität, denn die meisten Korrespondenten im Internet treten unter einem Alias auf, einem Decknamen, der schwer bis unmöglich zu knacken ist. So befinden sie sich in einer paradoxen Lage: Einerseits gestattet ihnen die Anonymität die völlige Enthemmung, andererseits wollen sie persönlich einen guten Eindruck machen. Sie wollen Fremden etwas verkaufen und sie überzeugen, von der

Qualität der Waren oder ihrer geschäftlichen Seriosität. Sie wollen Fremden ihre politischen Meinungen nahe bringen. Sie wollen zum Teil dringende persönliche Probleme darlegen. Sie suchen Rat. Viele von ihnen scheinen nie auf die Idee zu kommen, dass ein sorgfältigerer Umgang mit der Schriftsprache ihnen dabei behilflich sein könnte. Schwer vorzustellen, dass jemand Käufer anlockt mit dem Angebot: *Ich biete euch hier 2 VIDIEOS für ein preis an. alle in Ordnung das sind 2 simpson vidoes.*

Bei der Mehrzahl der Postings handelt es sich unverkennbar um mündliches Deutsch. Die Schreiber schreiben etwas genau so, wie sie es sagen würden. Oder vielmehr: Es ist, als murmelten sie vor sich hin und schrieben das Gehörte gedankenlos mit: *habe in Moment sehr schlechte Nerven ärgere mich schon seit 2 Wochen mit Husten rum und nur ist die Wund an mein Bauch auch schon wieder nicht ok, aber kein Wunder oder könnt ihr husten ohne das der Bauch bewegt wird habe auch leichtes Fieber drückt mir mal die Daumen das es allein wech geht denn ich habe keine Lust auf einen Arzt.* Ein schriftliches *nu* (für *nun*), *net* (für *nicht*) oder *nen* (für *einen*) könnte bewusst gesetzt sein, ein Dialekteinsprengsel oder eine Nachahmung der mündlichen Umgangssprache, ein *gabs* oder *nix* oder *raus* oder *rum* ebenfalls. Doch Formen wie *aba* (für *aber*), *au* (*auch*), *er* (*eher*), *n* (*ein*), *gibs* (*gibt es*), *isn* (*ist ein*), *grich* (*kriege*), *ma* (*mal* oder *man*), *obs* (*ob es*), *se* (*sie*), *sin* (*sind*), *un* (*und*), auch die häufige Elision des Akkusativs (*dein* statt *deinen*, *kein* statt *keinen*: *da hattense kein Bock drauf*) wecken einen anderen Verdacht: dass die betreffenden Schreiber gar nicht wussten, wie die Wörter wirklich *lauten*, sie sie also auch nicht nach dem Gehör schreiben konnten. Und wenn sie solche Allerweltswörter nicht kannten, erlaubt das nur einen Schluss: dass sie nie mit irgendeiner Aufmerksamkeit gelesen haben, auch nicht die *Bild*-Zeitung: *das ist nicht war ich finde das so eine scheisse mit blöden cheater warum habe die das denn geh macht. – Isn Geschäft. – Passt aba gut.* Die scheinbar »nur« orthographischen Fehler offenbaren also teilweise ein im Schriftlichen wie im Mündlichen bestehendes Sprachdefizit.

Den engen Zusammenhang zwischen Lesen und Schreiben hat eine große Studie des deutschen Leseverhaltens bestätigt. »83 Prozent derer, die von sich selbst sagen, dass sie nicht oder kaum lesen, schreiben auch nicht. Die Nichtleser stellen damit zugleich den höchsten Prozentsatz von Nichtschreibern.«[2] Auch dies stellte sich bei der Gelegenheit heraus: Während immerhin 33 Prozent der Befragten angaben, viel und intensiv zu lesen, schreiben nur 11 Prozent privat und nur 20 Prozent beruflich mindestens einmal pro Woche einen längeren Text; 58 Prozent schreiben nie etwas längeres Privates und 68 Prozent nie etwas längeres Berufliches.[3] Sicher lockt heute das Internet manchen dieser Nichtschreiber aus der Reserve, sodass das Private Alltagsschriftdeutsch, das man dort antrifft, zu einem Teil das der eigentlich schreibabstinenten Mehrheit ist.

Was viele Postings schwer erfassbar und manche unverständlich macht, ist die Kumulation mehrerer Fehlerarten. Wäre nur die Interpunktion in Unordnung, alles andere aber regelkonform, so ließe sich darüber hinweglesen. Wären nur manche Wörter unorthodox geschrieben, müsste man ebenfalls nicht lange raten. Aber wer ständig mit jeder Art von Fehler rechnen muss, ist gezwungen, erst jedem Satzgebilde mehrere Bedeutungen anzuprobieren, und das hält auf: *Nach Rücksprache mit der Werkstatt sagte man mir, das ungefähr eine Stunde zum schweißen wäre dann wär das Pickerl kein Problem.* Oder: *Beim Scharfstellen fängt der Antrieb am zu rattern, Nachdem mann auf den Auslöser halb drückt. Nach wiederholten "halb-runterdrücken" des Auslösers hört das dann wieder auf. Mann kann jedoch noch mit Autofokus fotografieren. Bei manuellen Fokus keine Probleme.*

Was wir hier vor uns haben, scheint eine Sprache in Auflösung zu sein. Angesichts der massiven Schreibschwäche weiter Teile der Bevölkerung, die in solchen Internettexten zutage tritt und ihrerseits mit einer Leseschwäche verbunden ist, von der sie noch verstärkt wird, klingt das Wort von der »Wissens-gesellschaft«, in der wir angeblich leben oder um einer zivili-sierten Zukunft willen leben müssten, wie reiner Hohn. Im Bereich des Vokabulars werden Lautung und Schreibung der Wörter ungewiss. In der Grammatik lösen sich die Satzstruk-turen zugunsten einer fließenden Verkettung von Minimal-sätzen auf. Im Bereich der Orthographie sind drei Systeme mehr oder weniger zusammengebrochen: Interpunktion, Groß- und Kleinschreibung und Kompositaschreibung.

Interpunktion: Satzzeichen werden oft gar nicht oder, wenn doch, dann aufs Geratewohl gesetzt. Manchmal neh-men sie auch überhand, zum Beispiel die zahlreichen Ausru-fezeichen in den Fan-Foren und allerlei Satzzeichen, die es offiziell gar nicht gibt und die man nur im Internet findet, etwa =) oder =(oder * oder ^ oder die »Emotikons«. Die ge-sprochene Sprache besitzt ebenfalls keine Satzzeichen, aber Pausen, Betonungen und die Satzmelodie gliedern die Sätze. In der Schriftsprache entfallen solche Hilfen. Beim lauten Le-sen der interpunktionsarmen Postings scheinen diese oft ganz in Ordnung zu sein. Aber um lesen zu können, muss der Adressat sie sich erst selber gliedern. Das macht ihr Lesen schwieriger, als es ihr Schreiben war.

Groß- und Kleinschreibung: Was die Sprachwissenschaft-ler bei der Rechtschreibreform nicht durchsetzen konnten, weder in der radikalen noch in der gemäßigten Form, im In-ternet ist es weitgehend Alltag. Es wird kleingeschrieben, oft konsequent und sozusagen aus Prinzip – wogegen nichts zu sagen wäre. (Eine konsequente Kleinschreibung habe ich auch keinem Text als Fehler angekreidet.) Aber da jene Inter-netnutzer, die selber keine bewusste Grundsatzentscheidung für die radikale Kleinschreibung getroffen haben, dauernd mit Kleingeschriebenem konfrontiert sind, verliert sich bei ihnen offenbar jedes Gespür dafür, wann ein Wort normaler-weise groß- und wann eines kleingeschrieben werden müsste: *Also sie Bieten hier nur für einen Ordner wie oben Beschrie-ben. – bei den bild handelt es sich um meine eigene Ware die ich*

*selber benutze sie bekommen eine Original verpackte. – Es hat
kaum Gebrauchsspuren, und ist im Top zustand, Komplette zu-
behör satz inbegriffen.*

Kompositaschreibung: Aus dem Englischen ist seit den
fünfziger Jahren die Auseinanderschreibung von zusammengesetzten Begriffen eingedrungen, die nach deutscher Tradition und nach den gültigen offiziellen Orthographien zusammengeschrieben oder mit Bindestrich gekoppelt werden
müssten. Auf das PSA hat die Tendenz zur Auseinanderschreibung voll durchgeschlagen: von *Ananas Fish Topf* bis hin zu
*Schachbrett Torte, auftau funktion, Baldrian Hopfen Dragees,
das Faniel Herz, kein high Gefühl, Langzeit EKG, medikamen-
ten freak, Schmetterlings Baby Activity Gym, Wetter abhängig,
Winter Jacke, Wohn und Küchenbreich.* Fast 40 Prozent der
eigentlich zusammenzuschreibenden oder mit Bindestrichen
zu koppelnden Komposita waren getrennt geschrieben.

Manch einen wird der Verdacht beschleichen, die weitge-
hende Auflösung der Orthographie im PSA sei eine Folge der
Rechtschreibreform. Diese dürfte hier und da tatsächlich eine
gewisse Verunsicherung mit sich gebracht haben. Wer bewusst
schreibt und dabei auf Orthographie achtet, sah plötzlich das
eine oder andere Wort anders geschrieben als gewohnt und
mag sich hinfort gefragt haben, welche Schreibung nun die gültige sei. Über die Köpfe der meisten PSA-Schreiber geht dieser
Verdacht jedoch hoch hinweg. Ihre Fehler wären nach der alten
wie der reformierten wie jeder anderen vorstellbaren Orthographie welche: *Opjektiv, Objektief, foddo, trettlager, nacher,
profilaktisch* – das wäre nie richtig gewesen und wird es nie sein.
Ihre Texte beweisen auch nicht, dass sie die neue Rechtschreibung nicht akzeptierten. Einige befolgen sie mehr oder weniger, andere bleiben bei der alten, wieder andere mischen Alt
und Neu. Teilweise hat die Rechtschreibreform diese Textsorte
also durchaus erreicht, vor allem das *ss* nach kurzem Vokal
(*Busse* gegenüber *Buße*).

Aber die Ursache für die orthographische Konfusion liegt
nicht in der Koexistenz zweier leicht divergierender Orthogra-

phien, sondern darin, dass die Mehrzahl der Schreiber völlig uninteressiert an jeglicher Orthographie zu sein scheint. Dieser Umstand kompromittiert auch das Motiv, das die Rechtschreibreform zeitweise vorantrieb: Die Rechtschreibung sollte nicht nur von Widersinnigkeiten und Schikanen befreit, sondern insgesamt vereinfacht, sie sollte »demokratisiert« werden. Dieser Ehrgeiz konzentrierte sich vor allem auf die Unterscheidung von *das* (Artikel) und *dass* (Konjunktion), eine notorische Fehlerquelle. Eine grammatische Unterscheidung wie die zwischen Artikel und Konjunktion, hieß es, überfordere viele Schreiber. Darum sollte sie fallen: ein einheitliches *das* für alle Gelegenheiten. Am Ende blieb es dann doch bei *das* und *dass*, und tatsächlich sind die *das/dass*-Fehler so häufig wie ehedem. Aber was hätte eine Absenkung auf das niedrigere Niveau genützt? Die Schreiber hätten zwar diesen einen Fehler nicht mehr machen können, aber den Unterschied zwischen Artikel und Konjunktion, der für die Beherrschung einer Sprache nicht ohne Belang ist, hätten sie dennoch nicht begriffen. Wenn sie ihn jemals begreifen, dann nicht, indem er ihnen explizit erklärt wird, sondern intuitiv. Das einheitliche *das* aber hätte ihnen die größte Chance zu seinem intuitiven Verständnis genommen.

Gewonnene sprachliche Differenzierungen, auch orthographische, sollten nicht ohne Not preisgegeben werden. Die demokratische Anpassung nach unten ist ein Irrtum. So tief nach unten, dass alles Private Spontane Alltagsschriftdeutsch mit einem Schlag richtig würde, ließe sich die Orthographie gar nicht anpassen. Wie tief die Hürden auch gesetzt würden, es gäbe viele, denen sie dennoch zu hoch wären. Je tiefer man sie setzte, desto unbrauchbarer aber würde die Sprache als Kommunikationswerkzeug. In einer normfreien, anarchischen Schriftsprache könnte sich niemand mehr verständigen, auch nicht die glücklich von den Normen Befreiten untereinander.

Sehr beschränkt, der Code

Dass das Private Spontane Alltagsschriftdeutsch so ist, wie es ist, verlangt Erklärungen. Oder ist es nur der Bildungsdünkel einer privilegierten Schicht, der sich an falschem und falsch geschriebenem Deutsch stößt? Ist es nur elitäre, snobistische Willkür, die irgendeine Ausdrucksweise als falsch bezeichnet, um eine ganze Schicht ausgrenzen zu können? Darf man katastrophales Schriftdeutsch also gar nicht für eine Katastrophe halten? Erfüllt es nicht seinen Zweck? Haben die Leute jemals anders geschrieben, als sie heute im Internet schreiben? Können sie nicht anders? Sollen sie auch nicht anders? Ist ihnen doch nicht zu helfen? Ist es nicht auf seine Art auch ganz reizvoll? Ein Blick in die Zukunft unserer Sprache? Fragen, Fragen …

In den Bildungsreformdebatten der sechziger und siebziger Jahre waren plötzlich die Begriffe »elaborierter Code« und »restringierter Code« in aller Munde, geprägt 1962 von dem britischen Pädagogen Basil Bernstein.[1] Mit ihnen bezog er das individuelle Sprachniveau auf die Schichtzugehörigkeit. Der »elaborierte Code«, das voll entfaltete sprachliche Repertoire, ist danach die Sprache der Mittel- und Oberschicht. Der »restringierte Code«, das eingeschränkte Repertoire, soll dagegen die typische Sprache der Unterschicht sein. Zwischen beiden verläuft die berüchtigte »Sprachbarriere« und bildet eine undurchlässige soziale Grenze. Wer restringiert spricht, kommt nicht hinauf; wer elaboriert daherredet, wird unten scheel angesehen.

Bernstein selber hatte den restringierten Code als ein Defizit betrachtet, das die Angehörigen der Unterschichten am abstrakten Denken hindere, ihrem sozialen Aufstieg im Wege stehe und dem – hoffentlich – durch kompensatorische Erziehung abzuhelfen sei. Soziolinguisten wie Roland Reichwein in Deutschland und William Labov in Amerika[2] hatten sogleich widersprochen: Auch die scheinbar restringierte Unterschichtssprache lasse abstraktes Denken zu; es handele sich gar nicht um ein Defizit, sondern nur um eine Differenz, die es zu akzeptieren und sogar willkommen zu heißen gelte. Beide Seiten gingen wie selbstverständlich davon aus, dass der Unterschied zwischen elaboriertem und restringiertem Code allein gesellschaftlich bedingt sei, sich darum auch nur gesellschaftlich beheben ließe und beileibe nichts mit der Allgemeinen Intelligenz zu tun habe, die sich, wie den Pädagogen auch damals schon schwante, mit gesellschaftlichen Maßnahmen nicht beliebig vermehren lässt.

Es ging in jenen grundstürzenden Reformjahren nicht darum, den Unterschied zwischen elaboriertem und restringiertem Code in Frage zu stellen, der zu offensichtlich war, um bestritten werden zu können. Es ging auch nicht um die Erklärung seiner Entstehung, denn die stand von vornherein fest (»die Gesellschaft«, »das Milieu«, »die Kultur«, »die Erziehung«, »die Familie«, »die Schule«). Hin und wieder wurde versucht, ihn zu verwischen, nach dem Motto »Wir alle sprechen manchmal restringierten, manchmal elaborierten Code«. Es ging vor allem um seine Bewertung und die Konsequenzen daraus, mit der Folge, dass dem »elaborierten Code« bald offener, bald verhohlener seine Legitimität streitig gemacht wurde. Die an pädagogischen Fragen interessierte Öffentlichkeit sah sich dadurch in ein Dilemma manövriert: Sollten Schüler weiterhin unbedingt zum elaborierten Code der »bürgerlichen« Mittel- und Oberschicht erzogen werden, um ihre Aufstiegschancen zu verbessern? Oder sollten im Gegenteil die Soziolekte der Unterschichten rehabilitiert, geduldet und sogar gefördert werden? Sollten die Pädagogen ihren Schülern also den restringierten Code durchgehen lassen, gar ihren eigenen Code chamäleonhaft restringieren? Angleichung aufwärts oder abwärts?

84

Die kompensatorische Erziehung gilt als gescheitert. Einige Schulexperimente, in denen sie ausdrücklich getestet wurde, erbrachten die erhofften Erfolge nicht: Die Förderprogramme wirkten, solange sie dauerten, aber nicht darüber hinaus. Über die radikalere »emanzipatorische Erziehung«, welche die Schüler vor allem dazu bewegen wollte, lautstark und wirkungsvoll ihre Klasseninteressen zu vertreten – die Schule als Vorschule der Revolution –, wurde nicht bekannt, dass sie deren Sprachkompetenz erhöht hätte.

Wie sich gezeigt hat, ist das, was die Deutschen heute privat und spontan im Internet schreiben, zu einem erheblichen Teil unverkennbar restringierter Code. Ob dahinter ein weniger restringiertes Denken steht, das sich nur nicht ausdrücken kann, ist unbekannt. Man möchte es hoffen.

Dass es sich dabei um ein Unterschichtenphänomen handelte, ist dem Internetkorpus indessen nicht anzusehen. Die Gegenstände, die da verkauft, die Probleme, die diskutiert werden, sind nicht typisch Unterschicht. Schon der Umstand, dass alle Schreiber den eigenen Computer benutzen, und das offenbar mit souveräner Ungeniertheit, weist eher auf agilere Angehörige der Mittel- und Oberschicht. Damit hätte der restringierte Code seine Klasse hinter sich gelassen und sich zu einem Allerweltsphänomen geweitet. Wenn es noch eine Sprachbarriere gibt, dann verläuft sie heute nicht mehr zwischen Klassen und Schichten, sondern zwischen schriftsprachlich beschlagenen Einzelnen einerseits und dem Gros der Unbeholfenen andererseits, das sich aus allen Milieus rekrutiert. Immer wieder wundern sich Universitätsprofessoren heute über die dürftigen schriftlichen Ausdrucksmöglichkeiten ihrer Studenten, besonders in den naturwissenschaftlichen Fächern, wo sich die Intelligentesten der Intelligenten versammeln: miserable Orthographie, semantisch ungeschickte Wortwahl, verbaute Sätze, falsche logische Bezüge – schlecht gedacht, ungeschickt formuliert, falsch geschrieben. Mich selber überrascht und bestürzt am meisten, wie sprachlich unbedarft manche Postings sind, deren Verfasser sich als Ärzte, Ingenieure, Informatiker zu erkennen geben, so als hätte sich das Halbanalphabetentum bis in die besten intellektuellen Kreise emporgearbeitet.

»Früher war eben alles besser« …? Dass es um das Leseverständnis vieler Schulabgänger heute schlechter bestellt sei als früher, ging aus der PISA-Studie mitnichten hervor. Es gibt gar keine vergleichenden Untersuchungen dieser Art aus früherer Zeit, die einen solchen Schluss zuließen. Wir wissen nichts über die durchschnittlichen Leseleistungen unserer Großeltern und Urgroßeltern und nichts über ihre Schreibkompetenz.

Dass sich die allgemeine Lese- und Schreibfertigkeit in den letzten Jahrzehnten stark verringert hat, ist sogar unwahrscheinlich. Überraschenderweise nämlich ist der Intelligenzquotient (das mit standardisierten Tests messbare abstrakte Denkvermögen) zumindest in den Industriestaaten im Laufe des zwanzigsten Jahrhunderts allgemein deutlich gestiegen, allein in den drei Jahrzehnten nach 1950 um etwa 20 Punkte. Das ist der Flynn-Effekt, benannt nach dem neuseeländischen Politologen James R. Flynn, der dem Sachverhalt Anfang der achtziger Jahre als Erster systematisch nachging und zu diesem Behuf Daten aus zwanzig Industriestaaten zusammentrug.[3] Der Flynn-Effekt verblüffte, denn niemand hatte ihn erwartet; der Augenschein sprach immer dagegen, ein massenhafter Anstieg der Intelligenz war nirgends aufgefallen.

Beim IQ aber sind Vergleiche über größere Zeiträume hinweg tatsächlich möglich. Tests werden immer wieder neu geeicht: Die Schwierigkeitsgrade der diversen Denkaufgaben, aus denen sie bestehen, werden fortlaufend so angepasst, dass ein Altersjahrgang im Mittel ein Ergebnis von genau 100 Punkten und rund zwei Drittel seiner Angehörigen zwischen 85 und 115 Punkte erreichen. Bei der periodischen Eichung der Tests stellte sich nun aber heraus, dass sie seit ihrem Aufkommen zu Anfang des zwanzigsten Jahrhunderts immer schwieriger gemacht werden mussten, um das Mittel bei 100 zu halten. Es scheint ein weiterer säkularer Trend zu sein, wie das beschleunigte Größenwachstum: Gab man späteren Jahrgängen die älteren Tests, so schnitten sie dabei mit einer höheren Punktzahl ab als seinerzeit der Durchschnitt ihrer Eltern und Großeltern.

Gibt es diesen verblüffenden Anstieg wirklich? Warum hat man nichts von ihm gemerkt? Wie ist er zu erklären? Es wurden etliche Hypothesen erwogen und verworfen. Eine Hypothese, die überlebt hat, stammt von einem Doyen der kognitiven Psychologie, Ulric Neisser, Professor an der Cornell-Universität. Ihm zufolge ist der Anstieg echt – aber so speziell, dass er nicht auffallen konnte. Gerade die sprach- und »kulturfreien«, nämlich nicht nach Wissensinhalten fragenden Denkaufgaben hätten das stärkste Plus zu verzeichnen. Meist handelt es sich bei ihnen um so etwas wie Bilderrätsel, die durch logisches Denken zu lösen sind. Bildern aber seien Kinder in diesem Jahrhundert immer stärker ausgesetzt gewesen: Fotos, Comics, Filme, Fernsehen, Handy-Displays, Computerspiele, Verpackungen, Werbung – das ganze Leben ist heute voll gestellt mit Bildern und Bildsymbolen, die entziffert werden wollen. In der Bildanalyse sei tatsächlich jede Generation den Eltern voraus gewesen. Darin seien wir im Laufe eines Jahrhunderts zu Virtuosen geworden, einseitigen Virtuosen.[4]

Eine große Gruppe der Aufgaben in den meistverbreiteten IQ-Tests ist räumlich-bildlich-mathematischer Art, eine andere testet sprachlich vermitteltes Allgemeinwissen, den Wortschatz, das Sprachverständnis und das Sprachgedächtnis. Diese sprachlichen Fertigkeiten aber stiegen tatsächlich weniger stark an als die Bild- und Raumauffassung. Immerhin, gesunken sind sie nicht. Mit Schuldzuweisungen sollte man also vorsichtig sein. Falls die (schrift)sprachliche Kompetenz insgesamt gar nicht abgenommen hat, gibt es auch keinen Verantwortlichen für den Niedergang, weder »die Schule« noch »die Familie«. Für ihren relativen Abfall aber – relativ zum räumlich-bildhaften Denken – liegen andere Gründe näher, solche, die »Familie« und »Schule« übergeordnet sind.

Die Stiftung Lesen ließ zweimal, 1992 und 2000, das Leseverhalten in Deutschland erforschen.[5] Die beiden Studien sprechen eine deutliche Sprache, deutlicher, als es bei sozialwissenschaftlichen Erhebungen sonst üblich ist. Noch 1992 lasen 39 Prozent der Deutschen täglich oder mehrmals die Woche in einem Buch, 2000 aber waren es nur noch 28 Prozent. Im gleichen Zeitraum stieg der Anteil derjenigen, die selten (weniger als einmal im Monat) oder nie ein Buch lesen, von 35 auf 41 Prozent. In diesen acht Jahren haben also die Fast-nie-Leser die Vielleser weit überholt. Besonders stark zugenommen hat der Anteil der Nichtleser in der jüngeren Generation, bei den unter Dreißigjährigen. Das aber ist noch nicht alles. Heute macht man ja einen Unterschied zwischen Lesen und Lesen. Das eine, das altmodische Lesen, Wort für Wort, Satz für Satz, Seite für Seite, trägt den schönen Namen »Qualitätslektüre«. Das andere Lesen hat diese Qualität nicht, ist also eigentlich gar keins: Man sieht nur in ein Schriftstück hinein, um quasi osmotisch zu erfassen, wovon es ungefähr handelt und worauf es hinausläuft. Abgenommen hat von 1992 bis 2000 auch die Zahl der »Qualitätsleser«, zugenommen die derjenigen, die Bücher nur überfliegen und sich das Interessanteste herauspicken – die Zapper unter den Lesern. In fast allen Jahrgängen ist ihr Anteil von etwa 15 auf knapp 20 Prozent gestiegen, sehr viel stärker aber bei den unter Neunzehnjährigen: von 11 auf 31 Prozent. Je jünger, desto weniger und desto unaufmerksamer: Das ist das Fazit dieser Studie.

Es wird also weniger und oberflächlicher gelesen, so viel scheint festzustehen. Was ist der Grund? Eine populäre Vermutung glaubt ihn genau zu kennen. Sie schiebt die Abnahme der Lesekompetenz dem Fernsehen (und den Computerspielen) in die Schuhe: Kinder läsen seit vierzig Jahren weniger und weniger und verbrächten immer mehr Zeit vor dem Bildschirm, seien darum mit der Schriftsprache immer weniger vertraut und hätten allgemein immer weniger Umgang mit

Sprache. *Wir amüsieren uns zu Tode* war der Titel des Bestsellers von Neil Postman, der diese alarmierte These emphatisch vertrat und nachhaltig unters Volk brachte. Ist es also »das Fernsehen«? Die Medienforschung war nicht so sicher.

Die rohen Zahlen nähren diesen Verdacht allerdings. Einer neueren Studie zufolge verbringen Fünfzehnjährige heute an Schultagen zwischen 50 und 198 Minuten ihrer freien Zeit vor dem Fernseher, aber nur zwischen 17 und 36 Minuten mit Lesen[6]; selbst die »Vielleser« unter ihnen sehen fast doppelt so viel fern, wie sie lesen. In denselben Jahrzehnten, als die Lesezeit schrumpfte, dehnte sich die Fernsehzeit aus. Es ist, als stünden Lesen und Fernsehen in einem Verdrängungswettbewerb miteinander und das Fernsehen hätte ihn weitgehend für sich entschieden. Aber Vorsicht. Der nämlichen Studie zufolge lesen fünfzehnjährige »Vielseher« (jene, die im Schnitt fast ein Drittel ihrer Freizeit fürs Fernsehen reservieren) etwas, aber nicht signifikant weniger als »Wenigseher« (die dem TV-Konsum im Schnitt nur ein Zehntel ihrer Freizeit widmen). Das exzessive Fernsehen scheint also gar nicht so sehr auf Kosten des Lesens zu gehen. Es geht eher auf Kosten des Ausruhens, des Essens, des Musikhörens, des Musikmachens, der Bewegung, des Sports, vor allem aber auf Kosten der Gespräche mit Gleichaltrigen.

Solche Befunde stützen die Verdrängungstheorie nur sehr eingeschränkt. Gewiss, dass die Jugendlichen den Löwenanteil ihres Zeitbudgets heute dem Fernsehen vorbehalten, macht die Zeit für alles andere knapp; blieben die Fernsehgeräte plötzlich dunkel, so würde eine Menge Zeit frei. Dass viel davon der Lektüre zugute käme, wäre jedoch kaum zu erwarten. Das Lesen scheint sich neben dem Fernsehen sogar relativ gut behauptet zu haben. Die eigentlichen Verlierer im Verdrängungswettbewerb mit dem Fernsehen heißen wohl anders: Sozialkontakte und Körperbewegung.

Dass das Fernsehen möglicherweise vom Lesen abhält, scheint darum ein zu dünner Beweis für seine behaupteten negativen Auswirkungen auf die jugendlichen Lese- und

Schreibleistungen. Wenn es der Lese- und mithin auch der Schreibkompetenz schadet, dann müsste es das auf eine direktere Weise tun als durch sein bloßes zeitraubendes Vorhandensein. Hat die Medienwirkungsforschung mit überzeugenderen Beweisen aufzuwarten? Sie quält sich redlich – und ist berüchtigt dafür, auf die großen einfachen Fragen der Öffentlichkeit keine Antwort zu finden. Seit Jahrzehnten müht sie sich um die Aufklärung des immer wieder vermuteten Zusammenhangs zwischen Gewaltdarstellungen in den Medien und Gewalt in der Realität, ohne Ergebnis – die Öffentlichkeit weiß so wenig wie vor vierzig Jahren, ob es einen solchen Zusammenhang wirklich gibt und worin er besteht; sie hört nur, dass solche Fragen falsch gestellt sind. Um einen möglichen Zusammenhang zwischen Fernsehkonsum und sprachlichen Kompetenzen hat sich die Wissenschaft ungleich weniger gekümmert, und die Ergebnisse waren entsprechend schütter.[7] Vor allem in den Vereinigten Staaten und in Holland gab es eine Reihe von einschlägigen Studien. Einige von ihnen fanden einen leichten negativen Zusammenhang, einige gar keinen, einige gar einen positiven – ihnen zufolge kommt das Fernsehen (zumindest in Form bestimmter pädagogischer Sendungen) den sprachlichen Leistungen sogar zugute. Alle hatten sichtbare methodische Schwächen und waren auf deutsche Verhältnisse nicht ohne weiteres übertragbar.

Während die Wissenschaft herumdruckste, blühte die Pseudowissenschaft, die alles immer umso genauer weiß. Unter amerikanischen Alphawellenmystikern und Fernsehhassern, insbesondere solchen, die überall und natürlich auch im Fernsehen planvolle Gehirnwäsche wittern, kursiert hartnäckig die Theorie, das Gehirn werde durch Fernsehen verhängnisvoll umprogrammiert. Sie beruft sich unweigerlich auf zwingende »neue wissenschaftliche Erkenntnisse«, immer auf dieselben Namen: Mulholland und Krugmann. In einem flammenden Artikel aus dem Jahre 2001 mit dem Titel *TV – das Opium der Massen* etwa heißt es: »Beim Fernsehen ist die rechte Gehirnhälfte doppelt so aktiv wie die linke, eine neu-

rologische Anomalie … erhöhte Ausschüttung von Endor-
phinen … Das Gehirn scheint zum Stillstand zu kommen,
denn es produziert im EEG nur langsame Alphawellen. Das
liegt an dem grellen Licht der Kathodenröhre im Fernsehap-
parat … Fernsehen schaltet das Nervensystem aus … Fernsehzuschauer befinden sich in einer Art Trance … ein süchtig
machendes Gerät zur Gedankenkontrolle …«[8] Das alles ist
Wort für Wort ein reines Phantasieprodukt, eine weitere *ur-
ban legend*. Jene beiden Wissenschaftler gab es zwar tatsächlich, aber ihre Arbeiten liegen Jahrzehnte zurück, fanden seinerzeit keine sonderliche Beachtung und haben auch keine
weiteren Forschungen angestoßen. Egal, was sie erforscht haben, die Auswirkungen des Fernsehkonsums waren es jedenfalls nicht. Auf irgendwelche neurophysiologischen Verwüs-
tungen, die Fernsehen im Gehirn anrichten soll, findet sich
bei ihnen nicht der leiseste Hinweis.[9]

Eine andere Theorie, die in populären Artikeln über die
Gefahren des Fernsehens immer wieder auftaucht, ist die vom
»Verlust der inneren Verbalisierung«. Sie immerhin ist kein
bloßes Missverständnis. Sie stammt von der Medienpsycho-
login Hertha Sturm: »Bei der Laufbildwahrnehmung … ver-
mag der Wahrnehmende nicht vorherzusagen, was das
nächste Bild sein wird, auf das er sich einzulassen hat. Rasante
Schnitte, Kamerawechsel, Überblendungen, Montagen und
Wort-/Bildumsprünge können zu völlig unvorhersehbaren
Situations-, Standort-, Personen- und Szenenwechseln führen. Als zentrales Problem der Laufbildwahrnehmung habe
ich daher [1984] die ›fehlende Halbsekunde bei den Übergän-
gen‹ bezeichnet und als Hypothese formuliert: *Diese fehlenden Halbsekunden haben eine fatale Konsequenz: den Verlust
der inneren Verbalisierung.*«[10] Tatsächlich scheinen bei filmi-
schen Medien häufige kurze Pausen – oder ein weniger rasan-
ter Schnitt – dem Verständnis des Gesehenen zugute zu kommen. Aber ob der Fernsehzuschauer solche Atempausen je
dazu benutzt, das Gesehene und das Erwartete mit Worten zu
begleiten, ist eine andere, völlig offene Frage. In wortschatz-

reichen und grammatisch ausgefeilten Sätzen denken die Menschen ja nur selten. Wir wissen also nicht einmal, inwieweit die »innere Verbalisierung« überhaupt das Normale ist und in welcher Form sie vonstatten geht, und über ihre Rolle beim Erwerb sprachlicher Kompetenzen ist uns erst recht nichts bekannt. Die Möglichkeit, zu den Bildern immer wieder kurz Distanz zu gewinnen, mag für die Auffassung des Gesehenen und auch für die seelische Balance von Vorteil sein; dass sie die sprachlichen Fähigkeiten fördert, ist nicht einmal wahrscheinlich. Die dürften weniger unter dem Tempo des Fernsehkonsums leiden als unter der Passivität, der reinen Rezeptivität, der das Fernsehen seine Zuschauer überlässt. Jeder sprachliche Ausdruck des Gesehenen, jede aktive »äußere Verbalisierung« des erregenden und emotional herausfordernden Fernseherlebnisses wird ihnen erspart.

Aber für solche Spekulationen ist es eigentlich noch zu früh. Zunächst müsste die Frage beantwortet sein, ob denn der befürchtete negative Zusammenhang zwischen Fernsehkonsum und Sprachlichkeit überhaupt besteht. Bis vor kurzem war sie mehr oder weniger offen. Erstaunlicherweise aber ist sie das heute nicht mehr. Der Nebel hat sich weitgehend verzogen, dank einer 1998 an der Universität Würzburg begonnenen Langzeitstudie, deren erste Ergebnisse inzwischen vorliegen.[11]

Untersucht wurden über anderthalb Jahre hinweg 312 Kinder zweier Altersgruppen: sechsjährige Kindergartenkinder, die gerade in die Schule wechselten, und Achtjährige aus der zweiten Grundschulklasse. Ihr Fernsehkonsum wurde durch ein Tagebuchprotokoll, das die Eltern während der gesamten Untersuchungszeit führten, sorgfältiger ermittelt, als in derlei Studien sonst üblich. Aufgrund dieser Tagebücher wurden sie in drei gleich große Gruppen eingeteilt: »Wenigseher«, die täglich 15 bis 30 Minuten vor dem Fernseher verbrachten, »Normalseher« (58 bis 85 Minuten) und »Vielseher« (127 bis 166 Minuten).[12] Auch ihre sprachlichen Fähigkeiten wurden mehrmals und ungewöhnlich gründlich getestet: der Wortschatz, die all-

gemeine sprachliche Entwicklung (»Bildung von Ableitungs-
morphemen«, »Korrektur semantisch unkorrekter Sätze«, »Be-
nennungsflexibilität« und »Textgedächtnis«), bei den Älteren
auch Lesegeschwindigkeit und Leseverständnis. Das Ergebnis:
Für keine dieser Gruppen gibt es auch nur eine einzige positive
Korrelation zwischen Fernsehkonsum und schriftsprachlichen
Fähigkeiten. Die negativen Korrelationen, die sich durchweg
finden, sind jedoch im Durchschnitt schwach. Kurz und bün-
dig: »Vielseher [erbringen] im Bereich schriftsprachlicher
Kompetenzen vielfach schwächere Leistungen als Kinder mit
geringerem Fernsehkonsum. Während sich negative Effekte
des Fernsehkonsums in der jüngeren Kohorte noch auf die
Buchstabenkenntnis und einen Subtest der Lautbewusstheit
beschränkten [die vorhanden sein muss, ehe die Kinder mit
dem Lesen beginnen können], traten sie bei den älteren Kindern über den gesamten Untersuchungszeitraum hinweg sowohl in der Lesegeschwindigkeit als auch im Leseverständnis
auf. Dieser Befund … stützt die Annahme kumulativer Effekte
des Fernsehkonsums auf Lesefertigkeiten.«[13] Anders und volks-
tümlicher gesagt: Je mehr diese Kinder täglich fernsahen, und
je langfristiger sie das taten, desto schlechter war es um ihre
schriftsprachlichen Fähigkeiten bestellt.

Aber Korrelationen sagen nichts über Kausalitäten. Die
Studie lässt bisher die Frage offen, ob es das Fernsehen ist, das
den Kindern die Schriftsprache verleidet, oder ob Kinder, die
von vornherein ein schwächeres Verhältnis zu Sprache und
Schrift haben, genau deswegen mehr Zeit vor dem Fernseher
verbringen. Natürlich legt sie eine Vermutung nahe. Bis auch
die Richtung der Kausalität förmlich geklärt ist, muss sich
aber noch jeder sein Teil denken. (Ich selber denke, dass es
sich wie so oft im Leben um einen kausalen Zirkel handeln
dürfte: Weniger sprachgeneigte und sprachbegabte Kinder
werden eher zu Vielfernsehern, und das Fernsehen bestärkt
sie dann weiter in ihrer Indifferenz und Aversion.)

Zwei andere Ergebnisse nehmen die Antwort jedoch fast
schon vorweg. Die eigentliche Aussagekraft dieser Studie

nämlich besteht darin, dass sie zwei nahe liegenden Einwänden, welche die Ergebnislage trotz ihrer Deutlichkeit auf Jahre hinaus wieder in die Schwebe gebracht hätten, von vornherein den Wind aus den Segeln genommen hat. Es ist Psychologen wohlbekannt, dass der Fernsehkonsum mit zwei anderen Variablen korreliert: dem IQ und dem Sozialstatus. Mit steigendem IQ wie mit steigendem Sozialstatus nimmt der Fernsehkonsum ab. Oberschichtler mit hohem IQ sehen am wenigsten fern, Unterschichtsangehörige mit niedrigem am meisten. Wenn hoher Fernsehkonsum mit einer niedrigeren Lesekompetenz einhergeht, könnte das also sehr wohl daran liegen, dass sich in der Kategorie der »Vielseher« vorwiegend die Minderintelligenten oder die Unterschichtler ansammeln – und dass deren Leseschwächen gar nichts mit dem Fernsehen zu tun haben, sondern allein mit ihrem IQ oder ihrem SÖS (sozialökonomischem Status) oder mit beidem.

Die Würzburger Studie hat darum auch den IQ der Kinder getestet und Daten über ihren SÖS erhoben. Sie konnte der Analyse damit ein wesentlich differenzierteres Datenmaterial zugrunde legen. Mit den Methoden der modernen Statistik ist es möglich, in einem Gesamteffekt die Effekte einzelner Variablen zu erkennen und sie herauszurechnen. Und siehe da: »Differenzierte Analysen ergaben zunächst, dass die Intelligenz der Kinder erwartungsgemäß in beiden Altersgruppen auf alle erhobenen Leistungsbereiche den größten Einfluss hatte. Daneben waren jedoch insbesondere in der älteren Kohorte auch dem Ausmaß des Fernsehkonsums bedeutsame eigenständige Effekte auf die Testleistungen zuzuschreiben. Bei näherer Betrachtung zeigte sich dabei, dass sich hier lediglich eine kleine Gruppe von Kindern mit langfristig sehr hohem Fernsehkonsum, die sogenannten Vielseher, durch schwächere Leseleistungen abhob, während sich die Wenig- und Normalseher nicht bedeutsam voneinander unterschieden. Beim Wortschatz und der Sprachentwicklung waren ähnliche Nachteile der Vielseher jedoch nicht auszumachen.«[14] Und eine ähnliche Analyse für den SÖS: »Die vorliegenden Befunde bestätigen ... die aus der Literatur bekannten Zusammenhänge zwischen Sozialstatus und Fernsehkonsum bzw. (schrift)sprachlichen Kompetenzen von Kindern. Während die soziale Schicht positive Beziehungen mit den Sprach- und Leseleistungen der Kinder aufwies, zeigten sich negative Zusammenhänge mit dem Fernsehkonsum der Kinder.« (Was besagen soll: Je höher der SÖS und je geringer der Fernsehkonsum, desto stärker die schriftsprachlichen Leistungen.) Aber auch hier ein überraschendes Nebenergebnis: »[Es waren] vor allem die Vielseher aus höheren Sozialschichten, die überraschend deutliche Leistungseinbußen zu verzeichnen hatten, indem sie tendenziell sogar leicht unter das Niveau von Kindern mit niedrigem SÖS abfielen.«[15]

Das alles aber bedeutet: Wenn das Fernsehen die sprachlichen Kompetenzen beeinträchtigt, dann nur bei exzessivem Konsum von mehr als zwei Stunden täglich und über einen längeren Zeitraum hin. Es schadet auch nicht der Sprachkompetenz an sich, der Schaden ist spezieller und betrifft die Lesegeschwindigkeit und das Leseverständnis. Den deutlichsten Schaden richtet es zum einen bei minderintelligenten, zum anderen bei sozialprivilegierten Vielsehern an (eine kleine, untypische Gruppe). Schließlich widerlegt die Studie die sogenannte Mainstreaming-Hypothese: Das Fernsehen ist nicht das Medium, das die sprachlichen Kompetenzen zwischen den Schichten und den Intelligenzniveaus ausgleicht, wie manche gehofft hatten. Eher scheint es die Unterschiede zu verstärken.

Ob es im Gehirn darüber hinaus zu dauerhaften neurobiologischen Veränderungen führt – diese wichtige Frage ist bisher offen. Exzessives Fernsehen und »Gaming« tragen jedenfalls alle Zeichen einer Suchtkrankheit: Es fällt Kindern so schwer, wieder davon abzulassen, dass es sich um mehr als eine bloße Gewohnheit zu handeln scheint – eher ist es, als würde das Gehirn davon in irgendeiner Weise umprogrammiert. Es gibt in Deutschland schon eine Klinik (die Wichern-Klinik in Boltenhagen), die sich auf den Medienentzug spezialisiert hat. Eine Sucht hat immer ihr neurobiologisches Korrelat. Welches es in diesem Fall sein könnte, ist bisher nicht bekannt. Man hat sie mit einer vermehrten Ausschüttung des Neurotransmitters Dopamin und den mit ihr verbundenen Glücksgefühlen in Verbindung gebracht – eine allzu simple Erklärung. Wie Dopamin-»Duschen« zu einer Atrophie der Lesefähigkeiten führen könnten, ist nicht einzusehen. Wahrscheinlicher ist es, dass ein exzessiver Medienkonsum in den Jahren, in denen sich die funktionalen Gehirnstrukturen herausbilden, eine vorhandene generelle Konzentrationsschwäche verstärkt: eine Störung der Fähigkeit zur Daueraufmerksamkeit und eine damit einhergehende Merkschwäche. Jedenfalls wurde auch ADS (die Aufmerksamkeitsdefizitstörung), an der heute drei bis zehn Prozent aller Kinder und Jugendlichen leiden, unter anderem mit exzessivem Medienkonsum in Verbindung gebracht. ADS wiederum scheint auf einer (im wesentlichen genetisch bedingten) Dysregulation des Dopaminstoffwechsels zu beruhen und geht nicht selten mit einer Leserechtschreibschwäche einher; zu ihren Spätfolgen gehört neben Essstörungen und Depression oft auch Suchtverhalten.

Allgemein lässt sich jedenfalls so viel sagen: Die Neuronennetze des wachsenden kindlichen Gehirns richten sich auf einen bestimmten »normalen« Input der Außenwelt ein, zu dem auch das Gespräch mit anderen Menschen, die nicht nur rezeptive Begegnung mit Sprache gehört. Netzwerke, die in dieser Phase nicht in Anspruch genommen werden, verkümmern und lassen sich später kaum noch reaktivieren. Wenn die für gewöhnlich langsamen, aber bedeutungsvollen und folgenreichen Situationen und Interaktionen des kindlichen Lebens weitgehend durch einen schnellen, unverbindlichen und folgenlosen Bilderandrang ersetzt werden, ist in der Tat ein irreversibler Umbau des Gehirns zu erwarten.

Vielseher sind nicht notwendig Wenigleser. Im Gegenteil, es gibt den Typ des informationsgierigen Vielnutzers, der nicht nur überdurchschnittlich viel Zeit mit verschiedenen Medien verbringt, sondern auch überdurchschnittlich viele verschiedene Medien nutzt. Er sieht relativ viel fern, er hört relativ viel Radio, er surft relativ viel im Internet, er liest relativ viel. Am anderen Ende des Spektrums dagegen steht der Typ des uninteressierten Wenignutzers.[16] Er allerdings liest kaum, sondern sieht nur noch fern. So teilt sich die Gesellschaft in Partizipanten und Nichtpartizipanten, in »User und Looser«. Wer das eine Medium intensiv nutzt, nutzt auch andere. Computernutzer unter dreißig sehen genauso viel fern wie Nichtnutzer; aber sie lesen mehr Pressemedien, hören mehr Radio und Musik, machen mehr Gebrauch vom Videorecorder – und lesen fast dreimal so viel Fachliteratur und über doppelt so viel Belletristik wie Nichtcomputernutzer.[17]

Es ist dies ein weiterer Beleg für die These von der wachsenden Wissenskluft, in den Zeiten der vernetzten Computer als These der »digitalen Wasserscheide« wiedererstanden, die 1970 erstmals von dem britischen Mediensoziologen Phillip J. Tichenor vertreten und seitdem leider nicht widerlegt wurde: »Während die Information der Massenmedien immer tiefer in ein Gesellschaftssystem eindringt, erwerben die Bevölkerungssegmente mit einem höheren sozioökonomischen Status diese Information schneller als die Segmente mit niedrigerem Status, sodass die Wissenskluft zwischen ihnen eher zu- als abnimmt.«[18] Wie der Schweizer Medienforscher Heinz Bonfadelli erläutert: »Die schichtspezifische Segmentierung der modernen Gesellschaft in statushohe und statustiefe Segmente wird … durch die Medien also nicht ausgeglichen, sondern reproduziert sich im Kommunikationsverhalten, das dementsprechend selbst heterogen ist.«[19] Einfacher drückt es der Freizeit- und Jugendforscher Horst W. Opaschowski aus: »Eine neue Zwei-Klassen-Gesellschaft von Medien-Analphabeten und Angehörigen einer Wissenselite zeichnet sich ab.«[20] Es ist ein Befund, der Fortschrittsoptimisten durch Mark und Bein gehen müsste: Das vermehrte Angebot an zugänglichem Wissen gleicht die Wissens- und Kompetenzunterschiede in der Gesellschaft nicht aus, sondern vertieft sie sogar. »Chancengleichheit«, hier in Form von gleichen Zugangsmöglichkeiten zu den Medien, macht die Gesellschaft nicht unbedingt gleicher; hier macht sie sie ungleicher. Die einen nutzen die Chance, die anderen nutzen sie nicht.

Mit Ausnahme von Volkmar Weiss[21], dem Leipziger Genetiker, der schon zu DDR-Zeiten durch drüben wie hüben politisch nichtkorrekte Ansichten auffiel, scheint niemand Notiz davon genommen zu haben, dass in der PISA-Studie die Begriffe ›Allgemeine Intelligenz‹ und ›Begabung‹ nicht vorkommen, obwohl sie sehr nahe gelegen hätten. Wie die PISA-Studie messen auch die in der Pädagogik scheel angesehenen IQ-Tests die Fähigkeit eines Altersjahrgangs zum abstrakten Denken in mehreren Bereichen, vor allem dem mathematisch-räumlichen und dem sprachlichen. Diese Bereiche korrelieren in erheblichem Maß: Wer bei den mathematischen Aufgaben gut abschneidet, wird bei den sprachlichen im allgemeinen wahrscheinlich nicht ganz schlecht abschneiden. Diese immer wieder beobachtete Interkorrelation aller erdenklichen Testaufgaben hat zur Annahme eines allen Denkbereichen gemeinsamen Faktors geführt, ›g‹ genannt, *general factor*, Allgemeinfaktor oder eben »Allgemeine Intelligenz«. Es gibt auch Tests, die weder mathematisch-räumliche noch sprachliche Denkaufgaben enthalten, sondern knifflige Bilderrätsel, zu deren Lösung man nur logisch denken muss. Wissen, Bildung helfen bei ihnen so gut wie gar nicht – sie sind nahezu »kulturfrei«. Solche kulturfreien IQ-Tests messen *g* am direktesten. Aus ihnen lässt sich am besten vorhersagen, wie jemand auch mit den weniger kulturfreien mathematischen und sprachlichen Aufgaben fertig werden wird. Von der Allgemeinen Intelligenz hängt vor allem der Schulerfolg ab, in minderem Maß auch der allgemeine Lebenserfolg. Um jenen zu prognostizieren, wurden die IQ-Tests zu Anfang des zwanzigsten Jahrhunderts erfunden, und ihre Vorhersagekraft für die von einem Schüler zu erwartenden schulischen Leistungen hat sich hundert Jahre lang immer wieder erwiesen – ohne sie wären die IQ-Tests längst auf dem Sperrmüll gelandet. Nicht, dass eine hohe Allgemeine Intelligenz den Schulerfolg garantierte – dazu sind auch andere Eigenschaften, Fähigkeiten und natürlich günstige äußere Umstände nötig –, aber eine niedrige Allgemeine Intelligenz garantiert, dass einer auch unter günstigen Umständen keine größeren Schulerfolge erzielen wird. Worin diese Allgemeine Intelligenz im einzelnen besteht, ist immer noch nicht genauer spezifiziert. »Tatsächlich lässt sie sich am besten als die Fähigkeit beschreiben, mit kognitiver Komplexität umzugehen«, meint die Soziologin Linda S. Gottfredson.[22] Für den Umgang mit komplexen abstrakten Denkaufgaben scheint es aber vor allem auf die relative Verarbeitungsgeschwindigkeit des Gehirns und auf das Fassungsvermögen seines »Arbeitsspeichers« anzukommen. Die Redensart »eine lange Leitung haben« wäre dann mehr als eine bloße Metapher.

Dieser Allgemeinfaktor ist es, was IQ-Tests vor allem messen – und *PISA 2000* hat ihn ungewollt mitgemessen. Auch wenn sich die Studie dem Anschein nach nur für Schulleistungen interessierte und die Frage der Begabung außer Acht ließ, hat sie unbeabsichtigt etwas dem IQ der getesteten Schüler Ähnliches erfasst. Das sagt sie nicht, das wollte sie nicht. Sie schleicht vielmehr wie die Katze um den heißen Brei. Hinter ihr steht nämlich, was seit Jahrzehnten die felsenfeste Überzeugung der meisten Pädagogen ist: dass die gefundenen Leistungsunterschiede ausschließlich soziale Ursachen haben und etwaige Leistungsdefizite ausschließlich sozial, in diesem Fall pädagogisch bekämpft werden können. Dass es unterschiedliche Begabungen geben könnte, bejaht sie nicht, verneint sie nicht – sie zieht es gar nicht erst in Betracht. In nahezu jeder Diskussion erlebt man nach wie vor den gleichen Eiertanz: Auf der einen Seite ist der Begriff ›Begabung‹ Anathema und wird aufs sorgfältigste ausgespart, auf der anderen Seite wird eingeräumt, dass man es nicht nur, aber auch mit Begabungsunterschieden zu tun hat. Das ist noch immer das politisch korrekte Menschenbild der Sozialwissenschaften.

Langsam wäre es revisionsbedürftig. In den Zeiten der IQ-Kämpfe der siebziger und achtziger Jahre konnte es vielleicht noch Zweifel geben, inzwischen darf es schon lange als erwiesen, fast als trivial gelten: dass die beobachteten Unterschiede in der Allgemeinen Intelligenz etwa zur Hälfte auf genetische Unterschiede zurückgehen – und die andere Hälfte der Unterschiede nur zu einem Teil auf erzieherische Interventionen gleich welcher Art.

Es ist ein schlichter Syllogismus. Die meistverwendeten IQ-Tests erfassen gleichzeitig die Allgemeine Intelligenz und untereinander stark korrelierende speziellere Fähigkeiten, darunter sprachliche. Was sie erfassen, hat eine errechenbare »Erblichkeit« im technischen Sinn, impliziert also ererbte Begabungsunterschiede. Ergo: Es gibt angeborene Unterschiede in der sprachlichen Begabung.

Man stellt sie sich am besten als Unterschiede in der sprachlichen Auffassungsgabe und der sprachlichen Gewandtheit vor, denn das ist es, was diese Tests messen. Eine niedrige sprachliche Intelligenz bedeutet also nicht, dass einer keine Wörter und keine Grammatik lernen kann oder noch speziellere Defizite aufweist: keine Abstrakta, keine Konjunktive oder ähnliche punktuelle Ausfallerscheinungen. Wo die Sprachgewandtheit beeinträchtigt ist, scheint sie in der Regel als Ganzes beeinträchtigt zu sein.

Und da ist der restringierte Code wieder. Seine Kennzeichen sind: kleiner Wortschatz, einfacher Satzbau (mit einer einzigen Aussage pro satzähnlicher Einheit), weitgehender Verzicht auf Nebensätze, auf Verschachtelungen und eingebettete Satzteile, starke Stereotypisierung (immer wieder dieselben stehenden Redewendungen) – und ein geringes Sprachbewusstsein. Das mangelnde Sprachbewusstsein gibt dem restringierten Code seine einsinnige Zwangsläufigkeit. Es ist, als könnten seine Sprecher und Schreiber etwas nicht anders ausdrücken, als sie es gerade ausgedrückt haben. Manch einer merkt offenbar nie, dass er mit einem hochkomplizierten Werkzeug hantiert, welches ihm eigentlich Aufmerksamkeit und immer aufs neue

Entscheidungen abverlangte. Er ist nicht Herr über seine sprachlichen Mittel. Allzu große Sprachbewusstheit ist kein minderes Handicap. Wer wie der Büroangestellte Grand in Albert Camus' *Die Pest* jahrelang über dem ersten Satz eines geplanten Romans brütet, wird nie über ihn hinausgelangen. Der in Maßen Sprachbewusste aber wird imstande sein, ein und denselben Gedanken auf vielerlei Weise, in mehreren Stillagen und Tonfällen auszudrücken, und er wird mit der Unvollkommenheit des Ausdrucks leben können.

Wie alle anderen Teilfähigkeiten der Allgemeinen Intelligenz wird die Sprachgewandtheit grundsätzlich auf beidem fußen: auf erblicher Anlage und dem, was vereinfachend unter dem Stichwort ›Umwelt‹ oder ›Erziehung‹ zusammengefasst wird. Es ist also nicht unplausibel, den restringierten Code auch – nicht nur – auf eine geringere Sprachbegabung zurückzuführen.

Die mittlere Satzlänge ist darum von Interesse, weil sie ein wichtiger Indikator für die Elaboriertheit der Sprache ist. Nicht, dass Sprachbegabte unweigerlich in langen Sätzen sprechen und schreiben, und schon gar nicht trifft es zu, dass sich differenzierte Gedanken nur mittels langer Sätze ausdrücken lassen. Auch die höhere Sprachintelligenz kann sich kurz fassen. Wer Zuhörern oder Lesern in Gebrauchstexten überlange, unübersichtliche, verschachtelte Satzperioden zumutet, die ihre Aufnahmefähigkeit übersteigen, verrät zwar eine hohe sprachliche, aber eine geringe soziale Intelligenz. In der anderen Richtung jedoch ist die Satzlänge ein zuverlässiger Indikator. Der sprachlich nur gering Begabte wird wahrscheinlich außerstande und folglich auch nicht willens sein, längere, syntaktisch komplizierte Sätze zu verstehen oder selber zu bauen. Auf vielfältige Weise gibt er seinem Gegenüber zu verstehen, er solle nicht so geschwollen daherreden. Die Werbung, die es auch auf seinen Geldbeutel abgesehen hat, tut recht daran, ihm keine Sätze von mehr als neun Wörtern zuzumuten. Die *Bild*-Zeitung kennt ihre Leser.

Was bedeutet das? Nur das, was der Common Sense sowieso für selbstverständlich hält und immer gehalten hat. Erstens, dass auch noch so intensive erzieherische Bemühungen die Begabungsunterschiede möglicherweise verringern, aber nicht ganz aus der Welt schaffen werden. Man sollte sich also keinen Illusionen hingeben: Wahrscheinlich wird es immer Menschen geben, denen mangelnde Sprachbegabung einen restringierten Code diktiert – und andere, die ohne jede Nachhilfe den elaboriertesten Code hervorbringen.

Zweitens bedeutet es, dass die Pädagogik zwar nicht allmächtig, aber auch nicht machtlos ist. Die andere, nichtgenetische Hälfte der Varianz geht auf soziale Einwirkungen zurück, und unter diesen darf man auch schulische vermuten. Genau das hat *PISA 2000* durch den Ländervergleich offenbar gemacht. Es wäre keine vernünftige Annahme, dass die Sprachbegabung, also die genetische Komponente, in Deutschland im Mittel niedriger ist als in anderen OECD-Ländern – sie dürfte in Deutschland nicht geringer sein als in Finnland, Kanada, Irland, Schweden, Österreich, Belgien oder der Schweiz, um nur einige Länder zu nennen, deren Schüler besser abschnitten. In Deutschland aber senkt eine große Gruppe von besonders Leseschwachen die durchschnittliche Lesekompetenz der Fünfzehnjährigen weit unter den Gesamt- und auch den Europadurchschnitt. Offenbar holt die Schule aus den Schülerinnen und Schülern hier nicht alle vorhandene Begabung heraus. Sprache nicht nur passiv zu rezipieren, sondern selber zu formulieren und dazu möglichst früh möglichst viel zu lesen, nicht nur, um richtig schreiben zu können, sondern um zu wissen, welche Wörter es gibt und wie sie eigentlich lauten – das sind die beiden Schlüssel zur Förderung sowohl der mündlichen wie der schriftlichen Sprachkompetenz und damit zur Hebung des allgemeinen Sprachniveaus, und sie liegen nicht nur in der Schule, sondern auch in der Familie und dem gesamten sozialen Umfeld der Kinder.

Eine Herabsetzung der Ansprüche wäre eine Kapitulation vor dem restringierten Code und damit das Falscheste, was die Pädagogik tun könnte. Das Prinzip »Die Latte niedriger hängen, damit mehr drüberspringen können« führte nicht zu einem allgemeinen Leistungsanstieg im Hürdenlauf, es machte nur diesen Sport lächerlich. Die apologetische Tendenz der Linguistik mit ihrer Bewertungsphobie und der Parteinahme für den restringierten Code der Unterprivilegierten war für die Sprachpädagogik keine Hilfe. Um Ansprüche zu stellen, muss klar gesagt und vermittelt werden, was richtiger und was falscher, was besser und was schlechter ist. Die Pädagogik kann nicht wie die Linguistik hinter dem Umstand Deckung suchen, dass auch das Falsche einen gewissen Reiz hat und wissenschaftlich alles immer erklärbar und erklärenswert ist.

Die geringe Schreibkompetenz bestürzend zu finden, die einem aus dem Internet entgegenstammelt, mag bildungsbürgerlicher Snobismus sein. Das ist zwar nicht mehr als eine Unterstellung, aber es lohnt nicht, ihr zu widersprechen. Denn welche subjektiven Motive auch immer dahinter stecken, die Bestürzung hat ein interindividuell und klassenunabhängig gültiges Motiv: Es besteht ein starkes öffentliches Interesse an einer intakten und artikulierten gemeinsamen Sprache.

McDeutsch

Sprache hält nicht still. Deutsch ist in Bewegung. Es verändert sich unter dem Einfluss der Kontakte mit anderen Sprachen. Das zwar haben alle Sprachen immer getan, aber meist verlaufen diese Prozesse so langsam, dass sie den Lebenden kaum zu Bewusstsein kommen. Das Deutsche aber verändert sich unter unseren Augen seit gut dreißig Jahren stark und schnell. Vermutlich macht es zur Zeit den größten Veränderungsschub seiner bisherigen Geschichte durch.

Und die Leute bemerken ihn. 1997 veranstaltete das Institut für deutsche Sprache (IdS) eine repräsentative Erhebung, wie sie nicht alle Tage stattfindet. Gefragt wurde nach den Einstellungen zum Deutsch der Gegenwart. Obwohl über 50 Prozent der Befragten zu Protokoll gaben, dass sprachliche Fragen sie wenig oder gar nicht interessieren, waren fast der Hälfte in den vorhergehenden zehn Jahren erhebliche sprachliche Veränderungen aufgefallen. Den Löwenanteil unter den bemerkten Veränderungen stellten neue Anglizismen (46 Prozent), vor allem bestimmte einzelne Wörter, allen voran *cool*, *Kids*, *okay* und *Team*. Nur knapp fünf Prozent hielten diese Sprachentwicklung für erfreulich, 67 Prozent aber zumindest in Teilen für unerfreulich oder gar besorgniserregend (unter den stark Sprachinteressierten waren es sogar 75 Prozent).[1]

Die große Mehrheit der sprachinteressierten Bevölkerung sieht in den zahlreichen Anglizismen des heutigen Deutsch also ein Problem. Sprachwissenschaftler – bis auf ein paar Außenseiter – haben dagegen keine Bedenken. Wenn sie das Phänomen überhaupt zur Kenntnis genommen haben, waren und sind sie regelmäßig um Abwiegelung bemüht. Jedem Alarmruf scholl nahezu unisono ein »Alles halb so schlimm!«

entgegen. Begründet wurde es mit immer den gleichen fünf Argumenten:

Der Eindruck täusche, in Wahrheit sei die Zahl der neuen Anglizismen gar nicht so groß.

»Fremdwörter« in großer Zahl seien in der Regel nicht in der Allgemeinsprache heimisch geworden, sondern auf einzelne Sachgebiete und bestimmte Milieus beschränkt geblieben.

Wenn es in der Sprachgeschichte einmal zu viele »Fremdwörter« gegeben haben sollte, dann seien sie immer von allein wieder verschwunden.

Verdeutschungsbestrebungen seien durch die peinliche Geschichte des deutschen Sprachpurismus politisch diskreditiert – und genauso aussichtslos wie dieser.

Veränderungen im Wortschatz seien grundsätzlich unerheblich; die grammatische Grundstruktur der deutschen Sprache bleibe auf jeden Fall intakt.

Zur Illustration und als Beleg nur ein paar aktuelle Stimmen aus der Linguistik. Der Sprachgeschichtler Peter von Polenz:

> Trotz wiederholter sprachkritischer Alarmrufe wegen »Engländerei«, »Überflutung« usw. bleibt bis heute der Anteil von Angloamerikanismen in nicht zu speziellen Texten, z.B. Nachrichten, Kommentaren, Reportagen, Bekanntmachungen, relativ gering; wahrscheinlich nicht stärker als der französische bzw. italienische Anteil in deutsch-fremdsprachiger Mischsprache im mündlichen Verkehr höfischer Kreise in der Zeit des Absolutismus.[2]

Der Fremdwortexperte Jochen A. Bär:

> Eine Gefahr der »Überfremdung« der deutschen Sprache bestand nie und besteht auch in Zukunft nicht. Die Aufnahme neuer und das Aussterben alter Fremdwörter hält sich seit Jahrhunderten nahezu die Waage … Es ist auch ein Irrtum, dass die Verwendung von Fremdwörtern die grammatische Struktur des Deutschen schädigen könnte.[3]

Der Anglizismenexperte Ulrich Busse:

> Ich komme … zu dem Schluss, dass die Anglizismen im Gegenwartsdeutschen keine Bedrohung für die deutsche Sprache darstellen. Bezüglich der zu ergreifenden Maßnahmen sind m.E. weder Panikmache … noch eine Bagatellisierung gefragt …[4]

Der Soziolinguist Peter Schlobinski:

> Dass Wörter fremdsprachlicher Herkunft nicht in das deutsche System integriert werden können und seine Tiefenstrukturen beschädigen, ist ein hartnäckiges Vorurteil … Mit der Integration von fremden Wörtern gibt es keine ernstzunehmenden Probleme.[5]

Alle, die anderes behaupten, rechnet dieser Autor zum verrufenen Menschenschlag der Sprachpuristen, der sich immer auf der schiefen Bahn zu Nationalismus, Chauvinismus und Rassismus befand:

> Sprachpurismus, Sprachpflege, Haltungen zu sprachlichen Traditionen und Innovationen sind nicht linguistisch begründbar, sondern sie sind Ausdruck gesellschaftlicher Prozesse … Der heutige Sprachpurismus ist eine Folge der Wiedervereinigung und der Ausformulierung einer nationalen Identität … Der vorgebliche Sprachverfall bildet die Negativfolie, von der aus die Wahrung der nationalen Identität zum Programm erhoben wird.[6]

Womit die Katze aus dem Sack ist: Die Wiedervereinigung und der angeblich in ihrem Gefolge neuerstandene Nationalismus sind schuld daran, wenn sich heute viele fragen, wie viele Anglizismen ihre Sprache verträgt! Jeder Anglizismenkritik werden automatisch politische (nämlich »rechte«, nationalistische) Motive unterstellt. Schlobinski verrät, dass das heitere Laisser-faire der Linguistik in der Fremdwortfrage ebenfalls Gesinnungssache ist, nämlich »links« und antinational. Fremdwortkritik könnte sich ein Linguist heute nach wie vor nur um den Preis leisten, von seinen Fachkollegen in die Wahntradition übelsten deutschen Sprachreinigertums gestellt zu werden. Sie wäre politisch unkorrekt in höchstem Maße, akademischer Selbstmord.

Peter von Polenz, der Nestor der deutschen Sprachwissenschaft, hat es dankenswert offen ausgesprochen:

> Der Fremdwortpurismus … ist durch Verstrickung in die katastrophale deutsche Geschichte von der Bismarckzeit zur NS-Zeit heute derart ins Abseits geraten, dass kaum ein Germanist, Linguist oder Bildungspolitiker in deutschsprachigen Ländern es wagen kann, im Rahmen der Erörterung verschiedener Arten und Ziele von Sprachkritik

und Sprachpflege auch nur gemäßigte Ziele der Fremdwortverdeutschung positiv zu vertreten, ganz anders als z. B. in Frankreich.[7]

Achtung, Tretminen! Das Thema ist ideologisch dermaßen belastet, dass eine halbwegs nüchterne Abwägung unter den Augen der Öffentlichkeit kaum möglich scheint. Versucht werden muss sie dennoch. Auch wenn die sachlich-linguistischen Einwände gegen die Anglizismenkritik ebenso wie die gegen die Anglizismenschwemme im Hintergrund politisch motiviert oder hier und da gar nur vorgeschoben sein mögen, zutreffen könnten sie dennoch. Vielleicht ist alles wirklich nur halb so schlimm?

»Es sind gar nicht so viele.« Die simple Frage, mit wie vielen Anglizismen das Gegenwartsdeutsch zu tun hat, ist nicht so leicht zu beantworten, wie es zunächst scheint. Es kommt ganz darauf an, was, wie und wo man zählt und woran man die Zahlen misst.

Einmal wurde in den beiden größten Wörterbüchern, dem *Duden* und dem *Wahrig*, stichprobenweise (nämlich in den Anfangsbuchstaben H und T) nachgezählt, wie viele neue Lexeme im Deutschen in den letzten dreißig Jahren hinzugekommen sind.[8] Gefunden wurden 1363 Neologismen (Neuwörter aller Art und Herkunft). Davon waren 150 (11 Prozent) Anglizismen. Hochgerechnet auf das ganze Alphabet wären das knapp 1600 – verschwindend wenige, gemessen am Gesamtumfang dieser Wörterbücher, der bei etwa 300.000 Begriffen liegt. Aber Wörterbücher der Allgemeinsprache sind notorisch zurückhaltend bei der Aufnahme von Neologismen, zu Recht, denn bei dem raschen Durchsatz von Neuprägungen könnte es leicht vorkommen, dass diese schon bei der Drucklegung wieder das Zeitliche gesegnet haben. Für den, der die tatsächlich im aktuellen Gebrauch befindlichen Anglizismen aufspüren will, sind allgemeinsprachliche Wörterbücher der falsche Ort.

Ein richtigerer Ort ist das dreibändige, vorbildlich angelegte Spezialwörterbuch von Broder Carstensen, in dem Anglizismen aus den fünfzig Nachkriegsjahren gesammelt und belegt sind.⁹ Es verzeichnet deren etwa 2700. Da dabei die teilweise zahlreichen Ableitungen aus den Grundmorphemen wie *Boss, Job, Stress* allerdings nicht mitgezählt sind, dürfte die wahre Zahl höher liegen, eher um die 3500.

Zwei neuere Wörterlisten¹⁰ kommen aus dem 1997 gegründeten und mittlerweile 19.000 Mitglieder zählenden Verein Deutsche Sprache, der sich vor allem die Ridikülisierung unnötiger Anglizismen zum Ziel gesetzt hat: »Uns vereint der Überdruß an der Vermanschung des Deutschen mit dem Englischen zu Denglisch; uns geht das pseudokosmopolitische Imponiergehabe vieler Zeitgenossen, wie es sich insbesondere im hemmungslosen Gebrauch von überflüssigen Anglizismen äußert, gewaltig auf die Nerven.« Die eine Liste verzeichnet (und verdeutscht oder erläutert) etwa 6200 Anglizismen, die andere 5730, viele aus den letzten Jahren, von *abchecken* (»klären«) bis *zugemailt* (»zugemüllt mit E-Post«). Sie entstammen ausschließlich dem öffentlichen Sprachgebrauch, also Presse, Rundfunk, Fernsehen, Werbe- und Gesetzestexten oder Gebrauchsanweisungen; die Fachsprachen mit ihrem zum Teil sehr erheblichen Anglizismen- und Internationalismenzugang lassen sie unberücksichtigt. Da im »Denglischen« ein lebhaftes Kommen und Gehen herrscht, sind immer, wenn eine Sammlung annähernd vollständig zu sein scheint, schon an allen möglichen unvermuteten Ecken wieder Novitäten aufgetaucht. Schon die ersten fünf, die mir nach dem Studium der beiden Listen zufällig begegneten, waren nicht darin enthalten – *Cheater, Geocaching, imho* (das Internetkürzel für *in my humble opinion*, ›meiner bescheidenen Ansicht nach‹), *Poetry-Slam* und *Release-Party*. So wird man die Gesamtzahl der zurzeit in der deutschen Allgemeinsprache aktiven Anglizismen mit mindestens 6500 ansetzen können; wahrscheinlich sind es noch einige Tausend mehr.

Und sind das nun wenige oder viele? Sind es zu viele? Gemessen an den 250.000 Wörtern der Allgemeinsprache und den etwa 85.000 »Fremdwörtern« vorwiegend griechischer und lateinischer Herkunft scheint ihre Zahl auf den ersten Blick gering. Aber die meisten der 85.000 Wörter des Großen Fremdwörter-*Duden* sind überaus selten und fristen im Wortschatz ein Randdasein – ganze Bücher wird man durchsuchen müssen, ehe man ein paar von ihnen findet. Die 6000 Vokabeln der Anglizismenliste dagegen stammen aus aktuellen Medien, die sich an jedermann wenden, sind also relativ lebendig. Mit wie vielen Anglizismen haben wir es im Vergleich zu anderen in der heutigen Allgemeinsprache lebendigen »Fremdwörtern« zu tun?

Ein Gallizismenwörterbuch[11] hat im allgemeinen deutschen Wortschatz 2000 Lehn- und Fremdwörter französischer Herkunft aus achthundert Jahren ermittelt. Natürlich kamen sie in Schüben; aber statistisch über die ganze Periode verteilt, wären es 2,5 Neuzugänge pro Jahrzehnt gewesen. Ein anderes Wörterbuch[12] listet die griechischen und lateinischen Morpheme auf, die im Laufe von tausend Jahren die deutsche Allgemeinsprache zu Entlehnungen, Lehnübersetzungen und Ableitungen daraus angeregt haben. Es waren bloße 1400 griechische und lateinische Grundwörter, die den deutschen Wortschatz um etwa 7600 Lexeme vermehrt haben, 76 pro Jahrzehnt.

Die Frage weiter offen lassend, ob wir es heute mit vielen oder wenigen Anglizismen zu tun haben, darf man also immerhin feststellen, dass wohl noch nie so viele fremde Wörter in so kurzer Zeit (1000 pro Jahrzehnt) in die deutsche Sprache eingeströmt sind wie in den letzten fünfzig und verstärkt den letzten dreißig Jahren.

Auch die Zahl der Lexikonwörter jedoch ist nicht besonders aussagekräftig; jedes einzelne kann im tatsächlichen Sprachgebrauch höchst selten oder sehr häufig vorkommen. Interessanter ist, wie viele Anglizismen in wirklichen Texten verwendet werden. Dazu gibt es eine sorgfältige Untersuchung von Edel O'Halloran. Sie wertete Nachrichtenmagazine und Modezeitschriften zwischen 1902 und 1997 aus und fand bei beiden einen deutlichen Anstieg von »Fremdwörtern« pro Text (Textwortquote), besonders ab etwa 1970. Bei den Nachrichtenmagazinen stieg diese Textwortquote von 0,8 auf 4 Prozent, bei den Modezeitschriften von 4 auf 14 Prozent. Zu Anfang des zwanzigsten Jahrhunderts waren im Bereich Mode 80 Prozent der Fremdwörter Gallizismen und 20 Prozent Anglizismen; hundert Jahre später hatte sich das Verhältnis genau umgekehrt. Da ein deutscher Text von vornherein zu etwa 60 Prozent aus Funktionswörtern (Artikeln, Konjunktionen, Präpositionen, Pronomen und dergleichen) besteht, die vom Wortimport so gut wie nie betroffen sind (Ausnahmen sind zum Beispiel *in*, *on*, *per* und *via*), ist ein Anglizismenanteil von 4 bis 14 Prozent noch nicht so gewaltig, dass man von einer »Überflutung« sprechen müsste, aber jedenfalls auch keine Quantité négligeable mehr.

Der Augenschein ist darum so verwirrend, lädt darum sowohl zu vorschnellem Alarm wie zu vorschneller Verharmlosung ein, weil sich die neuen Anglizismen außerordentlich ungleichmäßig über den Wortschatz und über einzelne Textsorten verteilen. In Predigttexten finden sich so gut wie keine. In allgemeinen Zeitungs- oder Radiotexten ist ihr Anteil noch immer sehr mäßig. In den gehobenen Stellenanzeigen derselben Zeitungen aber sieht es oft schon ganz anders aus. Da werden gesucht ein *Finance Director für Tochter eines Global Players im Health-Care-Bereich*, ein *Key Account Manager*, ein *Clinical Operation Manager*, ein *QM/Regulatory Affairs*, ein *Inhouse Consultant*, ein *Senior Consultant Automotive*, ein/e *Ressortleiter/in Customer Service & Command Control Center*, ein *Lead Engineer Piping*, ein/e *Spezialist/-in Objektcontrolling* – und es ist sehr die Frage, ob man diese Berufe mit den Mitteln der deutschen Sprache überhaupt noch bezeichnen könnte.

Auf einigen Gebieten (und in den ihnen gewidmeten Medien) ist der Anglizismenanteil hoch bis sehr hoch: Mode und »Lifestyle«; Pop; Sport, besonders Trendsportarten; Werbung; Computer, Internet, Kommunikation, Multimedia; Finanz- und Betriebswirtschaft, insbesondere Marketing. Am konzentriertesten treten neue Anglizismen dort auf, wo mit ihnen keine vollständigen Sätze gebildet werden müssen, in den Titeln von Filmen, Musikstücken, in Band-, Firmen- und Produktnamen und Verfahrensbezeichnungen – ein Indiz im übrigen dafür, dass sich viele von ihnen in der deutschen Syntax nicht frei bewegen können. Nennen wir diese Textsorte, bei der vollständige Sätze nicht erforderlich sind, die Plakatsprache. Plakatwände mit Werbung für Musikveranstaltungen oder Sportartikel sind oft nahezu vollständig in Englisch gehalten, auch wenn dieses weit über die Köpfe der Zielgruppe hinweggeht wie der Kalauer *Summerize* als Titel einer sommerlichen Konzertreihe oder die riesigen Spanntransparente mit nichts als der Aufschrift *There was that cat that used to push me around on the court. Talk junk to me. When I was 13, I stopped all that.* Verstehen konnte das nur, wer ein neueres amerikanisches Slangwörterbuch zu Rate zog und das Gesicht neben dem Text als das des Basketballstars Tracy McGrady identifizierte (es handelte sich um Werbung für eine Sportschuhmarke). Dieses Plakatenglisch ist im großstädtischen Straßenbild fast allgegenwärtig, und nur im Kleingedruckten erscheinen noch zumindest halbdeutsche Wörter wie *Ticketverkauf, Kartenservice* oder *Info-Flyer.*

Aber auch in den Fließtexten der betreffenden Sachgebiete kommen des öfteren Sätze vor, in denen die Mehrzahl der Inhaltswörter (Substantive, Verben, Adjektive) pures Englisch sind oder zumindest eins zu eins aus dem Englischen übersetzt. Aus dem Programm der Musikmesse Popkomm: »Beim offiziellen Abschlusskonzert der Popkomm ... sind die deutschen Live-Bands des Jahres Headliner. Auf der Official VAN-DIT Popkomm Closing Party legt der Berliner Star-DJ XY auf. Das vollständige Programm des Popkomm-Festivals 2004 finden Sie in dem ... Nightguide ›Popkomm-Unity‹.« Vierundzwanzig Inhaltswörter, davon fünfzehn englische. – »Londons angesagtester Midweeker-Club startet heute seine Residency: Zum Opening ist das Stereo MCs Soundsystem geladen, eine der Crews, die den englischen Blockpartyvibe mit Künstlern wie Massive Attack oder Smith'n'n'Mighty erfunden haben, und mit den Mixologists und weiteren DJs und MCs ist eine Blockparty der Extraklasse von HipHop bis Funk über Drum&Beats und Broken Beats garantiert – here we go again!« – »Die User von Filesharing-Netzen werden gezielt über die Chat-Funktion des Clients angechattet.« – »Permission-Marketing ist eine spezielle Form des Direktmarketings und des One-to-One-Marketings, welches die Mass-Customization mit dem Customer Relationship Management (CRM) kombiniert.« (Dieser Satz, man ahnte es nie, will Restaurantbesitzern nahe legen, potenziellen Gästen scheinpersönliche E-Mails mit ihren Tages- und Bierkarten zuzuschicken.)

Aber nicht nur die Fahndung nach englischen Lexikonwörtern in deutschen Wörterbüchern gibt unzureichenden Aufschluss über das Ausmaß der Anglisierung, die die deutsche Sprache im Verlauf nur einer Generation erlebt hat. Auch die Ermittlungen in einzelnen Mediensorten verraten noch nicht die volle Wahrheit.

Was dabei außer Acht bleibt, sind zum einen die akademischen Fachsprachen. Während sich Deutsch in den Geistes- und Sozialwissenschaften recht und schlecht behauptet (vielleicht auch darum, weil sich auf Deutsch undurchschaubarer tiefgründeln lässt), hat es sich aus den Naturwissenschaften praktisch verabschiedet. Es ist dies eine vollzogene Tatsache, die nicht mehr rückgängig gemacht werden wird, denn der Abschied war zwangsläufig und stand nicht im Belieben der Forscher, denen er oft nicht leicht fiel. Die naturwissenschaftliche Forschung ist international, und ihre Lingua franca ist Englisch. Menschen aus aller Herren Ländern arbeiten in ihren Labors Tag für Tag zusammen, treffen sich auf Tagungen, tauschen sich ständig per E-Mail und SMS aus, und überall haben sie sich unvermeidlich in der einzigen Lingua franca zu verständigen, die ihnen zu Gebote steht. Was sie lesen, sind englischsprachige Fachjournale; was sie selber publizieren, publizieren sie auf Englisch. Anderes würde von der Fachöffentlichkeit, in der sich ihre Forschung abspielt, überhaupt nicht bemerkt. Jeder ihrer Gedanken nimmt Bezug auf englisch ausgedrückte Gedanken und knüpft an sie an. Wer seinen Forschungsgegenstand nicht jederzeit auf Englisch mitdenken und mitteilen kann, arbeitete im Leeren und wäre verloren. Das aber bedeutet, dass die deutschen Fachterminologien langsam den Anschluss an den Stand der Forschung verlieren. Zweihundert Jahre haben deutsche Gelehrte gebraucht, aus Deutsch eine vollgültige Sprache der Wissenschaft zu machen, in der sich alle wissenschaftlichen Gegenstände der Welt ausdrücken und zuweilen sogar beispielgebend verhandeln ließen; in nur dreißig Jahren hat es diese Kraft wieder eingebüßt.

An einer Art von Deutsch wird nur noch den Studenten gegenüber festgehalten, in den Vorlesungen und Seminaren (nicht mehr allen); sobald diese den Fuß in die reale Welt der Labors setzen, können sie ihre deutsche Nomenklatur jedoch sofort wieder vergessen. Die Übersetzer der maßgebenden – natürlich englischsprachigen – Lehrbücher unternehmen mitunter noch heroische Anstrengungen, die deutsche Fachterminologie auf dem neuesten Stand zu halten; oft ist es nicht einmal besonders schwierig, denn viele der neu geprägten englischen Fachbegriffe sind ihrerseits Ableitungen aus gräkolateinischen Wurzelresten, die sich nach bewährter Art ins Deutsche transponieren lassen. Zu würdigen weiß ihre Mühen jedoch kaum noch jemand. »Die Lehrbücher«, schreibt eine Molekularbiologin, »sind in gewissem Sinne artifiziell, eine sprachliche Sackgasse. Die Studenten könnten die Sprache höchstens in den Klausuren benutzen, wo sie in der Regel aber nur Zeit für abkürzendes Gekritzel finden. Auf Seiten der Professoren und Dozenten wiederum besteht die Vorbereitung im Wesentlichen im Auswählen der Abbildungen und im Nachlesen und Verstehen der relevanten Literatur. Dabei bekommen sie sehr wenig von der jeweiligen Sprache mit und halten sich in ihren Vorlesungen selber bestimmt nicht daran. Im Labor sind einem die Lehrbücher dann so fern und die englischen Originalarbeiten und Kollegen und Vorträge so nah, dass eben doch ein Kauderwelsch oder gleich (meist schlechtes) Englisch dabei herauskommt. Es existieren also im gewissen Sinn parallele Sprachwelten, und das ganze Können der Fachübersetzer hat wenig Chancen, sich zu entfalten und fortzupflanzen.«[13] Im Arbeitsalltag klingt dieses deutsch dann so: »Wir haben jetzt fünftausend Knockout-Stämme mit einem fluoreszierenden Reporter transformiert und mit dem Cell Sorter auf Hits durchgescreent. Wenn wir das Paper so submitten, machen wir einen schönen Punkt.«

Was eine Zählung der englischen Lexikonwörter in den Medien ebenfalls völlig unberücksichtigt lässt, ist das, was ich bei meiner früheren Beschäftigung mit dem Thema die heimliche oder leise oder weiche Anglisierung genannt habe.[14] Gemeint ist damit: Viele, immer mehr Anglizismen gelangen heute in die deutsche Sprache, ohne als solche bemerkt zu werden. Äußerlich sehen die betreffenden Ausdrücke völlig deutsch aus: in ihrer Art der Wortbildung, der Lautung, der Schreibung. Tatsächlich aber sind es exakte Nachbildungen englischer Wörter und Wendungen. Diese heimlichen Anglizismen kann allenfalls jene Hälfte der Bevölkerung bemerken, die einige Englischkenntnisse hat; für viele wären sogar sehr gute Englischkenntnisse vonnöten.

Die heimlichen Anglizismen kommen auf verschiedenen Wegen. Die Grenzen sind fließend. Viele Wörter werden im Deutschen aus den gleichen Wurzeln – oft »Internationalismen« meist gräkolateinischen Ursprungs – neu gebildet. Viele verdanken sich dem Umstand, dass Englisch und Deutsch so nahe verwandt sind und oft nicht viel dazu gehört, aus einem englischen Wort ein deutsch scheinendes zu machen. Viele waren im Deutschen schon lange latent vorhanden, werden neu aktiviert und mit der aktuellen Bedeutung ihrer englischen Gegenstücke aufgeladen. Bei vielen handelt sich um mehr oder weniger gelungene Lehnübersetzungen von Begriffen, die es in ihrer englischen Bedeutungsnuance im Deutschen nicht gegeben hat. Teilweise sind diese Lehnübersetzungen »wörtliche«

(also bloß wort-, aber nicht sinngenaue) Eins-zu-eins-Übersetzungen englischer Ausdrücke ohne jede Sprachphantasie, die die Ausdrucksmöglichkeiten beider Sprachen im Auge hätte. Andere sind nichts als stümperhafte Fehlübersetzungen, die aber sogleich von den Massenmedien millionenfach hinausposaunt werden. Es sind jene Fälle, wo es längst einen gleichwertigen deutschen Ausdruck gibt, der nur dem Übersetzer nicht eingefallen ist, weil er in der Eile versäumt hat, die wichtigste aller Übersetzerfragen zu stellen, die jedem Wortverständnis zu folgen hätte:»Und wie sagt man das nun auf Deutsch?«

Alle diese heimlichen Anglizismen haben den deutschen Wortschatz und die deutsche Idiomatik verwandelt und werden sie weiter verwandeln, und unter ihrem Einfluss wird die im Deutschen mögliche Gedankenwelt der angloamerikanischen immer ähnlicher.

Heimliche Anglizismen der ersten Art sind Neuprägungen wie *editieren* (im Gegensatz zu dem alten *edieren*), *finalisieren* (»Kerntechniken der neuen Windows-Generation werden in den nächsten Wochen *finalisiert*«), *Funktionalität* (›Funktionsumfang‹), *generieren, implementieren, initialisieren, installieren, kompetitieren* (statt *konkurrieren*), *kompetitiv, Performanz* (die etwas anderes ist als schlicht *Leistung*). Bei dem *Offiziellen* handelt es sich um eine voreilige wörtliche Übersetzung von *official* ›Amtsperson‹, ›Beamter‹: »die Nasa-*Offiziellen*«, »... beschreibt ein US-*Offizieller* dieses System laut«, stand im *Spiegel* 16/2003. Ganz neu erfunden wurde *händeln* und dazu *händelbar* (nach *to handle* ›handhaben‹: »Der Magistrat hält das Verfahren für nicht *händelbar*«, »Bildschöner Andalusier Wallach, temperamentvoll, aber gut *händelbar*, geländesicher, verladefromm wegen Kinderwunsch zu verkaufen« – aber vielleicht sollte man froh sein, dass das Wort gleich die Hürde der orthographischen Assimilation genommen hat und die Schreiber sich nicht lange mit Versuchen wie *gehandled* oder *handleten* plagen mussten).

Häufiger werden latent vorhandene deutsche Wörter aktiviert und mit der aktuellen englischen Bedeutung versehen;

oder es werden geläufige deutsche Wörter gekapert, um eine neue Bedeutungsflagge darauf zu hissen. Ein solcher Fall ist *administrieren.* Früher bedeutete das Wort ›Anordnungen treffen‹, heute werden »ProbStar Money Girokonten problemlos *administriert*«. Andere Fälle sind *aktiv, Aktivität* (früher ›tatkräftig‹, ›Tatkraft‹, heute jede Art von Tätigkeit). *Applikation* (vorher vorwiegend eine ›aufgenähte Verzierung‹). *Arbeiten* (im vollen Bedeutungsumfang von *to work*, also auch statt *funktionieren*: »Halbleiterdioden *arbeiten* mit Silizium oder Selen«, »CE *arbeitet* auf einigen Palmtops«, »Urinal *arbeitet* ohne Wasserspülung«). *Authentifizieren. Bannen* (für *to ban*, das eigentlich als ›verbannen‹ oder ›ächten‹ zu übersetzen wäre: »Das Clonen sollte weltweit *gebannt* werden«). *Effizienz. Exzellenz* (in der Bedeutung ›hohe Qualität‹: »Die Exzellenz unserer Hochschulen verbessern«). *Essay* (im Sinne ›Versuch‹, ›Laborprobe‹: »Den *Essay* wiederholen«). *Evidenz* (früher nur ›völlige Klarheit‹, heute ein hochwillkommenes Mittelding zwischen ›Beweis‹ und ›Indiz‹, das eine echte Begriffslücke des Deutschen füllt: »Hier konnte *Evidenz* für die Hypothese erbracht werden ...«). *Fabrizieren* (früher nur ›herstellen‹, heute, unter dem Einfluss von *to fabricate*, auch ›fälschen‹: »Es handelt sich um *fabrizierte* Beweise«). *Fett* (aus dem *phat* ›sexy‹, ›toll‹ der amerikanischen Gettosprache). *Formen* (statt [aus]bilden: »An dieser Hochschule werden afroamerikanische Persönlichkeiten *geformt*«). *Generieren* (»eine Anfrage *generieren*«). *Implizieren* (früher ein marginales philosophisches Fachwort in der Bedeutung ›logisch mit einschließen‹, bis *to imply* vormachte, wie praktisch es ist, ein Wort für den Begriff ›denknotwendig bedeuten‹ zu haben). *Indizieren* (früher ›auf den Index verbotener Werke setzen‹, jetzt auch ›den Index einer Datenbank erstellen‹). *Innovation. Installation* (bei der man früher fast nur an den Klempner gedacht hat). *Integrität* (früher ›charakterliche Unbescholtenheit‹, heute ›Unverletzlichkeit eines Staatsgebiets‹: »Wir werden alle bekämpfen, die die *Integrität* Boliviens in Frage stellen«). *Involvieren* (früher ein umständliches und überaus seltenes Wort, bis sich zeigte, wie praktisch es ist, ein Eins-zu-eins-Gegenstück von *to involve* ›in sich beschließen‹, ›mit sich bringen‹ zu haben). *Inzidenz* (heute auch einer der Grundbegriffe der Epidemiologie, ›Häufigkeit des Neuauftretens einer Krankheit‹, im Unterschied zur *Prävalenz*, ›Häufigkeit einer Krankheit zu einer bestimmten Zeit‹). *Journal* (nicht ›Tageszeitung‹ oder ›Tagebuch‹, sondern ›wissenschaftliche Fachzeitschrift‹). *Kompetenz* (das eine Bedeutungserweiterung von ›Befugnis‹ und ›hoher Sachverstand‹ zu ›jede Fähigkeit jeden Grades‹ erfahren hat – die PISA-Erhebung untersuchte ›Basiskompetenzen‹, also ›Grundfertigkeiten‹, und stellte alarmierend wenig *Kompetenz* im alten Sinne fest). *Konsistent* (›zäh zusammenhängend‹ – für die Allgemeinsprache aktiviert wurde die philosophische Nebenbedeutung ›widerspruchsfrei‹). *Kontakten, kontaktieren. Kontrollieren* (früher nur ›nachprüfen‹ wie in ›die Reisepässe *kontrollieren*‹, heute unter dem Einfluss von *to control* vorwiegend ›beherrschen‹, ›im Griff haben‹: »Handeln Sie mit *kontrollierten* Substanzen?«, erkundigt sich das Einreiseformular der Vereinigten Staaten und fragt damit nicht nach jenen, die die Zollkontrolle passiert haben; »Amerika ist nicht stark genug, die Welt zu *kontrollieren*«, sagt der deutsche Radiokommentator). *Lieben* und *hassen* haben unter dem Einfluss von *to love* und *to hate* eine enorme Bedeutungsabschwächung durchgemacht und stehen heute dort, wo früher nur *mögen* oder *nicht leiden können* gestanden hätten. *Lokalisieren* (früher ›orten‹, heute auch ›örtlichen Bedingungen anpassen‹). *Medium* (bis zum Ende der sechziger Jahre nur ›Verbindungsperson zur Geisterwelt‹ und in der Chemie ›Trägerstoff‹). *Meinen* (früher nur ›eine Meinung haben‹, heute unter dem Einfluss von *to mean* auch ›bedeuten‹: »Wir sollten verstehen, was das Weihnachtsfest *meint*«, sagt der Präses der EKD). Die *Mine* verdrängt immer mehr das deutsche *Bergwerk*, weil sie die direktere Übersetzung des englischen *mine* ist. *Personalisieren* (früher wurden Probleme *personalisiert*, ›auf Einzelpersonen zurückgeführt‹, heute werden etwa Webofferten *personalisiert*, näm-

118

lich ›persönlich gestaltet‹. »Wir *personalisieren* den intelligenten *Agenten* mit einem Gesicht« sollte wohl heißen: »Wir zeichnen ein Männchen in unsere Software«). *Platz* (dass es auch noch die Wörter *Ort* und *Stelle* gibt, gerät anscheinend in Vergessenheit; der Satz »Kernwaffen sind an Hunderten von *Plätzen* stationiert« hätte vor dreißig Jahren noch blankes Entsetzen ausgelöst). *Positionieren*, als Lehnübersetzung auch *sich aufstellen* (nach *to position* – »Die Firma ist heute besser aufgestellt denn je«). *Propagieren* (das zusätzlich zu ›Propaganda für etwas machen‹ heute auch ›vermehren‹ bedeutet: »Das Plasmid in Bakterien propagieren«). *Putativ* ›angeblich‹. *Quotieren* (das im Sinne von *to quote* ›angeben‹ aus der Börsensprache in die Allgemeinsprache eindringt; wer es nicht weiß, den stellen die *quotierten Preise* einer Autovermietung vor ein Rätsel). *Realisieren* (früher nur ›verwirklichen‹, heute unter dem Einfluss von *to realize* auch ›sich darüber klar werden‹). *Referenz* (früher ein Empfehlungsschreiben, heute, unter dem Einfluss von *reference*, auch ›Verweis‹ oder ›Nachschlagewerk‹ – zusätzlich zu dieser Bedeutungserweiterung muss sich das Wort dauernd mit der Verwechselung mit *Reverenz* ›Ehrerbietung‹ herumschlagen). *Splitter* (»der Daten- und Sprachsignale trennt«). *Studie* (früher ›Vorarbeit zu einem Kunstwerk‹, heute, unter dem Einfluss von *study*, jede wissenschaftliche Untersuchung). *Töten* (früher ein gezieltes, fast klinisch-sachliches Ums-Leben-Bringen, heute, unter dem Einfluss von *to kill*, ein allgemeines Passiv von *sterben*: »Beim Baden wurde eine junge Frau *getötet*« hätte früher einen kalkulierten Mord suggeriert). *Vital* (früher nur ›voller Lebenskraft‹, heute auch ›lebenswichtig‹: »Die *vitalen* Interessen des Landes«). *Volatil* (früher ein chemisches Fachwort für ›flüchtig‹, heute auch ›von instabilem Börsenwert‹). *Vulnerabilität* (früher ein seltenes, gespreiztes Wort für ›Verwundbarkeit‹, heute ein in die Alltagssprache eindringendes medizinisches Fachwort für ›Anfälligkeit‹). *Zertifizieren* (das in der Amtssprache fast vergessen war, aber in der Internetsprache wieder frisch auflebte). Und viele mehr.

Dazu kommen die vielen Redewendungen des heutigen Deutsch, die heimliche Anglizismen sind. Es beginnt mit Quasi-Sprichwörtern wie *Der frühe Vogel fängt den Wurm* (*it's the early bird that always gets the worms*, aus dem Musical *My Fair Lady*), *zwischen dem Teufel und der tiefen blauen See* (ein amerikanischer Songtext von 1931) statt des im Deutschen üblichen *zwischen dem Teufel und Beelzebub* oder *vom Regen in die Traufe*, stehenden Redensarten wie *um eine lange Geschichte kurz zu machen* (*to make a long story short*) und geht weiter zu Wortfügungen und Einzelwörtern: *Man hat gelernt, dass* ... (statt *herausgefunden*). – *Es ist noch nicht verstanden, wie* ... (statt *geklärt*: »Dieser Aspekt *ist* noch nicht verstanden«; im Deutschen konnte vorher etwas nur *verstanden werden*, nicht *verstanden sein*). – »Das Risiko *ist* stark durch genetische Faktoren beeinflusst« (ebenfalls die englische Passivbildung mit *sein* statt mit *werden*). – »Man weiß heute *gut*, wie hoch der Anteil der Diabetiker ist« (statt *genau*). – »*Für Stunden* fahren wir am Ufer entlang« (statt *stundenlang*). – »*Für nie* vergessen, woher man kommt« (unverständliche Zigarettenreklame, wahrscheinlich eine Falschübersetzung der Liedzeile *Never forget where you come from* – im Englischen heißt es zwar *forever*, aber nicht *fornever*). – »*In 2003* gibt es keine Ermäßigung mehr« (dieses *in* war im Deutschen immer überflüssig). – *Einmal mehr* (*once more* – vor einer Generation sagte man dafür noch ausnahmslos *noch einmal*). – *Die Schau stehlen* (nach *to steal the show*). – *Sinn machen* (statt *Sinn ergeben*, von *to make sense*). *Einen Unterschied machen* (statt *bedeuten*, von *to make a difference*). – *In Schlaf fallen* (statt *einschlafen*, von *to fall asleep*). – *Sich lausig fühlen* (nach *to feel lousy*). Eine *trickige Geschichte* (*a tricky story*). *Liebe machen* (von *to make love*, eine hochwillkommene Neuerwerbung, die das steife *GV haben* hoffentlich ein für alle Mal verdrängt). – *Auf der sicheren Seite.* – *Hart arbeiten* (statt *schwer*, eine Verdrängung, die den früheren semantischen Unterschied zwischen *schwerer* und *harter* – nämlich anstrengender und physisch grober – Arbeit leider auslöscht). – *Kein Pro-*

blem (das auch das früher obligatorische *Gern geschehen!* verdrängt hat). – *Das ist die ganze Idee. – Kann ich Ihnen helfen?* (statt »Was darf es sein?«). – *Ist das okay für dich? – Ist das okay mit dir? – Ich sehe Ihren Punkt. – Schön, Sie zu sehen* (*good to see you*). *Ich hoffe, ihr hattet eine schöne Zeit* (*I hope you had a good time*). *Wir hatten damals einfach Spaß* (wie Napster-Gründer Shawn Fanning in einem übersetzten Interview findet). – *Er macht sein eigenes Ding. – Genau* (*exactly*). – *Super! – Vergiss es!* (*forget it*). – *»Nicht wirklich«* (*not really,* früher mit ›eigentlich nicht‹ zu übersetzen). – *Wir sehen uns* (*see you, we'll be seeing us*). – *Pass auf dich auf!* (nach *take care!,* eine gelungene Lehnübersetzung und wirkliche Bereicherung unserer Alltagssprache). – *Wohnst du noch oder lebst du schon?* (ein Werbekalauer von Ikea, der darauf beruht, dass *to live* im Englischen ›leben‹ wie ›wohnen‹ bedeutet und *living* natürlich besser und zeitgemäßer ist als das alte deutsche *Wohnen*).

Allüberall quillt einem irgendein Übersetzungsmüll entgegen. Wenn eine Rundfunkkorrespondentin aus einem fernen Katastrophengebiet berichtet, die »Chance, *vermisste Leben* zu finden«, sei nicht groß, wird kaum jemand stutzen. Oder? *Vermisste Leben*? Sagt man neuerdings so? Was meint sie? Werden an der Unglücksstelle noch Menschen vermisst? Besteht Hoffnung, sie lebend zu bergen? Nur wer Englisch kann, hat die Chance, die Nachricht zu entschlüsseln: Die Dame hat wahrscheinlich einen englischsprachigen Agenturbericht ausgewertet, missverstanden und der Einfachheit halber wörtlich übersetzt, in dem von *missing lives* die Rede war, in diesem Zusammenhang ›Todesopfern‹. Von Vermissten war also gar nicht die Rede, sondern von Toten. Kommt so eine falsche wörtliche Übersetzung einmal vor, wird sie verpuffen; aber wenn sie sich wiederholt – und die Medien können sie gegebenenfalls in rasender Eile multiplizieren –, macht sie möglicherweise Schule. Dann ist ein neuer deutscher Ausdruck geboren, und hinfort werden *vermisste Leben* an der Eigernordwand oder der A7 beklagt.

Es lässt sich einem Fehler nicht ansehen, ob er das Potenzial hat hängen zu bleiben. »Er *fragt nach* einem Beitrag« (statt *bittet um*, nach *to ask*, das *fragen* und *bitten* bedeutet). Nur falsch? Oder futuristisch? »Klicken Sie hier *für* unsere Datenschutzrichtlinien« (dieses *for* kann im Deutschen nur umständlich umschrieben werden, etwa mit *um zu den Richtlinien zu gelangen*). »Ich habe gelernt, dieses Album *für* seine Kontinuität *zu lieben*« (statt *wegen*). »Der Vater von Lionel Ritchie *nannte sich* auch Lionel Ritchie« (er wird sich doch nicht seinem singenden Sohn zuliebe umgetauft haben? Nein, in der englischen Vorlage hatte nur *called himself* gestanden, ›hieß‹). »Trotz aller Erkundigungen konnte ich nichts über den Fall *lernen*« (statt *in Erfahrung bringen* – so lernunfähig, wie er sagt, ist der Reporter vielleicht gar nicht). »Der Organisation wird vorgeworfen, die Rebellen *gefüttert* zu haben« (na, na – sie hat sie nur mit Lebensmitteln versorgt, *fed*). In der Hetze des journalistischen Geschäfts wird die *Feuerwehr* zur *Feuerbrigade* (*fire brigade*), ein *starker Akzent* zum *schweren* (*heavy accent*), so der *Spiegel* (41/2003) gleich zweimal über Arnie Schwarzenegger – dafür wird diesem Achtung vor *harter Arbeit* statt *schwerer* bescheinigt, und dass seine *Charaktere* die Welt retten müssen, während »Reagans *Charaktere* am Ende das Mädchen bekamen«. Die Umdeutung von *Charakter* zu *Figur* oder *Rolle* ist bereits weit fortgeschritten, vermutlich unter dem Einfluss von Computerspielen, wo es von *characters* nur so wimmelt, und Faust wird wohl demnächst zu *Goethes Charakter* oder, noch moderner, zu einem *Goethe-Charakter*. Ein Nachrichtensender wird »Bushs *Mundstück*« genannt, nur weil dem Schreiber nicht eingefallen ist, dass *mouthpiece* in diesem Kontext auf Deutsch *Sprachrohr* heißt. »Es muss ein *substantiver* Versuch gemacht werden …« (Deutschlandfunk-Nachrichten 11/2003 – sozusagen ein adjektiver Patzer). Rundum verkapptes Englisch ist der Satz »Beide *Administrationen* zeigen eine *intolerable Hybris*«. »Die gehen raus *wie Hölle*« (nicht einmal einen Artikel hat der Übersetzer spendiert, *wie die Hölle*). »… hat zu diesen Songs die Lyrik geschrieben« (o weh, *lyrics*, ›Texte‹ – anscheinend keine Ahnung, was *Lyrik* ist, und trotzdem im Sprachkunstgeschäft tätig). »Die T-Aktie ist die *schlafende Schöne*« (Inforadio 11/2003 – gemeint war *Dornröschen*, die *Sleeping Beauty*).

Was ist gegen heimliche Anglisierungen einzuwenden? Im Prinzip nichts. Die Grundstruktur der deutschen Sprache – also ihre Wort- und Satzgrammatik – beschädigen oder verunsichern sie ihrer Natur nach nicht, außer in Ausnahmefällen wie dem, wo sie die Verwendung von *sein* und *werden* (also die Passivbildung) in Frage stellen. Manche von ihnen bereichern unser Vokabular, machen es ausdrucksvoller und »händelbarer«, erhöhen seine Verwendbarkeit in internationalen Zusammenhängen. Dass *noch einmal* heute schon fast durchweg *einmal mehr* heißt, muss zwar jene irritieren, die mit *noch einmal* aufgewachsen sind. Für die zunehmende Menge derer jedoch, die nur *einmal mehr* kennen, wird dies ihr Leben lang ebenso bindend sein. Objektiv besser, richtiger, schöner ist weder das eine noch das andere. Indessen, nicht jeder übersetzerische Patzer (und auch *einmal mehr* war einer, so wie das ebenfalls siegreiche *Sinn machen* und *einen Unterschied machen*) muss sogleich Allgemeingut werden. Verhindern lässt sich das aber nur, wenn viele die Fehlübersetzung durchschauen und sich ihr widersetzen, indem sie ihren eigenen Sprachgebrauch davon freihalten.

»Fʀᴇᴍᴅᴡöʀᴛᴇʀ ɪɴ ɢʀößᴇʀᴇʀ Zᴀʜʟ sɪɴᴅ ɪᴍᴍᴇʀ ᴀᴜғ ᴇɪɴᴢᴇʟɴᴇ Sᴀᴄʜɢᴇʙɪᴇᴛᴇ ᴜɴᴅ ʙᴇsᴛɪᴍᴍᴛᴇ Mɪʟɪᴇᴜs ʙᴇsᴄʜʀäɴᴋᴛ ɢᴇʙʟɪᴇʙᴇɴ ᴜɴᴅ ɴɪᴄʜᴛ ɪɴ ᴅᴇʀ Aʟʟɢᴇᴍᴇɪɴsᴘʀᴀᴄʜᴇ ʜᴇɪᴍɪsᴄʜ ɢᴇᴡᴏʀᴅᴇɴ.« So viel ist richtig: Die Sprache der humanistischen Kultur des fünfzehnten und sechzehnten Jahrhunderts war europaweit Latein, und die vielen neuen deutschen Wörter lateinischen und griechischen Ursprungs blieben zunächst auf den Klerus und die Kreise der Gelehrten beschränkt. Eine größere Zahl belagerte dann aber auch die Allgemeinsprache und wurde erst nach und nach durch Lehnübersetzungen verdrängt – glücklicherweise nur

teilweise, denn die Ableitung deutscher Wörter aus gräkolateinischen Elementen eröffnete der Sprache eine ganz neue
Form der lexikalischen Produktivität.

Die Italienismen, die im sechzehnten Jahrhundert zu Hilfe
gerufen wurden, betrafen vor allem die Kaufmannssprache
und setzten sich dort fest; viele von ihnen sind heute Allgemeingut (*Bank, brutto, Giro, Konto, netto, Saldo*).

Der mächtige Einfluss, den das Französische, als die damalige Lingua franca Europas, im achtzehnten Jahrhundert auf
die deutsche Sprache ausübte, blieb weitgehend auf die Höfe
und das Militär beschränkt, die teilweise ständig Französisch
sprachen und Deutsch nur radebrechten, etwa wie König
Friedrich I. von Preußen, der in einem »Dekret« verfügte:
»Auff der frantzösischen Refugyrten wittib Conte allerdemü-
tigstes Supplicatum ... hiermit concediret, ihre hierein Speci-
ficierte Limonade und andere liqueurs, zur refraichirung der
daselbst promenierenden öffentlich feil zu haben.« Von den
Höfen aus wurde die Begeisterung für alles Französische in
der gehobenen Gesellschaft zu einer Art Fimmel, der bald viel
Spott auf sich zog; viele dieser modischen Gallizismen ver-
schwanden aus den Salons von selbst mit dem Wechsel der
Mode. Ende des neunzehnten Jahrhunderts vertrieben zwei
staatliche Verdeutschungsaktionen Hunderte von Gallizismen.
Bei der Post, deren ganzes Vokabular mit Rücksicht auf ihre
grenzüberwindende Bestimmung zunächst französisch gewesen war, ließ Minister Heinrich von Stephan 1875 achthundert französische Begriffe durch deutsche ersetzen. So wurde
Courier zu *Eilbote*, *Couvert* zu *Briefumschlag*, *Recommandieren*
zu *Einschreiben*, *Poste restante* zu *Postlagernd*. Tausenddrei-
hundert Gallizismen vertrieb 1890 Oberbaurat Otto Sarrazin,
vor allem bei der Eisenbahn. *Bagage* wurde zu *Reisegepäck*,
Coupé zu *Abteil*, *Perron* zu *Bahnsteig*, *Retourbillet* zu *Rück-
fahrkarte*, *Velo* zu *Fahrrad*. Beim Militär verlief die Verdeutschung weniger gründlich. So wurde *Avancement* zu *Beförde-
rung*, *Charge* zu *Dienstgrad*, aber bei *Bataillon, Infanterie,
Kanone, Kommandeur, Leutnant, Regiment* blieb es. Erfolglos

waren diese brachialen Aktionen also nicht, aber insgesamt blieben Tausende von Gallizismen erhalten und auch nicht in bestimmte Sprachmilieus eingekapselt. Sie bezeugen die Weltoffenheit der deutschen Kultur über alle Epochen eines engstirnigen Nationalismus hinweg und bereichern die deutsche Allgemeinsprache bis heute.

»Wenn es einmal zu viele ›Fremdwörter‹ gegeben hat, sind sie von allein wieder verschwunden.« Die Übertreibungen des sprachlichen Alamodewesens zu Ausgang des achtzehnten Jahrhunderts sind tatsächlich wieder verschwunden, wenn auch nicht ganz von allein, sondern mit tatkräftiger Nachhilfe der heute verrufenen Sprachpuristen; die napoleonischen Kriege taten ein Übriges. Die heutige Situation ist jedoch anders. Der Einfluss des Englischen ist zwar ebenfalls nur auf einigen Sachgebieten stark, aber diesmal sind es solche, die nicht auf bestimmte Gesellschaftskreise beschränkt sind. Plakatenglisch beherrscht den öffentlichen Raum. Gerade die Bereiche Werbung, Pop, Mode, Gastronomie, Sport, Computer berühren die gesamte Sprachgemeinschaft und ganz besonders die Jugendlichen, die zwangsläufig ihr Gefühl für sprachliche Richtigkeit und Angemessenheit aus ihnen gewinnen. Das »richtige« Deutsch, das sich ihnen einprägt, ist ein in überdurchschnittlichem Maße anglisiertes.

Zwar sind auch diesmal viele Importe eine Sache der Mode und des Renommierwahns. Das Restaurant, das sich als eine Stätte zum *Eating. Lounging. Clubbing* vorstellt, kann höhere Preise verlangen als die Konkurrenz, wo man nur *Speisen – Feiern – Freunde treffen* kann. Aber dieser Bann wirkt nur, solange sie neu sind. Ihre Zeit ist bemessen. Darum werden wohl die meisten Alamodeanglizismen wirklich von selbst wieder verschwinden. Genauso wahrscheinlich ist aber, dass sie auf der Stelle durch neue ersetzt werden. Die Weltlage, in der der Nachschub ausbleiben könnte, möchte man sich lieber nicht genauer vorstellen.

»Verdeutschungsbestrebungen sind durch die peinliche Geschichte des deutschen Sprachpurismus politisch diskreditiert und heute genauso aussichtslos wie dieser.« Tatsächlich bildete der deutsche Sprachpurismus zuzeiten eine schrill nationalistische Bewegung, die es an Eifer und Geifer dem politischen Nationalismus gleichtat. Besonders hervor tat sich der 1885 gegründete Allgemeine deutsche Sprachverein. Unter der Devise »Gedenke auch, wenn du die deutsche Sprache sprichst, daß du ein Deutscher bist« verstand er sich als eine Art avantgardistischer Kampfverband für die Ausmerzung der »Fremdwortseuche«. Zu seinem politischen Nationalismus kam verschärfend ein »Reinheits«-Wahn in Gestalt eines vernagelten Germanenkults, der ihm den Charakter einer Sekte verlieh. Viele seiner Anhänger machten Jagd auf alle Wörter nichtgermanischer Herkunft, auch wenn sie seit Jahrhunderten völlig ins Deutsche integriert waren. Sie verkannten, dass es eine reine Sprache nicht gibt, dass es sie nie gegeben hat und nie geben kann, so wenig, wie es im übrigen eine reine Rasse gibt. Wo immer Sprachen sich berührt haben, trat eine Vermischung ein, und Sprachkontakte sind einer der Motoren jedes Sprachwandels. (Die anderen Hauptmotoren, die ihn treiben, wirken im Innern der Sprache: morphologische Angleichungen und quasi gesetzmäßige »Lautverschiebungen«.) Dieser kapitale Irrtum machte der Sekte schließlich den Garaus – und hatte am Ende nur bewirkt, dass man das Wort ›Fremdwort‹ seitdem eigentlich nur noch in Anführungszeichen verwenden kann. Mit dem Naziregime glaubte der Sprachverein seine Stunde gekommen und suchte ihm seine eigene Auffassung einer rein deutschen, einer »völkischen« Sprache anzudienen, schließlich sogar durch die Denunzierung »jüdischer« Wörter:

Gottlob haben wir wieder gelernt, daß wir Germanen sind. Wie verträgt sich damit die Pflege einer im jüdischen Verbrechertum wurzelnden Unsitte? Auch auf die Herkunft von Wörtern wie *berappen, beschummeln, Kittchen, Kohldampf, mies, mogeln, pleite, Schlamassel,*

126

Schmu, Schmus, schofel, Stuss und ihresgleichen sollte sich der Deutsche nachgerade besinnen.[15]

Die Nazis indessen dachten gar nicht daran, sich ihre eigenen Fremdwörter von spleenigen Möchtegermanen vermiesen zu lassen. *Propagandaminister* Goebbels geruhte nicht, auf den Vorschlag einzugehen, als *Reichswerbeleiter* doppelt so huldvoll zu lächeln. (Sollte bei den Nazis auch die Befürchtung mitgespielt haben, die Übersetzung ihrer Lieblingswörter ins Urdeutsche würde die halbe Propaganda lächerlich machen?) In einem für die Nachkriegsgermanistik epochalen Aufsatz hat Peter von Polenz das Ende beschrieben:

> Der Sprachverein muß sich in den Jahren von 1933 bis 1937 sehr unbeliebt gemacht haben … Goebbels, der sich ja gegenüber dem Anliegen des Sprachvereins von Anfang an mit Grund sehr reserviert verhalten hat, hatte auf der Berliner Festsitzung der Reichskulturkammer am 1. Mai 1937 die Sprachreiniger öffentlich gerügt, »um weiteres Unheil zu verhüten«. Aufgrund dieser Zurechtweisung von höchster Stelle sah sich der Vorsitzer … zu einem öffentlichen Fußfall gezwungen: »Wir rücken weit ab von der haltlosen Verdeutscherei und Sprachschöpferei …« Offiziell abgeblasen wurde die deutsche Fremdwortjagd schließlich von Hitler in einem Erlass [vom 19. November 1940]: »… Der Führer wünscht nicht derartige gewaltsame Eindeutschungen und billigt nicht die künstliche Ersetzung längst ins Deutsche eingebürgerter Fremdworte … Ich ersuche um entsprechende Beachtung.«[16]

Von diesem seinem unrühmlichen Ende her lässt sich der sogenannte Sprachpurismus jedoch nicht zutreffend einschätzen und beurteilen. Er war in seiner früheren Geschichte weder vorwiegend nationalistisch motiviert, noch war er erfolglos. Bis in den Anfang des neunzehnten Jahrhunderts ging es bei der Verdeutschung nicht um den nationalen Stolz, sondern darum, überhaupt erst eine deutsche Sprache zu schaffen, in der sich über die Dinge der Welt und des Geistes genauso präzise und wendig sprechen und schreiben ließ wie im Lateinischen und Französischen. Die deutsche Sprache sollte ebenbürtig werden: Das war das Hauptziel, und mit dem, was hinterher die Weimarer Klassik hieß, war es erreicht, eine leistungsfähige deutsche Literatursprache geschaffen, ein Artefakt mit einem nicht unbeträchtlichen Anteil von »Fremdwörtern«. Wenn man nachliest, aus welchen Quellen Joachim Heinrich Campe in seinem Verdeutschungswerk von 1801/1813 seine Vorschläge herbeizitierte, sieht man sehr deutlich, dass hier nicht ein Einzelner einer fixen Idee nachhing, sondern dass deutsche Denker und Dichter in großer Zahl zweihundert Jahre lang einen Teil ihrer Kraft und Intelligenz darauf verwendet hatten, sich zu überlegen, wie sich dieser und jener lateinische oder französische Begriff mit den Mitteln der deutschen Sprache ausdrücken ließe. Ohne diese vereinte sprachschöpferische Anstrengung wäre die deutsche Sprache nicht, was sie ist. Wäre sie womöglich schlechter? Sie wäre anders, sehr viel heterogener, und sie hätte darum heute vermutlich kein Anglizismenproblem. Wem die in jener artifiziellen deutschen Sprache bis heute geschriebene Literatur irgendetwas bedeutet, kann aber nur antworten: Sie wäre schlechter.

Glanz und Elend der Verdeutschungsbemühungen lassen sich am anschaulichsten an dem einflussreichen Fremdwörterbuch des Braunschweiger Pädagogen und Lexikographen Joachim Heinrich Campe ablesen.[17] Campe gehörte keineswegs zu den Nationalisten unter den Sprachpuristen, zu denen er mitunter gerechnet wird. Er hielt Deutsch nicht für eine »reine« Sprache, die nur von den ihr aufgedrungenen Fremdwörtern gesäubert werden müsste – rein, sagte er, sei nur die Ursprache der Menschheit gewesen, und die sei ein bloßer Mythos. Ausdrücklich verfolgte er mit seinen Verdeutschungen zwei Ziele: Zum einen sollten sie der »allgemeinen Belehrung, Volksaufklärung, Volksausbildung« dienen, das Volk sollte also die Gedanken der Gebildeten verstehen und selber formulieren können; zum anderen wollte er es der »vernunftverwirrenden … Scholastik« schwerer machen, dem Philosophieren mit imponierenden, schwierigen, aber unklaren Wörtern. Auf heutige Schlagworte reduziert, waren Campes Ziele also: Demokratie und Aufklärung.

Sein schwergewichtiges, fast siebenhundertseitiges Fremdwörterbuch ist zitiert worden, um Erfolg und Misserfolg des
Verdeutschens zu belegen – kein Wunder, denn beide liegen
nahe beieinander. Je nachdem, was bewiesen werden sollte,
wurden ihm sehr verschiedene Zahlen abgewonnen. Die hier
genannten beruhen auf einer eigenen Auszählung des Registers
und von dreißig Zufallsseiten. Das Werk listet knapp 14.000 damals gebräuchliche Fremdwörter auf. Zu ihnen macht es etwa
11.000 Verdeutschungsvorschläge. Da es aber zu vielen mehrere Vorschläge macht, oder zwar Vorschläge anderer referiert,
sie aber verwirft, verdeutscht es tatsächlich sehr viel weniger,
schätzungsweise nur die Hälfte der 14.000 Lexeme. Die anderen erklärt es nur und lässt sie von vornherein unangerührt.

Etwa 7500 der von Campe gesammelten Fremdwörter sind
noch lebendig, meist in etwa gleicher Bedeutung, in einigen
Fällen in neuer. *Plasma* zum Beispiel bedeutete damals ›Gebilde‹, ›Bildwerk‹, *Regisseur* ›Steuereinnehmer‹, ›Bühnenrech-
nungsführer‹. Die übrigen 6500 sind zum größeren Teil mehr
oder weniger verschwunden – aber oft nicht, weil Campes Ver-
deutschungsvorschlag an ihre Stelle getreten wäre, sondern
weil das Fremdwort nur einer kurzlebigen Mode genügte und
sich nicht durch die Übernahme einer eigenen Bedeutungs-
schattierung nützlich machen konnte – oder weil die bezeichneten Dinge und Tatbestände nicht mehr aktuell und weder
das Fremdwort noch die Verdeutschung mehr gefragt sind
(etwa *Corselet / Schnürleibchen, Crochets / gekräuselte Haarspit-
zen, Latwerge / Heilmus, Pilory / Pranger, Reglisse / Lederzucker,
Roquelaure / Reiserock*). Viele sind zwar aus der Allgemeinsprache verschwunden, aber latent weiter vorhanden, teilweise auch
noch im Fremdwörter-*Duden* verzeichnet und jederzeit aufs
neue reaktivierbar: *Bandelotten / Ohrgehänge, Deskription / Beschreibung, diszernieren / unterscheiden, Dozilität / Fügsamkeit,
Panier / Banner, Ridikül / Strickbeutel*. In einigen Fällen ist es
um das Fremdwort schade – hätte sich *komputieren* für *berechnen* erhalten, fiele heute der sprachliche Umgang mit dem
Komputer leichter.

Nichts ist leichter, als triumphierend jene Verdeutschungs-vorschläge zu bekichern, die durchgefallen sind: etwa *Dörrlei-che* für *Mumie*, *Ichler* für *Egoist*, *Knallgruß* für *Salve*, *Schnee-gestürze* für *Lawine*, *Scheidekunst* für *Chemie*, *Spanisches Tabaröllchen* für *Zigarre*, *Sinnspitze* für *Pointe*, *Spritzbad* für *Touche* (die heutige *Dusche*). Aber warum? Warum hat sich nicht *Gaumler* für *Friand* durchgesetzt, sondern zunächst *Schleckermaul* und dann doch wieder ein französisches Wort, *Gourmet*? Es ist nicht zu erkennen, warum sich die eine Ver-deutschung behauptet, die andere nicht, warum *im Rückstand sein* (für *restieren*) akzeptiert wurde, *Rückklang* (für *Echo*) aber nicht – weitgehend scheint es eine Sache des Zufalls zu sein.

Aber statt Campes Misserfolge zu zählen, kann man auch die Gegenrechnung aufmachen. Etwa 2600 der von ihm wei-terempfohlenen oder selbst geprägten Verdeutschungen ha-ben sich sehr wohl durchgesetzt, und Deutsch scheint heute ohne sie gar nicht mehr denkbar: *abergläubisch* für *supersti-tiös*, *Abgespanntheit* für *Atonie*, *betreffen* für *konzernieren*, Buchhalter für *Comptorist*, *Doppelpunkt* für *Colon*, *feinfühlig* für *delikat*, *Fleischbrühe* für *Potage*, *Gerichtshof* für *Forum*, *ge-werblich* für *kommerzial*, *Beileidsbezeugung* für *Kondolenz*, *luftdicht* für *hermetisch*, *Meisterwerk* für *chef-d'œuvre*, *Ohren-bläser* (heute *Speichellecker*) für *Flagorneur*, *Reimeschmied* für *Poetaster*, *Schauder* für *Frissonnement*, *trunken* für *krapulös*, *unparteiisch* für *impartial*.

Campes Erfolg bestand darin, dass sich Tausende seiner Vorschläge durchgesetzt haben. Sie machen sein Fremdwör-terbuch zur erfolgreichsten Verdeutschungsaktion aller Zei-ten. Sein Misserfolg bestand darin, dass sich Tausende – etwa doppelt so viele – nicht durchgesetzt haben. Das scheinbare Zahlenparadox löst sich sehr leicht auf: In vielen Fällen ko-existieren heute Fremdwort und Verdeutschung, manchmal in etwa gleicher Bedeutung (*circa* und *ungefähr*, *Erdgeschoss* und *Parterre*, *Ergebnis* und *Resultat*, *historisch* und *geschicht-lich*, *Komplott* und *Verschwörung*), meist aber in verschiedener (*Atmosphäre* und *Dunstkreis*, *Bagage* und *Gepäck*, *Chaos* und *Wust*, *Pol* und *Dreh-* oder *Angelpunkt*, *generisch* und *geschlechtlich*, *isolieren* und *vereinsamen*, *Katheder* und *Lehrstuhl*, *Krokus* und *Safran*, *realisieren* und *verwirklichen*, *Sofa* und *Lotterbett*).

Zu lernen ist daraus dies: Lehnübersetzungen fremder Wörter sind möglich, setzen sich aber meist nicht durch. Welche sich durchsetzen, ist nicht vorhersehbar – jedenfalls sollten sie nicht länger, umständlicher oder witzloser sein als die Originale. Sobald sich eine etabliert hat, scheint sie unentbehrlich und wirkt, als hätte es sie schon immer gegeben. Auch wenn sich eine durchsetzt, bleibt das betreffende Fremdwort oft dennoch erhalten. Dann bestehen beide nebeneinander, aber meist nicht völlig synonym, sondern mit eigenen Bedeutungsnuancen. Dann füllt das Fremdwort eine Sinnlücke, die von seinem deutschen Äquivalent nicht abgedeckt werden konnte, und bereichert die Ausdruckskraft des Deutschen.

Campes relativ großer Erfolg hatte allerdings zur Voraussetzung, dass die Deutschen tatsächlich deutsche Wörter wollten, teilweise dann auch aus durchaus nationalistischen und schließlich nationalsozialistischen Gründen. Diese Voraussetzung ist heute entfallen. Der Wind weht in die andere Richtung. Wegen der Intensität der heutigen Sprachkontakte, also wegen der Globalisierung der mündlichen und schriftlichen Kommunikation, hätten Verdeutschungsversuche es heute ohnehin sehr viel schwerer als zu Campes Zeit; gegen den Nationalismusverdacht kommen sie erst recht nicht an.

Wie gering die Chancen der Eindeutschung heute sind, kann man sich nirgends so anschaulich klar machen wie bei Campes heutigen Nachfahren im Geist. Aus dem Umkreis des Vereins Deutsche Sprache gibt es ein aktuelles Verdeutschungswörterbuch[18], eigentlich nicht mehr als eine Liste von etwa 6200 angeblich überflüssigen englischen Begriffen, jeder mit einem Vorschlag versehen, wie man das Gleiche genauso gut oder besser auf Deutsch sagen könnte. Nicht, dass seine

Verdeutschungsvorschläge schlecht oder falsch wären, obwohl es auch solche gibt: »Kopiertes Lebewesen« und »Genkopie« für *Klon* ist irreführend, und »bauernschlau« für *streetwise* ist grotesk (»Die Kinder in den sozialen Brennpunkten sind *bauernschlau*«?). Tatsächlich scheint hier und da eine Ersetzung ohne weiteres möglich: Für *effortless* lässt sich ohne Verluste an Bedeutung und Nimbus *mühelos* sagen, für *shower Dusche*, für *strawberry Erdbeere*. Aber Begriffe dieser Art sind in der Minderzahl, allenfalls ein paar Hundert. Es sind ebenjene, die keine deutsche Sprachschöpfung und auch keine Erläuterung nötig haben, weil die Eindeutschungen einfach die normalen Wörterbuchübersetzungen sind. Diese sind es denn auch, die am ehesten von alleine wieder verschwinden werden.

Zuweilen sind die Verdeutschungsvorschläge jedoch gar keine lexikalischen Gegenstücke, sondern nichts anderes als mehr oder weniger umständliche Umschreibungen oder Erklärungen. Wohl wahr, *Glamour* ist etwa »(falscher) Glanz, Blendwerk, besondere, betörende Aufmachung« – aber nun setze man einen dieser Vorschläge in eine Zeitungsüberschrift wie »Glitzer und Glamour an der Croisette« ein (der dazugehörige Artikel handelt von der Coterie der Filmstars bei den Festspielen von Cannes), ohne sich lächerlich zu machen! »Blendwerk auf der Kreuzchenmeile«? *Mobbing* ist das alles: »Schikane, Arbeitsschikane, Terrorisierung, Unterdrückung, Belästigung vor allem am Arbeitsplatz« – aber wer nun ein genaueres und obendrein kürzeres Wort dafür will? Ein *Ghostwriter* ist wohl ein »Auftragsschreiber« oder »Redenschreiber«, aber nicht jeder Redenschreiber ist ein *Ghostwriter* und nicht jeder *Ghostwriter* ein Redenschreiber, also sind die Begriffe nicht austauschbar, und die Neuprägungen ›Nebelschreiber‹, ›Schattenschreiber‹ sind zwar hübsch, haben jedoch den Nachteil, dass niemand sie verstehen würde. Auch die vielberufene »Durchsichtigkeit« deutscher Wörter, die oft nur scheinbar ist, hilft ihnen kaum, verständlicher bliebe allemal *Ghostwriter*. Möchte im Geiz- oder Blödmarkt jemand auf einem »Schoßrechner« bestehen (ein Eindeutschungsvorschlag für *Laptop*)? Für *online* fährt das Wörterbuch eine ganze Batterie von angeblichen deutschen Äquivalenten auf: »angeschlossen, elektronisch verbunden (mit dem Internet), vernetzt, Internet-, im Netz, auf Draht, über das Internet«. Sollen die Geldinstitute ihre Kunden etwa zum »elektronisch (mit dem Internet) verbundenen« Zahlungsverkehr ermuntern? Soll die Bahn den Weg zum Fahrschein jenen weisen, die »auf Draht« sind? Allerdings, *Internet-* lässt sich zuweilen ohne Krampf dafür sagen, aber ein Anglizismus ist das auch, und das Wörterbuch hat sich an ihm klugerweise gar nicht erst versucht.

Wo immer mehrere deutsche Wörter vorgeschlagen werden, bedeutet das meist keineswegs, dass das Deutsche sogar einen Embarras de richesse hat, sondern dass keines dieser Wörter den Sinn des englischen wirklich trifft. *Cool* (der Begriff mit den meisten Eindeutschungsvorschlägen) kann das alles sein: »ruhig, nüchtern, beherrscht, gelassen, lässig, kaltschnäuzig, besonnen, überlegen, unbeeindruckt, arrogant; toll, gut, erstaunlich, interessant, schön, irgendwie angenehm« und so weiter. Und natürlich wäre es nicht schlecht, wenn die Sprecher sich gelegentlich an die in ihrer Muttersprache möglichen Ausdrucksnuancierungen erinnerten und kein einziges dieser Wörter in Vergessenheit geraten ließen. Aber schon in den erstbesten Satz mit *cool* will kein einziger jener Vorschläge richtig passen: »Die Werbung für Alcopops wirkt cool, schick und trendy.«

Heißt das, dass es gar keine überflüssigen Anglizismen gibt, weil jeder von ihnen eine besondere Bedeutungsnuance trägt, die sich mit den Mitteln der deutschen Sprache nicht wiedergeben lässt? Die Sprachwissenschaft scheint überwiegend dieser Meinung zu sein. »Überflüssige Wörter gibt es nicht«, schreibt zum Beispiel sogar Rudolf Hoberg, »und zwar zum einen, weil Sprachen so gut wie keine völlig synonymen Wörter enthalten, und zum anderen weil für Sprecher und Schreiber kein von ihnen benutztes Wort überflüssig ist, da sie es andernfalls nicht verwenden würden.«[19] Das ist wieder eine dieser ideologischen Übertreibungen: Wie auch immer die Leute reden, es soll richtig und notwendig sein. Natürlich gibt es objektiv überflüssige Wörter, auch denglische, und wenn sie geballt auftreten, bemerken die Leute sie sehr wohl und lachen sie verdientermaßen aus, etwa in den zur Berühmtheit gelangten Sätzen einer Hamburger Modeschöpferin: »Der problembewußte Mensch von heute kann diese Sachen, diese refined Qualitäten mit spirit eben auch appreciaten. Allerdings geht unser voice auch auf bestimmte Zielgruppen. Wer Ladyisches will, searcht nicht bei Jil Sander.« Aber der andere Teil von Hobergs Seufzer ist zweifellos richtig: Es gibt viel weniger überflüssige Wörter, als es den Puristen scheinen mag. In jeder Sprache existieren unzählige mehr oder weniger sinnverwandte Wörter, aber völlig sinngleiche, die sich ohne Verluste gegeneinander austauschen ließen, gibt es nur sehr wenige. Wo eine Sprache sich zunächst sinngleiche Wörter leistet, entwickeln sie sich alsbald auseinander, und dann ist keines von ihnen mehr überflüssig. Schon Campes Verdeutschungswerk geriet nebenbei und ungewollt zu einem Manifest für die Nützlichkeit von Fremdwörtern. Das neue des Vereins Deutsche Sprache, das unter ungünstigeren Vorzeichen und gegen den Zeitgeist antrat, ist es erst recht. Ein *call-girl* ist nicht allgemein eine »Prostituierte«, wie das Wörterbuch meint – das Wort kam 1963 mit der Berichterstattung über den Profumo-Skandal nach Deutschland, also zu einer Zeit, als das Deutsche noch viele einfallsreiche und robuste Lehnübersetzungen hervorbrachte, aber offenbar ist den Deutschen in den vierzig Jahren seither kein deutsches Wort für Christine Keelers Gewerbe eingefallen. Natürlich kann man zu einer *Dotcom* auch *Internetfirma* sagen, aber *Dotcom* ist trotzdem witziger, kürzer, anschaulicher, und da es auf das überall gleiche *.com* in der Firmenadresse anspielt, ist es in Deutschland nicht einmal fremder und unverständlicher als in Amerika; nur ist in Deutschland leider niemand zuerst darauf gekommen. *Kids* sind nicht einfach Kinder, sondern Kinder eines besonderen Schlags, und wer *Wellness* als »Wohlbe-finden« eindeutschen will, verrät nur, dass er vom heutigen Leben keine Ahnung hat.

»Veränderungen im Wortschatz sind unerheblich – die grammatische Struktur der deutschen Sprache bleibt unbeschädigt.« Tatsächlich sind der Wortschatz und die Idiomatik der oberflächlichste und flexibelste Teil einer Sprache, immer in Bewegung, immer dabei, sich veränderten Verhältnissen geschmeidig anzupassen. Die grammatische Grundstruktur darunter ist stabil. Neue Wörter verbreiten sich innerhalb von Tagen, wenn die Medien ihnen gehörig nachhelfen; grammatische Änderungen brauchen Jahrzehnte, Jahrhunderte. Der ganze Bezeichnungswortschatz einer Sprache könnte ausgetauscht werden (nicht ihre Funktionsworte, die die grammatischen Beziehungen der Inhaltsworte regeln), die Sprache bliebe dennoch in ihrer Eigenart erhalten. *Die schägen Ischeln sind klemm geworden* wäre ein unverkennbar deutscher Satz, obwohl niemand seine drei Inhaltsworte verstünde.

Dass der Import von Wörtern aus fremden Sprachen die Grammatik nicht tangiere, ist jedoch offenkundig falsch. Richtig verwendet werden kann ein Wort nur, wenn es den wort- und satzgrammatischen Regeln seiner Sprache entgegenkommt, wenn es ihnen entsprechend »grammatifiziert« ist. Wandert es in eine andere Sprache aus, so muss es in mehrerer Hinsicht zurechtgestutzt werden, damit es ebenso frei beweglich wird wie in seiner Heimatsprache. Manche Wörter haben nur winzige Anpassungen nötig, um in der neuen sprachlichen Umwelt völlig heimisch zu werden, manche lassen sich nur schwer oder gar nicht anpassen und bleiben auf unabsehbare Zeit fremd. Bei der nahen Verwandtschaft beider Sprachen haben es englische Wörter und Wendungen im Deutschen leicht; es kommt ihnen viel sprachliche Intuition entgegen, die ihre mitgebrachte Wortgrammatik durchschaut und für die Zwecke des Deutschen so viel wie nötig abändert.

Und so wenig wie möglich – denn es ist heute offensichtlich der Wille der Sprachgemeinschaft, fremden Wörtern jede »Eindeutschung« zumindest in Aussprache und Schreibung zu ersparen. Dieser unbedingte Respekt vor dem fremden Wort in seiner genauen Laut- und Schriftgestalt lässt sich jedoch nicht durchhalten, sobald es in einem deutschen Satz verwendet werden soll. Wenn es nicht für die deutsche Syntax gangbar gemacht, für deren Bedürfnisse grammatifiziert wird, lässt es sich nämlich gar nicht verwenden. Völlig unintegrierte Vokabeln taugen höchstens für die Plakatsprache, die ohne vollständige Sätze auskommt; in deutschen Sätzen sind sie nicht lebensfähig. Ein gewisses Maß an Integration lässt sich fremden Wörtern also nicht vorenthalten. Die Verweigerung jeder Integration käme ihrer Ausweisung gleich.

Die erste Ebene, auf der sich die Frage der Integration stellt, ist die lautliche (phonologische). Jede Sprache hat ihre eigene charakteristische Garnitur von Lauten und ihre eigenen Regeln dafür, wie diese zu gültigen Silben kombiniert werden können. Mühelos aussprechen aber kann der Mensch nur die Laute und Lautkombinationen seiner Muttersprache. Jede später dazugelernte Sprache spricht er gewöhnlich mit einem mehr oder weniger starken Akzent. In englischsprachigen Ländern verrät den Deutschen gewöhnlich schon das Wort, mit dem er sagt, woher er stammt: *German* lässt sich selbst nach langem Üben kaum akzentfrei aussprechen. In Deutschland gibt man sich derzeit wahrscheinlich größere Mühe als irgendwo sonst auf der Welt, ausländische Namen und Wörter möglichst original auszusprechen. Kein Engländer, Franzose, Italiener, Spanier würde sich mit *Aachen* oder *München* so eifrig abplagen wie wir mit *Birmingham* oder *Barcelona*. Aber unsere Zunge macht die guten Vorsätze immer wieder zunichte. Es gelingt uns einfach nicht, manche Wörter richtig auszusprechen, selbst wenn sie sich seit vielen Jahren in ständigem Gebrauch befinden: *Computer* oder *Thriller* (dessen sämtliche Konsonanten im Deutschen nicht vorkommen) klingen aus unserem Mund dauerhaft halb englisch, halb deutsch, und die gesetzmäßige Auslautverhärtung der deutschen Sprache nötigt unsere Zunge, allen Vorsätzen zum Trotz, aus dem *job* einen *Dshopp*, aus dem *gag* einen *Geck*, aus dem *kid* ein *Kitt* zu machen – weswegen uns diese Wörter im Plural lieber sind, wo uns das weiche Schluss-*s* die Auslautverhärtung erspart. Nur die Masse der Autofahrer scheint diese Skrupel nicht zu kennen und spricht unumwunden vom *Ehrbeck*.

Die zweite Ebene der Integration ist die der Schreibung (die graphematische). Jede Sprache besitzt ihre eigenen Regeln dafür, welche ihrer Laute mit welchen Schriftzeichen wiedergegeben werden. In Sprachen wie dem Portugiesischen und Spanischen sind die Laut-Buchstaben-Beziehungen sehr eindeutig: Wer sie richtig gesprochen hört, kann sie auch richtig schreiben, und wer sie geschrieben sieht, kann sie richtig sprechen. Im Deutschen kann man nicht so sicher sein: Seine Laut-Buchstaben-Gesetze sind nur von mittlerer Strenge. Zum Beispiel kann ein gedehntes *o* auf vier verschiedene Arten geschrieben werden: *Rose, Moor, Sohle, Soest*. Nach Maßgabe der in der deutschen Sprache gültigen Laut-Buchstaben-Beziehungen kann man Anglizismen sowieso nicht richtig aussprechen; aber sie bringen auch noch die chaotischen Laut-Buchstaben-Beziehungen des Englischen mit, für die es keine offensichtlichen allgemeinen Regeln gibt. Richtig verwenden kann man ein englisches Wort also nur, wenn man außer seiner Bedeutung auch seine Aussprache und seine Schreibung einzeln gelernt hat. Einige falsche Aussprachen sind in deutschen Funkhäusern geradezu zum Standard geworden: Das Substantiv *comment* wird regelmäßig /kɒˈment/ ausgesprochen, *content* ›Inhalt‹ /kɒnˈtent/, *action* /ˈækt͡ʃən/, *alternative* /ɔltəˈneɪtɪv/, *Chicago* /t͡ʃɪˈkagəʊ/ oder /t͡ʃɪˈkeɪgəʊ/, gelegen natürlich am /ˈmɪt͡ʃɪgən/-See, und ab und an wird man auch mit einem /ˈdɪfens/ oder /ekzəˈkjʊtɪv/ erfreut. Vor einigen Schwierigkeiten der englischen Orthographie muss selbst der willigste Respekt vor dem Fremden kapitulieren: Die Wörter *rough* und *tough* sind ohne Englischkenntnisse einfach nicht aussprechbar, und so sieht man sie gelegentlich graphematisch eingedeutscht geschrieben, *raff* und *taff*. Auch *antörnen* überwand auf der Stelle die Schreibbarriere, weil *anturnen* allzu irreführend gewesen wäre.

Die graphematische Eindeutschung war einmal ein außerordentlich wirksames Mittel der Fremdwortintegration, das nicht nur die Unsicherheiten bei Aussprache und Schreibung behob, sondern auch sonst klärend wirkte und dazu beitrug, einem fremden Wort im Deutschen die volle Bewegungsfreiheit zu verschaffen: *Bluse, Boot, Büro, Depesche, Dusche, Haschee, Keks, Kompott, Konfitüre, Kostüm, Krem, Kulisse, Lupe, Möbel, Püree, Soße, Streik*. Man bedenke, der *Keks* war einmal der Plural *cakes*! Wer sich heute traute, *Kornflekse* zu schreiben, würde Zweifel an seinem Verstand aufkommen lassen. Dass bei *Spaghetti* das im Deutschen eigentlich überflüssige *h* entfallen darf, verdirbt manchen Leuten den Appetit, obwohl sie auf Speisekarten sonst ständig die abenteuerlichsten Schreibungen hinnehmen. Schon die Erlaubnis, nach der Rechtschreibreform *Mop, Step, Stop* und *Tip* mit *-pp* zu schreiben, sorgt für einen Shock. Diese neue Schreibung übrigens ist gut gemeint, aber falsch. Sie soll offenbar den Kurzvokal erzwingen, also verhindern, dass die Leute *Moop, Steep, Stoop* und *Tiep* lesen. Die Aussprache aber lernt kein Mensch aus dem Orthographiewörterbuch; sie spricht sich, im Wortsinn, herum. Die neue Regelung ist darum überflüssig. Sie ist auch unvorteilhaft, aber nicht, weil sie den fremden Wörtern Gewalt antäte, sondern weil die Kürze einer Silbe im Deutschen nur dann durch einen Doppelkonsonanten angezeigt wird, wenn eine unbetonte Silbe folgt – man schreibt *hatte* und *hat*, aber nicht *hatt*. In *moppen, steppen, stoppen* und *tippen* dagegen steht das *-pp-* zu Recht. Es wird nicht als Vergewaltigung des fremden Worts empfunden und ist auch keine, denn das Englische verdoppelt den Konsonanten unter analogen Umständen (*stepping*) ebenfalls.

Die dritte Ebene, auf der einem Fremdwort die Integration zugestanden oder verwehrt werden kann, ist die der Wortbildung (die morphologische). Jede Sprache hat ihre eigenen morphologischen Regeln, die bestimmen, wie ein Wort aus verschiedenen Elementen (einer oder mehreren Wurzeln, Vor- und Nachsilben) zusammengesetzt werden kann und wie sich das eine aus dem anderen ableiten lässt. Nur wenn sich diese Regeln auf ein Wort anwenden lassen, erlangt es in der Syntax der betreffenden Sprache seine volle Beweglichkeit. Ein Fremdwort integrieren heißt vor allem, es morphologisch der neuen Sprachumgebung anzupassen. Bei seiner morphologischen Assimilierung wird es in der neuen Sprache syntaktisch gangbar gemacht.

Als Allererstes muss es einer in der Zielsprache gültigen Wortklasse zugewiesen werden: Substantiv, Adjektiv, Verb und so fort. Während wir beim besten Willen nicht erraten können, welcher Wortklasse der japanische Abschiedsgruß *sayonara* angehört, scheint sie sich bei englischen Wörtern von selbst zu verstehen. Aber nicht alle tragen ihre Wortklasse offen zur Schau. Da wir nicht sicher sind, in welche Wortklasse *catch-all*, *drive-in*, *live* (gesprochen *leiw*), *online*, *standard* oder *unisex* gehören, wissen wir auch nicht, wie sie morphologisch zu behandeln wären. Wir sind ihrer nicht sicher, und darum sind sie nicht frei verwendbar.

Ist ein Wort als Substantiv identifiziert, so muss es im Deutschen ein Genus und einen Numerus erhalten. Ist es *die* oder *das E-Mail*? *Der* oder *das Event*? *Der* oder *das Quiz*? Wir suchen in solchen Fällen nach Analogien – einem ähnlich klingenden Wort oder einem mit ähnlicher Bedeutung – und richten uns nach ihm. Finden wir keins, so sind wir hilflos und können uns jahrzehntelang nicht zwischen *der* und *das Outlet*, *der*, *die* und *das Speed*, *der*, *die* und *das Shuttle* entscheiden.

Die nächste Ungewissheit bringt der Numerus mit sich. Ist *USA* Singular oder Plural? Gelegentlich jedenfalls hört man Sätze wie »Die USA war unsere Schutzmacht«. Wie lautet der Plural zu der offiziellen Bezeichnung für Alcopops, *RTD* (*Ready-to-Drink*)? Das Englische scheut den Plural *Ready-to-*

Drinks, weil es den Begriff durchschaut (›trinkfertig‹); im Deutschen wird er nicht durchschaut und nicht gescheut. Dass man an englische Wörter normalerweise nur ein *s* anhängen muss, um einen Plural aus ihnen zu machen, hat inzwischen selbst die Hälfte der Bevölkerung mitbekommen, die kein Englisch spricht. Aber manchmal scheint es nicht zu funktionieren. Niemand sagt *die Computers* oder *die Managers* – stärker wirkt offenbar das Muster der deutschen Substantive auf *-er* (*die Roboter*). Dort, wo der englische Plural nicht einfach *-s*, sondern *-es* lautet, herrscht Unsicherheit. Was wäre der Plural von *der Coach*? *Die Coaches* oder *die Coache*? Von *Touch*? Von *Flash*? Sicher nicht *Flashen*, aber vielleicht doch *Flashe*? Und von *Benchmark*? *Benchmarks* oder *Benchmarken*? »Die Gesellschaft hat die Benchmarken von sechs Aktienfonds neu festgelegt« – ist das richtig oder dreist? Wo wir nicht sicher sind, gehen wir den betreffenden Formen vorsichtshalber lieber aus dem Weg.

Während das Englische sein Deklinationssystem schon vor Jahrhunderten weitgehend demontiert hat, müssen Substantive und Adjektive im Deutschen immer noch dekliniert werden. Im Deutschen gibt es noch vier verschiedene Kasus, im Englischen kommt man (abgesehen von dem »sächsischen Genitiv«) mit der Nominativform durch alle Fälle. Den englischen Substantiven ersparen wir die deutschen Genitive und Dative in der Regel, da sich auch das deutsche Deklinationssystem in der Demontage befindet und nicht mehr absolut zwingend ist: Niemand käme je auf die Idee, dass er *des Firewalls* (»des Feuerwalls«) oder gar *dem Kidde* (»dem Kinde«) sagen könnte.

Bei Adjektiven in attributiver Stellung fällt der Verzicht auf die Deklination weniger leicht, und so sagen wir denn bereitwillig *das softe Papiertaschentuch* oder *den coolen Outfits*. Bisweilen aber stockt die Zunge, nämlich dann, wenn die Flexionsendung zwei Vokale hart aneinander stoßen lassen würde. Diesen sogenannten Hiatus, den manche Fremdwörter mit sich bringen, nehmen wir im Deutschen nur bei wenigen hin, etwa bei *zo-ologisch*; sonst mogeln wir uns über ihn hinweg, indem wir *Cha-os* fast zu einem Diphthong machen (*Kaus*) und *Idi-ot* zu *Idjot*. Genau dieses hiatusresistente Schluss-*i* aber bringen die englischen Adjektive auf -*y* mit: *easy, funky, groovy, happy, heavy, preppy, sexy, trendy, tricky*. Ein »easy-es Leben« oder »eine echt funky-e Band« scheint niemand über die Lippen zu bringen, obwohl *fankje* phonetisch durchaus möglich wäre. Das Adjektiv *trendy* ist durch die Eindeutschung zu *trendig* gangbar gemacht worden; *ein trendiges Shop* klingt durchaus akzeptabel. *Happy, heavy* und *sexy* ist dieser Ausweg bisher verwehrt geblieben. Also bliebe nur der Hiatus (*dem sexy-en Mädchen*), und da wir den prinzipiell nicht mögen, gebrauchen wir *sexy* lieber nur in prädikativer Stellung (*das Mädchen ist sexy*), oder wir setzen uns über den deutschen Flexionszwang hinweg und lassen es unflektiert: *das sexy Mädchen* – was dann prompt »irgendwie falsch« klingt.

Diese regelwidrig unflektiert bleibenden englischen Adjektive stoßen in der Umgangssprache auf jene beliebten alteingesessenen, die ebenfalls grundsätzlich unflektiert bleiben, weil sie von Haus her Substantive sind: *klasse, kult, mist, scheiße, schnuppe, schrott, spitze, wurst*. Ihr hybrider Charakter – halb Substantiv, halb Adjektiv – wirft die ewig unentscheidbare Frage auf: groß oder klein? Der Trend scheint zur Kleinschreibung zu gehen und damit zur Bestätigung ihrer Adjektivnatur. In der Privaten Spontanen Alltagssprache des Internet findet man sogar: »Der hat ihn ein schrott Auto angedreht.« Aber trotz des gefühlten Wortklassewechsels bleibt ihnen die Flexion vorenthalten, die ihnen als Adjektiven zustünde – *ein scheißer Job* wäre ein Ding der Unmöglichkeit. In der Schreibung *das sind riesen Fotos* ist die Wortklasse von *riesen* nicht mehr auszumachen. Dazu kommen Internationalismen wie *integral, mobil, original, protekt, spezial, standard* oder *turbo*, bei denen nicht sicher ist, welcher Wortklasse sie angehören, und die man darum auch in attributiver Stellung unflektiert lässt. Selbst das echte Adjektiv *original* bleibt oft undekliniert: »Ich habe schon einige Pads getestet und bin immer wieder an den *original* Controllern hängen geblieben.« Schließlich die Vorliebe der Werbesprache für das nachgestellte und darum unflektierte attributive Adjektiv: *Fußball brutal*, *Büro perfekt* und diverse andere. Völlig verwischt sind die Wortklassengrenzen in Neuschöpfungen wie *Original Toner Integral*. Dass attributive Adjektive undekliniert bleiben, lädt immer nur prädikativ, mithin unflektiert gebrauchte Adjektive wie *beige* oder *orange* ein, ebenfalls in die attributive Stellung zu wechseln, in der man sie schon lange gern gehabt hätte: *ein beige Pullover*. Und am Ende wird die Frage sein, ob Adjektive überhaupt dekliniert werden müssen. Es ist noch weit bis dahin, aber schon heute begegnen einem gedankenlos undeklinierte Adjektivattribute, etwa in dem Vortragstitel *Portfoliomanagement als iterativ Prozess*.

Die weitaus größten Integrationsprobleme bereiten die Verben. Im Unterschied zum Englischen, das mit den drei Flexionsendungen *-s*, *-ed* und *-ing* auskommt, hat das Deutsche noch ein recht differenziertes Konjugationssystem. Um ein englisches Verb in deutschen Sätzen benutzen zu können, müssten ihm all die Vor- und Nachsilben eines deutschen Verbstamms angehängt werden können. Manchmal ist das sofort und umstandslos möglich: *casten*, *grillen*, *stoppen*, *taggen*, *testen* verhalten sich von vornherein ganz, als wären es deutsche Verben. Formen wie *wurde gecastet*, *nachzugrillen*, *stopptest* lassen sich ohne weiteres bilden, und niemand muss sich lange überlegen, ob er nicht doch *gecasted* schreiben sollte.

Bei anderen fällt die Integration schwerer, zum Beispiel bei *managen*, *faken* oder *tunen*. Hier hängt die englische Aussprache des Wurzelmorphems, an der wir festzuhalten entschlossen sind, an seinem unscheinbaren Schluss-*e*. Genau dieses aber raubt die deutsche Konjugation dem Verb: *gemanagt*, *er fakt*, *du tunst* – wer Englisch kann, merkt, dass hier etwas nicht stimmt. Die deutschen Formen lauten nach den englischen Lautregeln nun eigentlich nicht mehr *gemännädsht*, sondern *gemannakt*, nicht mehr *fe^ikt*, sondern *fäckt*, nicht mehr *tjunst*, sondern *tanst* (die genaue phonetische Umschrift erspare ich dem Leser). Unsicherheit entsteht, und sie führt dazu, dass man neben *gemanagt* auch *gemanaged* findet, neben *tunst* auch *tunest*: »Der Film wurde mit Kriegsmusik *hochgetuned*«, schreibt der *Spiegel*, nicht *hochgetunt* und auch nicht *hochgetunet*, Formen, bei denen die kleine englische Sinnsilbe Gefahr liefe, unter all dem Deutschen drum herum überhaupt nicht mehr erkannt zu werden. Das Verb *schedulen* hat es noch schwerer, wohl weil der Wortton entgegen den deutschen Betonungsregeln auf der ersten Silbe bleiben muss; alles sträubt sich, Formen wie *du schedultest* zu bilden. Am schwierigsten jedoch fällt die deutsche Konjugation von zusammengesetzten englischen Verben wie *backupen*, *downloaden*, *layouten*, *outsourcen* oder *recyclen*. Wir versuchen uns an deutschen Analogiefällen zu orientieren und bilden wacker *downgeloadet* (oder *-ed*), *outgesourcet/d*, *gerecyclet/d*. Aber so richtig wohl wird uns und dem Verb dabei nicht. Kann man wirklich *gerecycelt* sagen? Muss es nicht *regecycelt* heißen? Reichte dann nicht *recycelt*? Müsste das nicht *recyclet* geschrieben werden? Oder dann auch gleich ganz original, *recycled*? *Backupen* ist noch heikler, weil das, was im Deutschen die Vorsilbe wäre (*up / auf*), hier die Nachsilbe ist; *upbacken* wäre uns genehmer, dann ließe sich der Fall analog zu *aufbacken* lösen, *upgebackt*. Aber *backuped*? Oder *backupt*? Oder *gebackupt*? Oder *backgeupt*? So vermeiden wir solche konjugierten Formen lieber ganz, oder wir retten uns doch zu Lehnübersetzungen wie *herunterladen*, *auslagern*, *rezyklieren*, die vielleicht nicht schön sind und denen der moderne Touch abgeht, die uns aber wenigstens nicht stutzen lassen.

Viele Anglizismen sind innerhalb der deutschen Syntax also nur eingeschränkt brauchbar, Bürger zweiter Klasse. Viele sind auch nicht so produktiv, wie es ein brauchbares Wort sein sollte. Aus einem integrierten Wort lassen sich nach den deutschen Wortbildungsregeln vielerlei neue Wörter ableiten; englische Wörter sind sehr viel spröder. Zu *Telefon* wurden außer den selbstverständlichen Komposita wie *Telefonbuch* oder *Telefonsex* ohne weiteres gebildet: *Telefonat, Telefonitis, Telefonist, Telefonistin, telefonisch, telefonieren, abtelefonieren, vertelefonieren*. Der Pseudoanglizismus *Handy* dagegen (das Gerät heißt im englischen Sprachbereich *cell phone* oder *mobile phone*) hat bisher keinen einzigen Nachkommen zeugen können.

Es geht den Wörtern wie den Menschen: Manche sind in der neuen Sprachumgebung wie von selbst auf der Stelle völlig integriert, viele sind es auch nach Jahrzehnten oder Jahrhunderten nur zum Teil, manche sind es nie und bleiben immer fremd. Die Bezeichnung ›Fremdwort‹ verdienen eigentlich nur die gar nicht oder mehr schlecht als recht integrierten. Sobald ein fremdes Wort assimiliert ist und sich in die grammatischen Regeln des Deutschen fügt, hört es auf, ein Fremdwort zu sein: Es ist naturalisiert. Für die eingewanderten Wörter bedeutet eine mangelhafte Assimilation, dass sie nur eingeschränkte Bewegungsfreiheit genießen. Sie dürfen nicht, sie können nicht, was deutsche Wörter alles selbstverständlich dürfen, ob sie nun germanischer, lateinischer, griechischer, italienischer, französischer, englischer Herkunft sind, um nur die Hauptquellen des deutschen Wortschatzes zu nennen.

Die mangelhafte Integration macht aber nicht nur ihnen selbst das Leben schwer. Die Anwesenheit vieler unzureichend assimilierter Wörter strapaziert auch ihre neue Sprachumgebung. Die Regeln der Grammatik, besonders der Wortgrammatik, sind den wenigsten Sprechern einer Sprache bewusst und dennoch bis ins letzte Detail bekannt. Eine Sprache beherrschen heißt nichts anderes, als neben einem Vokabular von sehr unterschiedlichem Umfang ihre verinnerlichte, automatisch angewandte Grammatik zu besitzen. An anderer Stelle habe ich diese grammatische Grundstruktur einer Sprache ihren »Tiefencode« genannt, eben um anzudeuten, dass es sich um eine hochkomplexe, elementare, aber überwiegend unbewusste Ordnungsstruktur handelt. »Wie lernt man den Tiefencode der Muttersprache? Indem man aus der Sprache, die man hört und später dann auch liest, Regeln extrahiert, unbewusst, ohne sich je darüber Rechenschaft geben zu können. Das zweijährige Kind, das *die Onkels* und *liegte* sagt, hat der Sprache die Regeln entnommen, dass Plurale durch Anhängen eines *-s* gebildet werden und das Imperfekt nach dem Schema der schwachen Konjugation – eine nicht unrichtige Extrapolation, deren Geltungsbereich jedoch durch weitere Extrapolationen eingeschränkt werden wird, bis irgendwann der gesamte Tiefencode der Plural- und der Zeitenbildung verinnerlicht ist.«[20]

An dem verinnerlichten, unbewusst gewordenen, reflexhaften, automatisierten Teil unserer Sprachkompetenz dulden wir selbst minimale Änderungen nur widerwillig. Die Sprachintuition ist zutiefst konservativ. Ein Beweis ist die in dieser Unbedingtheit nicht erwartete Treue, mit der heute viele an jedem, selbst dem schikanösesten Detail der alten Rechtschreibung hängen; die Treue von Briten und Amerikanern zu ihrer noch viel erratischeren Rechtschreibung ist ein noch stärkerer Beweis. Keine höhere Notwendigkeit stand je hinter der Rechtschreibung; sie war eine praktische Verabredung, von Experten ersonnen und von Bürokraten durchgesetzt, ganz wie die Rechtschreibreform von 1996/98 – eine kommode gesellschaftliche Setzung ohne erhobene Rechtfertigung aus so etwas wie dem »Geist der Sprache«. Was aber einmal mühsam gelernt wurde, »sitzt«. Es ist immer richtig und schön, und jedes geänderte Wortbild stellt eine »ästhetische Zumutung, ja Kränkung« dar. Dieser Konservatismus beweist: Für die rasche, sichere, »gedankenlose« Sprachverarbeitung benötigt die Sprachgemeinschaft eine Folie, eine detaillierte innere Schablone, auf die jede gehörte, gelesene, gesprochene, geschriebene Äußerung bezogen und an der sie gemessen werden kann.

Den Kern dieser Sprachintuition bildet der grammatische Tiefencode. Jedes fremde Wort bringt aus seiner Sprache einen eigenen Tiefencode mit, der aber oft überhaupt nicht erkannt wird und in der neuen Sprachumgebung nur in günstigen Ausnahmefällen wenigstens teilweise brauchbar ist. Wenn die wortgrammatischen Regeln des Deutschen immer öfter nicht mehr greifen, breitet sich Verunsicherung aus, und die Sprecher werden langsam an der Grammatik ihrer eigenen Sprache irre. Die Unterminierung der eigenen Grammatik durch die englische ist kein Menetekel, das von fremdenfeindlichen Deutschtümlern zu polemischen Zwecken an die Wand gemalt wird. Es ist hier und da bereits Tatsache.

So hat die englische Manier, zusammengesetzte Begriffe im Regelfall getrennt zu schreiben, die deutsche Art der Kompositabildung – Zusammenschreibung oder Koppelung durch Bindestrich – weitgehend ausgehebelt, auch wenn der *Duden* einstweilen an ihr festhält. Zunächst beschränkte sich die Entkoppelung auf Film- und andere Titel, wo sie im Deutschen schon in den zwanziger Jahren üblich war: *Ein Fritz Lang Film* wie *A Marx Brothers Film*. Dann griff sie auf Firmennamen über, insbesondere solche mit einem englischsprachigen Bestandteil: *Medien Holding, Bertelsmann Finanz Service Gruppe*. Da sie damit quasi allgegenwärtig war, infizierte sie auch andere Komposita, zunächst bevorzugt solche mit anderssprachigen Bestandteilen: *die Economist Deutschland-Analyse, Grafik Design Ausbildung, Frisch Back Snack, Kfz Leasing, Lesben Film Festival, Mach3 Turbo Champion* (kein Rennwagen, sondern ein Rasierer), *Mini Single Raclette, der Pferde Flüsterer, Theorie Crash Kurs*. Das *Wellness Programm* eines Hamburger *Fitness Centers* lockt mit *Relaxing Art Massage, Yoga Gym, Indoor Climbing, Super Sweat, Core Body Workout, Tai-Da-Robic, Videoclip Dance, Aqua Kick Punch, Krabbel Fun*, und hinterher geht es in die *after sports lounge*. Alles Englisch? Ehemaliges Englisch? Künftiges Englisch? *Programm* und *Krabbel* sind es nicht, und bei *Massage, Yoga, Super, Aqua* weiß man es nicht, sodass man auch ihrer Aussprache nicht sicher sein kann. Schließlich erfasste die Entkoppelung auch solche Zusammensetzungen, bei denen jeder Vorwand fehlte, sogar auch in amtlichen Texten, für die eigentlich der *Duden* gelten sollte: *Alu Sport Kombi-Kinderwagen, Büro Kommunikation, Eisenbahn Veteranen, das Erneuerbare Energien Gesetz, Hannover Messe, Hotel Reservation, Klassik Radio, Lebensmittel Zeitung, Nachnahme Lieferung, Mantel und Degen Klassiker, Reste Verkauf.* Reichlich verwirrend informiert einen die Bank mit der Aufschrift *Preise an Deutsche Bank Geld Automaten –* preise sie an, die Deutsche Bank!

Denn die alte deutsche Art der Substantivkoppelung führte zwar zu vielbelachten Wortungetümen wie dem berüchtigten *Donaudampfschifffahrtskapitän;* ein zeitgemäßeres Beispiel wäre *Bürgerkopfversicherungspauschalprämie.* Im Lexikon, auch dem des Computers, sind solche Wörter nicht enthalten; der Sprecher kann wie der Computer nur versuchen, ihre Bestandteile zu identifizieren. Die Koppelungsmanie des Deutschen bietet aber auch Vorteile: Deutsche Sätze sind oft leichter zu »parsen« (grammatisch zu zergliedern) als englische, in denen die Lexeme meist ungekoppelt, ohne verbindende Artikel und Partikeln unflektiert aufgereiht sind; der syntaktische Aufbau eines Satzes muss hier hauptsächlich der Wortstellung entnommen werden. Der Computer kann deutsche Sätze also leichter in ihre grammatischen Bestandteile zerlegen, der Mensch kann sie leichter verstehen.

Ein Satz wie »*The well-known American Cancer Society research professor of microbiology and molecular genetics will be present*« macht es Computer und Mensch schwer, den Satz in seine »Phrasen« zu zerlegen, zu bestimmen, wo hier Subjekt, Objekt und Prädikat ist und welche Wörter welchen über- und untergeordnet sind. Das Internet-Übersetzungsprogramm Babel Fish macht daraus »Der weithin bekannte amerikanische Krebs-Gesellschaftforschung Professor von Mikrobiologie und von molekularer Genetik ist anwesend«, und fast möchte man ihm gratulieren, denn es ist zwar nicht richtig, aber wer Englisch kann, kann sich immerhin zusammenreimen, was gemeint war. Mit »Der bekannte Forschungsprofessor für Mikrobiologie und Molekulargenetik von der Amerikanischen Krebsgesellschaft wird anwesend sein« hätten

Mensch und Computer es leichter. Babel Fish übersetzt das nahezu richtig zurück ins Englische: »*The well-known research professor for microbiology and molecular genetics of the American cancer company will be present.*« Dagegen wäre »Der bekannt amerikanisch krebs gesellschaft forschung professor von mikrobiologie und molekular genetik wird anwesend sein« schier unauflösbar. Bei Babel Fish gerät es zu »*American cancer society research professor of microbiology admits and molecularly genetics present will be*« – der typische Unsinn, wie er bei der Maschinenübersetzung meistens herauskommt. Lässt man das spaßeshalber von der Maschine zurück ins Deutsche übersetzen, wird daraus gar: »Amerikanischer Krebsgesellschaft-Forschung Professor von Mikrobiologie lässt zu und molekular ist die vorhandene Genetik.« Sinn ade.

Ein grammatischer Anglizismus, der die deutsche Sprache befallen hat, hängt ebenfalls mit der englischen Art zusammen, zusammengehörige Substantive aneinander zu reihen, ohne durch grammatische Hilfsmittel wie Kasus oder Präpositionen anzuzeigen, wie sie in Gedanken zu verbinden wären: die Konstruktion vom Typ *die Bush-Administration* (mit und ohne Bindestrich). Früher – das heißt bis in die siebziger Jahre – hätte das auf Deutsch einzig *die Regierung Bush* heißen können, *die Busch-Familie* wäre *die Familie Busch* gewesen und Wilhelm Buschs Geburtstag jedenfalls nicht *der Wilhelm-Busch-Geburtstag*. In solchen Fällen hätte der Genitiv oder der Genitiversatz *von*, bei geographischen Eigennamen die Ableitung auf *-er* stehen müssen: *Leipziger Allerlei, Hitlers Krieg, Ulbrichts Mauer, Merkels Partei*. Macht man diese nun aber zur *Merkel-Partei*, so schafft man eigentlich einen neuen Begriff, einen Unterbegriff zu *Partei*: Es gibt so manche Parteien, gibt man damit zu verstehen, und darunter ist ein besonderer Typ, der Typ *Merkel-Partei*. Die *Merkel-Partei* wäre im Deutschen aber etwas ganz anderes gewesen: die Parteigänger der Angela Merkel. Diesen semantischen Unterschied löscht die Verallgemeinerung der Konstruktion *die Bush-Administration* aus. Sie liegt nahe, weil die deutsche Abneigung gegen den Genitiv ihr entgegenkommt – *die Herzog-Rede* klingt schnittiger als *Herzogs Rede* oder gar *die Ruckrede von Bundespräsident Herzog.* Aber eigentlich wäre sie gar nicht dessen eine Rede, sondern ein bestimmter Redentyp, der nach Herzog benannt ist (und sich von anderen Redetypen vermutlich dadurch unterscheidet, dass er zu einem Ruck aufruft). Die frühere semantische Unterscheidungsmöglichkeit ist dem Deutschen unter dem Einfluss von *die Bush-Administration* abhanden gekommen.

Ein weiterer Fall, bei dem die englische Grammatik in die deutsche hineinzuwirken beginnt, ist die Steigerung der Adjektive. Wer schnell übersetzt, richtet sich heute schon mal nach dem englischen Vorbild und nimmt *mehr* statt des Komparativs. Im Deutschlandfunk war zu hören: »Das macht die Situation ein bisschen mehr unheimlich«, »Jetzt ist der Ausgang des Referendums etwas mehr offen«. Der Bundeskanzler selbst sagte: »Die Notwendigkeit des Reformprozesses wird mehr und mehr deutlich« (statt *immer deutlicher*). Die Fügung *dreimal größer* (*three times bigger*) hat das herkömmliche deutsche *dreimal so groß* bereits weitgehend aus dem Feld geschlagen.

Ein Kryptoanglizismus der kuriosen Art ist die Wiedereinführung des Genitiv-Apostrophs. Der »sächsische« oder synthetische Genitiv wurde im Englischen ursprünglich nur Personen zugestanden (*Alice's Restaurant*); für alles andere gilt der analytische Genitiv mit *of* (*House of Lords*). Im Deutschen sind dagegen alle Genitive von vornherein synthetisch, gewissermaßen sächsisch. Nur bei Eigennamen war der Apostroph vor dem Genitiv-*s* noch bis zur Einheitsorthographie von 1901 die Regel: Ende des neunzehnten Jahrhunderts wurde für *Pfarrer Seb. Kneipp's Heilmittel* geworben. Dann geriet er immer mehr in Vergessenheit und diente nur noch als Auslassungszeichen (und zum Zeichen, dass bei Namen auf auf *-s* der ganze Genitiv entfällt: *Jens' Anmerkung*). Plötzlich aber war er bei Eigennamen auch vor dem Genitiv-s wieder da. Das Urbild stellte vermutlich die Schnellrestaurantkette des gastlichen südkalifornischen Schotten, *McDonald's*. Bald gab es von *Mama's Döner* zu *Papa's Pub* kaum noch eine Imbissbude oder Kneipe, die es ihm nicht nachtaten. Aus der Gastronomie arbeitete sich das Hochkomma in die übrige Geschäftswelt vor: *Hansi's Spanferkel, Gretl's Brotlädle, Jutta's Kinderwelt, Kerstin's Haarteam, Rosi's Nähstudio, Rotkäppchen's Traube, Schneewittchen's Brautmoden.* So billigte ihn schließlich auch die 21. Auflage des *Duden*: Er sei gelegentlich nützlich, »um die Grundform des Namens zu verdeutlichen«. Aber offenbar wurde das Apostroph-*s* gar nicht richtig als Genitiv eines Namens verstanden, sondern als ein bloßer orthographischer Schnörkel, der irgendwie englisch und modern wirkte und einfach mit ins Bild musste. So konnte der Apostroph mit großer Selbstverständlichkeit auch vor das Plural-*s* treten: *CD's, PC's, Auto's, Büro's, Info's, Pizza's, Snack's, Top-Job's, Tour's. Lexika's* lautet eine verdächtige Regalaufschrift im Media Markt, im Internet treibt *ein absoluter Beatel's Fan* sein Wesen. Gesichtet wurden *Tip's, Trick's und Link's zu Handy's.* Sodann konnte er auch vor jedem anderen Schluss-*s* erscheinen: *Abend's, Frühstück's Café, Qualität's Tier Produkte, Ladie's and Men's Jean's.* Besonders böse scheint es das Wörtchen *nichts* getroffen zu haben: Bei Google (*»beim google'n«*) finden sich 993 Fundstellen für die Schreibung *nacht's*, aber 10.800 für *nicht's.* Doch auch ein *s* muss es gar nicht sein: Angetroffen wurden *Ampl'n, Nudl'n* und sogar ein *Bauer'n-Hof.* Der grassierende »Deppenapostroph« hat seine Hasser, die im Internet ein wahres Gruselkabinett von missbrauchten Auslassungszeichen gesammelt haben.[21]

Auf die Probe gestellt wird das intuitive Wissen, auf dem die sichere Beherrschung der Muttersprache beruht, heute auch durch die vielen Hybridformen: Ausdrücken, die teils deutsch, teils englisch, international oder unklarer Herkunft sind. Sie verlangen dem Hörer und Leser ständige Sprünge aus dem einen in den anderen Code und zurück ab. *Happy Geizday* wünscht eine Reklame in der *ErlebnisCity.* Der *Relax Guide* verspricht *Feel-Good-Wochen* in der *Well Fit Oase.* Am

Computer macht sich das *DVB Frequenz Tuning Setup Assistentenprogramm* zu schaffen. Ein Aushang lädt zur *SparNight* (zu verbringen natürlich bei der *IronBahn* beziehungsweise dem *EisenWay*). Für die Reise gibt es einen *City-Trip-Tipp*. Im Kino läuft eine *Smash-Doku*. Ins Ohr schallt ein *Deutschrock-Major-Debüt*. Betriebswirtschaftler ersinnen *Content-Management-Instrumente* und *Marketplace-to-Marketplace-Kollaborationen*. Am Berliner Ostbahnhof steht über einem Lädchen: *Media Point all in one Telefonieren Internet Mobilfunk Call Cards Fax Copy*. Gleich neben dem Bahnhof Friedrichstraße verkündet ein Ladenschild: *Trendy Store Fashion Jeans Sport Outdoor Top-Markenware Reduziert Top-Brand Discount*. Solange man einigermaßen erkennen kann, wo die eine Sprache aufhört und die andere anfängt, bewältigt man diese Codesprünge mehr oder weniger spielend. Oft aber sind die Sprachgrenzen nicht ersichtlich: Was ist deutsch, was englisch in *Bundesvision Song Contest*, in *Fon Hair* (ein Friseurladen), *Timeplaner* (ein Notizbuch), *EMotionen live!* (eine Eigenwerbung des ZDF), *Inscene yourself* (ein deutschenglischer Kalauer), *Der Miles & More and SkyShop Katalog*, *Drive Backup Sonder Edition*, *Instant-Fick*, *Maso-Freak*, *Multi-Loop-Prozess-Controller*, *Polit-Drag-Queen* (nach dem beigefügten Foto zu urteilen, ein zu einer Dame aufgedonnerter Mann), *Transen-Trashcomedy* (ein billiger und vorsätzlich geschmackloser Ulkfilm mit Transvestiten) oder in *Feinster Crossover Alternative Rock & Metal*? Eine Folge der Mischung ist: Ohne erkennbare Sprachgrenzen kann man nicht mehr sicher sein, welche Bestandteile deutsch und welche englisch oder wie sonst auszusprechen wären. Ist das *-vision* in jenem *Song Contest* englisch oder deutsch zu sprechen? Zu welcher Sprache gehört das *exklusive* in den *Exklusive-Features*, die ein Internet Service Provider anbietet? Wenn es Deutsch sein sollte und es sich also um *exklusive Features* handelt – warum dann der Bindestrich? Wenn es Englisch ist, warum dann *-k-* statt *-c-*, und was hätte man sich darunter vorzustellen? Es heißt *das Finale*, Plural *die Finale*, aber sind die *Halbfinals*, die eher zum Englischen hinzuneigen scheinen, nun auch halb englisch auszusprechen, *Halbfainels*? (Nein, sind sie nicht.) Ist der *Timeplaner* gar ein *Taimpleiner*? Zuweilen verläuft die Sprachgrenze mitten durch ein Wort. Der *Laptop-computer* ist englisch zu sprechen, seine letzte Silbe aber deutsch. Die *Gleichstellungs-* oder *Prozesscontrollerin* muss bis zum *-con-* deutsch und bis vor das *-ll-* englisch ausgesprochen werden, mindestens mit einem *ou*, besser auch mit einem englischen *r*, aber die Wortbildungsmorpheme *-er-in* sind dann zweifellos deutsch. Was ist was in *By Denni'S*, dem Namen einer Bar? Das *By* ist anscheinend dem italienischen *da* (*Da Marco*) nachempfunden, übersetzt ins Deutsche *bei* und von da in die ähnlich klingende englische Präposition *by*, die jedoch *durch* bedeutet; der Besitzer heißt wohl Dennis, hat seinem Namen aber das *-s* abgezwackt und als sächsischen Genitiv wieder angehängt, sodass sein Etablissement nun etwa *Durch Denni seine* zu heißen scheint. Im ungünstigsten Fall lassen sich die Hybriden weder durchschauen noch verstehen. In Berlin kann man Ausflugsfahrten auf unaussprechlichen *All inclusiv-Schiffen* unternehmen. Ein Schild in Hamburg-Bergedorf annonciert *drive-in's Holz* – und man erkennt nicht einmal, ob das ein Firmenname sein soll oder die Aufforderung zu einer Fahrt in den Sachsenwald.

Wer also hat Recht? Der Soziolinguist Peter Schlobinski?

> Dass Wörter fremdsprachlicher Herkunft nicht in das deutsche Sprachsystem integriert werden können und seine Tiefenstrukturen beschädigen, ist ein hartnäckiges Vorurteil … Mit der Integration von fremden Wörtern gibt es keine ernstzunehmenden Probleme. Erstaunlich ist vielmehr, wie reibungslos die Integration erfolgt und wie wenig Zweifelsfälle es gibt.[22]

Oder der Germanist Helmut Glück?

> Die Aufnahme größerer Mengen von Fremdwörtern kann dazu führen, dass im Zuge ihrer Eingliederung Laute, Silbenbauregeln, Wortbildungselemente, Wendungen und ganze syntaktische Baupläne

übernommen werden … Solche Lehnvorgänge dauern länger, und sie haben strukturelle Folgen, denn sie berühren den Kern des Sprachsystems …[23]

Es dürfte kein Zweifel aufgekommen sein, dass ich Einschätzungen wie die Schlobinskis für falsch, für leichtfertig, für letztlich sprachverachtend halte.

Was also tun? Müssen die Anglizismen eingedämmt werden? Gilt es das Deutsche vor ihnen zu retten?

Eine Antwort kann nur geben, wer möglichst nüchtern ins Auge fasst, warum Anglizismen denn heute in so großer Zahl ins Deutsche einströmen.

Ganz falsch ist die manchmal diskret geäußerte Vermutung, hier werde Deutschland das Opfer einer sprachlichen Kolonialisierung. Weder Großbritannien noch die Vereinigten Staaten zwingen uns ihre Sprache auf, nicht aus Rücksicht, sondern weil es ihnen völlig gleichgültig ist, wie die Deutschen untereinander reden. Sie wissen es nicht einmal und verwechseln Deutsch in einem fort mit *Dutch*, Niederländisch. Wenn sie in Heidelberg oder Rothenburg durch die Straßen schlendern, die für sie ein Inbegriff deutscher Straßen sind, wundern sie sich über all die englischen Brocken, deren sie überall ansichtig werden. Manchmal amüsiert es sie, wie die entwendeten Sprachfetzen hierzulande verfremdet werden. Wir holen uns die fremden Wörter ganz aus freien Stücken selber ins Land, und wir haben verschiedene Gründe dafür, darunter gute.

Etliche laden wir tatsächlich nur ein, weil wir mit ihnen modischen Putz machen wollen; der Grund für ihre Entlehnung ist Wichtigtuerei und Imponiergehabe, sonst dienen sie keinem erkennbaren Zweck. Es gibt keinen sachlichen Grund, ein Forsthaus im Harz als *Ranger Station* auszuschildern oder einen Zahnbürstenständer *toothbrush* zu nennen. Diese Sorte von Anglizismen soll Aufmerksamkeit auf das Bezeichnete lenken und Vorschusssympathien dafür wecken, ihm einen Anflug von Jugendlichkeit, Frische, Modernität, Kosmopolitentum verleihen, »cool, sexy, trendy«. Das tun diese Alamode-anglizismen recht effektiv, und insofern sind sogar sie nicht ganz überflüssig. Sie aber können wir unsere geringste Sorge sein lassen, denn die meisten gehen wieder, sobald die nächste Mode sie alt aussehen lässt.

Sehr viele mehr holen wir uns jedoch aus solideren Gründen zu Hilfe: weil neue Dinge und Sachverhalte ihre Bezeichnungen mitbringen; weil sie Bezeichnungslücken füllen; weil sie von vornherein Bedeutungsnuancen tragen, die ihren deutschen Wörterbuchäquivalenten abgehen, oder alsbald entbehrte Nuancen zugewiesen bekommen; auch, weil sie nicht selten knapper, lockerer, anschaulicher, prägnanter, witziger, also in irgendeiner Hinsicht besser sind als ihre durchaus vorhandenen, aber umständlicheren und steiferen deutschen Gegenstücke, zumal dann, wenn sie keine oder nur geringe Integrationsschwierigkeiten bereiten und sich von Anfang an behandeln lassen wie deutsche Wörter. Das kurze und direkte *Klick* wirkt »besser« als *Maustastendruck*, *Team* besser als *Mannschaft*, *Belegschaft*, *Personal* oder *Kollektiv*. *Hit* und *Flop* sind weniger abstrakt-allgemein und damit für manche Verwendungszwecke besser geeignet als *Erfolg* und *Misserfolg*. Das Wort *default* (›Nichterscheinen‹ vor Gericht oder im Sport, ›Zahlungsversäumnis‹) steht in seiner heute häufigsten Bedeutung (›Standardwert, den der Computer verwendet, wenn kein anderer Wert eingegeben wird‹, ›Vorgabeeinstellung‹) nicht einmal in den englisch-deutschen Wörterbüchern – es gehört keine Sehergabe dazu, ihm die Einwanderung in die deutsche Sprache vorherzusagen. *Alcopops* sind nicht nur kürzer als *Spirituosen-Limonade-Mischgetränke*, sondern trotz deren biederer Pedanterie auch noch spezifischer und damit besser. Man kann es keinem *Lkw-Fahrer* verdenken, dass er sich lieber als *Trucker* bezeichnet sieht: Mit dem Wort gewinnt sein Beruf Nimbus. Zwar scheint die Linguistik der Meinung zu sein, man könne grundsätzlich kein Wort jemals besser als ein anderes finden, doch die Allgemeinheit teilt diese methodischen Skrupel mitnichten, und der Sprachgebrauch, dem die Linguistik die Regeln des Systems Sprache abzulauschen sucht, ist nichts anderes als die Summe von lauter letztlich unbegründbaren und damit unwissenschaftlichen, aber höchst effektiv getroffenen Geschmacksurteilen. Seit drei oder vier Jahrzehnten lautet das allgemeine Geschmacksurteil: Englisch ist cool, Deutsch ist uncool. Darum wird nie jemand »Deutsch ist unkühl« sagen.

Schließlich globalisiert sich mit dem immer intensiveren Kontakt der Kulturen auch das Denken. Wir wollen auf dieselbe Weise über die gleichen Dinge nachdenken und sprechen können wie unsere Nachbarn und möglichst die ganze Welt. Dazu brauchen wir die gleichen Begriffe. So gleichen sich heute die Begriffssysteme der Einzelsprachen einander an: Es werden Begriffslücken gefüllt, vorhandene Begriffe umgedeutet, im internationalen Diskurs überflüssig werdende Begriffe fallen gelassen. Die Sprachen gleichen sich untereinander an, indem sie sich der amtierenden Lingua franca angleichen, die das Englische ist. Mit seinem überaus reichhaltigen Wortschatz aus vielen kurzen, kaum von Flexionsnotwendigkeiten bedrängten und verundeutlichten Morphemen ist es eine sehr produktive Sprache. Es fällt ihr leicht, neue Wörter zu bilden und so ihr Begriffsrepertoire laufend und rasch den veränderlichen Realitäten anzupassen.

Der Hauptgrund für den Zustrom von englischen Wörtern und Wendungen ist denn auch der ständige enge Sprachkontakt, den die Globalisierung mit sich gebracht hat. In vielen Berufen müssen Englisch und Deutsch heute parallel gedacht, gesprochen und geschrieben werden: in den Naturwissenschaften, in vielen Medien und Agenturen, in der Kommunikationsindustrie, in der Finanz-, Betriebs- und Werbewirtschaft. Was man eben noch deutsch gedacht hat, muss dem Kollegen aus Kanada oder Rumänien sogleich auf Englisch erklärt werden; was einen als englische E-Mail erreicht, muss dem deutschen oder italienischen Chef oder Kunden mit einem Kommentar weitergeleitet werden. Fast immer muss es schnell gehen. Es bleibt keine Zeit, über mögliche bessere

Übersetzungen nachzudenken, es bleibt einem auch gar kein Spielraum für die eigene Sprachphantasie, denn der, dem ein übersetzter Ausdruck zugedacht ist, muss ihn auf Anhieb nachvollziehen können und darf ihn auf keinen Fall missverstehen. Also wird man unwillkürlich versucht sein, in beiden Sprachen deckungsgleiche Wörter zu verwenden und ähnliche Satzbaumuster zu benutzen. So entstehen die zahllosen Eins-zu-eins-Übersetzungen aus dem Englischen, die schockieren, wenn man ihnen zum ersten Mal begegnet, an die man sich in der täglichen Praxis, unter dem Druck der immer gleichen Notwendigkeiten aber rasch gewöhnt.

Die Anglizismenvertreibung ist darum nicht nur aussichtslos, sie ist auch kurzsichtig. Anglizismen und Internationalismen sind keine Plage, sondern eine Notwendigkeit und sehr oft eine Bereicherung. Deutschland ist auch sprachlich ein Einwanderungsland. Natürlich muss man nicht jeder Mode hinterherlaufen, natürlich sollte man nicht jeden Übersetzungsfehler nachplappern und sogleich zum neuen Gesetz erheben, natürlich sollten die raffinierten Ausdrucksmöglichkeiten der eigenen Sprache möglichst nicht in Vergessenheit geraten. Aber mit dem Großteil der jetzigen und der kommenden Anglizismen findet man sich besser ab, und das nicht nur notgedrungen, weil nichts sie vertreiben wird, sondern weil sie nützliche, ja unentbehrliche Staatsbürger sind. Es sind viele, aber niemand könnte sagen, ab wann es zu viele wären. Kennziffern für die Aufnahmefähigkeit einer Sprache gibt es nicht.

Allerdings, die deutsche Sprache wird anders und schwieriger.

Anders: Sprachwandel ist etwas, dem keine Sprache je entronnen ist. Er vollzieht sich gewöhnlich stetig und unaufhaltsam wie ein Naturphänomen, die Versteppung einer Landschaft oder das Abtauen eines Gletschers, so langsam, dass einzelne Generationen ihn kaum bemerken. In unserer Zeit hat er sich mächtig beschleunigt. Die Gründe sind die raschen Änderungen der objektiven Lebensumstände, die es nötig machen, über neue Sachen auf neue Weise zu sprechen, die

zunehmende internationale Vernetzung, die die National-
sprachen mit der gültigen Lingua franca in immer intimere
Berührung bringen, und vor allem die Medien, die eine
sprachliche Novität auf der Stelle im ganzen Land in Umlauf
bringen. Früher musste sich ein neuer Sprachgebrauch im
Wortsinn von Kirchturm zu Kirchturm herumsprechen. Mit
der Erfindung des Buchdrucks war ein Mittel gefunden, ihn
zumindest tendenziell in die ganze Schicht der Gebildeten zu
tragen. Heute genügt die vielleicht hastige und unüberlegte
Entscheidung eines Nachrichtenredakteurs, und Minuten
später hört, sieht und liest ihn die ganze Sprachgemeinschaft.

Fremdwörter und Neologismen, selbst in großer Zahl, stellen nur einen marginalen Sprachwandel dar. Ein durchgreifen-
der Umbau der Idiomatik einer Sprache und erst recht die Erosion ihres wort- und satzgrammatischen Systems betreffen den
Kernbereich, der bis vor kurzem relativ geschützt war. Diese
Erosion hat begonnen. Schon wird überlegt, ob das Deutsch,
das sich seit etwa 1950 herausbildet, überhaupt noch den Epo-
chennamen Neuhochdeutsch verdient oder irgendwie anders
genannt werden müsste. Wer sich gegen den Sprachwandel an
sich stemmt, mag sich als Held vorkommen, gibt aber nur eine
komische Figur ab. Aber man muss nicht jeden kleinen Mikro-
schritt des großen Sprachwandels bereitwillig mitvollziehen,
wenn er einem in die falsche Richtung zu weisen scheint. Und
man sollte das sprachliche Geschehen nicht herunterspielen
und verharmlosen. Wenn sich der Sprachwandel im Tempo der
letzten drei Jahrzehnte fortsetzt – und es ist nichts in Sicht, was
ihn bremsen könnte –, dürfte unseren Nachkommen das
Deutsch, das vom siebzehnten bis zwanzigsten Jahrhundert gesprochen, nein, geschaffen wurde, in weniger als hundert Jahren so fremd sein wie uns das Frühneuhochdeutsche: »Als
Doctor Faustus sah, das die Jahr seiner Versprechung von Tag
zu Tag zum End lieffen, hub er an ein Säuwisch vnnd Epicu-
risch Leben zu führen, vnd berüfft jm siben Teuffelische Succu-
bas, die er alle beschlieffe, vnd eine anders denn die ander gestalt war, auch so trefflich schön, das nicht davon zu sagen«

(*Historia vonn D. Johann Faustus, dem weitbeschreyten Zauberer vnnd Schwartzkünstler*, 1587).

Englisch selbst hat vorgemacht, wie sich eine Sprache durch den Zustrom von fremden Wörtern von Grund auf radikal verändern kann, und nicht zu ihrem Nachteil. Vom Jahr 450 an verdrängten die westgermanischen Dialekte der Siedler aus Angeln, Sachsen und Jütland die auf den Britischen Inseln gesprochenen spätlateinischen und keltischen Dialekte. Zu diesem angelsächsischen Hintergrund kam durch die Kirche ein lateinischer und durch Handelsbeziehungen ein altnordischer Einfluss. Im Jahre 1066 eroberten die Normannen England. Ethnisch waren sie ebenfalls nordgermanischer Herkunft, »Nord-Männer«, die sich in der »Normandie« angesiedelt hatten, sprachen jedoch »anglofranzösisch«, einen mit nordischen Resten durchsetzten altfranzösischen Dialekt. Zunächst blieb »Angelsächsisch« oder »Altenglisch« die Sprache des gemeinen Volks, »Anglofranzösisch« dagegen die Sprache der Aristokratie. Im Laufe der Jahrhunderte mischten sich beide Schichten und beide Sprachen. Ihre Mischsprache bildete bis etwa 1500 das »Mittelenglische«. Die Renaissance mit ihrer humanistischen Gelehrsamkeit brachte einen zweiten großen Fremdwortschub, vorwiegend lateinische, in minderer Zahl auch griechische Morpheme. Es ist mehrfach geschätzt worden, wie hoch die Anteile dieser drei Hauptquellen (Angelsächsisch, Anglofranzösisch, Lateinisch/Griechisch) am heutigen Englisch sind, mit unterschiedlichen Ergebnissen. Die hundert meistbenutzten Wörter sind nach wie vor die Nachkommen angelsächsischer Einsilber. Eine Auszählung der 80.000 Wörter des *Shorter Oxford Dictionary* aber ergab: 25 Prozent Angelsächsisch, Altnordisch und Holländisch, 28,24 Prozent Latein, 28,3 Prozent Anglofranzösisch, 5,32 Prozent Griechisch, 3,28 Prozent Ableitungen aus Eigennamen, weniger als 1 Prozent aus anderen Sprachen – die restlichen 9 Prozent ließen sich offenbar nicht zuordnen.[24] Damit wären 56 Prozent des heutigen englischen Wortschatzes romanischer Herkunft; andere Schätzungen kommen sogar auf

72 Prozent. In wissenschaftlichen und technischen Texten ist der gräkolateinische Anteil noch wesentlich höher. Trotzdem gibt es auch englische Puristen. Im Internet kursiert seit 1990 das Wort des kanadischen Science-Fiction-Buchhändlers James D. Nicoll: »Es ist schwer, die Reinheit des Englischen zu verteidigen, ist doch Englisch etwa so rein wie eine Hure in einem Bordellschuppen von New Orleans. Wir entlehnen nicht nur Wörter; gelegentlich hat Englisch anderen Sprachen in dunklen Gassen aufgelauert, sie zusammengeschlagen und ihre Taschen nach neuem Vokabular durchwühlt.«[25] Dieser tausendjährigen Raffgier verdankt Englisch heute sein reiches Vokabular, das reichste aller Sprachen der Welt. Der Preis war eine völlige morphologische Amalgamierung: Die Flexionssysteme aller beteiligten Sprachen wurden bis auf wenige Reste demontiert. Das verhalf dem jetzigen Englisch zu einer an der Oberfläche stark vereinfachten Wortgrammatik, derentwegen es heute als leicht zu lernende Sprache gilt (deren Feinheiten dann aber umso schwerer zu lernen sind) und zur Lingua franca geradezu prädestiniert scheint. Der andere Preis war eine völlige Zerrüttung der Laut-Buchstaben-Beziehungen: Keine andere Sprache schreibt sich so unphonetisch, so irregulär wie Englisch. Vielen Wörtern ist ihre Aussprache nicht anzusehen, und wenn man ein Wort hört, kann man noch lange nicht sicher sein, wie es sich schreibt. George Bernard Shaw, den die Wunderlichkeit der englischen Schreibung ärgerte und der sie gerne reformiert gesehen hätte, soll sie mit der Bemerkung ad absurdum geführt haben, das Wort *fish* könne man ebenso gut *ghoti* schreiben: *gh* wie in *tough*, *o* wie in *women*, *ti* wie in *nation*. (In Wahrheit könnte man das natürlich nicht, aber erratisch genug bleiben die englischen Laut-Buchstaben-Beziehungen.) Der Begriff ›Fremdwort‹ ist im Englischen unbekannt; man spricht allenfalls von *foreign words* oder *difficult words*, den langen, schwierigen, gelehrten Wörtern vorwiegend aus dem Lateinischen. Eines ist jedoch auch noch zu vermerken: Nach der völligen Assimilation der drei, vier Quellsprachen verhielt sich das Englische

einem weiteren Zustrom von ausländischen Wörtern gegenüber äußerst reserviert. Es ist heute eine sehr stabile, fast xenophobisch wirkende Sprache. Neue Entlehnungen gibt es nur eine Handvoll, aus dem Deutschen etwa *blitzkrieg, kindergarten, wanderlust.* Englische und amerikanische Redaktionen und Verlage streichen jedem Autor rigoros alle fremdsprachigen Einsprengsel, da sie gegen das oberste Gebot verstoßen: verständlich zu schreiben. Ein solches Gebot gilt in den anderen europäischen Sprachen, die sich heute mehr oder weniger stark anglisieren, offenbar nicht. Die Unberechenbarkeit der englischen Schreibweise hat nebenbei dazu geführt, dass sie ohne jede staatliche oder akademische Regelung aufs treueste befolgt wird. Die englische Orthographie war bis ins achtzehnte Jahrhundert so vage wie die deutsche – das heißt, es gab gar keine, alles war recht, und das heutige *eternal* (ewig) konnte auch als *aetaernall* auftreten. Das änderte sich mit dem Wörterbuch von Samuel Johnson, das 1755 erschien. Sehr schnell verfestigte sich danach die englische Rechtschreibung, und seit James Murrays gewaltigem *Oxford English Dictionary* (begonnen 1884, vollendet 1928) ist sie kanonisch. Englische Wörterbücher legen anders als der *Duden* keine amtlichen Regeln aus, sondern schreiben pedantisch immer nur den Ist-Zustand fort. Auch die Versuche des großen amerikanischen Lexikographen Noah Webster zu Beginn des neunzehnten Jahrhunderts, eine »phonetischere« amerikanische Schreibung einzuführen, waren nur zum Teil erfolgreich. Die Schreibung *honor* statt *honour, traveler* statt *traveller, defense* statt *defence, theater* statt *theatre* setzten sich in Amerika durch, *physic* statt *physick* auch in England, aber nicht *tung* für *tongue, croud* für *crowd, wimmin* für *women, hed* für *head, groop* für *group* und viele, viele andere, die Webster schon zu Lebzeiten wieder fallen ließ oder die von seinen Nachfolgern fallen gelassen wurden. Die englische Orthographie mutet erratisch an und verzeichnet auch nicht wenige Varianten, ist aber gerade deswegen erzkonservativ.

Auch schwieriger wird Deutsch. Was man gesprochen hört, lässt sich in diesem »McDeutsch« noch schwerer richtig schreiben als im Deutschen sowieso schon, aus der geschriebenen Form lässt sich schwerer auf die Lautform schließen. Gab es immer drei Schreibungen für das lange *i* (*dir, ihr, hier*), so sind es nunmehr sechs (*Team, Screen, Scene*). Jedes der vielen nichtintegrierten Wörter wirft die Frage auf, nach welchen wortgrammatischen Regeln es behandelt werden soll, den mitgebrachten eigenen oder den deutschen. Ob und wie sich das betreffende Wort reflektieren lässt, ist also oft offen, und nicht selten verbietet die Inferenz zweier Regelsysteme, bestimmte Formen überhaupt zu gebrauchen. Jedes nichtintegrierte Fremdwort ist ein Fall eigener Art und muss einzeln hinzuerworben werden. Im übrigen ergeht es den anderen Sprachen nicht viel anders, und wer in Italien vor einer geschlossenen Museumstür steht und die Wörter *ticket, card* und *infopoint* entdeckt, wird für solche Internationalisierung unserer Sprachen nicht undankbar sein.

Es herrscht inzwischen Übereinstimmung, dass Ausländer, die sich dauerhaft in Deutschland niederlassen, integriert werden sollten – und dass das A und O jeder Integration deutsche Sprachkenntnisse sind. Aber Deutsch allein genügt nicht mehr. Um sich auf Deutschlands Straßen- und Datennetzen zurechtzufinden, muss der Zuwanderer, zumindest in den Grundzügen, auch Englisch können. Als teutscher Simplicissimus käme er nicht weit.

Was die deutsche Sprache in Schwierigkeiten bringt und sie irgendwann in ihren Grundstrukturen beschädigen könnte (noch ist es nicht so weit, aber man wird erst hinterher angeben könne, wo die Schwelle war), ist also nicht die Menge der Anglizismen an sich, sondern die Menge der unintegrierten Anglizismen. Bis in die siebziger Jahre war es noch selbstverständlich, für neue englische Begriffe originelle und treffende Lehnübersetzungen zu finden und in Umlauf zu bringen. Dieser Bereitschaft verdanken wir Wörter wie *Atombombe, Dritte Welt, Eierkopf, Entwicklungsland, Flitzer, Gehirnwäsche,*

Herzattacke, Kernkraft, Küstenlinie, Landmarke, Luftbrücke, Schwarzmarkt, Gipfelkonferenz, Wunschdenken. Die Bereitschaft zur Lehnübersetzung hat stark nachgelassen. Aus neuerer Zeit stammen nur noch wenige, wie *Bezahlfernsehen* (das vielleicht doch *Pay-TV* bleiben wird), *Datenautobahn, Vernetzung* (das im Computerbereich doch nach wie vor *networking* heißt). Gleichzeitig sank die Bereitschaft, fremde Wörter in irgendeiner Hinsicht einzudeutschen, um ihre Verwendung zu erleichtern: lautlich, orthographisch, wortgrammatisch. Der herrschende Grundsatz scheint zu lauten: Rühr sie bloß nicht an!

Man kann nur spekulieren, warum das so ist. Vielleicht ist es ein verabsolutierter Respekt vor dem Fremden, der ihm auch dann nicht zu nahe tritt, wenn der Fremdling sichtlich Not leidet und man sich mit der eigenen Toleranz selber die Hände bindet. Vielleicht hängt es mit dem »sehr deutschen« Minderwertigkeitsgefühl zusammen, das erstmals nach dem Zweiten Weltkrieg, zum zweiten Mal in den Jahren der antiautoritären Emeuten die völkische Hybris abgelöst hat und vielen von uns jedes Pochen auf so etwas wie eine »deutsche Identität« von vornherein verdächtig macht. Warum auch immer, die Kraft der deutschen Sprache, sich Fremdes einzuverleiben, ist erschlafft, Fremdwörter bleiben heutzutage möglichst unintegriert.

Darum kann der Kurs eigentlich nur lauten: Fremdwörter nicht ab- oder auszuweisen, sondern alle Anstrengung auf ihre Integration zu verwenden. In diesem Sinne soll Goethe das Schlusswort haben: »Die Gewalt einer Sprache ist nicht, dass sie das Fremde abweist, sondern dass sie es verschlingt. Ich verfluche allen negativen Purismus, dass man ein Wort nicht brauchen soll, in welchem eine andre Sprache Vieles oder Zarteres gefasst hat. Meine Sache ist der affirmative Purismus, der produktiv ist und nur davon ausgeht: Wo müssen wir umschreiben, und der Nachbar hat ein entscheidendes Wort? Der pedantische Purismus ist ein absurdes Ablehnen weiterer Ausbreitung des Sinnes und Geistes ...«[26]

Die Fehde um die rechtere Schreibung

Hinterher ist man klüger. So viel Mühe, so viel Ärger und Empörung, so viel Verunsicherung, so viel kluges und dümmliches Kopfzerbrechen, so viele Gremiensitzungen, so viele Seiten bedruckten Papiers war die Rechtschreibreform nicht wert. Wäre vorauszusehen gewesen, wie dann alles kam, so hätte sie niemals stattgefunden. Zwar bestand in Sachen Rechtschreibregelung dringender Handlungsbedarf, und etwas musste geschehen, viel zu lange war es verschleppt worden. Aber es hätte inhaltlich anders aussehen können, und es hätte nicht das große Wort ›Rechtschreibreform‹ für sich in Anspruch nehmen müssen. Vielleicht wäre es dann nicht einmal bemerkt worden.

Handlungsbedarf? Wieso Handlungsbedarf? Herrschte in Deutsch schreibenden Landen orthographisch nicht eitel Friede und Sonnenschein, bis ein paar Kultusbürokraten daherkamen und dem Volk mutwillig eine neue Rechtschreibung verordneten? Haben sie sich nicht dreist an einem über die Jahrhunderte von allein aus der Mitte des Volkes herangereiften Kulturgut vergriffen, ja an der Sprache selbst, und die gehörte ihnen schließlich nicht?

Unter den fundamentalistischen Gegnern der Reform haben sich eine Reihe von Mythen festgesetzt. Da sie resistent gegen konträre Fakten und Argumente zu sein scheinen und eine fortgesetzte billige Entrüstung erlauben, beherrschen sie die Polemik und liefern den Stoff für jede Menge Gehässigkeit. Das stärkste Argument *für* die Rechtschreibreform liefern immer noch ihre Gegner – durch die Schwäche ihrer aufgeregten Argumente.

Mythos 1: *Die Rechtschreibung reformieren heißt sich an der Sprache vergreifen.* Wer die Rechtschreibung mit der Sprache verwechselt, hat einen allzu armseligen Begriff von dieser. Orthographie ist nicht dasselbe wie Sprache, sie ist nur ihr äußerlichstes Kleid. Dass die Reform »die Sprache konsequent ihrer Ausdrucksmöglichkeiten beraube«, wie es einer der hysterisierten Reformfeinde formulierte, ist eine Wahnidee, von deren Haltlosigkeit sich jeder Leser in drei Minuten überzeugen könnte. Deutsche Wörter wurden im Laufe der Jahrhunderte sehr verschieden geschrieben; das jeweilige Ausdrucksvermögen der Sprache änderten diese Verkleidungen nicht im geringsten. Es geht nicht um die Sprache, sondern um eine minimale, die Lesbarkeit nicht beeinträchtigende Veränderung der Schreibweise für einige Tausend Wörter unter Hunderttausenden.

Die Rechtschreibreform war also auch keineswegs eine »Sprachreform«, wie der Dichter Durs Grünbein meint, dessen Kritik so absurd ausgefallen ist, als hätte er sie als eine Parodie auf die Fundamentalopposition gemeint: »Man vergreift sich nicht an der Mutter. Man spielt nicht mit dem Körper, der einen gezeugt hat. Doch seit wir modern sind, gilt kein Tabu mehr. Keiner kann einen kosmetischen Eingriff mehr von einer Schändung unterscheiden. Es braucht Politiker und Professoren, um den Frevel zu begründen und der staunenden Menge schmackhaft zu machen. Wie lautete das Alibi der Täter noch einmal? Abbau der sozialen Unterschiede, die durch den Sprachgebrauch zementiert werden. Unsinn, in Wirklichkeit ging es von Anfang an nur um Globalisierung, ein rein marktwirtschaftliches Kalkül, den Anschluß der schwierigen deutschen Sprache an die Lingua universalis der Gebrauchsanweisungen, der Märkte und Börsen.«

In der Tat globalisiert sich die deutsche Sprache; die Rechtschreibreform aber ist ihr dabei mitnichten behilflich.

Mythos 2: *Die deutsche Rechtschreibung ist ein jedem staat-lichen Zugriff enthobenes »Volksvermögen«, über die Jahrhun-derte hin ohne Reglementierung von selbst gewachsen.* Bis in die Mitte des neunzehnten Jahrhunderts konnte jeder schreiben, wie er wollte. Was gedruckt werden sollte, wurde von den Ver-lagen meist in Einklang mit den Schreibempfehlungen tonan-gebender Grammatiker und Lexikographen gebracht; beson-deren Einfluss hatte die *Vollständige Anweisung zur deutschen Orthographie* (1788) des Dresdner Oberbibliothekars und Le-xikographen Johann Christoph Adelung. Wie die Klassiker der deutschen Literatur wirklich geschrieben haben, be-kommt man nur zu Gesicht, wenn man ihre Manuskripte oder deren buchstabengenauen Nachdruck studiert. Eine Probe aus Goethes handschriftlichem Tagebuch vom Januar 1779 (er ist seit kurzem Geheimer Legationsrat in Weimar): »Die Kriees Commiss. über nommen. Erste Session. Fest und ruhig in meinen Sinnen, und scharf. Allein dies Geschäffte diese Tage her. Mich drinn gebadet. und gute Hoffnung, ia Gewissheit des Ausharrens. Der Druck der Geschäffte ist sehr schön der Seele, wenn sie entladen ist spielt sie freyer und ge-niest des Lebens. Elender ist nichts als der Behagliche Mensch ohne Arbeit, das schönste der Gaben wird ihm eckeln. Schwü-rigkeit irdische Maschinen in Gang zu sezzen, auch zu erhal-ten … Meist mit der Kriegs Commission beschafftigt, wenig auf dem Eis, geritten. d. 30 auf dem Erfurter Weeg gestürzt. Aerger über die Pferds Wirthschafft.«

Ab Mitte des neunzehnten Jahrhunderts erließen immer mehr Deutsch schreibende Länder verbindliche Schulortho-graphien, die dem traditionellen Durcheinander ein Ende machen sollten. Von dieser Zeit an war es auch, dass Germa-nisten und Schulverwaltungen eine Reform der nunmehr den Schulen verordneten Orthographien forderten: zum einen ihre Vereinheitlichung, zum anderen eine Vereinfachung. Der Ruf nach einer Rechtschreibreform ist also so alt wie die amt-lichen deutschen Schulorthographien. Eine erste Orthogra-phiekonferenz im Jahre 1876, die diese doppelte Reform erarbeiten sollte, scheiterte jedoch, weil man sich nicht über die wünschenswerte einheitliche Kennzeichnung gedehnter Vokale einigen konnte. (Das lange *a* etwa wurde und wird mal wie in *Qual*, mal wie in *Wahl* oder in *Aal* geschrieben.)

Die zweite Konferenz im Jahre 1901 setzte sich darum von vornherein nur noch ein einziges Ziel: die Vereinheitlichung der verschiedenen deutschen Schulorthographien, vor allem einen Kompromiss zwischen der preußischen und der bayerischen. Die Grundlage bildete ein 1876 von dem Erlanger Germanisten Rudolf von Raumer entworfenes und 1880 von dem Bonner Germanisten Wilhelm Wilmanns für Preußen fortentwickeltes Regelwerk, zu dem der Hersfelder Gymnasialdirektor Konrad Duden ab 1880 umfangreiche Wörterbücher kompilierte. Es war wohl eine typisch deutsche Idee, geboren aus der Zersplitterung, dass man so etwas wie Rechtschreibung auf eine Art allgemeines Gesetzbuch gründen könne, das jeden Fall bis ins letzte Detail systematisch regelt. Auch die Rechtschreibung anderer europäischer Länder ist ganz und gar nicht regellos, selbst die erratische englische nicht. Aber die anderen Orthographien sind nur in dem gleichen Sinne regelhaft, wie es etwa die Grammatiken sind. Die Regeln sind nicht kodifiziert. Sie lassen sich nur erahnen.

Die zweite Konferenz, beschickt mit Germanisten, Vertretern der Schulverwaltungen und des Verlagsgewerbes, einigte sich in nur drei Tagen auf ein Regelwerk für die deutsche Orthographie, das dann Wort für Wort bis 1996/98 gelten sollte. Weil man sich auf die Vereinheitlichung beschränkt und die Vereinfachung zurückgestellt hatte, hielt selbst ihr Spiritus Rector Konrad Duden sie vom ersten Tag an für reformbedürftig.

So kommt es, dass die ältere deutsche Literatur über die Jahrhunderte hinweg in immer wieder verschiedenen Schreibungen gedruckt wurde. Der Anfang eines bekannten Sonetts von Andreas Gryphius etwa las sich so:

1643 – Erstdruck
Es ist alles eitell
DV sihst / wohin du sihst nur eitelkeit auff erden.
Was dieser heute bawt / reist jener morgen ein:
Wo itzund städte stehn / wird eine wiesen sein
Auff der ein schäffers kind wird spilen mitt den heerden.

1698
Es ist alles Eitel
Du siehst / wohin du siehst nur Eitelkeit auf Erden.
Was dieser heute baut / reist jener morgen ein:
Wo ietzund Städte stehn / wird eine Wiese seyn /
Auf der ein Schäfers-Kind wird spielen mit den Herden:

*1822 – Nach der informellen Regularisierung durch die Leitfäden
und Wörterbücher von Adelung und Campe*
Es ist Alles eitel
Du siehst, wohin du siehst, nur Eitelkeit auf Erden.
Was Dieser heute baut, reißt Jener morgen ein;
Wo jetzo Städte stehn, wird eine Wiese sein,
Auf der ein Schäferskind wird spielen mit der Herden;

1880 – Nach den ersten offiziellen Schulorthographien
Es ist alles Eitel
Du sihst, wohin du sihst, nur Eitelkeit auf Erden.
Was dieser heute baut, reißt jener morgen ein;
Wo ietzund Städte stehn, wird eine Wiese sein,
Auf der ein Schäferskind wird spielen mit den Heerden.

1951 – Seit 1901 geltende Regelung
Es ist alles eitel
Du siehst, wohin du siehst, nur Eitelkeit auf Erden.
Was dieser heute baut, reißt jener morgen ein;
Wo jetzund Städte stehn, wird eine Wiese sein,
Auf der ein Schäferskind wird spielen mit den Herden.

2005 – keine Änderung durch die Neuregelung von 1996/98

Die deutsche Rechtschreibung ist also in der Tat quasi von allein gewachsen; die Regularisierung dieses Wildwuchses aber war immer das Werk von Sprachwissenschaftlern, Schulmännern, Kultusbürokraten und Wörterbuchverlagen.

Mythos 3: *Die Reform ist eine »Schreibverordnung selbstherrlicher Bürokraten«* (Günter Wallraff). Eine Schreibnorm ergibt sich nicht von allein. Man kann über sie auch nicht das Volk abstimmen lassen, ohne ein Chaos anzurichten, so wenig wie man die Verkehrsregeln zur Abstimmung stellen kann. Wer wenn nicht die Kultusminister soll festlegen, welche Orthographie in den Schulen unterrichtet wird? Wer eine verbindliche Orthographie will, muss auch bereit sein, jemandem die Regelungskompetenz zu überlassen. Die »alte« Rechtschreibung wurde von einem kleinen Gremium aus Beamten und Experten hinter verschlossenen Türen in ein paar Tagen ausgehandelt und im Ruckzuckverfahren ohne Diskussion umgesetzt. Verglichen damit ist die Neuregelung geradezu ein Ausbund an Demokratie. Acht Jahre lang berieten Fachleute und Politiker über sie, es gab Gutachten, eine öffentliche Anhörung und die kontinuierliche Kritik der Medien, in deren Licht sie modifiziert wurde. Ihre Einzelheiten lagen jedem, der sich dafür interessierte, zwei Jahre vor der Umsetzung auf dem Tisch. Die Ministerpräsidenten, das Bundeskabinett und fünfzehn Landtage nahmen sie zustimmend zur Kenntnis (der sechzehnte, der von Mecklenburg-Vorpommern, hielt sie für zu belanglos, um sich damit zu befassen). Obendrein bestätigte dann noch das Bundesverfassungsgericht, dass die Art der Einführung – durch Verordnungen der Landesschulbehörden statt durch Gesetze der Landesparlamente – rechtens war. Dass die Fundamentalopposition erst ein Jahr nachdem die Entscheidungen gefallen waren, aufwachte, macht den ganzen Prozess nicht undemokratisch. (Wahrscheinlich wäre die Neuregelung inhaltlich konsistenter und akzeptabler geraten, wenn sich weniger Gremien daran weniger ausführlich zu schaffen gemacht hätten. Am besten wäre sie wahrscheinlich ausgefallen, wenn die Kultusminister ihr einen genauen Rahmen vorgegeben und den Rest einem zweiten Konrad Duden überlassen hätten.)

Mythos 4: *Jedermann muss sich nach der Rechtschreibreform richten.* Der Mythos soll die Menschen alarmieren. Von Anfang an war es ein manifest falscher Alarm. Keine deutsche Orthographie war je ein Diktat. Jeder konnte privat schreiben, wie er will, und er wird es weiter können – alt oder neu, richtig oder falsch oder nach eigenem Gutdünken. Wer bei seinen alten Schreibweisen bleiben will, kann es bis ans Lebensende tun, ohne dadurch einen Nachteil zu erleiden; bei der Geringfügigkeit der Änderungen wird sein Beharrungsvermögen nicht einmal auffallen. Niemand hat andererseits ein Anrecht darauf, überall nur mit den ihm privat genehmen Schreibweisen konfrontiert zu werden.

Das neue Regelwerk ist wiederum eine Schulorthographie, verbindlich sonst nur noch für die Behörden. Aber natürlich strahlt es ebenso wie die Rechtschreibung von 1901 über den Bereich der Schule hinaus. Die orthographischen Wörterbücher, aus denen man sich nach wie vor im Zweifel Rat holen muss, müssen sich strikt daran halten, sonst würden sie an den Schulen nicht zugelassen. Um von ihm abzuweichen, braucht es ein aktives Interesse an einer individuellen Orthographie. Der Schriftsteller Arno Schmidt hatte es: »›Achdu wie man de Milch=Schtraße sieht ! –‹ (Die tüüpische Groß-Schtädterinn. Aber der Himmel zitterte & schütterte tatsächlich vor Geschtirntheit.) / Wie Boogn-Lampn drangeschtellt : linx Prokyon; rechts M'sjö Sie-Riuß.« Aber so etwas ist anstrengend, für den Schreiber wie für den Leser, zu anstrengend für den Alltagsgebrauch. Das allgemeine Interesse kann nur dahin gehen, möglichst so zu schreiben, wie die Kinder in der Schule es lernen und wie es darum im *Duden* steht. De facto, nicht de iure, ist die geltende Schulorthographie tendenziell auch die der Allgemeinheit.

Mythos 5: *Seit der Reform herrscht ein Rechtschreibchaos.* Eine gewisse Verwirrung herrscht – aber vor allem darum, weil die Feinde der Reform sie seit Jahren für gescheitert erklären und ihre baldige Rücknahme in Aussicht stellen. Tatsächlich

herrscht kein Chaos, sondern es bestehen zwei Rechtschrei-
bungen nebeneinander. Dass die alte und die neue Orthographie lange koexistieren würden, mindestens eine Generation
lang, war sehr wohl vorauszusehen. Es war nie zu erwarten,
dass die Allgemeinheit die einmal, mühsam genug, in der
Schule erlernten Schreibweisen aufgeben würde, in deren
Licht alle Neuerungen immer »falsch« und »hässlich« wirken
müssen. Ein sofortiges Verschwinden der alten Schreibweisen
war nicht einmal zu wünschen, denn in Rechtschreibdingen
ist der Mensch mit Grund stockkonservativ – ohne sein Bedürfnis, den eingeschliffenen, sich automatisch einstellenden
Wortbildern treu zu bleiben, könnte es gar keine stabilen
Schreibungen geben.

Da überdies das Hauptfundament der Schriftkultur nach
wie vor nicht die ephemere Presse ist, sondern das Jahre,
Jahrzehnte, Jahrhunderte überdauernde Buch, ist das unbe-
fristete Fortleben der Orthographie, in der von 1901 bis 1998
sämtliche Bücher gedruckt wurden, sogar ein dringendes
Desiderat. Dass Hitler 1941 nicht nur die Schulschreibschrift
Sütterlin abschaffen, sondern mit einem Schlag sämtliche
Frakturschriften verbieten ließ, hat schließlich dazu geführt,
dass die älteren deutschen Bücher für die meisten Zeitgenossen buchstäblich unlesbar geworden sind. Die Reform sollte
ausdrücklich keine solche Zäsur setzen, und genau darum fiel
sie so wenig radikal aus. Umso verwunderlicher ist es, dass die
Reformer das faktische Nebeneinander zweier Orthographien
nicht oder jedenfalls nicht deutlich genug vorausgesehen und
den Erfolg der Reform unnötigerweise an deren sofortige Akzeptanz in der außerschulischen Öffentlichkeit gekoppelt haben.

Mussten sie nicht? Ist das Nebeneinander zweier Orthographien nicht von Übel? Werden die Kinder nicht an der Schulorthographie irre, wenn sie außerhalb der Schule Dinge lesen
müssen, die ihr nicht ganz entsprechen? Muss man sie nicht
sorgfältig abschirmen gegen diese Unbill? Ach, die Kids wissen schon, dass im Leben manches unübersichtlicher ist als in

der Schule. Von morgens bis abends bekommen sie draußen im Leben noch ganz andere Sachen zu lesen. Überall auf den Straßen steht, was weder der neue noch der alte *Duden* erlaubt. Wer sich die Mühe macht, im Internet nachzuforschen, wie »das Volk« tatsächlich schreibt, wenn ihm niemand dabei auf die Finger sieht (bisher sind das fast nur jene Jahrgänge, die ausschließlich mit der alten Rechtschreibung aufgewachsen sind), dem gehen die Augen über. Da ziseliert man verbissen an der Orthographie von 1901 herum, zerrauft sich die Haare, ob man *Delphin* auch *Delfin* schreiben kann, und draußen im Leben schreiben sie ihn *del Fin* oder *Dellfihn*, wie es gerade kommt, weil dort schon vor der Reform das Bewusstsein verloren zu gehen begann, dass es überhaupt eine Orthographie gibt und man sich und anderen einen Gefallen damit tut, sich an sie zu halten. Abhanden aber kommt es nicht wegen der Rechtschreibreform, sondern weil die Leute aus der Schrift- in die Bildkultur abwandern und immer weniger, immer unwilliger, immer unaufmerksamer lesen, Bücher, Zeitschriften, Zeitungen, alles. Eine Rücknahme der Reform würde die weitere Ausbreitung dieser Schreibschwäche keineswegs aufhalten. Die Leseunwilligkeit müsste gebrochen werden, sonst sind alle Orthographien perdu.

Man hätte sich also getrost darauf einrichten können, dass beide Orthographien noch viele Jahre koexistieren. Der Erfolg der neuen war nicht davon abhängig, dass die Allgemeinheit sofort auf sie einschwenkt. Ein geregeltes Nebeneinander von zwei geringfügig verschiedenen Orthographien hätte kein Chaos bedeutet, so wie in einem Kino, das zwei klar bezeichnete Ausgänge hat, nicht mehr Chaos herrscht als in einem mit nur einer Tür nach draußen. Welche der beiden sich in der Öffentlichkeit schließlich durchsetzt, entzieht sich der Regelungskompetenz des Staates ohnehin. Es entscheidet sich sozusagen am Markt. Wenn jene, die allein die Reformschreibung gelernt haben, aus der Schule ins Leben entlassen werden, wo einstweilen teilweise anders geschrieben wird, werden sie ihre eigene dorthin mitnehmen. Jede Generation wird, stockorthodox, den Schreibungen treu bleiben wollen, die sie wohl oder übel lernen musste. Sofern es überhaupt noch jemandem auf rechte Schreibung ankommen sollte, treten beide dann in unmittelbare Konkurrenz. Dort kommt es vor allem auf die Reputation an. Wird die neue als »kindisch« angesehen, siegt die alte; wirkt die alte »anachronistisch«, siegt die neue. Sonst werden sich beide auf eine schwer vorhersehbare Weise durchdringen.

Mythos 6: Die große Errungenschaft von 1901, die Einheitsschreibung des Deutschen, ist mit der Reform verspielt worden. Zweifellos stellt das Nebeneinander von zwei Orthographien einen Verlust an Einheitlichkeit dar. Aber man sollte nicht übertreiben und die Relationen nicht aus den Augen verlieren. Die Änderungen betreffen nur einen verschwindend geringen Teil des Wortschatzes. Der Germanist Peter Eisenberg hat ermittelt, dass von den 115.000 Lexemen, die in den Orthographiewörterbüchern stehen, rund 3500 von der Reform betroffen sind, knapp 3 Prozent. Ein Drittel davon geht auf das Konto einer einzigen Änderung: der von *ß* zu *ss* nach kurzem Vokal, von *Kuß* zu *Kuss*. Die Menge wuchs nur dann stark an, um 16 auf zusammen 19 Prozent, wenn die vielen – unnötigerweise – neu geschaffenen fakultativen Trennfugen dazugezählt wurden. Die Schreibung ist also bei 97 Prozent aller Wörter völlig stabil geblieben.

Tatsächlich ist die Stabilität noch höher, als es bei der Auszählung von Wörterbüchern zutage tritt. Wörterbucheinträge nämlich sind im Sprachgebrauch von außerordentlich unterschiedlicher Häufigkeit. Manche kommen in fast jedem Satz vor, manche so gut wie nie. Aufschlussreicher als die Wörterbuchzählung ist darum die Textwortquote: Wie viele Änderungen, bezogen auf die jeweilige Gesamtwortzahl eines einzelnen Textes, hat die Reform in konkreter Alltagsprosa gebracht? Ich habe eine Reihe von Artikeln in *Spiegel* und *Zeit* daraufhin durchgezählt. Von insgesamt 11.005 Wörtern waren 137 betroffen – das sind nicht 3, sondern nur 1,24 Prozent. 114, also

83,2 Prozent der Änderungen oder 1,03 Prozent der Gesamt-wortmenge, gingen auf die neue *ß/ss*-Regel zurück, je sieben (4,8 beziehungsweise 0,06 Prozent) auf die Neuregelungen bei der Getrennt- und der Großschreibung, fünf (3,6/0,04 Prozent) auf die Zahlenkoppelung (*x-malig*, *x-jährig*), zwei (1,5/0,02 Prozent) auf die Schreibung von *-grafie*. Andere Änderungen traten in diesem Korpus nicht in Erscheinung.

Das bedeutet, dass man die Auswirkungen der Rechtschreibreform mit der Lupe suchen muss. Eine Buchseite hat rund dreihundert Wörter. Bei drei davon ist die neue *ss*-Schreibung zu erwarten. Wahrscheinlich tritt auf dieser gedachten Normalseite noch eine einzige andere Änderung auf, aber sicher ist es nicht. Wenn doch, dann am ehesten bei der Getrennt- oder der Großschreibung, den zwei Gebieten, auf denen die meisten Schreiber nicht ohne Grund schon vor der Reform am unsichersten waren und es noch heute sind, sodass diese Änderungen leicht übersehen werden. Wer erkennen will, ob ein Text in der alten oder der neuen Orthographie abgefasst ist, muss sich also an die Wörter mit *ss* halten, sonst kann er unter Umständen lange suchen. Es gibt ganze Bücher, in denen keine einzige der umkämpften neuen Wortschreibungen (*Stängel*, *schnäuzen*) vorkommt.

Darum ist es auch eine starke Übertreibung, dass die Rechtschreibreform einen radikalen Traditionsbruch bedeute. Noch einmal Durs Grünbein: »Mein Kind wird mich bald lesen wie einen Autor aus der Mörike-Zeit.« Das kann schon sein – aber nicht, weil es ihn eventuell irgendwann in der neuen Rechtschreibung lesen muss. Die meisten von uns hatten übrigens nie Gelegenheit, Mörike in der Rechtschreibung der Mörike-Zeit zu lesen, und es hat seinen Gedichten keinen Abbruch getan. Selbst in der Schreibung der Mörike-Zeit aber wären sie noch gut lesbar.

Mythos 7: *Eine Rechtschreibreform war überflüssig.* Dieser Mythos hat einen allgemeinen, einen rechtlichen und einen inhaltlichen Aspekt.

Mythos 7a: *Nicht nur ihre Reform, eine Rechtschreibregelung überhaupt ist überflüssig.* Rechtschreibung ist kein autoritäres Oktroi, ohne das die Welt besser daran wäre, auch kein überholter bürgerlicher Dünkel, der Minderprivilegierte noch weiter ausgrenzt. Der Traum von der fröhlichen Schreibanarchie, in der niemand mehr etwas falsch schreiben kann, dürfte ausgeträumt sein. Desgleichen der bescheidenere Traum von einer wesentlichen Vereinfachung der zugrunde liegenden Regeln. Denn Rechtschreibung macht das Lesen und Schreiben nicht schwieriger, sondern leichter, und darum ist sie umso notwendiger, je mehr gelesen und geschrieben wird oder jedenfalls werden müsste. Gäbe man sie frei, so stünden Leser und Schreiber, Lehrer und Korrektoren auf Schritt und Tritt vor Zweifelsfällen; jede automatische Sicherheit wäre dahin. Schnell wäre die Allgemeinheit das Tohuwabohu leid, und es kämen Wörterbuchverlage und füllten das Vakuum mit ihren eigenen Orthographien. Am Ende riefe die verunsicherte Sprachgemeinschaft wieder den Staat zu Hilfe, und der müsste aufs neue eine verbindliche Norm erlassen. Wie weit auch immer man die Regeln vereinfachte, es blieben Mitbürger, die sie nicht beherrschten und sich damit – in der Sprache der politischen Korrektheit – selber »stigmatisierten«. Selbst die radikalste aller denkbaren Reformen, die phonetische, von der im neunzehnten Jahrhundert eine Fraktion von Germanisten träumte (»Ein Wort sollte so geschrieben werden, wie es gesprochen wird, und jeder Laut nur auf eine einzige Weise«), würde diesem Umstand nicht abhelfen. An dem privaten Schriftdeutsch, das im Internet geschrieben wird, ist nämlich deutlich abzulesen, dass die eklatante Schreibschwäche eines großen Teils der Bevölkerung nicht nur aus dem Fehlen jedes orthographischen Bewusstseins, aus einer Unkenntnis der Regeln und dem Umstand herrührt, dass im Zweifel die einschlägigen Wörterbücher nicht konsultiert werden, sondern vor allem auch daher, dass die Leute gar nicht wissen, wie die Wörter eigentlich lauten. Das aber wissen sie nicht, weil sie nicht genau hinhören – und weil sie wenig oder gar nicht aufmerksam lesen. Eine Sprache aus Wörtern mit ungewisser Lautung und Schreibung wäre in der heutigen Zivilisation aber nicht mehr brauchbar.

Mythos 7b: *Die Rechtschreibung war seit 1901 zufriedenstellend geregelt und musste nicht neu geregelt werden.* Die Rechtsgrundlage der deutschen Schulorthographie bildete das Regelwerk von 1901. Da sie nie aufgehoben oder abgeändert wurde, galt sie fort und fort, über alle politischen und sozialen Umbrüche des zwanzigsten Jahrhunderts hinweg. Praktisch lag ihre Umsetzung in den Händen eines privaten Buchverlags, der *Duden*-Redaktion des Bibliographischen Instituts. Diese entschied, wie die ehernen Regeln im konkreten Fall auszulegen waren, hatte also de facto das Rechtschreibmonopol, wenn auch nur ein eingeschränktes, da sie die zugrunde liegenden Regeln selbst nicht antasten durfte. In den frühen fünfziger Jahren gab es dann plötzlich zwei *Duden*-Verlage, den alten in Leipzig und einen neuen in Mannheim. Es bestand die Gefahr, dass sie das alte Regelwerk verschieden interpretierten. In der DDR wurde laut über eine große Rechtschreibreform nachgedacht. Westdeutsche Wörterbuchverlage begannen, von den weithin als unzureichend empfundenen Regeln von 1901 abzuweichen. In dieser Situation erteilte die Kultusministerkonferenz das berühmte »Dudenprivileg«: Die Regeln von 1901 sollten bis zu einer Neuregelung verbindlich bleiben, und in diesem Interim sollte allein der *Duden* über Zweifelsfälle entscheiden. Dieser Beschluss sicherte das De-facto-Monopol des *Duden* auch rechtlich ab. Der damit geschaffene Status aber war ein Provisorium in Erwartung einer staatlichen Neuregelung. Es stand eine Reform auf der Tagesordnung. Sie war keine Willkür; alles lief mit einer gewissen Zwangsläufigkeit auf sie zu. Verschiedene Initiativen verliefen alle im Sand. Erst über dreißig Jahre später nahmen sich die Kultusminister der undankbaren Materie an. Das Ergebnis war ein neues Regelwerk – eben die Rechtschreibreform von 1996/98.

Deren Rücknahme ist bei dieser Rechtslage praktisch unmöglich. Wohin sollte man zurückkehren? Zu dem alten Provisorium, dem vorläufigen Dudenprivileg? Um dann die nächste Rechtschreibreform anzupeilen, wohl wissend, dass man etwas Derartiges bestimmt kein zweites Mal zustande bringen würde?

Natürlich hätte sich das Provisorium auch auf andere Weise beenden lassen. Die nächstliegende Möglichkeit wäre gewesen, das vorläufige Dudenprivileg ein für alle Mal zu zementieren: die endgültige Privatisierung der schulorthographischen Regelungskompetenz. Das hätte seinerzeit kaum mehr Beifall gefunden als die Reform. Vor allem aber hätte der Dudenverlag die Ehre (und die sichere Gewinnquelle) guten Gewissens nicht annehmen können ohne das Recht, die alten Regeln zu ergänzen und wo nötig zu modifizieren – sonst hätte er auf Dauer nur Murks abliefern können. Er hätte also ebenfalls eine inhaltliche Reform vornehmen müssen, und wenn er dabei noch so behutsam vorgegangen wäre – man kann sicher sein, dass er bei jedem Schritt auf noch größere Durchsetzungsschwierigkeiten gestoßen wäre als die Kultusminister mit ihrer Reform. Was, der *Duden* will *eislaufen* jetzt *Eis laufen* schreiben? Unerhört. Staat, schreite ein!

Rechtlich war die Reform also nahezu unvermeidlich. Inhaltlich jedoch hätte es nicht die sein müssen, die dann kam. Der Geburtsfehler der Reform ist die traurige Tatsache, dass innerhalb der Kultusministerkonferenz nicht genug Sachverstand und Leidenschaft vorhanden war, um den seit den achtziger Jahren eingesetzten Expertenrunden von vornherein einen Rahmen in Form expliziter Ziele vorzugeben und die von ihnen vorgeschlagenen Einzellösungen kompetent und kritisch zu beurteilen. Daran hat sich bis heute nichts geändert. Auch der Auftrag an den 2004 eingesetzten Rat für deutsche Rechtschreibung, der noch vor ihrem endgültigen Inkrafttreten im August 2005 die Reform der Reform bewerkstelligen soll, ist wieder denkbar vage, und welchen Anforderungen die ihm abverlangten Ergebnisse zu genügen haben, ist nirgends ausbuchstabiert.

176

Mythos 5c: *Die alte Rechtschreibung war gut und hatte sich bewährt.* Schlecht war das Werk der preußischen Beamten Wilmanns, Raumer und Duden und ihrer Auftraggeber in den Ministerien wirklich nicht, und der Dudenverlag hat es gewissenhaft und behutsam fortgeführt. »Ausdifferenziert« lautet das Wort: Die unantastbaren alten Regeln musste er dauernd auf weitere Vokabeln anwenden, die in Dudens eigenen Wörterverzeichnissen noch nicht enthalten waren, und abweichenden neuen Schreibgewohnheiten »draußen im Land« gegenüber war er chronisch ratlos – er durfte sie nicht akzeptieren, er konnte sie auch nicht hartnäckig verdammen. So sammelte sich in den fünfundneunzig Jahren seiner Interpretationshoheit allerlei Widersprüchliches.

Zu ihrer Zeit war die hinterher zur »bewährten Rechtschreibung« beförderte *Duden*-Orthographie alles andere als populär. Weithin wurde sie als lästig und sogar ärgerlich empfunden, teilweise als reine Schikane. Wahrscheinlich gab es niemanden, der sie vollständig beherrschte. (Auf die reformierte Orthographie trifft das jedoch genauso zu.) Man sollte *infolgedessen* schreiben, aber *statt dessen; in bezug auf*, aber *mit Bezug auf; Auto fahren*, aber *radfahren*; er *steht kopf*, aber er *steht Schlange*; sie *hält Diät*, aber sie *lebt diät, irgendwas*, aber *irgend etwas; irgend jemand*, aber *irgendwer; instand setzen*, aber *kaputtmachen; sitzen bleiben*, aber *stehenbleiben; krumm biegen*, aber *geradebiegen*. Wer jemanden orthographisch aufs Glatteis führen wollte, brauchte ihn nur ein paar Wörter schreiben zu lassen, in denen drei Konsonanten zusammenstießen: *Auspuff+Flamme, Sauerstoff+Flasche, fett+ triefend, Ballett+Truppe, Ballett+Theater, Bett+Tuch* – kaum einer kannte die Zusatzregeln, die vorschrieben, dass in bestimmten Fällen sehr wohl drei Konsonanten nebeneinander zu stehen hatten.[1] Die meisten jener, denen *Schifffahrt* heute so arg missfällt, haben diese alten Zusatzregeln vergessen oder niemals gekannt. Eine Ausmistung derartiger Widersinnigkeiten schien dringend geboten. Es ist kein Zufall, dass die meisten Beispiele für die Schikanen der früheren Orthographie aus den Bereichen Groß-/Klein- und Getrennt-/Zusammenschreibung stammen. Für sie enthielt das Regelwerk von 1901 nämlich gar keine systematischen Vorschriften, und für das ebenso umstrittene Kapitel der Fremdwortschreibung auch nicht. Hier hatten sich darum zwangsläufig die meisten Fragwürdigkeiten angesammelt, und diese folgenreichen Gesetzeslücken mussten gefüllt werden.

Die Generalstimmung war reformfreundlich und wies nach links. 1973 organisierte die Gewerkschaft Erziehung und Wissenschaft in Frankfurt einen Kongress unter dem Titel *vernünftiger schreiben,* auf dem Vertreter der GEW, des Verbands deutscher Schriftsteller und des P.E.N.-Zentrums Deutschland die Rechtschreibung als Herrschaftsinstrument des Bürgertums brandmarkten und für eine radikale Reform eintraten, insbesondere für die Kleinschreibung der Substantive. »Die reaktionäre großschreibung fällt nicht, wenn wir sie nicht niederschlagen!« Für die Kleinschreibung sprach sich in einer Umfage damals die Hälfte der Bevölkerung aus.

Die Reformbestrebungen hatten häufig einen ideologisch-politischen Dreh, das ist richtig. Trotzdem ist es bloße Spiegelfechterei, die Rechtschreibreform von 1996/98 heute polemisch als ideologietriefendes Machwerk der Achtundsechziger, als Spätfolge eines obsoleten Klassenkampfes anzuschwärzen. Nicht nur, weil die Beseitigung unnötiger und überlebter Schikanen nicht allein einer Klasse nützt, sondern allen, und weil die ein Vierteljahrhundert später durchgezogene Reform selbst das linke Minimalziel der unterschichtenfreundlichen Vereinfachung kaum erfüllt. Es waren nämlich nicht bloß die Revoluzzer von der GEW, die die »gemäßigte Kleinschreibung« wollten, auch Hitlers Erziehungsminister hatte sie gewollt, und vor ihm die deutschen Buchdrucker, und lange vor denen sogar Jacob Grimm, der Vater der Germanistik. Kleinschreibung ist nicht links und nicht rechts. Hundertfünfzig Jahre lang sind immer wieder die gleichen Reformvorschläge erörtert worden, manchmal aus entgegengesetzten ideologischen Richtungen, das ist alles. Es spricht nicht für und nicht gegen sie.

Ihre Feinde sind laut, ihre Befürworter kleinlaut. Gescheitert ist sie nicht, zurückgenommen wird sie nicht, aber ein Erfolg ist sie auch nicht. Die Mehrheit der Bevölkerung, eine große Zahl von Schriftstellern und viele literarische Verlage lehnen sie ab. Einer Allensbach-Umfrage zufolge waren im September 2004 60 Prozent gegen die Reform eingenommen, 11 Prozent dafür, 29 Prozent war sie egal; 68 Prozent sahen keinen Grund, ihre eigene Schreibung von Alt auf Neu umzustellen, 19 Prozent hatten sich umgestellt, 8 Prozent wollten es noch tun.

Allzu ernst nimmt man solche Zahlen, die scheinbar die Heftigkeit der Antipathie belegen, jedoch besser nicht. Es ist mehr als unwahrscheinlich, dass sich die Bevölkerung heute stärker für Rechtschreibung interessiert als früher – für die meisten war sie immer die langweiligste Sache der Welt, das, was man leider nicht so recht beherrschte, eine unangenehme Erinnerung an die Schulzeit. Inhaltlich dürften nach wie vor die allerwenigsten eine informierte Meinung dazu haben, und dass 1999, als sich ein Großteil der Presse von Alt auf Neu umstellte, der Anblick einiger neu geschriebener Wörter in der Bevölkerung einen Schock ausgelöst und zu Leseschwierigkeiten geführt hätte, hat man nicht vernommen.

Dass die bekundete Antipathie nicht auf Information, sondern auf Propaganda beruht, beweisen andere Zahlen. Im April 2004 hatte Allensbach die gleichen Fragen schon einmal gestellt. Bei jener Umfrage waren 49 Prozent dagegen, 13 Prozent dafür, 38 Prozent war die Reform egal; 55 Prozent sahen keinen Grund für eine Umstellung, 30 Prozent gaben an, sie hätten sich schon umgestellt, 10 Prozent wollten es noch tun. Die verräterische Zahl ist die derer, die angaben, sich schon umgestellt zu haben: 30 Prozent im April, 19 im September. 11 Prozent müssten sich im Laufe dieser fünf Monate also rückumgestellt haben. Das ist völlig unglaubhaft. Was in dieser Zeit stattgefunden hat, ist allein ein Stimmungswandel, und nach seinem Grund muss man nicht lange suchen: Ende Juli, Anfang August hatten *Der Spiegel*, der Springer-Verlag mit *Bild* und *Welt* und die *Süddeutsche Zeitung* eine Kampagne inszeniert, die die Ministerpräsidenten zum Widerruf der Reform bewegen sollte, unterstützt von der *Frankfurter Allgemeinen*, in der sie von jeher am vehementesten bekämpft wurde. In dieser konzertierten Kampagne wurde den Lesern vor allem eins klar gemacht: dass die Reform törichte und dreiste Bürokratenwillkür sei. Es hat gewirkt, und genau das zeigen die Zahlen.

Ob die Reform ihr bescheidenes und all die Aufregung nicht lohnendes Ziel erreicht hat, Schülern das richtige Schreiben etwas leichter zu machen, ist ungewiss und wird es wohl immer bleiben. Es wurden ein paar Studien durchgeführt; einige sprachen dagegen, andere dafür. Dieser Widerspruch ist kein Wunder, denn wenn die Reform eine Vereinfachung gebracht hat, dann ist sie jedenfalls so infinitesimal, dass sie nur mit den allerfeinsten Instrumenten zu entdecken wäre, die sich im Schulalltag nicht einsetzen lassen.

Ein Indiz, mehr nicht, liefert der Einleitungsteil des Rechtschreib-*Duden*. Hier steht traditionell das amtliche Regelwerk, aber nicht in seinem originalen Wortlaut, sondern vom Verlag in praxisnähere Portionen zerlegt. Die Gesamtzahl dieser Paragraphen sank durch die Reform von 212 zunächst auf 136 (21. Auflage von 1996) und stieg dann wieder auf 169 (23. Auflage von 2004) – scheinbar eine merkbare Erleichterung. Zweifelhaft war der Vereinfachungseffekt bei den beiden heikelsten Problemzonen: Für die schwierigen Regeln der Getrenntschreibung brauchte der *Duden* vor der Reform acht Paragraphen und ebenso viele danach; bei der Großschreibung sank ihre Zahl von 24 auf 18. Dass auf diesen Gebieten nicht einmal dem Anschein einer minimalen Vereinfachung zu trauen war, zeigte der *Duden* von 2004, der das Regelwerk noch etwas praxisnäher zerlegte als die vorangehenden Auflagen. Er brauchte für die Getrenntschreibung 20 Paragraphen und für die Großschreibung 31 – nicht gerade ein Indiz für Vereinfachung, eher für Komplizierung.

In meinem Buch *Die Elektrifizierung der Sprache* (1990), in dem sich ein Kapitel mit der Rechtschreibung beschäftigte, hatte ich mir, um den Lesern die Tücken der deutschen Rechtschreibung sinnfällig zu demonstrieren, mehr oder weniger spaßeshalber ein etwa 225 Wörter langes Diktat ausgedacht, in dem es von Schwierigkeiten nur so wimmelte.[2] Den kleinen Text hatte ich um 72 problematische Wörter herum zusammengebastelt. Als ich ihn probeweise allen diktierte, die sich bereit fanden, meine Versuchskaninchen zu spielen, wurden erwartungsgemäß viele Fehler gemacht, und zwar ausschließlich in den vorausgesehenen Problemwörtern. Kein einziger von meinen Probanden schrieb ihn fehlerlos. »Gewöhnliche Sterbliche« machten im Durchschnitt 44 Fehler, Deutschlehrer 39 und auch Berufskorrektoren noch 16. Als ich ihn mir selber einige Wochen später wieder diktieren ließ, machte sogar ich noch 11, obwohl ich doch auf alle seine speziellen Schwierigkeiten gefasst war. Ich war damals bereit, die Wette einzugehen, dass überhaupt kein Mensch ihn fehlerfrei schreiben könnte, selbst der damalige Herr der deutschen Rechtschreibung nicht, der Leiter der *Duden*-Redaktion.

Zu meiner Verwunderung wurde nichts von mir so oft nachgedruckt wie dieses Diktat. Das Jahr war 1989 – ein Augenblick, als der erste ernst gemeinte Anlauf zu einer Rechtschreibreform gerade abgebrochen worden war und niemand absehen konnte, ob es je eine geben und wie sie aussehen würde. Es war eine Zeit der Ungewissheit, der richtige Moment für Selbstversuche, mit denen man sich die eigene Unsicherheit vor Augen führen konnte. Zu meiner Überraschung begegnete ich meinem alten Diktattext vierzehn Jahre später im Internet noch einmal wieder. Im Jahre 2001 hatte er einem Seminar der Universität Würzburg über Legasthenie zu einem Experiment gedient. Zwanzig Studierenden der Lernbehindertenpädagogik wurden sechs seiner elf Sätze diktiert (141 Wörter, davon 42 problematische). Privat schrieben siebzehn von ihnen nach der alten und drei nach der neuen Orthographie. Sie wurden in zwei Gruppen aufgeteilt: Die eine (bestehend aus dreizehn der »Alt-Schreiber«) sollte das Diktat in der alten, die andere (drei »Neu-« und vier »Alt-

Schreiber«) in der neuen Rechtschreibung zu Papier bringen. In der Alt-Gruppe machten zwei so viele Fehler (über 50), dass ihre Schreibbemühungen nicht mitgewertet wurden. Die restlichen Alt-Schreiber machten im Durchschnitt 24 Fehler, die Neu-Schreiber aber nur 14. Das Resümee des Versuchsleiters lautete: »Es lohnt sich also, nach der neuen Rechtschreibung zu schreiben, selbst wenn man sich nicht in diese eingearbeitet hat. Die Fehlerzahl reduziert sich auch ohne explizite Beachtung der neuen Regeln.« Anders ausgedrückt, die Reformrechtschreibung scheint der Intuition der Schreibenden deutlich weiter entgegenzukommen als die alte.

Rechtlich wie inhaltlich musste etwas geschehen, und was geschehen ist, ist weder ein völliges Fiasko noch ein klarer Erfolg. Inhaltlich hätte die Reform auch anders aussehen können. Schon vor ihrer Einführung war klar, dass sie Schwächen hatte. Inzwischen wurden diese vor allem von einigen Gegnern so deutlich herausgearbeitet, dass unter Freund und Feind nahezu Konsens darüber herrscht, welche es sind; nicht aber, wie ihnen abzuhelfen wäre. Die Frage ist seither also: Wie wird man die Schwächen der Reform wieder los?

Eigentlich war vorgesehen, dass die in der Zwischenstaatlichen Rechtschreibkommission versammelten Reformautoren eine Weile beobachten, wie sich die Neuregelung im Einzelnen bewährt und in welchem Maß sie akzeptiert wird, und den Kultusministern entsprechende Berichte und gegebenenfalls auch Korrekturvorschläge unterbreiten. Noch vor der amtlichen Einführung in den Schulen hatten sie unter dem Eindruck der öffentlichen Kritik selber eine Reihe von Schwachpunkten erkannt und der Kultusministerkonferenz ein Papier zur Revision der Reform unterbreitet. Die KMK ließ es unbeachtet, wohl weil damals selbst das geringste Eingeständnis der Fehlbarkeit von der Fundamentalopposition als Anlass zu einem neuen Generalangriff benutzt worden wäre. So wurden die lautesten Gegner der Reform ungewollt zu ihren effektivsten Befestigern.

Im Frühjahr 2004 dann nahm die KMK die (inzwischen unter dem Eindruck weiterer Kritik modifizierten) Korrekturvorschläge der Rechtschreibkommission kurz vor deren Auflösung doch noch an, und schon im August waren sie in den neuen *Duden* (23. Auflage) eingearbeitet. De facto waren damit die vordringlichen Kritikpunkte ausgeräumt. Auf dem Gebiet der Getrennt- und Zusammenschreibung darf vieles, was die Rechtschreibreform getrennt hatte (*Eisen verarbeitend*, *Kosten senkend*), seitdem wahlweise wieder zusammengeschrieben werden. Damit ist bei diesen Wörtern – Hunderten – das weitere Nebeneinander von Alt und Neu offiziell gebilligt.

Der Widerstand kam damit jedoch nicht zum Erliegen, der »Rechtschreibfrieden« war nicht wiederhergestellt. Wer sich im Vollbesitz der Wahrheit glaubt, hält Revisionisten immer für gefährlicher als Renegaten. Tatsächlich ist die vollzogene Modifikation unbefriedigend, nicht wegen ihres Inhalts, sondern wegen ihrer fehlenden oder falschen Begründungen. Bei den strittigsten Getrennt- und Großschreibungen, einigen Hundert, lässt sie die alten Schreibweisen als Varianten sang- und klanglos wieder zu. Gut, aber warum? Warum nur in diesen Fällen? Das punktuelle Weitergelten der alten Schreibung lässt sich aus dem neuen Regelwerk nirgends ableiten und wäre auch mit keiner Logik mehr zu integrieren. Die einzige Regel, die jetzt erkennbar ist, heißt »Manchmal wie nach der Reform, manchmal auf allgemeinen Wunsch wie früher«. Das aber reicht nicht, und darum besteht weiterer Nachbesserungsbedarf.

Die deutsche Sprache leistet sich die Extravaganz, ihre Rechtschreibung nicht Wort für Wort aus der überwiegenden Praxis herzuleiten und in Wörterlisten festzuhalten, sondern auf offizielle allgemeine Regeln zu gründen. Da müssen diese Regeln »produktiv« sein, das heißt, sie müssen ihre Anwendung auf beliebige neue Fälle zulassen. Danke, dass das Wörterbuch nunmehr neben *Grauen erregend* auch wieder *grauenerregend* erlaubt – aber was macht der Autor, der den

Ausdruck *Schrecken+erweckend* gebrauchen möchte, den keine Rechtschreibkommission vorhergesehen hat und der in keinem Wörterbuch steht? Schreibt er *Schrecken erweckend* oder *schreckenerweckend*? Er wird sich natürlich an analoge Fälle halten wollen – und Analogien für beide Schreibweisen vorfinden, also nicht klüger sein als vorher. In der Praxis wird er es damit wohl gut sein lassen und das Wort einfach so schreiben, wie es ihm intuitiv richtiger erscheint. Deutschlehrer und Korrektoren können sich jedoch nicht auf irgendwelche Intuitionen berufen, und pedantische Gemüter wollen es nicht – sie müssen auf eine explizite Regel zurückgreifen können, und sei es die, dass grundsätzlich beide Schreibweisen möglich sind.

Darum muss das Regelwerk angepasst werden. Produktive Regeln sind besonders auf jenen Feldern nötig, wo ständig unvorhersehbare neue Fälle auftreten: bei der Fremdwortschreibung, der Getrennt- und der damit verbundenen Großschreibung, einschließlich den sogenannten Nominationsstereotypen aus Adjektiv und Substantiv wie *Grüner Punkt* oder *Schwarzes Brett*. Nachdem die Kultusminister überhaupt eine Modifikation und mit ihr zahlreiche neue Schreibvarianten zugelassen haben, sollte eine Anpassung der entsprechenden Regeln eigentlich kein Ding der Unmöglichkeit sein. Die Frage ist jedoch, ob der im Dezember 2004 damit beauftragte Rat für deutsche Rechtschreibung dazu in der Lage ist, ein schwerfälliges Gremium aus sechsunddreißig Verbands- und Institutsvertretern – Fachleuten, Interessenvertretern und Laien –, in dem jeder sein eigenes Steckenpferd reiten darf.

Da Rechtschreibung konkret ist und es wenig Zweck hat, über sie entweder in allgemeinen Tönen oder anhand zufälliger Einzelwörter zu verhandeln, will ich genauer beschreiben, welche systematischen Modifikationen meiner Meinung nach erforderlich sind.

Voraussetzung ist, dass die Rechtschreibreform als Ganzes nicht außer Kraft gesetzt wird und keine – oder nur sehr wenige – ihrer Schreibweisen ungültig werden. Wo Änderungen am Regelwerk zu neuen Schreibungen führen, können diese nur als fakultative Varianten hinzutreten. Weitergehende Forderungen sind unrealistisch, denn eine Rücknahme wird es nicht geben – die Kultusminister werden nicht zu dem vorherigen Provisorium zurückkehren und sich noch einmal eine Reform vornehmen wollen, sie werden den Millionen von Kindern, die inzwischen nach den reformierten Regeln unterrichtet werden, kein Umlernen zumuten, sie werden den Verlagen, die ihre Schreibung gezwungenermaßen umgestellt haben, weil sie Schullektüre liefern, nicht den Aufwand einer Rückumstellung auferlegen, sie werden keinen internationalen Vertrag brechen.

Wenig Sinn hat es, noch viele Gedanken auf einzelne Wortschreibungen zu verschwenden. Jeder hat da seine Lieblingshassobjekte, irgendwelche Wörter, die ihm in dieser oder jener Schreibung ganz »unmöglich« vorkommen. Dem einen missfällt der *Gräuel*, dem anderen der *Stängel*, dem nächsten das *Bändel*. Manche dieser Hassobjekte sind fiktiv: Die Schreibung *Katastrofe* wurde niemals vorgeschlagen, *Delfin* und *Delphin* sind beide erlaubt, und wer der Reform die *Schenke* ankreidet, hat nicht gemerkt, dass das die alte Schreibung war und die Reform daraus *Schänke* gemacht hat. Aber es lohnte sich einfach nicht – die Zahl der betroffenen Wörter ist gering, etwa vierzig, etliche davon sind selten.

Nachdenken könnte man allenfalls darüber, ob für die wenigen Wörter, bei denen der Änderung eine falsche Etymologie zugrunde gelegt wurde, die etymologisch richtigeren alten Schreibweisen nicht als Varianten wieder hinzugefügt werden sollten – Fälle wie *einbläuen* statt dem früheren *einbleuen* (das nicht ›blaue Flecken beibringen‹ bedeutet, sondern von mittelhochdeutsch *bliuwen* ›prügeln‹ kommt), *Tollpatsch* (der etymologisch kein *toller Patsch* ist, sondern ein *talpas* ›Breitfuß‹, der ungarische Spitzname für Fußsoldaten mit breitem Schuhwerk), *Quäntchen* (das nicht von *Quantum* kommt, sondern von *quintin* ›Fünftellot‹), *schnäuzen* (das eigentlich ein eigenes Wort für ›entschleimen‹ ist und nichts mit der *Schnauze* zu tun hat) oder *belämmert* (das möglicherweise mit *lahm* zu tun hat, aber keinesfalls mit *Lamm*). Hier hat die Rechtschreibreform sozusagen künstliche Volksetymologien geschaffen, indem sie Wortstämme orthographisch anglich, als seien sie verwandt, obwohl sie es gar nicht sind. Aber die Sprache ist reich an anfechtbaren Volksetymologien: Die *Armbrust* hat nichts mit *Arm* und nichts mit *Brust* zu tun, sondern mit dem lateinischen *arcuballista* ›Bogenschleuder‹, der *Maulwurf* wirft keine Mäuler, sondern stammt vom mittelhochdeutschen *moltwërf* ›Erdwerfer‹, und das sonderbare *Hals- und Beinbruch!* geht nicht »auf eine alte Überlieferung zurück, als man noch befürchtete, durch unverstellte Glückwünsche die Aufmerksamkeit böser Geister zum Schadenstiften zu wecken«, ist also kein abergläubisch paradoxer Wunsch, sondern nur eine Verballhornung des hebräisch-jiddischen *hazlóche un bróche* ›Glück und Segen‹. Es ist blamabel, dass die falschen Etymologien der Reform gerade von Sprachexperten stammen. Aber einen nennenswerten Schaden anrichten werden ein paar mehr nicht.

Einige Gebiete jedoch müssen unbedingt noch einmal grundsätzlich aufgerollt werden. Am dringendsten ist eine systematische Revision bei der Getrennt- und Zusammenschreibung.

Die Reform hat dazu geführt, dass viele mehrgliedrige Wörter, die vorher zusammengeschrieben wurden, heute getrennt werden müssten. Besonders problematisch war die Trennung vieler Verbzusammensetzungen und da vor allem solcher mit dem Partizip I (*allgemeinbildend*, nach der Reform bis 2004 ausschließlich *allgemein bildend*) sowie den Verbindungen aus Adverb und Verb (*schwerfallen*, das heute *schwer fallen* geschrieben werden müsste). Einige Hundert zusammengesetzte Ausdrücke sind damit aus den Wörterbüchern verschwunden. Es war von »Wörtermord« die Rede – eine starke Übertreibung, denn Begriffe wie *anheim+fallen* oder *auseinander+setzen* bestehen natürlich auch dann weiter, wenn sie in zwei Wörtern geschrieben werden, zumal sie sowieso nur in den »infiniten« (unflektierten) Formen – *anheimstellen, anheimgestellt, anheimzustellen* – je zusammengeschrieben wurden, nicht aber in den »finiten« (*sie stellt anheim*).

Nicht dieser vermeintliche Wörtermord macht die Neuregelung korrekturbedürftig, sondern ein anderer Umstand: Die Zusammenschreibung kennzeichnete oft eine semantische Differenz. *Das hat er wohl bedacht* und *Das hat er wohlbedacht* hatten nicht dieselbe Bedeutung; *Das Land wurde wieder vereinigt* und *Das Land wurde wiedervereinigt, Der Regisseur wurde hoch gelobt* und *Er wurde hochgelobt* ebenfalls nicht. Nach wie vor werden sie auch nicht gleich betont. Die reichliche Bildung zusammengeschriebener Komposita ist ein Markenzeichen der deutschen Sprache, eins, das den vielen, die sie heute unter dem Einfluss des Englischen wieder in ihre Bestandteile zerlegen (*Ananas Fisch Topf*), nicht einzuleuchten scheint. Das Fachwort für das Zusammenwachsen von Wörtern lautet »Univerbierung«. Die deutsche Sprache hat von der Univerbierung vielfach gerade dort Gebrauch gemacht, wo sie auf diese Weise semantische Differenzen kennzeichnen wollte. Die durch die Reform erzwungene Zerlegung hindert einen also gelegentlich, das zu schreiben, was man eigentlich meint, und das ist nicht hinnehmbar. In einigen Fällen hat sie sogar rechtlich relevante Kategorien abgeschafft (*alleinerziehend, alleinstehend, allgemeinbildend, schwerbehindert*). Die erzwungenen Getrenntschreibungen wirken, als hätte die Kommission etwas dagegen gehabt, dass zwei nebeneinander stehende Wörter zusammen je eine andere Bedeutung haben als jedes für sich, als pochte sie auf den Wortsinn jedes Bestandteils eines solchen Kompositums und forderte, seine beiden Hälften fortan auch gleich stark zu betonen. Die Wörterdemontage blockiert die Univerbierung und mit ihr einen quasi natürlichen Prozess der deutschen Sprachentwicklung.

Die Rechtschreibreformer hatten ihre Befugnisse damit überschritten. Sie sollten Schreibungen vereinfachen und nicht Begriffe beseitigen. Verübeln kann man ihnen ihre neuen Regeln jedoch kaum. Dieses Gebiet war vorher nicht systematisch geregelt, und die Univerbierung ist kein kategorischer Fakt, sondern ein von Fall zu Fall verschieden weit fortgeschrittener und subjektiv verschieden empfundener Prozess. Das heißt, sie war weitgehend eine Ermessenssache, in der sich der Einzelne, die Sprachgemeinschaft und die *Duden*-Redaktion bald so, bald so und bald gar nicht entschieden hatten. Eine leichte, intuitiv eingängige Lösung dieses Problems kann es darum gar nicht geben.

Die Reformer wollten hier Klarheit schaffen, indem sie die notorisch »weiche« Semantik ganz aus ihrem Regelwerk verbannten. Nicht an weichen semantischen, sondern an harten grammatischen Kriterien sollte sich entscheiden, ob etwas zusammengeschrieben wird. Vor einem Syntagma mit einem Partizip I an der zweiten Stelle sollte man sich nunmehr zwei Fragen stellen: Ist ein Fugen-*s* vorhanden? Dann zusammen. Steht der erste Bestandteil für ein Wort oder für mehrere? Wenn für mehrere, dann getrennt. *Erwerb+s+mindernd*? Zusammen wegen des Fugen-*s*. *Himmel+schreiend*? Getrennt, weil *Himmel* hier für zwei Wörter steht, *zum Himmel*. *Feuer+ speiend*? Zusammen, weil kein Fugen-*s* vorhanden ist und *Feuer* nicht für zwei Wörter steht. Die Revision von 2004 hat als drittes Kriterium das der Steigerbarkeit hinzugefügt und damit einen Grund für die Rücknahme vieler Getrenntschreibungen geliefert. Das Wort *nichtssagend* war verschwunden und existierte als *nichts sagend* nur noch virtuell fort, aber da es als Ganzes steigerbar ist (*nichts+sagender*), darf es wahlweise nun auch wieder zusammengeschrieben werden.

Da die Reform vor allem den Zweck hatte, das Schreiben leichter zu machen, war der Rückgriff auf grammatische Kriterien ein kapitaler Fehler. Nur Sprachwissenschaftler finden grammatische Kriterien jemals klar. In der sonstigen Menschheit sind sie die unpopulärsten überhaupt. Sie sind hier auch nicht wirklich klar: Ob sich *vielversprechend* wirklich zu *vielversprechender* steigern lässt und sein Komparativ nicht genau genommen *mehrversprechend* heißen müsste, hat schon so manchen beschäftigt, der es mit seiner Sprache genau nahm. Die Reformer waren darum auch nicht konsequent verfahren: *Kosten sparend* etwa hatten sie ihren grammatikbestimmten Regeln entsprechend getrennt, *kostendeckend* aber nicht, obwohl *kosten-* darin kein Fugen-*s* hat, nicht für eine Wortgruppe steht und eigentlich auch nicht steigerbar ist. Der Effekt war, dass man heute auch bei geduldiger Anwendung dieser Regeln niemals wissen kann, ob ein solches Wort weiterhin zusammengeschrieben werden darf. Man muss nicht nur wie vordem bei jedem Zweifel im Wörterbuch nachschlagen, sondern immer. Etwas von Natur aus Kompliziertes ist noch komplizierter geworden.

Aus alldem ergibt sich aber auch schon, in welcher Richtung Abhilfe zu suchen ist. Die einfachste Lösung wäre, summarisch sämtliche früheren Zusammenschreibungen, nicht nur ausgewählte, als Varianten wieder zuzulassen. Es wäre keine gute Lösung, denn damit gäbe man auch jene Getrenntschreibungen preis, bei denen die Reform tatsächlich eine Vereinfachung gebracht hat. Dass Substantiv+Verb und Verb+Verb jetzt immer getrennt geschrieben werden (*Eis laufen*, *Hof halten*; *liegen lassen*, *sitzen bleiben*), ist eine Erleichterung und wert, beibehalten zu werden. Darum ist eine Regel nötig, die die Zusammenschreibung zielgenau nur für bestimmte Fallgruppen wieder in Kraft setzt. Wo dort eine unterschiedliche Schreibung auf eine semantische Differenz zurückging, müssen die Orthographen in den sauren Apfel beißen und wieder semantische Kriterien zulassen. Und da sehr viele – aber nicht alle – alten Zusammenschreibungen seit 2004 ganz ohne tiefere Begründung sowieso schon wieder zugelassen sind, brauchte man nur den ganzen Schritt zu gehen, könnte, ohne sie zu widerrufen, die ganzen komplizierten neuen Regeln auf diesem Gebiet in den Hintergrund schieben, indem man ihnen eine übergreifende zusätzliche neue Regel voranstellte, die etwa lautete: Wenn sich durch die Zusammenschreibung zweier Wörter eine Bedeutung ergeben soll, die über die ihrer getrennten Bestandteile hinausgeht, dann schreibe man sie in den Fallgruppen X, Y und Z in Dreiteufelsnamen zusammen! So hätte der Schreiber endlich die Freiheit, das zu schreiben, was er meint. Er müsste im Zweifel nicht überlegen, welchen formalen Kriterien ein Wort genügt, sondern was er damit sagen will.

Allerdings würde eine derartige Superregel keineswegs alle Probleme der Getrenntschreibung auf einen Schlag lösen. In vielen Fällen nämlich wäre nicht offensichtlich, ob durch die Univerbierung tatsächlich eine andere Bedeutung gegeben ist. *Die Natur verstümmelnden* Maßnahmen, die ein Leserbriefschreiber rügte – sind sie nicht nur schwerer lesbar als *die naturverstümmelnden Maßnahmen*, sondern etwas anderes? Gibt es bereits das Adjektiv *naturverstümmelnd*, ist es erst in Entstehung begriffen, oder wollte der betreffende Leser es erfinden? Niemand kann es mit Sicherheit sagen, genauso wenig, wie er sagen kann, ob es steigerbar ist. In diesen Fällen beide Schreibungen zuzulassen würde nur der Natur des Problems gerecht.

Ob die Vermehrung der Varianten hinnehmbar wäre, die eine solche partielle Freigabe mit sich brächte, hängt von der Antwort auf eine Grundsatzfrage ab: Wie viele Varianten verträgt eine Orthographie? Objektive Richtzahlen, von welcher Variantenquote an eine Orthographie ihre Stabilität verliert, gibt es keine. Viele, die sich um derlei Fragen überhaupt einen Kopf machen – und zwar Freunde der alten wie der neuen Orthographie –, scheinen der Meinung zuzuneigen, eine Orthographie sei umso besser, je weniger Varianten sie zulasse, so als sei die Existenz von Varianten die Vorstufe der Anarchie. Wie viele also dürfen es sein? Die Deutsche Akademie für Sprache und Dichtung hat dankenswerterweise eine Wörterliste veröffentlicht, anhand derer sich die Zahl der Varianten vor und nach der Reform ungefähr abschätzen lässt.[3] Es ist eine Liste der Wörter und Komposita, an denen die Reform etwas geändert hat, ohne die *ss/ß*-Änderungen, die das Gros des reformierten Wortschatzes stellen: also eine Liste der kritischen Fälle. Sie zählt knapp zweitausend Einträge. Dass die alte Rechtschreibung variantenfrei oder auch nur variantenarm gewesen sei, wird man nach der Betrachtung dieser Liste nicht mehr sagen wollen. Da stand *Scheck* neben *Check, Campagne* neben *Kampagne, Cellophan* neben *Zellophan*; die allermeisten Varianten aber gab es auf den Gebieten der Groß- und der Getrenntschreibung: *im finstern tappen* neben *wir tappen im Finstern, ebensogut* neben *ebenso gut, blaugestreift* neben *blau gestreift* … Bei diesen zweitausend Einträgen gab es gut vierhundert Varianten. Da es sich eben um den kritischen Wortschatz handelt, wird diese Variantenquote höher sein als im sonstigen Wortschatz. Trotzdem war es eine stattliche Menge, die aber offenbar nicht als lästig empfunden wurde und nicht verhindert hat, dass die alte Rechtschreibung in der Rückschau heute als besonders stabil gilt. Die Reform sollte die Schreibung vereinfachen und zu diesem Zweck auch die Zahl der Varianten reduzieren. Sie hat tatsächlich viele beseitigt, vor allem durch die erzwungenen Getrenntschreibungen: Sie wollte den Leuten die Überlegung ersparen, ob man *Unheil+verkündend* zusammen oder getrennt zu schreiben hat. Denn *Unheil verkündend* hatte die alte Rechtschreibung ja nicht verboten, so wie die neue zunächst *unheilverkündend* verbot. (Und überlegen oder nachschlagen muss man es nach wie vor dennoch, denn in jedem Stadium der Rechtschreibregelung gab es Analogiefälle sowohl für die Zusammen- wie die Getrenntschreibung.) Aber siehe da, insgesamt ist die Zahl der Varianten bei diesen zweitausend kritischen Wörtern nicht gesunken, sondern sogar um etwa 10 Prozent gestiegen, vor allem dank der neuen Varianten bei der Fremdwortschreibung (*Delfin* neben *Delphin, Katarr* neben *Katarrh*). Eine gewisse Zahl von Varianten scheint jede Orthographie also ganz gut zu verkraften. Sie sind offenbar unvermeidbar.

Sie sind sogar willkommen. Wie soll sich die Schreibung an veränderte Sprachsituationen anpassen, wenn nicht durch das Angebot von Varianten? Muss den *Chicorée*-Fans ein für alle Mal untersagt werden, ihr Lieblingsgemüse *Schikoree* zu schreiben? Muss festgesetzt werden, dass *Gewähr leisten* keinesfalls *gewährleisten* geschrieben werden darf, obwohl für beides gute Gründe sprechen? Muss sich überhaupt jemand auf die Sophisterei einlassen, die uns *großschreiben* (nämlich einen Anfangsbuchstaben) neben *groß schreiben* (nämlich Teamarbeit) oder das herrliche *alles in Allem* eingebracht hat, über das man stundenlang ergebnislos nachgrübeln könnte? Varianten verbieten hieße die Orthographie einbetonieren. Eine Freigabe der meisten erzwungenen Getrenntschreibungen würde die Zahl der Varianten zwar noch einmal erhöhen, aber nicht dramatisch. Eine gewisse regelhafte Varianz gefährdet die Einheitlichkeit der Orthographie nicht. In diesem Fall sorgte sie sogar für mehr Ordnung, mehr Berechenbarkeit.

Bei der Großschreibung sind mehrere Reparaturen angezeigt. Erstens müssten unbedingt ein paar eindeutige Fehler der Neuregelung korrigiert werden. Sie schreibt *Leid tun, Not tun, jemandem Feind sein,* auch *Spinnefeind sein, Angst und Bange machen* (aber *angst und bange sein/werden*), und sie verkennt, dass es sich hier um echte alte Adjektive beziehungsweise Adverbien handelt, die nur zufällig gleichlautende substantivische Gegenstücke haben. Das *leid* in *leid tun* (mittelhochdeutsch *leit*) war immer ein Adverb, kein Substantiv; man fragt danach nicht mit »Das tut mir was?«, sondern mit »Das tut mir wie?«. Das *feind* in *jemandem feind sein* ist ein heute nur prädikativ gebrauchtes, ursprünglich aber sogar steigerbares Adjektiv (*vîant* ›feindlich gesinnt‹). Der adjektivische und adverbiale Gebrauch von *not* im Sinne von ›nötig‹, ›notwendig‹ ist im Grimm seit dem Mittelalter bezeugt. Das Adjektiv *bang* bezeichnet der Grimm zwar als einen historischen Widersinn, es sei »aber nun einmal durchgedrungen«, und so war es fragwürdig, daraus das Pseudosubstantiv *die Bange* zu machen; die Koppelung an *angst*, das Substantiv und Adjektiv gleichzeitig ist, macht diesen Fall jedoch weniger eindeutig.

Die Reform schreibt richtig *Schuld haben* und *schuld sein* (vorher hieß es wenig plausibel *schuld haben*). Die gleiche Ehre hätte den Adverbien *feind*, *leid* und *not* zuzukommen. Den *Spinnefeind* hätte man dem Volk besser erspart.

Eine Nebensache, um die viel zu viel Aufhebens gemacht werden musste, sind die schon erwähnten Nominationsstereotypen: stehende Verbindungen aus Adjektiv und Substantiv wie *Erste Hilfe* und *Jüngstes Gericht*. Die Möglichkeit, Formeln dieser Art großzuschreiben, hatten sich die Schreibenden gegen den *Duden* geschaffen. Sie wollten so die übertragene Bedeutung des Ausdrucks hervorheben. Ein *schwarzes Brett* ist ein Brett, das schwarz ist, ein *Schwarzes Brett* dagegen muss weder schwarz noch auch nur ein Brett sein, und die Unterscheidungsschreibung trägt diesem semantischen Unterschied Rechnung. Es ist dies einer der ganz wenigen Fälle, in denen der Wille der Schreibenden schließlich in die Norm Eingang gefunden hatte. Dass sie diese Errungenschaft wieder preisgeben, war nicht zu erwarten, und es ist nicht geschehen. Die Reform hat in ihrer Abneigung gegen semantische Kriterien die meisten dieser großgeschriebenen Adjektive klein gemacht, wiederum inkonsequenterweise einige kleine aber auch groß (*Großer Teich*, *Rote Bete*). Ihr Kriterium war: Bezeichnung oder Eigenname? Nur Eigennamen sollten groß bleiben dürfen. Die Unterscheidung war unscharf und ließ dem Ermessen viel Spielraum. Ist der *Grüne Punkt* ein Name oder eine Bezeichnung? Die *Neue Mitte*? Der *Kalte Krieg*? Die Medien haben sich denn auch nicht daran gehalten. Unter dem Eindruck der Kritik haben die Kultusminister viele der früheren Großschreibungen wieder in ihr Recht gesetzt, aber mit einer falschen Begründung: Im »fachsprachlichen« Gebrauch sollen sie nunmehr erlaubt sein. Die *Rote Karte* ist aber nicht fachsprachlich eine; sie ist es darum, weil sie etwas anderes bedeutet als eine Karte, die rot ist. Die Angelegenheit lässt sich vermutlich gar nicht generell regeln, sondern nur über eine Art offener, immer wieder ergänzter Positivliste, wie sie in manchen Redaktionen geführt wird. Da es sich nur um ein paar Dutzend Ausdrücke handelt, könnte man die Schreibung aber auch einfach freigeben. Sie regelt sich von selbst.

In einem Punkt haben sich die Neuregelungen der Substantivgroßschreibung nicht als geradezu falsch, aber als so unpraktisch erwiesen, dass auch hier Nachbesserungsbedarf besteht. Was ein Substantiv ist und folglich großgeschrieben werden müsste, scheint klar zu sein und ist es meistens auch, aber in etlichen Fällen ist es das durchaus nicht. Es gibt verblasste oder verblassende, es gibt noch nicht ganz etablierte Substantive, es gibt Substantive, die nur in grammatischer Hinsicht welche zu sein scheinen. Durch die pauschale Großschreibung hat die Reform viele dieser Pseudosubstantive zu Vollsubstantiven ernannt. So scheint es heute *das Nachhinein, das Voraus* oder *das Eigen* zu geben, denn im früheren *im nachhinein, im voraus* und *zu eigen machen* sollen sie großgeschrieben werden. Die Minimallösung wäre, bei Wörtern, die als selbständige Substantive nicht existieren, alternativ auch wieder die Kleinschreibung zuzulassen.

Eine weitergehende Lösung wäre es, diese Möglichkeit bei allen adverbiellen Ausdrücken anzubieten, also bei Fällen wie *im Folgenden, im Großen und Ganzen, vor Kurzem, des Öfteren, im Übrigen* und nicht nur bei jenen, bei denen es mit der Revision von 2004 schon geschehen ist, wie bei *auf das S/schärfste.* Dann brauchte niemand lange nachzudenken, ob es dieses *Kurze* oder *Übrige* oder ein *Öfteres* eigentlich gibt und was es ist. Was wohl ist das Ferne, das in der Wendung *des Ferneren* gesteigert auftritt? *Das Beste,* zu dem etwas gegeben wird? Die betreffenden Wörter tun nur grammatisch so, als seien sie Substantive. In Wahrheit existiert jenes *Kurze* gar nicht, *vor* dem etwas anderes stattgefunden haben soll, *vor kurzem* ist ein adverbialer Ausdruck wie *von vorne,* bedeutungsgleich mit *kürzlich.* Dass jede generelle Regel, die für solche Fälle nur ein Entweder-Oder parat hält, nur ein Groß oder Klein, in die Bredouille gerät, beweisen die zahlreichen Inkonsequenzen der Neuregelung. So schreibt sie *aufs Neue,* aber *von neuem* und sowohl *seit neuestem* als auch *seit Neuestem, zum einen* und *zum Einen, vom Einen zum Andern* und *vom einen zum andern.* Das heißt, die Lage ist wirr, keine Intuition hilft einem auf die Sprünge, und eigentlich müsste man immer im Wörterbuch nachschlagen. Besonders wirr ist sie bei dem Wort *weit.* Die frühere Daumenregel hieß: alles klein. Die Reform blieb *bei weitem, von weitem* und *das Weite suchen* treu, ließ bei *ohne W/weiteres* Groß- und Kleinschreibung zu, bestand aber auf *des Weiteren.* Die Revision 2004 erlaubte zusätzlich einerseits *bei Weitem* und *von Weitem,* andererseits *des weiteren,* rückte also der Freigabe nahe, bestand aber auf *das Weite suchen,* als bedeutete die Redensart die Suche nach dem Hemd mit dem weiteren Kragen. Ich fände es nachvollziehbar, wenn ein Schüler – oder auch seine Lehrerin – sich schlicht weigerte, das alles zu lernen und sklavisch zu befolgen. Es ist noch schikanöser als die alte Rechtschreibung. Die Regel »Scheinsubstantive in adverbialen Ausdrücken klein« schüfe einige Klarheit. Sonst bliebe wohl auch hier nur die Freigabe übrig.

Für die Fremdwortschreibung wurden schlicht die Regeln vergessen. Sie müssen nachgeliefert werden, denn gerade hier, wo kein Lexikon die ständig neu einströmenden Fälle vorhersehen kann, sind produktive Regeln unerlässlich. Bei der starken Abneigung der Sprachgemeinschaft gegen eingedeutschte Schreibungen kann die Grundregel nur eine sein: Jedes Wort wird so geschrieben, wie es sich in seiner Herkunftssprache schreibt; vorsichtige Eindeutschungen können nur hier und da als Nebenformen vorgeschlagen werden. Wer weiter *Spaghetti* schreiben will und nicht *Spagetti,* muss es ohne schlechtes Gewissen tun können.

Die Schwierigkeiten beginnen bei mehrgliedrigen fremdsprachigen Ausdrücken. In den Beispielen zur Rechtschreibneuregelung scheint der Haupttrend zu ihrer Zusammenschreibung zu gehen, selbst wenn dabei Wortungetüme wie *Newage, Nofuturegeneration* oder *Safersex* entstehen, bei denen sich jedem, der Englisch kann, die Feder sträubt. (Die Schwierigkeit beim Lesen rührt daher, dass man der betreffenden Gruppe nicht von vornherein ansieht, welcher Sprache sie angehört und wo in ihrem Innern welche andere Sprache beginnt.) Daneben werden solche mehrgliedrigen Begriffe aber auch mal getrennt (*Compact Disc*), mal mit Bindestrich (*Full-Time-Job*) geschrieben; manchmal wird sogar wieder getrennt, was bisher zusammengeschrieben wurde (*Come-back*). Bei nichtenglischen Syntagmen fiele niemandem die Zusammenschreibung ein – *Prêtàporter* oder *Vitellotonnato* wird man wahrscheinlich nie begegnen. Es geht vorwiegend um Syntagmen englischen Ursprungs. Das Durcheinander der Reform hat erstens zur Folge, dass man bei ihnen nicht mehr von vornherein wissen kann, wie sie geschrieben werden, und in jedem Fall aufs neue nachschlagen müsste; und zweitens und noch gravierender, dass es keine erkennbare Regel gibt, die sich auf die in einem fort auftretenden neuen Fälle anwenden ließe, welche sich in keinem Rechtschreibwörterbuch finden. Darum tut eine systematische Regelung not, und sie kann eigentlich nur folgendermaßen aussehen.

1. Wortgruppen werden *nicht* zusammengeschrieben, mit Ausnahme solcher, die auch im Englischen zusammengeschrieben werden oder zusammengeschrieben werden können. Beispiele: *Backup, Blackout, Bodybuilding, Bodyguard, Checkpoint, Cockpit, Comeback, Cornflakes, Countdown, Desktop, Fallout, Headhunter, Headline, Highlight, Homepage, Hotline, Knockout, Laptop, Layout, Lifestyle, Mainframe, Mainstream, Makeup, Network, Newcomer, Newsgroup, Notebook, online, Playback, Standby, Talkshow, Turnaround, Website, Weekend.* Bei einigen Ausdrücken schwankt der Gebrauch der Zusammenschreibung im britischen wie im amerikanischen Englisch. So kann man *high tech* auch *high-tech, hightech* oder *HighTech* geschrieben finden. In Zweifelsfällen sollte man sich an *Merriam Webster's Collegiate Dictionary* halten, das auch im Web und auf CD-ROM zur Verfügung steht. Es schreibt *high tech* als Substantiv getrennt, als Adjektiv mit

Bindestrich, *high-tech*, und kennt die zusammengeschriebene Variante ebenso wenig wie die mit der Binnenmajuskel.

2. Die Einzelteile einer englischen Wortgruppe werden mit Bindestrichen gekoppelt, außer bei Syntagmen aus Adjektiv und Substantiv (*Know-how*, *Shopping-Center*, aber *Short Story*).

3. Wird die ganze Wortgruppe als Substantiv gebraucht, werden der Anfang und alle darin enthaltenen substantivischen Elemente großgeschrieben und sämtliche Elemente durch Bindestriche gekoppelt (*Face-to-Face-Befragung*, *Fast Food*, aber *Fast-Food-Restaurant*, *One-Night-Stand*, *Point-to-Point-Rennen*, *Shop-in-Shop*). Umgekehrt bedeutet das: Handelt es sich um einen nichtsubstantivischen Ausdruck, werden auch die Substantive darin nicht großgeschrieben und die Elemente nicht durch Bindestriche gekoppelt (*off limits*, *up to date*).

Insgesamt würde diese dreiteilige Regel die orthographische Einbürgerung von Anglizismen berechenbarer machen. Auf Improvisation wird man dennoch angewiesen bleiben.

Dringend nötig ist noch eine vierte systematische Maßnahme, die gar nicht die Schreibungen selbst betrifft: die Anpassung der Reform an die Zeit des vernetzten Computers. Er ist das Werkzeug, mit dem immer mehr geschrieben und gelesen wird, an ihn könnten zum einen die Rechtschreibprüfung, zum anderen die Worttrennung am Zeilenende weitergereicht werden, so wie das Kopfrechnen an den Taschenrechner delegiert wurde. Die Rechtschreibreformer aber haben den Computer vollständig ignoriert und seinen wenigen linguistischen Diensten damit einen schweren Schlag versetzt. Da Softwarefirmen selber sprachlich meist ahnungslos sind und die linguistischen Funktionen ihrer Programme stiefmütterlich behandeln, wurden ihre Spellchecker und Trennmodule nur unzureichend an den mit der Reform geschaffenen Variantenreichtum angepasst, so unzureichend, dass der User, der Wert auf die Richtigkeit seiner Texte legt, sie

nur noch ganz abschalten konnte und jetzt wieder »manuell«
erledigen muss, was ihm vorher der Computer abgenommen
hatte.

Der Variantenreichtum selbst müsste den Computer nicht
im mindesten beirren. Spellchecker lassen sich ohne weiteres
von Alt auf Neu umschreiben und umschalten. Schwierigkeiten aber bereiten jene Varianten, bei denen nicht eindeutig zu
erkennen ist, ob sie der alten oder der reformierten Rechtschreibung zugehören. Varianten müssten also ausnahmslos
systematisch »markiert« sein: »alt« oder »neu«, »Hauptform«
oder »Nebenform« – auch ein paar andere Parameter wären
noch möglich (etwa »eingedeutschte Form« / »nicht eingedeutschte Form«), solange sie nur konsequent und durchge-
hend auf das gesamte Vokabular angewandt werden. Dann
können die Softwarefirmen diese Parameter in ihre Spellchecker aufnehmen, und der User kann mit ein paar Häkchen im
Menü festlegen, welche Rechtschreibung er selber anwenden
möchte, und seine Texte dann laufend vom Computer über-
wachen lassen. Die Markierungen der Rechtschreibreform
aber waren von Anfang an lückenhaft und unsystematisch,
und die Revision von 2004 hat viele vollständig getilgt. Es war
genau der falsche Schritt. Der Computer kann vor dem un-
markierten Nebeneinander nur kapitulieren, das wichtigste
Instrument zur Durchsetzung irgendeiner Orthographie
wurde lahmgelegt.

Die Trennmodule arbeiteten hervorragend, bis die Reform
sie mit ihren neuen Trennregeln außer Kraft setzte. Eigentlich
ist die Worttrennung ein lächerlich geringfügiges Problem,
und jedes Wort darüber scheint zu viel. Es ist höchst bedau-
erlich, dass eine kleine Unbedachtsamkeit der Reformer nun
lange Erklärungen nötig macht.

Seltsamerweise gelten im Deutschen auch seit Jahrhunderten eingedeutschte Wörter, bei denen einige Bestandteile aus
dem Griechischen oder Lateinischen stammen, immer noch
als Fremdwörter, obwohl sie längst wie deutsche Wörter flek-
tiert und zur Bildung von Ableitungen herangezogen werden.

Nach der alten Regel mussten auch zusammengesetzte Fremd-wörter (Wort+Wort, Präfix+Wort) wie »deutsche« Komposita »morphematisch« oder »organisch«, das heißt an den Fugen ihrer Morpheme (Sinnsilben) getrennt werden, selbst wenn diese nur mit Kenntnissen im Altgriechischen auszu-machen waren (*Chir|urg, Päd|ago|ge, Psych|ia|trie*). Das be-reitete Schwierigkeiten. Mehrsilbige »fremde« Morpheme wurden im Innern entsprechend der deutschen Sprechsilben-regel getrennt (*hi|sto|risch, psy|cho|tisch*). Die Rechtschreib-reform hat diese Schwierigkeit behoben, indem sie die »sylla-bische« Trennung auch auf Komposita ausdehnte (*Chi|rurg, Pä|da|go|ge, Psy|chi|a|trie*), daneben aber auch weiter deren morphematische Trennung gestattet. So weit, so gut.

Die Sache hat aber einen Haken. Die alte morphematische Trennung hatte eine Zusatzregel, derzufolge Konsonanten-gruppen, die mit *l, n* oder *r* endeten, grundsätzlich unge-trennt blieben: *pu|blik, Ma|gnet, Ru|brik*. Die Rechtschreibre-form hob diese Regel unvorsichtigerweise auf und stellte dem Schreibenden die Trennung dieser Konsonantengruppen frei. Man kann sie also wie bisher als untrennbar behandeln (*no|ble*) oder aber mitten in der Konsonantengruppe trennen (*nob|le*). Bei Wörtern germanischer Herkunft bestätigt die Abtrennbarkeit von *l, n* oder *r* nur die zugrunde liegende Sprechsilbenregel: Der letzte Laut einer Konsonantengruppe wird in den allermeisten Fällen als Anlaut der folgenden Silbe gesprochen (*stünd-lich*), Wörter wie *widrig* sind die Aus-nahme. Bei vielen »Fremdwörtern« ist das jedoch nicht der Fall: Die Verbindung Konsonant(en)+*l, n* und *r* wurde nicht nur beim Schreiben, sie wird auch beim Sprechen normaler-weise nicht getrennt (*extrem* wird *ex-trem* gesprochen und nicht *ext-rem*). Die mechanische Anwendung der Konsonan-tengruppenregel auf sogenannte Fremdwörter führt also häu-fig zu Verstößen gegen die übergeordnete Sprechsilbenregel des Deutschen und ist in diesem Sinne falsch. Sie läuft darauf hinaus, dass für »Fremdwörter« eine zusätzliche Sonderregel gilt: Nach Konsonanten können *l, n* und *r* immer auf die neue

Zeile rücken, mechanisch, unbekümmert um die Grenzen der Sprech- und der Sinnsilben. Diese zusätzliche »mechanische« Trennung führt dazu, dass Fremdwörter nun also auf dreierlei Art getrennt werden können: syllabisch, morphematisch oder mechanisch (*In|s|t|rument*).

Die mechanische Trennung ist verwirrend, aber sie ist schließlich nur eine Kann-, keine Mussregel. Der Reform-*Duden* (21. Auflage, 1996) hat die Verwirrung dann jedoch voll gemacht. Erstens hat er die mechanische Trennung konsequent auf den gesamten Fremdwortschatz angewendet, zweitens hat er die fortbestehenden alternativen Trennmöglichkeiten ebenso konsequent unterschlagen. Ohne sie auch nur als neu zu kennzeichnen, hat er damit eine große Zahl von Worttrennungen in die Welt gesetzt, die sowohl die Morphem- als auch die Sprechsilbengrenzen verletzen und sich überdies als die einzig möglichen ausgeben: *E|xemp|lar, Fab|rik, In|dust|rie, Kast|rat, Mat|rose, Mist|ral, Monst|rum, Prost|ration* ... (Ein paarmal ist er dann aber doch zurückgeschreckt. *Kont|roverse* trennt er mechanisch, aber nicht *Kon|trolle*; auch *ach|romatisch, Demok|rat, Katast|rophe* oder *Kong|ress* ersparte er seinen Benutzern.)

Nachträglich – als die Absurdität der mechanischen Trennung klar wurde – empfahl die Rechtschreibkommission den Wörterbuchverlagen, eine größere Zahl von Morphemen wie *-algesie, -alpin, -chrom, -drom, -krit, -plize* oder *-trakt* immer intakt zu lassen, also *An|algesie, trans|alpin, Hippo|drom, Hypo|krit, Kom|plize, Kon|trakt, mono|chrom* nicht mechanisch zu trennen.

Damit scheint man die Sache als ein für alle Mal geregelt zu betrachten. Es wurden einige Zehntausend neue Trennmöglichkeiten geschaffen, die absurdesten Folgen wurden pro forma über eine Ausnahmeliste ausgeschlossen, die jedoch niemand lernen wird, und im übrigen kann sich jeder nach Belieben die ihm genehmen heraussuchen und die ungenehmen ignorieren, liberal, liberal. Bei der Worttrennung aber setzt solche Liberalität den Computer außer Gefecht. Trennprogramme arbeiten summarisch. Sie dulden keine Varianz. Niemand würde sie verwenden, wenn sie dem Benutzer jeden Fall zur Entscheidung vorlegten – sonst besorgte er in seinen Dokumenten die Trennung besser gleich manuell. Er muss sich darauf verlassen können, dass ihm der Computer die absurden mechanischen Trennungen erspart – und außerdem die Abtrennung von Einzelbuchstaben (*A|berglaube*, *I|gelstellung*), die elementaren typographischen Regeln widerspricht und lächerlich wirkt, weil das Papier nicht mehr so knapp ist, dass jede Zeile bis auf den letzten Millimeter ausgenutzt werden müsste. Darum hilft es nichts, die mechanische und die Einzelbuchstabentrennung müssen explizit aus den Trennregeln gestrichen werden. Dazu ist ein Schreiben der Kultusministerkonferenz an die Softwarefirmen fällig, des Inhalts, dass ihre Textprogramme aus den Schulen verbannt werden, wenn sie sich nicht daran halten. Nur dann wird die Softwareindustrie sie wirklich aus ihren Trennmodulen entfernen, und zwar schleunigst, nur dann werden diese wieder brauchbar sein, und nur dann hat eine regelhafte Worttrennung überhaupt noch eine Chance.

Für die Zukunft der deutschen Schriftsprache wäre es von großem Vorteil, wenn wenigstens diese paar Modifikationen ohne Aufruhr zustande kämen. Die Aussichten sind aber trotz weitgehendem Konsens leider nicht die besten.

CHRONIK DER RECHTSCHREIBREGELUNG

Bis **Mitte 19. Jahrhundert**

Keine verbindliche Normung der deutschen Orthographie. Als Richtschnur für Druckwerke dienen vielfach die Leitfäden und Wörterbücher einflussreicher Grammatiker und Lexikographen: Justus Georg Schottel (*Ausführliche Arbeit von der Teutschen Haubt Sprache*, 1663), Hieronymus Freyer (*Anweisung zur Teutschen Orthographie*, 1722), Johann Christoph Gottsched (*Grundlegung einer Deutschen Sprachkunst*, 1748), Johann Christoph Adelung (*Vollständige Anweisung zur Deutschen Orthographie*, 1788), Joachim Heinrich Campe (*Wörterbuch der Deutschen Sprache*, 1807).

Ab **1855**

Erste orthographische Regelhefte der Schulverwaltungen einzelner deutscher Staaten (Hannover, Württemberg, Bayern, Sachsen-Meiningen und weiterer), die erheblich voneinander abweichen.

1876

4. bis 15. Januar: I. Orthographische Konferenz in Berlin, mit dem Ziel einer sowohl vereinheitlichten als auch systematisierten Rechtschreibung. Bei den Reformern hatte das »phonetische« Prinzip über das »historisch-etymologische« gesiegt. Jenes, vertreten etwa von Adelung, ging von dem Grundsatz »Schreibe, wie du sprichst« aus; dieses, vertreten vor allem von Jacob Grimm, wollte in der Schreibweise eines Wortes auch seine Geschichte sichtbar machen. Die Vorlage für die Konferenz liefert der Erlanger Germanist Rudolf von Raumer, Verfechter eines gemäßigten phonetischen Prinzips. Die Konferenz kann sich nicht über die Kennzeichnung gedehnter Vokale einigen (das lange *a*, *o* und *u* sollen nicht mehr durch ein Dehnungs-*h* oder durch Verdoppelung markiert werden: *Bot* statt *Boot*); deswegen und wegen heftiger öffentlicher Polemik lehnt die Mehrheit der Länder das Ergebnis der Konferenz ab.

1879
Bayern setzt die erste Schulorthographie in Kraft.

1880
Im Auftrag von Kultusminister Robert von Puttkamer erarbeitet der Bonner Germanist Wilhelm Wilmanns eine preußische Schulorthographie, die sich wie die bayerische im wesentlichen auf den unstrittigen Teil des von Rudolf von Raumer für die I. Orthographische Konferenz entworfenen Regelwerks stützt und sich von der bayerischen nur geringfügig unterscheidet (Preußen: *Litteratur, Moritz, Möwe, Wiederhall*; Bayern: *Literatur, Moriz, Möve, Widerhall*); die Dehnungskennzeichnung bleibt unberührt. Wilmanns beauftragt den Hersfelder Gymnasialdirektor Konrad Duden (1829–1911), ein vollständiges Wörterbuch zur preußischen Schulorthographie herauszugeben.
Dieser erste *Duden* mit 27.000 Wörtern, der auch die bayerischen Regeln berücksichtigt, erscheint noch im gleichen Jahr (*Vollständiges Orthographisches Wörterbuch der deutschen Sprache*, Leipzig: Bibliographisches Institut, 1880).

Nach 1880
Bismarck, kein Freund der Schulorthographie seines Kultusministers Robert von Puttkamer, verbietet den Behörden »bei gesteigerter Ordnungsstrafe« deren Anwendung. Erst nach seinem Rücktritt 1890 kann an eine zweite Orthographiekonferenz gedacht werden.

1901
17. bis 19. Juni: II. Orthographische Konferenz in Berlin, mit dem einzigen Ziel der Vereinheitlichung (»Beratungen über die Einheitlichkeit der deutschen Rechtschreibung«). Vorlage: Wilhelm Wilmanns. Verabschiedet wird innerhalb von drei Tagen ein verbindliches amtliches Regelwerk für Deutschland und Österreich, dem sich 1902 auch die Schweiz anschließt.

1902
Neubearbeitung von Dudens Wörterbuch (7. Auflage) im Licht des gerade in Kraft tretenden Regelwerks (*Orthographisches Wörterbuch der deutschen Sprache – Nach den für Deutschland, Österreich und die Schweiz gültigen amtlichen Regeln*, Leipzig: Bi-

bliographisches Institut, 1902). Amtlichen Charakter aber haben jetzt und in den folgenden Jahrzehnten nicht der *Duden*, sondern die im Verlag Weidmann immer wieder aufgelegten Regelhefte und Wörterlisten (bis 1935 für Österreich, bis 1940 für Preußen und Bayern).

Oscar Brenner, ein Teilnehmer der II. Orthographischen Konferenz von 1901, fordert eine Vereinfachung der Regeln – ein erstes Plädoyer für eine Rechtschreibreform. Bis 1990 folgen über hundert Reformvorschläge.

1903

Die neue Orthographie wird an den Behörden (1. Januar) und an den Schulen (1. April) eingeführt. Das graphische Gewerbe ist mit den zahlreichen Schreibvarianten, die das Regelwerk zulässt, unzufrieden und wünscht eindeutige Festlegungen. Zu diesem Zweck veröffentlicht Konrad Duden die Wörterliste *Rechtschreibung der Buchdruckereien deutscher Sprache* (Leipzig: Bibliographisches Institut, 1903), kurz »Buchdruckerduden« genannt, die die Variantenfülle stark beschneidet.

1915

Duden (9. Auflage) verschmilzt mit dem *Buchdruckerduden*; dessen über das amtliche Regelwerk hinausgehende Schreibvorschriften werden übernommen. Fortan wird die deutsche Rechtschreibung vom Verlag des *Duden* »ausdifferenziert«. Das heißt, die amtlichen Regeln werden auf neu aufgenommene Wörter angewandt, und wo sie nicht ausreichen, werden ad hoc weitere Hilfsregeln hinzukonstruiert.

1931

Der Bildungsverband der deutschen Buchdrucker legt in Erfurt ein radikales Reformprogramm für die deutsche Orthographie vor: »gemäßigte Kleinschreibung« der Substantive (also Großbuchstaben nur bei Namen und am Satzanfang), Beseitigung der Dehnungszeichen und der Zeichen für Kurzvokale, mehr Getrenntschreibungen, Trennung nach Sprechsilben, Ersetzung von *v* durch *f* (*Vieh* zu *fi*) und von *ß* durch *s* (*ließ* zu *lis*).

1941

Der Reichsminister für Wissenschaft, Erziehung und Volksbildung, Bernhard Rust, strebt nach Hitlers »Frakturverbot« vom

13. Januar 1941 eine Reform der Rechtschreibung an (»gemäßigte Kleinschreibung«, Wegfall von Dehnungszeichen, Ersetzung von *v* durch *f*, eingedeutschte Fremdwortschreibungen, Unterschiedsschreibung von stimmhaftem und stimmlosem *s*), stößt aber bei anderen Dienststellen des Naziregimes auf keinerlei Resonanz; sie verwerfen Rusts Demarche als »nicht kriegswichtig«.

1944

Winter/Frühjahr: Reichserziehungsminister Rust lässt unter Mitwirkung des damaligen *Duden*-Herausgebers Otto Basler vom NSDAP-eigenen Deutschen Schulverlag eine Neuausgabe des orthographischen Regel- und Wörterverzeichnisses drucken, das im wesentlichen alles beim Alten lässt, bei Fremdwörtern neben der herkömmlichen Schreibung jedoch eingedeutschte Varianten zulässt (aus *ph* soll *f* werden, aus *th* *t*, aus *rh* *r*); außerdem enthält es Vereinfachungen bei der Großschreibung (vermehrte Groß- und Getrenntschreibung), Zeichensetzung (kein Komma vor *und* und *oder*) und Worttrennung (nach Sprechsilben). Die Änderungen berufen sich auf eine angebliche Weisung Hitlers. Als auffällt, dass es diese nie gab, wird die gedruckte Auflage (eine Million) eingestampft.

30. August: Führerbefehl: »Der Führer hat angeordnet, dass die gesamten Arbeiten zur Vereinfachung der Rechtschreibung bis Kriegsende zurückzustellen seien.«

1947

Erster Nachkriegs-*Duden* (13. Auflage), letzter gemeinsamer *Duden* von Ost- und Westdeutschland. Danach drohende Spaltung der deutschen Einheitsorthographie durch zwei unabhängig voneinander »Zweifelsfälle« regelnde *Duden*-Verlage in Leipzig und Mannheim. Die 14. Auflage des *Duden* erscheint getrennt: 1951 in Leipzig, 1954 in Mannheim.

1954

Mai/Juni: Die von Franz Thierfelder (damals Generalsekretär des Instituts für Auslandsbeziehungen, Stuttgart) gegründete »Arbeitsgemeinschaft für Sprachpflege« (Lehrer, Lexikographen, Beamte aus der Schulverwaltung der BRD, der DDR, der Schweiz und Österreichs) konzipiert aus eigener Initiative die »Stuttgarter Empfehlungen für die Erneuerung der deutschen

Rechtschreibung«. Motive: Erhaltung der Einheitsorthographie, Vereinfachung. Empfohlen wird vor allem eine »gemäßigte Kleinschreibung« der Substantive; anheim gestellt wird eine Verminderung der Dehnungsmarkierungen (*di libe*), die unter den Reformern kontrovers diskutiert worden war. Durch einen polemischen Artikel von W. E. Süskind (*Süddeutsche Zeitung*, 22./23. Mai 1954), der als Mitglied der Darmstädter Akademie für Sprache und Dichtung an der Schlusssitzung teilgenommen hatte, kommt es zu einer erregten öffentlichen Diskussion. 25. Juni: Veröffentlichung der »Stuttgarter Empfehlungen«. 26. Juni: Befragt von der *Weltwoche*, erklären sich Thomas Mann, Hermann Hesse und Friedrich Dürrenmatt als vehemente Gegner der vorgeschlagenen Rechtschreibreform. Mann spricht von einer »Verarmung, Verhässlichung und Verundeutlichung des deutschen Schriftbildes«. Die Deutsche Akademie für Sprache und Dichtung verfasst ein negatives Gutachten. Die Kultusminister nehmen die Empfehlungen zur Kenntnis, ergreifen aber keinerlei Initiative zu ihrer Umsetzung.

1955
Januar: In der DDR stellt Wolfgang Steinitz, Volkskundler und Sprachwissenschaftler an der Humboldt-Universität und 1954 bis 1958 Mitglied des Zentralkomitees der SED, Überlegungen zu einer radikalen Rechtschreibreform an (»Geht es um libe?«, *Wochenpost*, 2, 1955). Dazu Bertolt Brecht: »ich bin gegen eine reform der rechtschreibung von solchem ausmass, dass alle die bücher, die auf die alte weise gedruckt sind, schwer lesbar werden. die grossen buchstaben sollte man aber nur für namen und für die fürwörter in der anrede verwenden. (auch für den satzanfang nicht; da genügt der punkt und ein abstand.) liebe darf man nicht libe schreiben und toll nicht tol. razion liest sich für mich nicht übel, aber razio geht nicht und nazion ist undenkbar, da habe ich einen schokk bekommen. lassen wir also lieber auch die rationen.«
18./19. November: Herausgefordert von einem orthographischen Wörterbuch des Bremer Germanisten Lutz Mackensen (Gütersloh: Bertelsmann, Mai 1954), das in Erwartung einer baldigen Rechtschreibreform und in Zusammenarbeit mit der Gesellschaft für deutsche Sprache (GfdS) etliche vom *Duden* abweichende Schreibungen enthielt, erklärt die Kultusministerkonferenz (KMK) die Schreibweisen des *Duden* für vorläufig

verbindlich (nämlich bis zu einer amtlichen Neuregelung). Es ist dies der historische »Dudenbeschluss«, der das »Dudenprivileg« oder »Dudenmonopol« begründet: »Die in der Rechtschreibreform von 1901 und den späteren Verfügungen festgelegten Schreibweisen und Regeln sind auch heute noch verbindlich für die deutsche Rechtschreibung. Bis zu einer etwaigen Neuregelung sind diese Regeln die Grundlage für den Unterricht in allen Schulen. In Zweifelsfällen sind die im ›Duden‹ gebrauchten Schreibweisen und Regeln verbindlich.«

1956
8./9. März: Die KMK beschließt die Einberufung eines ›Arbeitskreises für Rechtschreibregelung‹. Ihr Beauftragter für Rechtschreibfragen ist der Bremer Bildungssenator Willy Dehnkamp (SPD), der sich für eine Reform stark macht. Motiv vor allem: Vereinfachung.

1958
17. Dezember: Der internationale ›Arbeitskreis für Rechtschreibregelung‹ unter dem Vorsitz des Münsteraner Germanisten Jost Trier und der Geschäftsführung von Paul Grebe, dem Leiter der *Duden*-Redaktion, übergibt der KMK die »Wiesbadener Empfehlungen«. Nach sehr kontroversen Diskussionen innerhalb des Arbeitskreises empfehlen sie die gemäßigte Kleinschreibung.

1959
10. Januar: In der *Frankfurter Allgemeinen* polemisiert ihr Mitherausgeber Karl Korn wirkungsvoll gegen die »Wiesbadener Empfehlungen«.
6./7. Februar: Die KMK nimmt die Empfehlungen nicht an und lehnt sie nicht ab. Dehnkamp verliert an Einfluss. Gegner der Kleinschreibung sind vor allem die Kultusminister von Bayern (Theodor Maunz) und Baden-Württemberg (Gerhard Storz). Sommer: Auf Betreiben von Kultusminister Gerhard Storz vertagt die KMK die Rechtschreibreform auf unbestimmte Zeit.

1961/62
Die österreichische und die Schweizer Orthographiekommission lehnen die »Wiesbadener Empfehlungen« ab.

1966

Obwohl nicht formell aufgelöst, stellt der ›Arbeitskreis für Rechtschreibregelung‹ nach dem Ausscheren Österreichs de facto seine Arbeit ein.

1973

Frankfurter Kongress »vernünftiger schreiben«, auf dem Vertreter der Gewerkschaft Erziehung und Wissenschaft, des Verbands deutscher Schriftsteller und des P.E.N.-Zentrums Deutschland für die Kleinschreibung von Substantiven plädieren. 50 Prozent der Bevölkerung erklären sich für die Substantivkleinschreibung.

1974

Gründung einer ›Forschungsgruppe Orthographie‹ in der DDR.

1977

Gründung einer ›Kommission für Rechtschreibfragen‹ am Institut für deutsche Sprache (IdS), Mannheim.

1980

Der ›Internationale Arbeitskreis für Rechtschreibreform‹ (IAR) wird gegründet, mit Germanisten aus der Bundesrepublik, der DDR, der Schweiz und Österreich.

1985

Erste Veröffentlichung des ›Internationalen Arbeitskreises für Rechtschreibreform‹: *Die Rechtschreibung des Deutschen und ihre Neuregelung* (Düsseldorf: Schwann).

1987

Kultusministerkonferenz (KMK) und Bundesinnenministerium (BMI) erteilen dem IdS den Auftrag, zusammen mit der Gesellschaft für deutsche Sprache (GfdS) ein neues Regelwerk zu entwerfen. Vorsitzender der zwölfköpfigen Kommission ist der Germanistische Linguist Gerhard Augst (Universität Siegen); ihr gehören auch ein Sprachwissenschaftler aus Österreich und einer aus der Schweiz an.

1988

19. Juli: Drei Monate vor seiner Übergabe macht die *Frankfurter Allgemeine* den (unvollständigen) Reformvorschlag der Recht-

schreibkommission vorzeitig bekannt und löst damit auf der Stelle eine heftige öffentliche Polemik aus, die sich gegen die zahlreichen vorgesehenen neuen Wortschreibungen richtet (»Heimatvertreibung aus der Sprache«). Die vorgeschlagene Reform soll vor allem die Vielzahl der Dehnungsmarkierungen verringern, aber nur ein wenig: durch Beseitigung vieler Doppelvokale (*Al, Har, Stat, Bot, Mor*), aber nicht aller (*Zoo, Meer*), durch Ersetzung von *ai* durch *ei* (*Keiser*), aber nicht in *Kai, Laich, Mai, Saite, Waise*. Das brisanteste Thema bleibt ganz ausgespart, weil eine Einigung von vornherein undenkbar scheint: die Groß- und Kleinschreibung. Tot, ehe sie auch nur förmlich empfohlen werden kann, ist auch die Kleinschreibung der Substantive. Um wenigstens eine Diskussion zu provozieren, gibt die Kommission ihren Empfehlungen zwei Gutachten aus dem Jahre 1982 bei. Das eine stammt von der Gesellschaft für deutsche Sprache und plädiert dafür, die Großschreibung der Substantive mit einigen Modifikationen beizubehalten, in dem anderen plädiert eine internationale Expertenkonferenz für die sogenannte gemäßigte Kleinschreibung; die Empfehlungen *Zur Neuregelung der deutschen Rechtschreibung* lassen erkennen, dass die Rechtschreibkommission selber diesem Gutachten zuneigt. Auch das alarmiert die Kultusminister. Mit der Ablehnung der Vorschläge zur Wortschreibung verwerfen sie von vornherein auch die gemäßigte Kleinschreibung. (»Gemäßigte Kleinschreibung« ist ein Euphemismus. Das einzige Gemäßigte an ihr ist, dass sie sich nicht zu der Absurdität versteigt, die Großbuchstaben ganz abzuschaffen. Aber nur noch Satzanfänge und Eigennamen sollen großgeschrieben werden, alles Übrige klein.)
16. Oktober: Übergabe des Vorschlags an die KMK.
November: Die KMK signalisiert, dass er unannehmbar ist (»nicht realisierbar«).

1989
Veröffentlichung des bereits toten Vorschlags *Zur Neuregelung der deutschen Rechtschreibung* (Düsseldorf: Schwann).

1991
Die 20. Auflage des *Duden* erscheint im wiedervereinten Bibliographischen Institut, Mannheim und Leipzig (»Einheitsduden«).

1992

Vollständiger, international abgestimmter neuer Vorschlag des IAR, anonym publiziert als *Deutsche Rechtschreibung – Vorschläge zu ihrer Neuregelung* (Tübingen: Narr). Von jetzt an kann die geplante Reform öffentlich diskutiert werden.

1993

Januar: Die KMK fordert 43 Verbände zur Stellungnahme auf; Eingang von 24 Gutachten plus vier unangeforderten, alle als Reprodruck veröffentlicht.

Mai: 30 Institute und Organisationen zu einem Hearing in Bonn eingeladen. Hearings auch in der Schweiz und in Österreich. Aufgrund der vorgetragenen Einwände reduziert der IAR seinen einhelligen Vorschlag und versteht sich nunmehr zur Beibehaltung der Substantivgroßschreibung und der Unterscheidungsschreibung *das/daß*.

1994

22. bis 24. November: Bei einer gemeinsamen Sitzung der nationalen Fachkommissionen (»3. Wiener Gespräche«) einigen sich die Experten auf einen Neuregelungsvorschlag. Gegenüber dem Vorschlag von 1992 enthält er erstmals Regeln für Groß/Klein und Getrennt/Zusammen, die durch die Beibehaltung der Substantivgroßschreibung nötig geworden waren.

Dezember: Der Inhalt wird dargestellt unter anderem in einer Extraausgabe des *Sprachreport*, den *Informationen zur neuen deutschen Rechtschreibung* (Mannheim: Dudenverlag) und diversen anderen Broschüren.

1995

Juni: Vollständige Veröffentlichung *Deutsche Rechtschreibung – Regeln und Wörterverzeichnis. Vorlage für die amtliche Regelung* (Tübingen: Narr).

August: Späte Einwände des bayerischen Kultusministers Hans Zehetmair gegen einige Fremdwortschreibungen, den *heiligen Vater* und die *letzte Ölung*, die durch eine Amtschefkonferenz Berücksichtigung finden: 45 eingedeutschte Schreibvarianten werden gestrichen, der *Heilige Vater* wird wieder großgeschrieben.

1. Dezember: Unter der Voraussetzung, dass die Ministerpräsidenten, der Bund und die anderen deutschsprachigen Staaten zustimmen, beschließt die KMK, die Neuregelung an den Schu-

len zum 1. August 1998 mit einer Übergangsphase bis 2004 (später verlängert bis 1. August 2005) einzuführen.

1996
Billigung durch Bundeskabinett, Ministerpräsidenten und Bundesinnenminister.
Juni: Das Bundesverfassungsgericht lässt eine Verfassungsbeschwerde des Jenenser Staatsrechtlers Rolf Gröschner nicht zu.
1. Juli: Neun Staaten stimmen der Neuregelung durch die »Wiener Absichtserklärung« zu; sofortige Veröffentlichung einer Zusammenfassung in einer Extraausgabe des *Sprachreport*. (Insgesamt wurden dessen Resümees seit Ende 1994 etwa zehn Millionen Mal verbreitet.)
Sommer: Die ersten beiden Rechtschreibwörterbücher in der neuen Orthographie (*Duden* 21. Auflage und *Bertelsmann*), die die neuen Regeln an einigen Punkten unterschiedlich auslegen.
Oktober: Die Absichtserklärung wird im *Bundesanzeiger* veröffentlicht. Kurz darauf das Buch *Deutsche Rechtschreibung – Regeln und Wörterverzeichnis* (Tübingen: Narr). Die ersten Bundesländer führen die Neuregelung in den Grundklassen ein.
Oktober: Während der Buchmesse beginnt die öffentliche Polemik gegen die Rechtschreibreform durch die von zahlreichen Autoren mitunterzeichnete »Frankfurter Erklärung« des Weilheimer Studiendirektors Friedrich Denk.

1997
25. März: Die im Vertrag von 1996 vorgesehene ›Zwischenstaatliche Kommission für deutsche Rechtschreibung‹ nimmt ihre Arbeit auf. Sie hat zwölf Mitglieder (sechs aus Deutschland, je drei aus Österreich und der Schweiz); Vorsitzender ist Gerhard Augst (Universität Siegen), Stellvertreter Karl Blüml (Wien), Geschäftsführer Klaus Heller (IdS Mannheim); seit März 2003 hat Karl Blüml den Vorsitz. Sie soll Umsetzung und Akzeptanz der Reform beobachten und, wenn sich einzelne Regelungen nicht bewähren, der KMK Änderungsvorschläge machen.
Verwaltungs- und Oberverwaltungsgerichte werden angerufen, um festzustellen, ob die Art und Weise der Einführung der Neuregelung durch Erlass rechtmäßig war; die meisten entscheiden pro.
Während praktisch alle Lernanfänger in Deutschland (vorzeitig) nach den neuen Regeln unterrichtet werden, setzt Nieder-

sachsen nach einer negativen Entscheidung des Oberverwaltungsgerichts Lüneburg am 20. Oktober die Reform vorläufig wieder aus.

1998

Januar: Die ›Zwischenstaatliche Rechtschreibkommission‹ liefert der KMK ihren ersten Bericht. Er sucht der heftigen inhaltlichen Kritik, etwa durch den Erlanger Sprachdidaktiker Theodor Ickler, Rechnung zu tragen, indem er vorschlägt, das beschlossene Regelwerk an einigen Stellen zu modifizieren, vor allem bei der Zusammenschreibung von Verbverbindungen (für die außer formalgrammatischen Kriterien auch die Betonung maßgebend sein soll). Die KMK legt diese Reform der Reform zu den Akten.

14. Juni: Der Erste Senat des Bundesverfassungsgerichts (Vorsitzender Hans-Jürgen Papier) weist die Verfassungsbeschwerde eines Lübecker Elternpaars ab: Die Neuregelung greife nicht in Grundrechte ein, die Art ihrer Einführung durch Ministerialerlasse sei rechtmäßig gewesen, einer Einschaltung der Landesparlamente habe es nicht bedurft. Mit dieser Entscheidung sind die noch schwebenden Gerichtsverfahren praktisch erledigt.

27. September: Schleswig-Holstein schert durch einen Volksentscheid aus der Rechtschreibreform aus.

Oktober: Der Dudenverlag veröffentlicht das *Praxiswörterbuch zur neuen Rechtschreibung*, das die »mechanische« Worttrennung sowie einige Getrenntschreibungen des *Duden* 1996 wieder zurücknimmt.

1999

1. August: Die deutschsprachigen Nachrichtenagenturen wechseln (mit leichten Modifikationen) zur neuen Rechtschreibung und schaffen damit die Grundlage dafür, dass ein Großteil der deutschen Presse sie zum gleichen Datum einführt.

17. September: Der Kieler Landtag macht das Ergebnis des Volksentscheids von 1998 einstimmig rückgängig, sodass nun auch in den Schulen Schleswig-Holsteins die Rechtschreibreform gilt.

2000

Anfang: Die ›Zwischenstaatliche Rechtschreibkommission‹ erstattet der KMK ihren zweiten Bericht; er fällt knapp aus und enthält keine Änderungsvorschläge.

1. August: Die *Frankfurter Allgemeine* schreibt wieder auf alte Weise und ruft auf zur Rücknahme der Reform.

2002
Anfang: Die ›Zwischenstaatliche Rechtschreibkommission‹ erstattet der KMK ihren dritten Bericht; er befasst sich ausführlich mit der Akzeptanz der Reform und meldet, sie habe sich in den Schulen und der Presse recht gut durchgesetzt, bei den Nichtschulbuchverlagen und im Privatgebrauch aber nur teilweise.

2003
Veröffentlichung eines konkreten Vorschlags zur Reform der Reform durch die Deutsche Akademie für Sprache und Dichtung, Darmstadt. Verfasser ist der Potsdamer Germanist Peter Eisenberg. Titel: *Zur Reform der deutschen Rechtschreibung – Ein Kompromißvorschlag* (Göttingen: Wallstein).
Dezember: Die ›Zwischenstaatliche Rechtschreibkommission‹ erstattet der KMK ihren vierten und letzten Bericht. Er macht und begründet zahlreiche Änderungsvorschläge (ergänzt durch ein im Mai 2004 nachgereichtes Addendum), vorwiegend wieder im Bereich der Getrennt-/Zusammenschreibung.

2004
4. Juni: Die Kultusministerkonferenz nimmt den Bericht und das Addendum an, beschließt, die Übergangsphase an den Schulen wie geplant am 1. August 2005 enden zu lassen, die Schulorthographie zu diesem Zeitpunkt verbindlich zu machen und bis Mitte Oktober 2004 den (schon 2001 berufenen, von diversen Verbänden beschickten, aber im Dunkeln gebliebenen) ›Rat für deutsche Rechtschreibung‹ zu aktivieren, der künftig den Schriftgebrauch beobachten und ihr nach fünf Jahren Bericht erstatten soll. Durch die vorgesehenen Änderungen sollen keine der bisherigen Neuschreibungen falsch werden, sodass die Schul- und Wörterbücher nicht ausgetauscht werden müssen.
13. Juni: Der niedersächsische Ministerpräsident Christian Wulff (CDU) gibt den Startschuss zu einer neuen Kampagne der Reformgegner, indem er in einem Interview mit *Bild am Sonntag* zur Rücknahme der Reform auffordert: »Deutschland sollte bis auf wenige Ausnahmen zur alten Rechtschreibung zurückkehren und einen Schlussstrich unter diese unselige Diskussion ziehen ... Lieber ein Ende mit Schrecken als ein Schrecken ohne

Ende ... Die Reform ist der Arroganz vermeintlicher Experten und der zuständigen Gremien geschuldet. Nie wurde beachtet, dass Sprache gewachsenes Kulturgut und dem Zugriff der Politik in hohem Maße entzogen ist.«

Juni/Juli: Die Ministerpräsidenten Wolfgang Böhmer (Sachsen-Anhalt), Peter Müller (Saarland) und Edmund Stoiber (Bayern) schließen sich Wulffs Forderung an. Da am Anfang eines Rücknahmeprozesses ein einstimmiges Votum aller sechzehn Ministerpräsidenten stehen müsste, setzt Stoiber das Thema auf die Tagesordnung der Ministerpräsidentenkonferenz im Oktober.

6. August: *Der Spiegel*, die Zeitungen des Springer-Verlags geben mit großer Fanfare und die *Süddeutsche Zeitung* halbherzig bekannt, dass sie selber demnächst zur alten Orthographie zurückkehren werden und die Rücknahme der »gescheiterten« Reform verlangen.

28. August: Die 23. Auflage des Rechtschreib-*Duden* erscheint, mit 125.000 Stichwörtern »der umfangreichste Duden, den es je gab«; die im vierten Bericht der ›Zwischenstaatlichen Rechtschreibkommission‹ vorgeschlagenen Modifikationen sind als Varianten eingearbeitet.

28. August bis 6. September: Allensbach-Umfrage über die Akzeptanz der Rechtschreibreform in der Bevölkerung. Dagegen sind 60 Prozent, dafür 11 Prozent, gleichgültig 29 Prozent. 19 Prozent geben an, sie hätten ihre eigene Schreibweise umgestellt, 8 Prozent wollen sie noch umstellen, 68 Prozent sehen dafür keinen Grund. Die Zahlen sind wahrscheinlich ein Reflex der Medienkampagne von Anfang August. Im April 2004 sahen sie folgendermaßen aus: dagegen 49 Prozent, dafür 13 Prozent, gleichgültig 38 Prozent; »habe mich umgestellt« 30 Prozent, »will mich künftig umstellen« 8 Prozent, »sehe für eine Umstellung keinen Grund« 55 Prozent.

24. September: Eine »Abfrage« bei den Ministerpräsidenten ergibt, dass nur Niedersachsen und das Saarland eine Rücknahme der Reform unterstützen würden.– Der niedersächsische Ministerpräsident kündigt den Austritt seines Landes aus der KMK an.

6. Oktober: Etwa hundert Schriftsteller, darunter Hans Magnus Enzensberger, Günter Graß, Elfriede Jelinek, Martin Walser, unterschreiben während der Buchmesse einen »Frankfurter Appell«, der die sofortige Rücknahme der Reform fordert.

7./8. Oktober: Die Ministerpräsidenten lehnen eine Rücknahme der Reform mehrheitlich ab, empfehlen aber Detailkorrekturen und eine »Weiterentwicklung« durch den neu zu berufenden ›Rat für deutsche Rechtschreibung‹ bis zum Sommer 2005. Der Rat soll ein »plurales Spektrum einbinden« (KMK-Präsidentin Doris Ahnen). Die Darmstädter Akademie für Sprache und Dichtung und das P.E.N.-Zentrum Deutschland erklären, dass sie nicht mitwirken werden.

2. Dezember: Im Bundestag wird unter allseits sehr schwacher Beteiligung ein Antrag aus den Reihen von CDU/CSU und FDP abgelehnt, die Reform für »gescheitert« zu erklären, weil sie ihre Hauptziele (»eine einheitliche Rechtschreibung im deutschen Sprachraum und mehr Klarheit bei den Regeln«) verfehlt habe, und ihre Rücknahme zu fordern.

17. Dezember: In Mannheim konstituiert sich der ›Rat für deutsche Rechtschreibung‹. Laut KMK hat er »die Aufgabe, die Einheitlichkeit der Rechtschreibung im deutschen Sprachraum zu bewahren. Er wird die Entwicklung der Schreibpraxis beobachten und die Rechtschreibung auf der Grundlage des orthographischen Regelwerks im notwendigen Umfang weiterentwickeln.« Der Rat hat 36 von Institutionen und Verbänden entsandte Mitglieder (18 aus Deutschland, je 9 aus Österreich und der Schweiz). Zum Vorsitzenden wählt er, wie von der KMK gewünscht, den ehemaligen bayerischen Kultusminister Hans Zehetmair. Dieser kündigt an, dass der Rat sich vordringlich mit Korrekturen auf den Gebieten Getrennt- und Zusammenschreibung, Fremdwortschreibung und Zeichensetzung befassen solle, es ein Zurück zur alten Schreibung jedoch nicht geben werde.

DENKEN & SPRECHEN

Gustave Flaubert ist für manches berühmt: für seine *Madame Bovary*, die ein Skandalroman war, bevor sie zum Klassiker wurde, für einen ausgestopften Papagei – und für das Mot juste. Kaum einer, der je über Flaubert geschrieben hat, vergaß es zu erwähnen: dass sein Leben ein unausgesetzter Kampf, ein ständiges Ringen um das Mot juste war. Generationen von Schriftstellern haben es in seinem Gefolge als eine ihrer wichtigsten Aufgaben angesehen, dem Mot juste nachzustellen, so als verberge sich hinter *le mot juste* viel mehr als schlicht »das richtige Wort«.

Aber ist es denn nicht eine Selbstverständlichkeit, dass ein Schriftsteller um die richtigen Wörter bemüht ist? Was ist das überhaupt, ein richtiges Wort? Kann ein Wort richtiger oder falscher sein als ein anderes? Woran erkennt man es?

Flaubert gab selber darauf keine erschöpfende und befriedigende Antwort. Er machte nur ein paar Andeutungen, und die waren missverständlich. An seine Freundin George Sand schrieb er:

> Die Bemühung um die äußere Schönheit, die Sie mir vorwerfen, ist für mich eine Methode. Wenn ich in einem meiner Sätze eine schlechte Assonanz oder eine Wiederholung finde, bin ich sicher, dass ich im Falschen herumplansche. Durch Suchen findet man den zutreffenden Ausdruck, der der einzig richtige und der gleichzeitig harmonisch ist.[1]

Ein andermal:

> [Es] besteht eine notwendige Beziehung zwischen dem zutreffenden Wort (*le mot juste*) und dem musikalischen Wort (*le mot musical*).[2]

Das Mot juste – beide Bemerkungen lassen sich so verstehen, als sei das richtige Wort für ihn nichts anderes als das wohlklingende Wort gewesen. Wenn ihm aber an nichts als Wohllaut gelegen gewesen wäre, dann hätte er so klangvolle wie sinnarme Gedichte geschrieben, in der Art seines Zeitgenossen Edgar Allan Poe (»*To the tintinnabulation that so musically wells / From the bells, bells, bells, / … / From the jingling and the tinkling of the bells*«), und nicht die *Madame Bovary*, die zum Prototyp des realistischen Romans wurde. Meinte er also etwas anderes und hätte dafür nur das Mot juste nicht gefunden? Er hatte mit jenen verstreuten Bemerkungen ja keine systematische Theorie des Ausdrucks verfasst, sondern nur Freundinnen ein paar aperçuhafte Gedanken zu seiner Arbeit mitgeteilt.

Für eine andere Freundin variierte er den Gedanken einmal so, dass deutlicher wurde, was er meinte:

> Je schöner eine Idee, desto klingender der Satz, seien Sie dessen gewiss. Die Genauigkeit des Gedankens bewirkt (und ist sogar selbst) die des Wortes.[3]

Da war der schöne Klang also nur ein notwendiges Nebenergebnis des genauen Denkens. Offenbar schien ihm ein Wort umso besser zu klingen, je genauer es seinen Gedanken wiedergab – das Gehör als eine Art intuitive Kontrollinstanz, die prüfte, ob eine Formulierung den Gedanken richtig getroffen hatte. Hatte sie es, so hörte Flaubert sie offenbar als eine Art Musik.

Nach Jahrzehnten, in denen es Schriftstellern wie Lesern vor allem auf sozialphilosophische Botschaften, politische Gebrauchsanweisungen und authentische Selbstzeugnisse ankam, droht in Vergessenheit zu geraten, dass Literatur eine Kunst zu sein hätte, nämlich eine Kunst der Sprache, selbst jene Literatur, die weltliche – weltanschauliche, moralische, politische – Zwecke verfolgt. Von Zeit zu Zeit muss an etwas Selbstverständliches erinnert werden: dass nicht nur nicht alle gleich gut denken, sondern auch mit der Sprache nicht gleich gut umzugehen wissen. Dass sich alles richtiger und falscher, besser und schlechter ausdrücken lässt. Dass es nur wenigen gegeben ist, auf nachvollziehbare Weise etwas zu sagen, was noch niemand gesagt hat. Dass es weite Gedankenräume gibt, die sich mit den gestanzten Standardformeln unserer öffentlichen Redeweise nicht erfassen lassen. Dass manches sich gar nicht direkt sagen lässt, sondern nur indirekt suggeriert werden kann, weil die Begriffe zu grob sind für unser unendlich feines Gedankengewebe. Dass wir als Leser für den virtuosen Ausdruck selbst dort empfänglich sind, wo wir ihn nicht bewusst wahrnehmen und meinen, uns allein für den Stoff, die Information oder das gedankliche Fazit zu interessieren.

Allein auf Sprache reduzieren lässt sich die sogenannte Schöne Literatur dennoch nicht. Das Vexierende war schon immer, dass sich die »Form« nicht vom »Inhalt«, Struktur und Sprache nicht sauber vom Gedanken abheben lassen. Es gibt keinen Inhalt ohne Form und keine Form ohne Inhalt; der Inhalt wird zu einem Aspekt der Form, wie die Form ein Aspekt des Inhalts ist. Beides bildet eine unauflösbare Einheit. Wenn wir von der Sprache eines Werkes reden, reden wir auch von seinem Inhalt; sein Inhalt erreicht uns nur als Sprache. Das zutreffende Wort setzt den genauen Gedanken voraus. Es ist seine materielle Gestalt. Es macht ihn sichtbar.

Mit seinem Roman *1984* hat George Orwell den Lesern seinerzeit effektvoll Angst gemacht – Angst vor dem totalen Polizeistaat, der bis in die Köpfe der Untertanen hinein regiert. Noch totaler als die totalitären Regimes, die er bis zur Jahrhundertmitte selber zu beobachten Gelegenheit hatte, ist sein erfundener Zukunftsstaat Ozeanien vor allem darum, weil er die Sprache vollständig in Beschlag genommen hat. Die Sprachregelung wurde in Ozeanien auf die Spitze getrieben. Es gibt in diesem durch und durch dystopischen Land nur noch ein rigoros genormtes Vokabular. Bestimmte Wörter sind verboten (etwa *Gerechtigkeit*), andere wurden neu eingeführt (*Gutdenk*), noch andere wurden umgedeutet (*frei*).

> Neusprech sollte nicht nur ein Ausdrucksmittel für die den Anhängern des Engsoz gemäße Weltanschauung und Geisteshaltung bereitstellen, sondern auch alle anderen Denkweisen unmöglich machen. Es war geplant, dass … ein von den Prinzipien des Engsoz abweichender Gedanke buchstäblich undenkbar sein sollte, insoweit wenigstens, als Denken an Worte gebunden ist.[4]

So werden in Ozeanien etwaige kritische Gedanken im Keim erstickt. Wenn es keine Wörter mehr für sie gibt, lautet Orwells Argument, lassen sie sich auch nicht mehr denken. Der Staat hat das Denken restlos usurpiert.

Könnte dergleichen wirklich geschehen? Lässt sich nicht denken, wofür es keine Wörter gibt? Ist das Denken tatsächlich »an Worte gebunden«? Sind Sprache und Denken eins? Immerhin ist Orwells Utopie nicht wahr geworden, obwohl es seitdem nicht an Regimes gefehlt hat, die die totale Kontrolle über das Denken ihrer Untertanen beanspruchten.

Zu ihrer Zeit, kurz nach dem Zweiten Weltkrieg, schien Orwells hypothetische Sprachtheorie jedenfalls gar nicht abwegig. James B. Watson, der Begründer des Behaviorismus, der psychologischen Schule, die das zwanzigste Jahrhundert jahrzehntelang dominierte, vertrat die Identitätshypothese tatsächlich in vollem Ernst. Der Behaviorismus war eine Psychologie, die ohne Psyche auskommen wollte; für sie gab es nur, was sich beobachten lässt, äußeres Verhalten, und das war immer erlernt. »Geist«, »Bewusstsein«, »Seele« hielt sie für prinzipiell unerkennbar und wissenschaftsunwürdig. Für Watson war Denken nichts anderes als ein stummes inneres Sprechen, eine unhörbare Bewegung des Artikulationsapparats also – »in seinen Anfängen doch ein sehr einfacher Typ von Verhalten«, schrieb Watson. »Es ist eine manipulative Gewohnheit. Im Halse, hinter dem ›Adamsapfel‹, besitzen wir ein kleines Instrument, den Kehlkopf … Bei der Sprache haben wir die unerlernten vokalen Laute des Kindes von Geburt an, wie ›a, u, nah, wah, wuh‹« – und auf deren Grundlage werde Schritt für Schritt das Lautrepertoire erweitert und so das Sprechen gelernt. »Der Behaviorist vertritt die Ansicht, dass das, was die Psychologen bisher Gedanken nannten, nichts anderes ist als ein Zu-sich-selbst-Sprechen.«[5] Altmodische Begriffe wie ›denken‹ seien also überflüssig. Wir hätten nur gelernt, unsere Sprechwerkzeuge so zu bewegen, dass sie Wörter und Sätze bilden.

Im nachhinein liest es sich merkwürdig, in welche lebensfremden und vernunftwidrigen Ideenfluchten sich eine Psychoschule einer vorgefassten Theorie zuliebe verrennen kann. Die geringste Introspektion hätte Watson und auch den späteren Behavioristen klar gemacht, dass sie mit ihrer Sprachpsychologie völlig danebenlagen. Den Philosophen Herbert Feigl veranlasste sie zu der bissigen Bemerkung: Herr Watson habe mit seinem Kehlkopf beschlossen, dass er keinen Geist habe.

Wir meinen, wenigstens über uns selbst Bescheid zu wissen, aber wenn wir in uns hineinschauen, um den Zusammenhang zwischen unserem Denken und unserem Sprechen zu erkunden, erfasst uns ein Schwindel. Dass wir manchmal nicht das sagen, was wir denken, wissen wir genau. Dass wir manchmal etwas sagen, was wir nicht gedacht haben, glauben wir eigentlich nicht – höchstens aus Versehen. Aber dass wir das, was wir sagen, auch gedacht haben, ist nur eine banale Selbstverständlichkeit. Die interessante Frage ist, wie wir das denken, was wir dann sagen oder nicht sagen. Denken wir es in seiner sprachlichen Form? In anderer Form? In welcher? Dieses Geheimnis lüftet uns leider keine Introspektion. Sie ist nicht geeignet, einen Keil zwischen Denken und Sprechen zu treiben, sodass man in dem Spalt der Natur ihres Zusammenhangs ansichtig werden könnte. Aber vor groben Irrtümern bewahren immerhin kann sie.

Der Philosoph Ludwig Wittgenstein hat wie wenige versucht, diesem introspektiven Schwindel standzuhalten und in jener Dämmerzone etwas Gesichertes zu erkennen. Immer wieder nimmt er einen neuen Anlauf. Einmal beginnt er einigermaßen zuversichtlich: »›Kann man denken, ohne zu reden?‹ – Und was ist *Denken*? – Nun, denkst du nie? Kannst du dich nicht beobachten und sehen, was da vorgeht? Das sollte doch einfach sein. Du musst ja darauf nicht, wie auf ein astronomisches Ereignis warten und dann etwa in Eile deine Beobachtung machen.« Dann zeigt er, Paragraph um Paragraph, Notiz um Notiz, wie wenig einfach es ist. »Wenn ich sage, ich habe gedacht, – muss ich da immer recht haben? – Was für eine *Art* des Irrtums gibt es da? … Wenn jemand, im Verlauf eines Gedankengangs, eine Messung ausführt: hat er das Denken unterbrochen, wenn er nicht zu sich selbst spricht? …«[6] Wer wie er beginnt, darüber nachzudenken, was wir mit unseren Begriffen ›denken‹, ›bedeuten‹, ›verstehen‹ eigentlich meinen, begibt sich in sumpfiges Terrain. Dieser Teil von Wittgensteins Philosophieren war der nimmermüde Versuch, sich daraus zu befreien und etwas Festes zu greifen, an das man sich halten könnte.

Einige frühe Äußerungen Wittgensteins lassen den Schluss zu, dass er nur der sprachlichen Kognition den Rang des ›Denkens‹ zubilligte, auch wenn er niemals verkannte, dass das Gehirn bei etlichen seiner Tätigkeiten ohne Sprache auskommt. »Wenn ich in der Sprache denke, so schweben mir nicht neben dem sprachlichen Ausdruck noch ›Bedeutungen‹ vor; sondern die Sprache selbst ist das Vehikel meines Denkens.«[7] »*Die Grenzen meiner Sprache* bedeuten die Grenzen meiner Welt.«[8] Leider wäre dies jedoch nur eine Scheinlösung des Problems gewesen, ob es hinter dem Sprechen ein irgendwie anders beschaffenes Denken gebe, ein Ausweg von der Art, die wir gern »nur semantisch« nennen: Wenn wir beschließen, allein sprachliches Denken als Denken zu bezeichnen, können Sprache und Denken von vornherein niemals zweierlei sein. Sie erhielten dann gar keine Chance, sich als zweierlei zu erweisen.

Wer seinen anfänglichen introspektiven Schwindel überwindet und genauer in sich hineinhört, kommt mühelos darauf, dass die behavioristische Gleichung »Sprechen gleich Denken gleich Sprechen« gar nicht richtig sein kann, dass die Identitätshypothese falsch sein muss.

Jemand geht auf eine niedrige Tür zu. Was tut er, um sich nicht den Kopf zu stoßen? Er vergleicht den Anblick vor seinen Augen mit etwas Abstrakterem, der Vorstellung seiner eigenen Körpergröße (die er in diesem Moment nicht vor den Augen hat), zieht einen Schluss daraus und erteilt seinen Muskeln einen Befehl: Er bückt sich. Verdient, was er tut, nicht die Bezeichnung ›denken‹? Würde es zum Denken erst, wenn er sich »Ich passe da nicht durch und muss mich bücken« zuflüsterte? Und wenn er es tatsächlich sagte (zuweilen denkt man ja tatsächlich in inneren Monologen): Wäre der Gedanke mit dem Satz entstanden, oder wäre er ihm vorhergegangen? Sprache ist in solchen Situationen normalerweise jedenfalls nicht im Spiel. Auch sprachlose Tiere hätten sich gebückt.

Oder scheint diese Art der Gehirntätigkeit dem, was man gemeinhin ›denken‹ nennt, zu fern? Also nehme man einen sprachnäheren Fall. Man berichtet von einer Reise, und plötzlich stockt der Erzählfluss. »Old Faithful, das ist dieser … na … wie heißt das doch … so eine Fontäne … äh … gleich hab ich's …« Man weiß genau, man kennt das Wort, ahnt vielleicht sogar seine Umrisse (seinen Anfangslaut, seine Silbenzahl, seine Betonung, seine Vokale), aber ärgerlicherweise fällt es einem gerade jetzt, da man es endlich einmal brauchte, nicht ein, sondern erst viel später, wenn man gar nicht mehr danach sucht. Hat man *Geysir* gedacht, als das Wort wegblieb? Eben nicht. Was hat man dann gedacht? Tatsächlich meinen die Sprachwissenschaftler, die sich mit dem leidigen *tip-of-the-tongue phenomenon* (*TOT*), dem Zungenphänomenen (»Es liegt mir auf der Zunge …«) befasst haben, dass man durchaus *Geysir* gedacht hat, den reinen Begriff, nur war die Verbindung zwischen den semantischen und den zugeordneten phonologischen Neuronenverbänden weiter vorn im Gehirn infolge seltener Benutzung geschwächt. (Was nebenbei bedeutet, dass sich dieser Art von Gedächtnisausfall durch fortgesetztes Üben entgegenwirken lassen müsste.) Eigentlich aber hatte man den Begriff in seinem semantischen Repertoire, man hatte ihn darum auch gedacht, und dass sich die zugehörige Lautform einmal nicht so prompt wie üblich eingestellt hat, beweist noch nicht, dass es ein sprachloses Denken gibt.

Aber was, wenn der Begriff tatsächlich fehlt? Man steht auf der Leiter, um etwas im Haushalt zu reparieren, braucht ein bestimmtes Werkzeug und möchte seinem Mitreparateur zurufen, einem das … ja, was heraufzureichen? Wie heißt es bloß? Man weiß, dass es zu einer Klasse gleichartiger Werkzeuge gehört, man könnte es beschreiben, man könnte es zeichnen, man könnte aufzählen, wozu es dient, kurz, man könnte es nach Aussehen, Material, Gewicht und Funktion zutreffend definieren. Aber da man kein chronischer Heimwerker ist, kennt man das Wort ›Beitel‹ nicht, hat es nie gehört, nie gebraucht. Ohne Hilfe der Sprache hat sich das Gehirn anscheinend etwas gebildet, das der Bedeutung ›Beitel‹ entspricht. Man kann damit geistig hantieren, man kann es sogar in Aussagen einfügen, etwa: »Ich möchte (?) haben« oder mit einem Jokerwort: »Ich möchte das Dingsda haben« oder »Reich mir das Teil da«. Als Begriff kann man das fehlende Stück nicht gut bezeichnen, solange das Wort dafür fehlt. Es ist das, was die Sprachwissenschaft heute ein ›Konzept‹ nennt: sozusagen ein potenzieller Begriff, eine im Augenblick noch namenlose Denkeinheit. Wenn wir denken, manipulieren wir auch unbenannte Konzepte, kombinieren, vergleichen, verschieben sie.

Howard Gardner hat in seinem Buch über die verkannten »multiplen Intelligenzen«[9] der Menschheit anschaulich beschrieben, wie Angehörige des Südseevolks der Puluwat auf den Karolinen im Kanu auf ihrem gefährlichen Meer von Insel zu Insel navigieren, ständig die wechselnden Kräfte des Winds, der Wellen und der Strömung einkalkulieren, die Fahreigenschaften ihrer Boote, Sonnenstand, Sternenhimmel und Wasserfärbung in die Rechnung aufnehmen, Untiefen und Riffen ausweichen und am Ende sicher ihr zunächst unsichtbares Ziel erreichen. Es ist ein höchst komplexer, in seinem Zweck durch und durch praktischer, aber dennoch abstrakter Denkprozess, der sich nur mit beträchtlichem Aufwand mathematisieren und algorithmisieren ließe. Die Sprache benötigen sie dafür nicht. Auch hoch spezialisierte Zugvögel navigieren, einige genialer, als der Mensch es könnte – die Küstenseeschwalbe gelangt jedes Frühjahr von den Gewässern der Antarktis pünktlich und punktgenau an ihren angestammten Nistplatz an der Küste Norwegens.

Auch ein anderes Experiment kann man leicht selber machen. Des öfteren begegnen einem offenbar verunglückte Sätze. Man spürt, was der Sprecher sagen wollte, aber wirklich gesagt hat er etwas anderes. »Ich übernehme keine Garantieansprüche«, warnt ein Verkäufer im Internet. Er wollte wohl sagen: Ich übernehme keine Garantie und werde etwaige Ansprüche zurückweisen. »Versicherter Versandwunsch auf Anfrage möglich«, fügt er hinzu. Sagen wollte er gewiss nicht, dass der Wunsch möglich sei, sondern seine Erfüllung: »Versicherter Versand auf Wunsch möglich.« Er hat nicht gegen die Grammatik verstoßen, er hat nicht aus Versehen ein paar Wörter verwechselt (solche Fehler korrigieren wir meist ohne Schwierigkeit); er hat seine Sätze logisch falsch konstruiert, vermutlich weil er meinte, bei dem Anlass alles umständlicher ausdrücken zu müssen als gewohnt. Es stört uns in diesem Fall nicht weiter; wir lesen über die logischen Fehler hinweg, weil wir die Gedanken kennen, sie an genau dieser Stelle schon hundertmal angetroffen haben und sie geradezu erwarten; da reicht uns ihre bloße Andeutung. Wissen wir aber nicht schon vorher Bescheid, so stellen uns selbst leichteste syntaktische oder lexikalische Fehlgriffe vor Rätsel. »Du kannst dich gern bei mir melden ich komme auch nicht weit weg von Bamberg«, teilt eine Schreiberin im Internet mit. Kommt sie nicht weit aus Bamberg heraus? Kommt sie aus einem Ort, der nicht weit weg von Bamberg liegt? »Nicht wir sind es die nicht wirtschaften können und werden dafür noch diskriminiert«, schreibt ein anderer. Was mag er meinen? Haben diese Schreiber falsch gedacht? Wahrscheinlich nicht. Wenn wir versuchen, sie zu verstehen, ihre Gedanken nachzuvollziehen, so erraten wir sie oft richtig und könnten ihre Sätze selber entsprechend zurechtrücken. Aber auf dem Weg in die Sprache haben sich ihre Gedanken verheddert; im Medium Sprache haben sie sich nicht präzisiert, sondern verunklart. Wären Gedachtes und Gesagtes identisch, so könnten wir immer nur genau das nachvollziehen, was die Schreiber gesagt haben – und sie niemals verstehen.

Übersetzer, die sich bei der Arbeit je selber über die Schulter blicken, verstehen gar nicht, wie man überhaupt fragen kann, ob Sprache und Denken zweierlei sind. Die Trennung von Sprache und Denken ist ihr Metier. Wort-für-Wort-Übersetzungen verraten den Dilettanten und sind umso weniger möglich, je fremder die Sprachen einander sind. Professionelle Übersetzer verstehen sich darauf, einem Satz um den andern sozusagen die Originalsprache abzuziehen, seine reine Bedeutung zu erfassen, sie also zu denken, und für sie in der Zielsprache neue Wörter, neue Redensarten, oft auch neue grammatische Konstruktionen zu finden.

Wer je in der Lage war, einen eigenen Text in zwei Sprachen formulieren zu müssen, wird beobachtet haben, dass er sich dabei größere Freiheiten nahm, als sie einem Übersetzer erlaubt wären. Er übersetzt sich nicht eigentlich, er paraphrasiert sich in einer zweiten Sprache. Wer übersetzen will, stößt dauernd auf Begriffe, für die es in der anderen Sprache keine genauen Entsprechungen gibt (*serendipity, cool; Schadenfreude, wacker*). Was tut man an so einer Stelle? Es gibt drei Möglichkeiten: Man erklärt den Begriff, was meist Umstände macht und pedantisch wirkt; man setzt kurzerhand das Wort der anderen Sprache ein, als Fremdwort; oder man nimmt das nächstbeste Wort, das heißt eines, das den Sinn zwar weniger genau trifft als das ursprüngliche, aber ebenso geläufig ist. In der Regel geht man den Weg des geringsten Widerstands: Man sagt oder schreibt, was sich in der anderen Sprache ebenso leicht und mühelos denken lässt wie in der ersten. Die Summe solcher Entscheidungen führt dazu, dass die Gedankenfolge zwar im Kern erhalten bleibt, die beiden Fassungen sich aber nicht nur sprachlich, sondern zumindest in Nuancen auch gedanklich unterscheiden.

Interessante Beobachtungen lassen sich auch machen, wenn man selber einen eigenen Text in eine fremde Sprache übersetzt hat, die einem geläufig, aber eben nicht die Muttersprache ist, und dann zu sehen bekommt, wie ein im Übersetzen erfahrener Muttersprachler den gleichen Text übersetzt. Manches Wort, manche Wendung werden ganz anders ausgefallen sein als in der eigenen Übersetzung. Meine eigenen Worte bedeuteten laut Lexikon zwar meist genau das Gleiche – aber an dieser Stelle, in diesem Zusammenhang verwendet man in der Zielsprache offenbar andere. Aha, denkt man sich, so sagt man das also eigentlich! Müsste man sich merken! Es werden auch einige Nuancen der eigenen Gedanken, die man selber zu übersetzen versucht hatte, ganz und gar unter den Tisch gefallen sein – entweder hat der fremde Übersetzer sie gar nicht bemerkt, konnte sie vielleicht gar nicht bemerken, weil er sie nicht zu denken gewohnt ist, oder ihre Erhaltung hätte zu umständlichen Umschreibungen geführt, die die Stelle zu pedantisch gemacht hätten. Aha, denkt man weiter, diese Nuance war also für den Gedanken gar nicht nötig, der Gedanke ist auch ohne sie richtig wiedergegeben, und die neu hinzugekommenen fremden Nuancen sind genauso gut, vielleicht sogar besser.

Den vorsprachlichen Ursprungsgedanken scheint also eine gewisse Verschwommenheit eigen gewesen zu sein; er hat beide sprachlichen Realisierungen umfasst, beide waren daraus ableitbar. Seine »eigentliche« Gestalt nahm er erst an, als er in einer bestimmten Sprache formuliert wurde. Also präzisiert die Sprache das Gedachte, und jede tut es auf ihre Weise. Die Mittel, die einem eine konkrete Einzelsprache zur Verfügung stellt, scheinen zu kanalisieren, was genau man denkt. Woraus auch der Verdacht folgt, der Übersetzern eine Gewissheit ist: dass ein bestimmter Gedanke sich nicht in allen Sprachen gleich denken lässt, auch nicht gleich leicht oder schwer.

Der Schriftsteller Vladimir Nabokov war ein extrem sprachbewusster Autor. Er war zweisprachig aufgewachsen, mit Russisch und Englisch, und die Wechselfälle der Geschichte (Revolution, Emigration) hatten es mit sich gebracht, dass er achtzehn Jahre lang russische Prosa und Poesie schrieb und siebenunddreißig Jahre lang englische. Einige seiner russischen Bücher übersetzte er selber ins Englische und einige englische ins Russische. Wenn einer berufen war, über die unterschiedliche Leistungskraft zweier Sprachen nachzudenken, dann er. Es ist bekannt, dass ihm der Abschied vom Russischen schwer fiel und er sein Englisch, zumindest anfangs, für zweitklassig hielt. Aber das war nicht die ganze Wahrheit. Später wog er nüchtern ab:

> Was die schiere Zahl der Wörter angeht, so ist Englisch viel reicher als Russisch. Das macht sich vor allem bei Substantiven und Adjektiven bemerkbar. Eine sehr lästige Eigenschaft des Russischen ist sein Mangel an Spezialtermini, ihre Vagheit und Plumpheit. Zum Beispiel gerät der einfache Satz »ein Auto parken«, aus dem Russischen zurückübersetzt, zu »ein Automobil während einer langen Zeit stehen lassen«. Russisch, zumindest höfliches Russisch, ist förmlicher als höfliches Englisch. So wirkt auch das russische Wort für »sexuell« – polowoj – leicht unanständig und ist keins, das man leichthin im Munde führt. Das Gleiche gilt für die russischen Bezeichnungen diverser anatomischer und biologischer Begriffe, die in der englischen Konversation häufig und anstandslos gebraucht werden. Andererseits gibt es Wörter für gewisse Nuancen der Bewegung und Gestik und Emotion, bei denen Russisch das Englische aussticht. Indem man etwa den Anfang eines Wortes ändert – und es gibt unter Umständen bis zu zwölf Vorsilben, unter denen man wählen kann –, lassen sich im Russischen außerordentlich feine Nuancen der Dauer oder Intensität ausdrücken. Syntaktisch ist Englisch ein äußerst flexibles Medium, doch dem Russischen lassen sich noch subtilere Drehungen und Wendungen abgewinnen. Russisch lässt sich etwas leichter ins Englische übersetzen als umgekehrt, und es ist zehnmal so leicht wie die Übersetzung aus dem Englischen ins Französische.[10]

Als er bei anderer Gelegenheit gefragt wurde, in welcher Sprache er eigentlich denke, antwortete Nabokov überraschenderweise:

> Denkt man denn überhaupt in einer Sprache? Man denkt doch eher in Bildern. Das ist, glaube ich, der Irrtum, dem Joyce erlegen ist, das Problem, das er nicht ganz bewältigt hat. Gegen Ende des *Ulysses* … versucht er, durch einen Redestrom, ohne Interpunktion, die innere Sprache wiederzugeben. Aber so denken die Menschen nicht … Wörter lösen sich auf in Bilder, dann erzeugt ein Bild das nächste Wort.[11]

Auch für Friedrich Dürrenmatt waren die Bilder das Primäre. Ganz am Anfang seiner *Stoffe* schreibt er:

> Ich zähle … zu jenen Schriftstellern, die nicht von der Sprache her kommen, die sich vielmehr mühsam zur Sprache bringen müssen. Nicht weil ihre Sprache ihren Stoffen nicht gewachsen wäre: ihre Stoffe sind der Sprache nicht gewachsen, ausserhalb von ihr angesiedelt, im Vorsprachlichen, noch nicht genau Gedachten, im Bildhaften, Visionären. Nicht meine Gedanken erzwingen meine Bilder, meine Bilder erzwingen meine Gedanken.[12]

Das Vorsprachliche – für Dürrenmatt war es offenbar das ungenauere Medium; es enthielt bildhafte »Stoffe«, die danach verlangten, zur Sprache gebracht zu werden. Sprache war für ihn ein Instrument der gedanklichen Präzisierung.

Als Albert Einstein einmal eine ähnliche Frage gestellt wurde, nahm er sie dankenswerterweise sehr ernst und gestand:

> Worte oder Sprache, ob geschrieben oder gesprochen, scheinen in meinem Denkapparat keine Rolle zu spielen. Die psychologischen Gebilde, die als Elemente des Denkens dienen, sind gewisse Zeichen und mehr oder weniger klare Bilder, die sich »willkürlich« hervorrufen und kombinieren lassen … Die oben genannten Elemente sind in meinem Fall visueller oder muskulärer [will wohl sagen: motorischer, kinetischer] Art. Konventionelle Wörter oder andere Zeichen müssen in einer zweiten Phase erst mühsam gesucht werden.[13]

Alle drei bezeugten also, dass sie ohne Sprache dachten. Für alle drei stellte es eine zusätzliche besondere Anstrengung dar, das sprachlos Gedachte in Sprache zu überführen.

Zumindest in Einsteins Fall muss dieses Denken nicht nur im bewussten Evozieren von Bildvorstellungen bestanden haben, wie es Dürrenmatt von sich behauptete, sondern in dem, was Sprachphilosophen Propositionen nennen. Propositionen sind die Grundbausteine logischer Aussagen, etwa »A ist gleich B« oder »Hund beißt Mann«: Über ein Konzept (A oder Hund) wird etwas ausgesagt. Proposition ist nicht gleich Satz: Der Satz ist eine grammatische Figur, die Proposition eine Bedeutungs- oder Denkfigur. Viele Sätze enthalten mehrere Propositionen: *Das Fenster, das zum Hof ging, stand offen* enthält die Propositionen *Fenster war offen* und *Fenster ging zum Hof.* Viele Sätze, die an der Oberfläche eine einzige Proposition auszudrücken scheinen, lassen sich in mehrere aufspalten: *Das offene Fenster ging zum Hof.* Im propositionellen Denken sehen viele Sprachphilosophen und Linguisten heute die Voraussetzung für jedes sprachliche Denken.

Jede Sprachkritik hat zur Voraussetzung, dass Denken und Sprechen nicht identisch sind. Wären sie es, so könnte kein Ausdruck je an einem Gedanken gemessen werden, und es ließe sich niemals entscheiden, ob er zutreffend ist oder nicht. Aber wir können bereits durch bloße Introspektion und ohne Hilfe der Wissenschaft Verirrungen wie die behavioristische ins Märchenreich verweisen. Denken und Sprechen sind nicht identisch, und jeder könnte es so sicher wissen, wie er weiß, dass der Schmerz eine Folge des Schnitts in den Finger ist und nicht umgekehrt. Dem Sprechen geht ein Denken voraus. Die Sprache kann es präzisieren und tut es für gewöhnlich auch, sie kann es aber auch verunklaren. Und was die Orwell'schen Befürchtungen angeht: Eine Tabuisierung einzelner Wörter kann mehr oder weniger wirkungsvoll verhindern, dass öffentlich über die tabuisierten Begriffe diskutiert wird, doch die entsprechenden Gedanken verhindern kann sie nicht.

Seit Plato beugen sich Philosophen über den Zusammenhang von Sprache und Denken; ganze Bibliotheken widmen sich dieser Frage, viele Disziplinen machen sich heute in der einen oder anderen Form daran zu schaffen: Linguisten, Psychologen, Biologen, Neurologen, Physiologen, Philosophen, Anthropologen, Gehirn- und Computerwissenschaftler. Neben der Frage nach der Natur des Bewusstseins, mit der sie im übrigen verbunden ist, handelt es sich wahrscheinlich um die schwierigste Frage überhaupt, die auf die Wissenschaft wartet – schwierig vor allem insofern, als man bisher kaum ahnt, wo eine direkte experimentelle Erforschung auch nur ansetzen könnte. Bis dahin wird ein kakophones Konzert aufgeführt werden, in dem Indizienbeweise und Spekulationen überwiegen und jede Stimme ständig Gefahr läuft, in mehr oder weniger hochgestochenen Unsinn oder in die Trivialität abzurutschen.

Von der Watson'schen und Orwell'schen Identitätstheorie geht heute jedenfalls niemand mehr aus. Als kleinsten gemeinsamen Nenner haben die beteiligten Wissenschaften vielmehr eine Art Standardmodell hervorgebracht, das Denken und Sprache sauber trennt, vielleicht zu sauber. Diese figuriert darin als ein bloßes Vehikel, eine Art Transportmittel zu Zwecken der Kommunikation, nicht des Denkens; genauer: als ein besonderer Code, der Gedanken kommunizierbar macht. Der Gedanke wird in einem nichtsprachlichen Code gedacht, dann sprachlich »codiert« und beim Sprachverstehen wieder »decodiert«. Einer denkt sich sein Teil und kleidet das Gedachte in Sprache. In dieser Form nimmt es seinen Weg in Ohr oder Auge des anderen. Dieser vollzieht den mitgeteilten Gedanken nach. Damit hat die Sprache ihren Zweck erfüllt, und der Wortlaut kann im Gedächtnis zerfließen wie die Kielspur hinter einem Schiff.

Daran ist etwas offensichtlich Wahres, wie sich im Experiment bestätigen lässt und wie jeder ohne Mühe an sich selbst beobachten kann. Wenn überhaupt etwas in Erinnerung bleibt, ist es fast nie der Wortlaut, sondern die Bedeutung des Gesagten. Sollen wir wiedergeben, was wir gehört oder gelesen haben, so geben wir tatsächlich nicht die genauen Worte wieder, sondern übersetzen den erinnerten Sinn aufs neue in Sprache zurück. Vielleicht formulieren wir ihn ganz anders, denn das meiste Gedachte lässt sich auf vielfache Weise ausdrücken. Sprache – das ist also nur eine zeitweilige Verpackung der Gedanken. Die große Frage ist nun: Wie sehen sie vor der Verpackung aus?

Die Bedeutung der Wörter schillert bekanntlich, und Wörter wie ›Begriff‹ schillern ganz besonders stark. So ist an dieser Stelle zunächst ein wenig Begriffsentschillerung angebracht.

Das Wort ist bekanntlich ein Zeichen, ein Symbol – aber nur mittelbar für das, was es bezeichnet. In erster Linie ist es ein Zeichen für seine gedachte Bedeutung in unserem Kopf. Das Wort ›Tonne‹ symbolisiert nicht irgendeine bestimmte Tonne und auch nicht alle Tonnen draußen in der Welt. Es evoziert die Bedeutung, die wir ihm in einem bestimmten Zusammenhang beilegen; das kann einmal ein Metallfass sein, ein andermal ein Hohlmaß, noch ein anderes Mal ein Gewölbe, ein bestimmter Nachtclub oder eine dicke Frau. ›Tonne‹ ist demnach kein Zeichen für irgendeine konkrete Tonne irgendwo draußen in der Wirklichkeit, sondern eins, das in uns die Vorstellung, den Gedanken ›Tonne‹ hervorruft, und erst dieses Denkgebilde, dieser Begriff verweist auf irgendwelche Tonnen der Außenwelt. Auf welche, hängt von dem Kontext ab, in dem es gerade gebraucht wird.

Als Symbol ist das Wort willkürlich, »arbiträr«, wie die Linguistik seit Ferdinand de Saussure sagt. Das will heißen, dass außer in den sehr seltenen Fällen von Lautmalerei – ›Kuckuck‹

etwa – keine logische Beziehung zwischen dem Zeichen und seinem Bedeutungsgehalt besteht. Das Wort ›Tonne‹ hat nichts Tonnenhaftes, ›Katze‹ nichts Katzenhaftes. Jeder Begriff könnte auch ganz anders lauten, lautete zu anderen Zeiten anders und in anderen Sprachen sowieso. Trotzdem ist das Wort keine beliebige Lautfolge, die durch eine beliebige andere ersetzt werden könnte: Jede Sprache hat ihre eigenen Regeln dafür, welche Laute in welcher Abfolge gültige Wörter bilden können.

Für den Bedeutungsgehalt eines Wortes hat die deutsche Sprache das schöne, aus dem achtzehnten Jahrhundert stammende Wort ›Begriff‹, mit dem das lateinische Wort ›notio‹ eingedeutscht wurde. In der Umgangssprache werden ›Wort‹ und ›Begriff‹ jedoch laufend verwechselt. In einem Wörterbuch, in dem hunderttausend Wörter stehen, stehen sehr viel mehr Begriffe – nämlich so viele, wie es Wortbedeutungen enthält. Anders gesagt, ein Wort ist ein arbiträrer, aber regelhaft gebildeter Name für einen bestimmten Begriff. Die englische Sprache hat in dem Wort ›notion‹ zwar eine Entsprechung zum deutschen ›Begriff‹, aber ›notion‹ heißt auch ›Ahnung‹, und seine Bedeutung ist so vage, dass es in der Linguistik kaum verwendet wird. Stattdessen spricht sie von ›concept‹. Dies ›concept‹ aber ist mehr als der deutsche ›Begriff‹: Es bezeichnet auch hypothetische Bedeutungsgebilde, für die der Einzelne oder eine ganze Sprache bislang noch gar keine Wörter besitzt – das, was der russische Sprachwissenschaftler Lew Wygotski 1934 sehr richtig »potenzielle Begriffe« nannte.[1]

Das DIN-Institut, das mehrere Hunderttausend technische Begriffe genormt hat, hat für die Arbeit an den Fachterminologien auch die dabei benutzten Begriffe selbst genormt. Nach DIN 2342 gelten folgende Definitionen: ›Begriff‹ (englisch ›concept‹) – Denkeinheit, die aus einer Menge von Gegenständen unter Ermittlung der diesen Gegenständen gemeinsamen Eigenschaften mittels Abstraktion gebildet wird. (Begriffe sind nicht an einzelne Sprachen gebunden, sie sind jedoch von dem jeweiligen gesellschaftlichen und kulturellen

Hintergrund einer Sprachgemeinschaft beeinflusst.) ›Bezeichnung‹ (englisch ›designation‹) – Repräsentation eines Begriffs mit sprachlichen oder anderen Mitteln. ›Terminus‹ (englisch ›term‹) – das zusammengehörige Paar aus einem Begriff und seiner Benennung als Element einer Terminologie. ›Terminologie‹, ›Fachwortschatz‹ (›terminology‹) – Gesamtbestand der Begriffe und ihrer Benennungen in einem Fachgebiet. ›Wortschatz‹ (›lexis‹) – Gesamtbestand der Wörter und festen Wortkombinationen einer Sprache.

Hier wird von dieser Norm nur in einem, aber entscheidenden Punkt abgewichen: Für das englische ›concept‹ wird neben dem Wort ›Begriff‹ das Wort ›Konzept‹ gebraucht, obwohl man unter einem Konzept im Deutschen sonst etwas ganz anderes versteht, einen Denkentwurf. Das ist unschön, aber gerade auf den Unterschied zwischen ›Begriff‹ und ›Konzept‹ kommt es hier an: zwischen etwas mit und etwas ohne Sprache Gedachtem. Auch wenn man das Wort ›Beitel‹ nicht kennt, also den Begriff ›Beitel‹ nicht in seinem Wortschatz hat, kann man das entsprechende Konzept sehr wohl denken; man könnte es ebenso gut dann, wenn das betreffende Werkzeug gar keinen Namen hätte. Erst wenn man das Wort ›Beitel‹ in sein persönliches Lexikon aufnimmt, wird es einem zum Begriff.

Was die Sprachen verbindet, sind etwaige grammatische Gemeinsamkeiten und auf jeden Fall die Schnittmenge ihres Begriffsrepertoires. Hätten zwei Sprachen nicht wenigstens einen Grundstock semantisch teilweise überlappender Begriffe gemein, so wären sie nicht ineinander übersetzbar.

Wofür besitzen wir Konzepte, sprachabhängige und sprachunabhängige? Eine Theorie des Konzepts gibt es noch nicht[2], aber einiges lässt sich provisorisch sagen. Konzepte haben wir nicht für einzelne Personen oder Dinge – das wären Namen –, sondern für Kategorien, die sich unser Denkapparat gebildet hat, manche in Übereinstimmung mit unserem Lexikon, andere unabhängig davon. Eine Kategorie ist eine Denkeinheit und immer eine Abstraktion: Sie fasst verschiedene Einzeldinge zusammen. ›Stühle‹ gibt es in tausenderlei Gestalt. Aus dem, was sie gemein haben, auch wenn wir es möglicherweise gar nicht namhaft machen könnten, bilden wir die Kategorie ›Stuhl‹. Schon in frühester Kindheit beginnen wir, im Fluss der wechselnden Eindrücke gewisse Beständigkeiten zu erkennen, etwa all den verschiedenen Tischen, deren wir aus den verschiedensten Gesichtswinkeln, in den verschiedensten Beleuchtungen und aus den verschiedensten Entfernungen ansichtig werden, etwas Übergreifendes, Gemeinsames und Dauerhaftes zu entnehmen: Wir bilden die Kategorie ›Tisch‹. Die Kategorisierung der Welt ist eine der elementaren Leistungen des Gehirns, nicht nur des menschlichen, unsere Art, im endlos sich verändernden Chaos unterschiedlicher Impressionen eine invariante Grundordnung zu schaffen.

Jeder Mensch muss sich von Anfang an seine eigenen Kategorien bilden. Dass es nicht so viele individuelle, unvereinbare Kategoriensysteme gibt wie Menschen, verdanken wir zum einen den gemeinsamen Mechanismen der menschlichen Wahrnehmung, zum anderen dem Zwang zur Kommunikation mithilfe der Sprache, mit der wir unsere Kategoriensysteme aufeinander abstimmen. Es ist erwiesen, dass es zwischen den Kulturen und ihren Sprachen eine große Übereinstimmung darin gibt, die Dinge der Natur und die menschlichen Artefakte zu klassifizieren. Es scheint sozusagen eine Ebene nahezu universeller natürlicher Kategorien zu geben, die überall zuerst gebildet werden – ›Hund‹ (und nicht ›Terrier‹ und auch nicht ›Canide‹), ›Wolke‹ (und nicht ›Cirrus‹ oder ›schwebender Wasserdampf‹), ›Axt‹ (und nicht ›Fällaxt‹ oder ›Hauwerkzeug‹). Von dieser quasi natürlichen mittleren Ebene der Kategorisierung aus gehen dann einzelne Sprachen mit ihren Begriffen mehr oder weniger ins Detail und ins Allgemeine.[3]

Eine vom Gehirn als brauchbar eingestufte Kategorie wird fixiert und damit zu einem Konzept. Es ist dies zwar einstweilen nur ein hypothetisches Konstrukt, aber man muss postulieren, dass es eine psychologische Realität hat und dass sogar ein neurophysiologisches Substrat dafür existiert – ein bestimmter »Schaltkreis«, ein zusammen agierender, zusammen in einer Geschwindigkeit pulsierender Neuronenverband, der eng eingebunden ist in andere, größere, weitere Verbände, in denen Repräsentationen von Bedeutungen »codiert« sind.

Soll man das Konzept eine Vorstellung nennen, einen Gedanken, eine Idee, ein Denkgebilde, einen Bedeutungsknoten (in dem verschiedene Neuronenpfade assoziativ zusammenlaufen) oder ganz anders? Schwer zu sagen. Jede dieser Bezeichnungen hätte eine ganze Philosophie hinter sich. Um solchen Schwierigkeiten aus dem Weg zu gehen, spricht die Psychologie heute, wenn sie von den Inhalten unseres Denk- und Vorstellungsapparats spricht, lieber allgemein von Repräsentationen. (Auch der Begriff ›denken‹ schillert so populärpsychologisch, dass man ihn lieber gar nicht mehr verwenden würde. ›Kognition‹ jedoch tut nur so, als sei es präziser, und ist in Wahrheit genauso unspezifisch.) Irgendwie bringt das Gehirn es jedenfalls fertig, »Abbilder« der objektiven Welt draußen vor den Toren der Sinne aufzunehmen, zu analysieren, zu ordnen, aufzubewahren und willkürlich zu erzeugen, also die Außenwelt zu repräsentieren. Es gibt viele Arten von Repräsentationen: bildliche, akustische, haptische, olfaktorische, solche von Körperempfindungen wie Temperatur oder Schmerz oder Bewegung und auch rein denkerische, mathematische etwa. Unter den Repräsentationen gibt es Konzepte (nämlich die Repräsentationen von konkret-realen wie von abstrakt-geistigen Kategorien), und unter den Konzepten gibt es welche, die wir Begriffe nennen, wenn wir Wörter für sie besitzen. Die logische Verknüpfung zweier Konzepte heißt ›Proposition‹. Ende der Klammer.

Gesucht also ist der Code, in dem das Gehirn denkt, ehe es das Gedachte zu Sprache macht. Es muss vor der Verwandlung in Sprache ein mehr oder weniger sprachfreies Denken geben. Andernfalls gäbe es hinter ihr nur wieder eine mehr oder weniger gleichartige Sprache zu entdecken, einen ähnlichen Hintergrundcode, und sofort erhöbe sich die Frage, was denn hinter diesem stecken mag, und so weiter im endlosen Regress – lauter wie eine russische Matrjoschka ineinander gestapelte Homunkuli, der Albtraum jedes Psychologen und Bewusstseinsphilosophen. Wie aber hat man sich dieses sprachlose, vorsprachliche Denken des Geistorgans dann vorzustellen, dieses Denken unter oder hinter der Sprache, dieses hypothetische *mentalese* (»Mentalisch«), das so oder anders in eine natürliche Sprache gefasst werden kann? Ist es ein universaler Code oder ein individueller und irgendwie doch an eine bestimmte natürliche Sprache gekoppelt?

Um es rundheraus zu sagen: Man weiß es nicht. Niemand hat das *mentalese* je belauscht. Man kann nach wie vor nur mehr oder weniger plausible Vermutungen darüber anstellen, wie es beschaffen sein müsste. Sicher scheint nur, dass das Gehirn in vielen verschiedenen Modi denkt. Manche sind sprachfern und lassen sich, wenn überhaupt, nur unter großer Mühe und höchst notdürftig in Sprachgedanken überführen. Unter anderem denken wir zu einem Großteil in Bildern – und das heißt nicht nur, dass wir visuelle Wahrnehmungen haben und dass sie sich dem Gedächtnis geordnet einprägen, sondern dass wir sie aus diesem willentlich abrufen und auf vielerlei Art geistig manipulieren können, verändern, kombinieren, vergleichen, und aus diesen Vergleichen ziehen wir Schlüsse und brauchen dazu keine Sprache. Wenn die Seefahrer der Karolinen-Inseln mit ihren Kanus von Insel zu Insel navigieren, dürften es vor allem dynamische Bildvorstellungen sein, komplexe kinetische Hypothesen wie jene Einsteins, die ihnen den Weg weisen. Die Sprache ist es nicht.

Ähnliches gilt für die Repräsentationen, die unsere anderen Sinne und Sensoren liefern: das Gehör, der Geruch, der Geschmack, das Tastgefühl, das Temperatur-, Schmerz- und Bewegungsempfinden, die unendlichen Schattierungen unserer Gemütszustände – alles nahezu sprachuntauglich. Es ist

unmöglich, einen Geschmack, einen Höreindruck, ein Foto
so eingehend, genau und vollständig zu beschreiben, dass
ein anderer sie aus der Beschreibung rekonstruieren könnte,
nicht einmal ein geometrisches Bild von Mondrian. Sogar
ein monochromer Yves Klein ist mehr als »das blaue Pa-
neel«, als das die Kataloge und Lexika und er selbst es beschrieben. Sprachlich können wir unsere Wahrnehmungen
nur in vergröbernden Andeutungen, vagen Umschreibungen und mehr oder weniger hilflosen Metaphern fassen. Da
klingt ein Chor angeblich »erdentrückt«, sieht ein Foto
»schrill« aus, schmeckt ein Honig »balsamisch«, ist der eine
Wein »blumig«, der andere »trocken« oder »buttrig« – ein
Wunder, dass solche streng genommen absurden Pseudobe-
schreibungen, mit denen wir uns behelfen, uns überhaupt
etwas sagen, nicht einmal immer etwas Falsches. Schon die
Dichter des Barock haben sich so redlich wie vergeblich damit gequält, einen Sprachausdruck zum Beispiel für das zu
finden, was ihnen an einer geliebten Frau gefiel, und ganze
Kataloge verfasst: »Gelbe Haare, güldne Stricke, / Taubenau-
gen, Sonnenblicke, / Schönes Mündlein von Korallen, /
Zähnlein, die wie Perlen fallen ...« Es hilft alles nichts: Vorstellen kann man sich die betreffende Maid dennoch nicht
und darum auch nicht, was der Dichter an ihr wirklich fand.

Ein Lieblingszitat von Jorge Luis Borges war G. K. Chester-
tons Aperçu über die Sprache: »Der Mensch weiß, dass es in
der Seele Schattierungen gibt, die beunruhigender, zahlloser
und namenloser sind als die Farben eines Herbstwaldes ...
Dennoch glaubt er ernsthaft, dass alles dies mitsamt seinen
Tönen und Halbtönen, mit allen seinen Mischungen und
Überblendungen durch ein willkürliches System von Grunz-
und Quieklauten wiedergegeben werden kann. Er glaubt, ein
gewöhnlicher gebildeter Börsianer könne aus seinem Innern
wirklich Geräusche hervorbringen, die alle Mysterien des Gedächtnisses und alle Qualen des Verlangens bedeuten.«[4]

An den »Grunz- und Quieklauten« der Sprache jedoch
liegt es nicht, wenn sie den Schattierungen menschlichen

Fühlens und Denkens nicht gewachsen scheint – es liegt an der Grobheit ihrer Begriffe.

Die expliziteste und radikalste Theorie zur Beschaffenheit des vorsprachlichen propositionellen Denkens stammt von dem kalifornischen Philosophen Jerry Fodor. Gedacht wird seiner Überzeugung nach nicht in irgendeiner natürlichen Sprache. Gedacht wird in einem anderen Repräsentationssystem, einem anderen »inneren Code«, der aber dem Sprachcode so nahe ist, dass er »nur noch« eins zu eins in ihn übersetzt werden muss. Er nannte dieses hypothetische innere Medium rundheraus *language of thought*, Denksprache; so auch lautet der Titel eines seiner Bücher.[5] Wir dächten in dieser Denksprache und schleusten das Gedachte dann, um es in eine natürliche Sprache zu übersetzen, durch ein Sprachmodul (oder ein Bündel von Sprachmodulen), das nichts kann außer Sprache und wie ein Computerprogramm zur Maschinenübersetzung funktioniert: Auf der Inputseite wird der »innere Code« eingegeben, auf der Outputseite kommt der gleiche Bedeutungsinhalt im Code einer natürlichen Sprache heraus. Dass dieses Modul nichts außer Sprache könne, will sagen: Es wendet die vorgegebenen Regeln einer Grammatik auf ein vorgegebenes Vokabular an, um daraus grammatikalische Sätze zu bilden, und benötigt dazu keine weiteren Informationen und Interventionen aus anderen Arbeitsbereichen des Gehirns.

So weit wäre die Fodor'sche Theorie nicht weiter auffällig – eine weitere mehr oder weniger einleuchtende philosophische Vermutung, die nach einem empirischen Unterbau verlangt. Radikal und provozierend wurde sie, weil sie behauptete, der Inhalt dieses Sprachmoduls müsse bereits vorhanden sein, ehe das Kind mit dem Lernen seiner ersten Sprache beginnt. Sonst könnte es nämlich gar keine Sprache lernen. Denn um Sprache zu lernen, brauche es »ein Medium, in dem es seine Hypothesen über die semantischen Eigenschaften der Prädikate der ›richtigen‹ Sprache formulieren und verifizieren kann«[6]. Den Wahrheitswert einer Aussage in einer natürlichen Sprache könnten wir nur erfassen, wenn wir ihn in unserer Denksprache vorweggenommen haben. Anders gesagt: Das Kind würde keine Sprache lernen, wenn es die Logik der Sprache, die es lernen wird, nicht schon begriffen hätte – also wenn es nicht von Anfang an sprachkonform dächte. Dieser vorsprachliche Denkcode muss universal sein, denn Kinder sind offenbar imstande, jede natürliche Einzelsprache, in die sie zufälligerweise geraten, mit gleicher Leichtigkeit zu lernen.

Ganz aus der Luft gegriffen war das nicht. Die Fodor'sche Theorie trug einem ungemütlichen Umstand Rechnung: dass dem Menschen irgendetwas an seiner Sprachfähigkeit angeboren zu sein scheint. Aber nicht nur die Universalgrammatik, wie der Grammatikphilosoph Noam Chomsky es postuliert hatte? Auch die Begriffe? Trägt der Mensch sämtliche Konzepte latent in seinem Kopf, seit er mit Sprache begabt wurde, um sie in dem Augenblick zu aktivieren, wenn die von ihnen bezeichneten Dinge in seiner Wirklichkeit auftauchen? Ist seine begriffliche Welt schon vor aller Erfahrung fertig? Ist der Platonismus wieder da, die Lehre von der vorgegebenen idealen Welt der Ideen im Kopf des Menschen? Fodor schreckte vor dieser Konsequenz nicht zurück: »Man kann keine Sprache lernen, deren Ausdruckskraft größer ist als die der Sprache, die man bereits kennt«[7] – also müsste jeder bereits alles kennen, alles wissen, alles in sich tragen, was sich je in irgendeiner Sprache sagen ließ und sagen lassen wird.

Viele Anhänger fand dieser Teil der Theorie verständlicherweise nicht. Allzu abenteuerlich ist die Annahme, schon in der Köpfen der Höhlenmenschen hätten Konzepte wie ›Neutralleiter‹ oder ›Aids‹ oder ›Bankleitzahl‹ geschlummert und nur darauf gewartet, eines Tages aktiviert zu werden.

Es gibt mehrere Indizien dafür, dass das Gedachte unmöglich identisch mit dem Gesagten sein kann. Einige finden sich in Eigenheiten der Sprache selbst: die anaphorischen und die sogenannten deiktischen Ausdrücke. Beide machen philosophisch gesinnten Linguisten, die um die Sprachlogik besorgt sind, also auch Computerlinguisten, die etwa an Übersetzungsprogrammen arbeiten, schwer zu schaffen.

Anaphern sind Satzelemente, vor allem Pronomen, die auf Vorhergegangenes zurückweisen. Aus jedem Zusammenhang gelöst, ist ein Satz wie »Ihr glaubt man alles« zwar Wort für Wort verständlich und grammatisch einwandfrei, aber als Ganzes versteht man ihn trotzdem nicht. Wir wissen einfach nicht, wer oder was mit »ihr« gemeint ist. Eine Person? Welche? Eine Zeitung? Welche? Vielleicht etwas ganz anderes? Im Sprachalltag, wo wir dauernd in Anaphern reden, stellen sie uns so gut wie nie vor Rätsel. Wir wissen aus dem Vorangegangenen und aus der gesamten Redesituation, wofür das Pronomen steht. Es ist lediglich eine willkommene Abkürzung, eine Art Wildcard, die es dem Sprecher wie dem Hörer erspart, Namen oder Bezeichnung bei jeder weiteren Erwähnung in voller Länge zu wiederholen. Der Hörer oder Leser denkt sie sich an die betreffende Stelle, wie sie bereits der Sprecher dahin gedacht haben muss. Beide also denken anderes und mehr, als der bloße Wortlaut zu erkennen gibt.

Deiktische (zeigende) Ausdrücke sind Wörter wie ›hier‹ und ›heute‹. Sie haben keine absolute Bedeutung, nur eine relative. Ihr Sinn hängt immer von der zeitlichen und räumlichen Situation dessen ab, der sie gerade verwendet. Der gleiche Sachverhalt, den mein Satz »Heute kommen sie her« ausdrückt, müsste am folgenden Tag und aus der Sicht der Besucher »Gestern gingen wir hin« lauten, Wort für Wort anders, obwohl beide Sätze demselben gedachten Tatbestand gelten. Das beliebte Sprichwort »Morgen ist auch noch ein Tag« sollte immer wahr sein; aber wenn es heute wahr ist, müsste daraus zwei Tage später eigentlich »Gestern war auch noch ein Tag« werden. Der reine Wortlaut kann also nicht das Gedachte gewesen sein, das zugrunde gelegen haben muss, um den nämlichen Inhalt aus verschiedenen Perspektiven formulieren zu können.

Die Chicagoer Psycholinguistin Susan Goldin-Meadow untersuchte gehörlose Kinder – und zwar solche, die nicht nur keine gesprochene Sprache lernten, die sie ja nicht hören konnten, sondern denen ihre Eltern auch jede Zeichensprache vorenthalten hatten, in der – leider irrigen – Hoffnung, eines Tages würden sie doch noch sprechen lernen.[8] Die Kinder wuchsen also tatsächlich sprachlos auf. Sie lernten nie, was andere Kinder als Erstes und quasi von selbst lernen: die Sprachlaute ihrer Muttersprache als solche zu erkennen, also von anderen Klängen und Geräuschen zu unterscheiden, sie zu analysieren, in ihre bedeutungtragenden Segmente zu zerlegen und schließlich selber hervorzubringen – eine der Grundlagen jeder Sprachfähigkeit. Welche gewaltige geistige Leistung Säuglinge damit vollbringen, können wir ermessen, wenn wir versuchen, die einzelnen Laute einer völlig unbekannten Sprache dingfest zu machen und zu Worten zu ordnen. Manche hören wir gar nicht richtig, selber nachmachen könnten wir sie schon gar nicht, und da im Strom der Sprache die Wörter selten isoliert auftreten, lässt sich nur schwer erkennen, wo ein einzelnes beginnt und endet.

Aber die Lautanalyse ist nicht die einzige Grundlage. Eine andere ist die Kategorisierung der Welt zu Konzepten, bei der dem unsteten Kaleidoskop der Impressionen stabile abstrakte Konzepte wie *Tisch* oder *Hund* abgewonnen werden, und die Fähigkeit, Konzepte zu Propositionen zu verknüpfen, deren Bedeutung mehr ist als die Summe der Bedeutungen der einzelnen Konzepte. (»Hund Tisch liegt der unterm« hat gar keine bestimmte Bedeutung außer der, dass es irgendwie um einen Tisch und einen Hund zu gehen scheint; »der Hund liegt unterm Tisch« ist eine Proposition.) Auf dieses propositionelle Denken mit Konzepten jedoch verstanden sich offenbar auch die sprachlosen Kinder. Mehr noch, spontan entwickelten sie dafür eine rudimentäre eigene Zeichensprache; sie benutzten bestimmte wiederkehrende Gebärden für bestimmte Konzepte und koppelten diese so aneinander, dass sich ein über sie selbst hinausgehender Sinn ergab. Sie erfanden sich also eine Art primitiver Grammatik. Sprachlos, wie sie waren, dachten sie nicht nur – ihr Denken zielte offenbar zwingend hin auf Sprache, und dieses Bedürfnis hatte sich in ihrer lautlosen Welt gegen alle Widerstände Bahn gebrochen. Es ist, als habe das menschliche Denken ein inhärentes Bedürfnis, zur Sprache zu kommen.

Lässt sich irgendwo, irgendwie beobachten, wie eine Proposition zu einem Satz wird? Es geschieht zwar nicht völlig unbewusst, aber in der Regel so blitzschnell, dass wir uns keine Rechenschaft über den Vorgang geben können. Selbst wenn wir lange über eine Formulierung grübeln, ihr bald diese, bald jene Fassung geben, wenn uns also völlig klar ist, dass der Gedanke und sein Ausdruck zweierlei sind, wissen wir nicht, was wir eigentlich tun, bis uns eine Äußerung den Gedanken genauer zu treffen scheint. In den Spalt zwischen Gedanken und Ausdruck können wir nicht hineinsehen. Kann es auch die Sprachwissenschaft nicht? Doch, erstaunlicherweise kann sie es. Sie hat eine Methode gefunden, diesen Spalt zu spreizen. Zumindest in welchen Schritten das Gehirn einen Gedanken zu einem Satz umbaut, konnte von der Psycholinguistik Anfang der siebziger Jahre aufgeklärt werden. Die Bresche, durch die die Linguistik in den subtilen Prozess eingedrungen ist, sind die unwillkürlichen Fehler, die dabei unterlaufen: Sie hat Versprecher gesammelt und analysiert. (Das Folgende stützt sich vor allem auf das von der kalifornischen Linguistin Victoria Fromkin[9] 1971 entworfene Modell und auf eine neuere deutsche Versprechersammlung des Marburger Germanisten Richard Wiese aus den Jahren 1997/98[10].)

Versprecher sind etwas Alltägliches. Es gibt sie überall, wo gesprochen wird, jeder verspricht sich gelegentlich, und anderer Leute Versprecher überhören oder korrigieren wir in Gedanken, ohne viel Wesens darum zu machen. Hierzulande sind sie gemeinhin als »Freud'sche Fehlleistungen« bekannt, obschon Freud sie weder entdeckt noch als Erster gesammelt oder untersucht hat. Die älteste Sammlung stammt wohl von einem arabischen Grammatiker des achten Jahrhunderts[11], die lange Zeit umfangreichste von dem Grazer Indogermanisten Rudolf Meringer, der sich mit dem Notieren von 8800 Versprechern seiner Kollegen und Studenten an der Universität Wien unbeliebt gemacht hatte.[12] Freuds Arbeit, auf der Basis von 94 Versprechern, erschien fünf Jahre später und wurde zu seinem meistgelesenen Werk.[13] Sie lieferte zwar eine eigenwillige Theorie, aber eine höchst einseitige, die dem Versprecher in keiner Weise gerecht wurde. Freud sah bei ihm »das Unbewusste« am Werk, wie er es verstand: Unerlaubte verdrängte Wünsche, von denen der Sprecher selber nichts weiß und beileibe auch nichts wissen will, kommen ihm beim Sprechen ins Gehege, stören den geplanten Satz und bringen sich andeutungsweise selber zum Ausdruck, und der Psychoanalytiker schließt aus ihnen dann rückwärts auf den Inhalt dieses Unbewussten. Freuds Paradebeispiel ist »Dann sind aber Tatsachen zum Vorschwein gekommen« aus Meringers Sammlung. Meringer hatte notiert, der Sprecher habe dabei an Schweinereien gedacht. Das jedoch war ein völlig bewusster Nebengedanke gewesen, nicht die unwillkürliche Äußerung eines unbewussten Hintergedankens. Ebenso zweifelhaft blieben Freuds Rückschlüsse von den Fehlleistungen auf das von ihm postulierte »Ubw.« durchweg. Praktisch lief die Theorie für den Analytiker darauf hinaus, einen Versprecher so lange zu »deuten«, das heißt, so lange an ihm herumzuraten, bis ihm dazu irgendein Einfall kam, der in seine Theorie des Unbewussten passte. Ohne andere, unabhängige Beweise für die Existenz des angeblichen verdrängten Wunsches mussten solche Deutungen reine Unterstellungen bleiben.

Wie Freud nimmt die Psycholinguistik an, dass die sprachlichen Fehlleistungen etwas verraten – aber nicht geheime Wünsche, sondern in welchen Schritten das Gehirn vorgeht, wenn es einen Satz konstruiert. Versprecher sind Versehen: Irgendetwas in einer Äußerung kommt nicht so heraus, wie der Sprecher es wollte. Solche Versehen könnten beliebig sein: Irgendwelche Laute oder Lautgruppen könnten auf unendlich viele Weisen verfälscht werden. Tatsächlich sind sie aber ganz und gar nicht beliebig. Bei den allermeisten wird nur ein einziges sprachliches Element entstellt: ein Laut (ein Diphthong oder eine Konsonantengruppe verhalten sich wie ein Laut), eine Silbe, ein Morphem, ein Affix, ein Satzteil. Versprecher beweisen, dass diese Einheiten nicht nur linguistische Konstrukte sind, sondern reale Elemente der Sprachverarbeitung. Der Fehler spielt sich in der Regel nur auf der Ebene dieses einen Elements ab (wenn zum Beispiel ein falsches Morphem gegriffen wurde, ist dieses nicht auch noch lautlich entstellt). Die Elemente werden auch nicht beliebig entstellt: Sie werden durch andere ersetzt, in der Regel durch solche, die ihnen in irgendeiner Hinsicht ähnlich sind, sie werden miteinander vertauscht oder an eine falsche Stelle geschoben. Es handelt sich bei den Versprechern schlicht um Montagefehler, und von denen gibt es nur eine Handvoll Arten.

Der häufigste Typ von Versprecher überhaupt sind Vorklänge: Ein späterer Laut wirkt auf einen früheren ein. Beispiele: *Brandbreite*; *kapuffer Auspuff*; *Schreißverschluss*; *Sektknorken knallen*; *du springst hier wie ein runges – junges Reh*.

Nachklänge, nicht ganz so häufig: Ein vorhergehender Laut wirkt auf einen späteren ein. Beispiele: *Brieftraube*; *Tontanne* (*Tonkanne*); *Kaulqualpen*; *Steckschdose*; *Romeo und Julio*; *ich habe ihnen einen Verrechnungsscheck gescheckt*.

Versetzungen: *im Fland der lachen Dächer*; *lesen und lernen muss man schon lernen* (*lesen und schreiben …*).

Vertauschungen: Zwei Elemente wechseln den Platz. Auf Lautebene: *Wettbäsche*; *Kasse Taffee*; *Bottes Gote*. Auf Silbenebene: *Weseleben* (*Lebewesen*); *einen schweren Tiefpunkt*; *Büund Nägelzimmer*. Auf Affixebene: *Vortrittsanlesung*. Auf Wortebene: *so möglich wie wenig*; *ich hab den ganzen Streifen voller Rücken*; *zu Haare stehende Berge*; *Reden ist schweigen, Silber ist Gold*. Die klassischen »Spoonerismen« sind Anlautvertauschungen, die im Englischen besser funktionieren. Benannt sind sie nach dem Oxforder Pädagogen Hochwürden William A. Spooner (1844–1930), der für sie berühmt war, witzige Versprecher in der Manier *You have hissed my mystery lessons* (mit einer Vertauschung von *h-* und *m-*, sodass der Satz nicht wie beabsichtigt *Ihr habt meine Geschichtsstunden versäumt* bedeutet, sondern *Ihr habt meine Krimistunden ausgezischt*).

Auslassungen: *mit an Wahrscheinlichkeit grenzer Sicherheit*; *bei dieser Notrummer – Notrufnummer*; *soll man die Lebenszeit verkürzen (Lebensarbeitszeit)*; *unabhängig ihrer Staatsangehörigkeit.*

Einfügungen: *Ich schmeiß das mal endlich mal weg*; *als Experten Professor Doktor Otto Otto Böcher – nein, umgekehrt: Professor Doktor Doktor Otto Böcher.*

Überblendungen, Kontraktionen und Kontaminationen: Mehrere lautlich oder semantisch verwandte Wörter werden vermischt und eventuell auch zusammengezogen. Beispiele: *dann aber mal schos!* (*schnell los*); *die Schubert'schen Sinfonaten* (*Sinfonien* und *Sonaten*); *Bauernhofurlaub ist bimmi – billig und primitiv*; *es hat geklimbelt* (*geklingelt* und *gebimmelt*); *das Haus verkommelt ja* (*verkommt* und *vergammelt*); *du hast zugewilligt* (*zugestimmt* und *eingewilligt*); *komm, wir fahren mit dem Aufstuhl* (*Aufzug* und *Fahrstuhl*); *sollte das schief schlagen* (*schief gehen* und *fehlschlagen*).

Falsche Affixe: *ohne ersichtbaren Grund* (*ersichtlich*); *vitaminreichig.*

Wortfehlgriffe vom Typ 1 (das gefundene Wort ist dem gesuchten im Klang ähnlich): *Da sind mir zu viele Terroristen* (*Touristen*); *Abschieds-, Abschlussklausur*; *Da drüben ist die Joghurt-Bahn* (*Go-cart-Bahn*); *dass ein großer Klecks Zahn – äh, Sahne zwischen die Zähne passt*; *Auf jeden Fall ist mein Großvater jetzt achtzehn* (*achtzig*); *Neue Lämmer braucht das Land* (*Männer*).

Wortfehlgriffe vom Typ 2 (das gefundene Wort ist dem gesuchten sinnverwandt): *Das geht zu viel* (*weit*). Die Verwechslung von *möglich* und *notwendig* ist ein solcher semantischer Wortfehlgriff: *Ohne Energie wär kein Leben notwendig, äh, möglich*; *Keiner weiß, was diese Hilfe bedeutet, und ohne die wären diese Erfolge gar nicht notwendig.* Manchmal kommt bei diesem Typ das genaue Gegenteil heraus: *von unendlichen Mitteln einen unendlichen Gebrauch machen* (*endlich*); *Ich muss den Film abholen, da darf ich nicht dran denken* (*das darf ich nicht vergessen*). Wortfehlgriffe aufgrund der Sinnverwandtschaft sind viel seltener – ein Indiz dafür, dass Fehler eher bei der Zuordnung von Konzept und Wort entstehen als auf der Konzeptebene. Sie fallen dem Zuhörer oder Leser oft gar nicht als Versprecher oder Verschreiber auf – er betrachtet sie schlicht als Denkfehler, die sie oberflächlich ja auch zu sein scheinen.

Manche Versprecher lassen sich nicht eindeutig klassifizieren. *Fachverständiger* kann ein Vorklang sein, aber auch eine Überblendung von *Sachverständiger* und *Fachmann*. Andere sind vielleicht gar keine Versprecher, sondern beginnender neuer Sprachgebrauch: *er macht sich über sie lächerlich* (*lustig*); *mir fiel es am Anfang etwas schwierig* (*schwer*). In einigen Fällen könnte ein Nebengedanke in den Satz hineingewirkt haben: *Bonzer Kanzleramt; unsere verkehrten – unsere verehrten Kunden; hast du 'nen Segelbrand auf den Ohren?* (gemeint war *Sonnenbrand*, möglicherweise hatte der Sprecher an die Segelohren seines Gegenübers gedacht); *auf der Campingliebe.* Solche Interferenzen kommen den »Freud'schen Fehlleistungen« am nächsten, nur waren die betreffenden Nebengedanken wohl keineswegs unbewusst.

Die Freiheit, einen Sprechfehler zu machen, erscheint also stark eingeschränkt. Man macht nur bestimmte Arten von Fehlern. Es sind Fehler bei der Montage des beabsichtigten Satzes. Und da man etwas nur dann falsch einmontieren kann, wenn schon etwas vorhanden ist, lässt sich aus den Fehlerebenen, die bei einem Versprecher tangiert sind, auf die Reihenfolge der Montageschritte schließen. Wo noch keine syntaktische Struktur geplant ist, können keine Wörter vertauscht werden, und wo die Wörter noch nicht da sind, kann man keine Laute vertauschen. Schon daraus ergibt sich die Reihenfolge Grammatik – Wörter – Laute. Im einzelnen könnte sich Folgendes abspielen.

Am Anfang steht ein Gedanke, eine nichtsprachliche Bedeutungsvorstellung, wahrscheinlich in Form einer Proposition. Noch ist sie einheitlich und simultan, keine lineare Abfolge von diskreten Symbolen. Die Plätze für die einzelnen Begriffe des geplanten Satzes sind noch frei, nicht mit bestimmten Wörtern belegt.

Diese simultane Bedeutungsvorstellung wird zunächst in eine sequenzielle grammatische Form gebracht. So entsteht eine Satzstruktur und mit ihr zugleich eine Tonkontur für den geplanten Satz: Es wird festgelegt, welches das semantische Zentrum der Aussage sein soll, und dieses erhält den Hauptakzent. Das schließt man daraus, dass bei einer Vertauschung zwar jedes Wort seinen eigenen Akzent behält, der also mit ihm zusammen gespeichert sein muss, dass bei einer Wortvertauschung der Satzton jedoch an der vorbestimmten Stelle verbleibt, auch wenn er dort nun eigentlich nichts mehr zu suchen hat. Die Kontur der Satzbetonung wird also als Allererstes entworfen und steht von da an nicht mehr zur Disposition. Der Versprecher *Das ist ein Verrückter für Wochenenden* ist eine Wortvertauschung. Das Wort *Wóchenenden* tritt jedoch nicht etwa in die Betonung von *Verrúeckte* ein, wird nicht zu *Wochén'nden* oder *Woch'nénden*, denn jedes Wort bringt seine eigene Betonung mit und behält sie. Aber der Hauptton in der Satzmelodie bleibt auf dem letzten Wort, obwohl das Zentrum der Aussage durch die Vertauschung versehentlich nach vorn gewandert ist.

Beim nächsten Schritt werden im nach Bedeutungen und Lauten geordneten Lexikon die Wörter gesucht. Dass sich nicht zu jedem Konzept auf der Stelle das dazugehörige Morphem einfindet, deutet möglicherweise darauf hin, dass wir es mit zwei zwar eng verknüpften, aber doch getrennten Lexika zu tun haben: einem nach Konzepten geordneten semantischen Lexikon und einem phonetisch geordneten Morphemlexikon. Bei häufig benutzten, bewährten Konzepten gibt es eine sichere und feste Verbindung vom Konzept zum Morphem, sodass dieses nicht erst lange gesucht werden muss. Bei weniger erprobten und gefestigten Konzepten muss erst das Morphemlexikon durchsucht werden. Dazu muss das Konzeptlexikon mindestens eine Art Suchbild besitzen und abschicken, einen klanglichen Wortumriss: welche Silbenzahl, welche Vokale, welcher Anfangslaut – je detaillierter das Suchbild, desto schneller ist das Wort gefunden. Der Versprecher *rekalie-, rekapituliert* könnte davon zeugen, dass, da das richtige Wort noch nicht zur Stelle war, zunächst das Suchbild selbst ausgesprochen wurde und sich noch vor dessen Beendigung das richtige Wort meldete; es könnte sich aber auch bloß um einen Fehler bei der Silbenmontage handeln. Der Versprecher *hochkarierter Experte* (für *hochkarätiger*) scheint zu verraten, dass das Suchbild etwa *hochka…* gelautet haben muss – was im übrigen ein Argument für die Zusammenschreibung der durch die Rechtschreibreform oftmals auseinander gerissenen einheitlichen Begriffe wäre.

Was geschieht, wenn ein Konzept gedacht wird, aber kein Suchbild vorhanden ist, wenn man nicht einmal weiß, ob es überhaupt ein Wort für das Konzept gibt? Dann lässt sich nicht sagen, was man sagen wollte, und man muss den Gedanken schleunigst umdenken, bis er in die einem zu Gebot stehenden Wörter passt. Dauernd verwässern wir unsere Gedanken.

Zuerst werden Inhaltswörter an die betonten Stellen des geplanten Satzes gesetzt, manchmal gleich mit etwaigen Vor- und Nachsilben, manchmal werden diese aber auch erst in einem weiteren Schritt angekoppelt. Beim Absuchen des semantischen Lexikons können Wörter mit dem falschen (aber meist einem benachbarten) Sinn, beim Absuchen des Morphemlexikons solche mit dem falschen (aber meist einem benachbarten) Klang eingesetzt werden. *Die Katze fühlt sich nicht beschützt unterm Regal* ist ein Fehlgriff ins semantische Lexikon – gemeint war das Gegenteil, *nicht bedroht*. Bisweilen werden zwei semantisch oder phonetisch benachbarte Wörter herausgegriffen, wo nur eines gebraucht wird; dann können diese beiden verschmelzen. So wird aus *schlecht* und *schlimm* versehentlich *schlemm*. Der Versprecher *Das Programm ist völlig frei erhältbar* deutet darauf hin, dass im Morphemlexikon nur *erhält-* gefunden und das Suffix erst in einem weiteren Schritt angehängt wurde; ein anderes Adjektiv zu *erhalten* kann jedenfalls nicht gesucht oder neu geprägt worden sein, sonst stünde in *erhältbar* kein *-ä-*; dieses resultiert allein aus dem folgenden *-i-* von *-lich*.

Versprecher, die größere Einheiten als Wörter betreffen, sind rar. *Mit R fängt der Buchstabe an* ist wohl so einer. Gesagt werden sollte *Mit dem Buchstaben R fängt das Wort an*: Hier ist eine ganze Nominalphrase mit einer anderen vertauscht und dabei verstümmelt worden.

Stehen die Inhaltswörter fest, werden Funktionswörter und etwa noch fehlende Vor- und Nachsilben in das entstehende Gebilde eingebaut. Nunmehr sind die grammatischen Bezüge innerhalb des Satzes klargestellt. Präpositionsfehler – der häufigste Grammatikfehler im professionellen schriftlichen Deutsch – passieren an dieser Stelle. Ein paar Proben aus den Medien: *Wir sind* über *jeden Hinweis dankbar*; *Vorräte* für *Öl und Benzin*; *ruft die Länder* um *Unterstützung auf* (das *um* stammt offenbar aus der alternativen Formulierung *bittet um*, die dem Sprecher noch im Kopfe spukt); *Beweise* über *die Vernichtung biologischer Waffen*; *Ein Staatshaushalt ist ein Bekenntnis* für die *Zukunft*; *Ich habe gelernt, dieses Album* für *seine Kontinuität zu lieben*; *Ein Ausweg* von *den Folgen einer überalterten Gesellschaft*; *um bei den Erziehungsberechtigten die Gewalt* von *Kindern zu bekämpfen*; *Schichtarbeit erhöht das Risiko* auf *Magenprobleme*; *Englisch hat momentan einen großen Einfluss* in *die deutsche Sprache*.

Die nunmehr semantisch, lexikalisch und grammatisch fertige Äußerung wird Silbe für Silbe in eine Abfolge von Lauten verwandelt. Hierbei kommt es zu den meisten Pannen. Einzelne Laute oder Lautgruppen geraten an die falsche Stelle: *moppelt gedoppelt*; *Kermostanne* (Thermoskanne); *Schlantenkag*. Oder besonders markante Laute färben auf andere ab; *Polifeifahrzeug*. Es fällt auf, dass vertauschte Laute in der Regel ihre Stellung in der Silbe behalten: Anlaut gegen

Anlaut, Auslaut gegen Auslaut. Also scheinen die Silben nicht wie beim Schreiben von vorne nach hinten aufgebaut zu werden, sondern um ihren mittleren Vokal herum. Unterhalb der Ebene vollständiger Laute scheinen zuweilen auch bestimmte Lautmerkmale wie unabhängige Einheiten behandelt zu werden, etwa die Nasalität, die Stimmhaftigkeit oder der Umlaut. So kommt es zu Versprechern wie *betönte Blum* statt *betonte Blüm* – nur der Umlaut, nicht der Vokal selbst hat den Platz gewechselt. Dass tatsächlich Silben und nicht gleich ganze Wörter lautlich ausbuchstabiert werden, zeigt sich an der Vertauschung ganzer Silben: *der Verbrecher stimmt bestirbt*; *ich hätte gerne einen Zwing Ringelwurst – Ring Zwingelwurst, nein – Ring Zwiebelwurst.* Die vertauschten Laute sind in der Regel nicht weiter als sieben Silben voneinander entfernt – wahrscheinlich weil das Kurzzeitgedächtnis, in dem die Montage ausgeführt wird, nicht mehr Elemente auf einmal bearbeiten kann.

Die so entstandene Lautfolge wird einer Schlussredaktion unterworfen. Hat ein voraufgegangener Fehler zu Elementen geführt, die in der betreffenden Sprache phonologisch, morphologisch oder grammatisch nicht möglich sind, und werden diese rechtzeitig bemerkt, dann werden sie schnell noch normalisiert. So wird aus *du leichtst dir merk … * ein *du leichst*, um das im Deutschen ungewöhnliche, geradezu unaussprechlich wirkende *-chtst* zu vermeiden, und wenn in dem Satz *Mir werden bei meinem Auto Reifen aufgeschnitten* die beiden Substantive versehentlich die Stellen tauschen, wird *Auto* der Grammatik zuliebe in den Plural gesetzt: *Mir werden bei meinen Reifen Autos aufgeschnitten.*

Jetzt steht der Satz Laut für Laut fest, und jeder Laut wird zu einem Bewegungsprogramm umcodiert und in einem »Motorpuffer« abgelegt, einem Zwischenspeicher des Gehirns, von dem aus er Signal für Signal abfließt und die raschen, koordinierten Bewegungen von jenen etwa hundert Muskeln steuert, mit deren Hilfe wir etwa zwanzig Laute pro Sekunde hervorbringen. Dabei werden ihm auch noch seine emotionalen Eigenschaften aufmoduliert – Lautstärke, Tempo, Rhythmus, Stimmklang.

Manchmal verrät ein Fehler, dass der Satz noch gar nicht fertig war, als der Sprecher zu ihm ansetzte. Er muss sozusagen im vollen Galopp noch das Ende konstruieren, und da dies unter großem Zeitdruck geschieht und der Sprecher sich den Anfang nicht mehr vergegenwärtigen kann, führt er möglicherweise einen anderen Satz zu Ende als den, den er begonnen hat: *aber da kommen wir nachher drauf ein*; *Ich könnte mir ein Projekt vorstellen, der das tut*; *das finde ich nicht gut von Hans gewesen* (der Sprecher meint, er hätte *das ist nicht gut …* gesagt). Manchmal hört man den stummen Nebengedanken des Sprechers geradezu: *Im Sommer bin ich immer total verschneupft* (das *-eu-* stammt sicher aus dem *Heuschnupfen*, an den er gerade gedacht hat); *Manche Bundesbürger banken um die stabile D-Mark* (der Nebengedanke galt den *Banken*); *Semmel-Trötz* (der Sprecher hat an den Vornamen der feministischen Linguistin *Senta Trömel-Plötz* gedacht, den er gar nicht nennen wollte). Und manchmal ist der Nebengedanke nichts anderes als der eben noch erwogene alternative Ausdruck: *Jetzt sag mir doch mal bitte, wie ich die Steine entkernen soll* (soll man *entsteinen* oder *entkernen* sagen?); *ein zweiteres Mal* (*ein zweites* oder *ein weiteres Mal*?); *sowas ist mir ja noch nie erlebt* (*habe ich erlebt* oder *ist mir vorgekommen*?).

Einen Blick durch die Sprache hindurch auf den zur Versprachlichung anstehenden Gedanken erlaubt die Fehleranalyse nicht. In welchem Code das Gehirn mit Bedeutungen handelt, lässt auch sie offen. Es wird wohl offen bleiben müssen, bis man eines Tages weiß, was man heute nicht einmal ahnt: welches der Code des Bewusstseins ist. So viel aber lässt sich wohl sagen: Die künstliche Spreizung des Montagevorgangs vom Gedanken bis zur sprechfertigen Äußerung lässt genügend Raum, in dem die zur Verfügung stehenden sprachlichen Mittel die Endgestalt des Gedankens beeinflussen können. Das Ganze nimmt sich entschieden nicht aus wie die automatische Eins-zu-eins-Umwandlung eines Codes in einen anderen, sondern wie eine Fortsetzung des Denkvorgangs selbst, bei der das Bewusstsein Entscheidungen zuhauf zu treffen hat.

Also muss wohl das ganze Standardmodell modifiziert werden. Es ist keineswegs erwiesen, dass unterhalb der in Sprache gefassten Gedanken überhaupt ein einheitlicher kontinuierlicher Denkcode abläuft wie die elektromagnetische Spur eines Tonbandes unter dem hörbaren Schallcode der Lautsprecher, ein Denkcode, der zwar nichtsprachlich, aber doch so sprachnah ist, dass er nur noch nach feststehenden, fest verdrahteten Algorithmen in den jeweiligen Sprachcode übersetzt werden muss, wie man eine Sprache in eine andere übersetzt. Schon die automatische Übersetzung einer Einzelsprache in die andere wollte dem Computer bisher nicht so recht gelingen. Wie viel schwieriger müsste die Übersetzung einer universalen Nichtsprache in sämtliche Sprachen der Welt sein!

Aber wenn da nun gar nicht zwei Codes parallel nebeneinander herlaufen? Vielleicht stellt man sich den Vorgang eher vertikal als horizontal vor. Das Gehirn denkt in vielen Modi – es verarbeitet Sinneswahrnehmungen, gleicht sie mit Gedächtnisinhalten ab, filtert die relevanten heraus, analysiert und ordnet sie –, liefert die als relevant erkannten Ergebnisse, ein jedes in seinem eigenen Modus, an das Bewusstsein und modelt dann jene, die es zur Kommunikation bestimmt, willentlich immer weiter, bis die Denkkonzepte mit den verfügbaren Begriffen einer Sprache, die aus ihnen gebildeten Propositionen mit den vorgegebenen Strukturen der Grammatik übereinstimmen. Das gelingt manchmal besser, manchmal schlechter, und viele Denkinhalte werden in diesem Prozess abgewandelt oder bleiben als sprachuntauglich ganz auf der Strecke.

Es gäbe dann gar keine einheitliche universale Denksprache unterhalb der Sprache. Sie wäre schlicht überflüssig. Vielmehr stiegen die Gedanken aus vielen unterschiedlichen

Quellen und in vielerlei Gestalt in die Höhe, dem Bewusstsein entgegen, wo sie eine Art Bedeutungswolke bilden, unter Umständen außerordentlich nuanciert und gleichzeitig unscharf. Wenn wir uns dann entschließen, diese simultane Bedeutungswolke »zur Sprache zu bringen« – ein willkürlicher Prozess –, müssen wir sie in einzelne Teile zerlegen und diese seriell aufreihen, suchen in unserem aktiven geistigen Lexikon erst nach den Begriffen, die der gedachten Bedeutung am ehesten gerecht werden könnten, und dann nach den grammatischen Mitteln, die Begriffe miteinander zu verknüpfen. Das heißt, das Gedachte nimmt erst jetzt seine endgültige Gestalt an, und das nicht in einem universalen Denkcode, sondern mit Hilfe der zur Verfügung stehenden sprachlichen Mittel.

Das Ziel der Versprachlichung ist eigentlich die Kommunikation: das Gedachte nach außen zu stülpen und für andere sichtbar und nachvollziehbar zu machen. »Die Sprache ist die Methode, unsere Gedanken sinnlich wahrnehmbar darzustellen« (Wittgenstein).[14] Aber obwohl der Prozess mit erheblichen semantischen Verlusten und manchmal auch Verdrehungen einhergeht, bringt er andererseits so viel an Präzisierung und Stabilisierung, dass man ihn oft auch ohne jede Kommunikationsabsicht ablaufen lässt, sozusagen nur zur Kommunikation mit sich selbst. Darum gibt es geradezu einen natürlichen Drang zur Versprachlichung des Denkens: Das Gedachte will »auf den Punkt gebracht« werden. So kann der Eindruck entstehen, dass ein Gedanke überhaupt erst im Moment seiner Versprachlichung geboren wird und mit seiner Sprachgestalt identisch ist. Er ist eine Illusion. Tatsächlich handelt es sich bei seiner Sprachgestalt nur um eine Konkretisierung im Medium der Sprache, um eine von vielen möglichen Interpretationen des Gedachten, so wie der Musiker die Noten durch sein Spiel interpretiert und konkretisiert.

Ein solches Modell wäre sehr viel eher vereinbar mit den zwischen Sprache und Nichtsprache oszillierenden inneren Denkprozessen des menschlichen Geistorgans, wie der Philosoph Daniel C. Dennett sie versteht: »Man halte dem allzu einladenden Bild einer systematischen geistigen Clearingstelle, die alle ihre Geschäfte in ihrer angeborenen Lingua franca abwickelt, das Bild einer anarchischen Wettkampfarena entgegen, in der vielerlei geschieht – eine Art Hauptbahnhof, in dem viele Passanten, die viele Sprachen sprechen, gleichgesinnte Kohorten zu finden versuchen, indem sie einander zurufen, sich in immer größeren Gruppen über den Boden schieben, einander zuwinken, drängeln, anrempeln und gestikulieren. In einer solchen Sicht der Dinge hängt der Erfolg einer Aktivität meist davon ab, dass große multimodale Koalitionen rekrutiert, mehrere größere Areale gleichzeitig aktiviert werden … [So entstehen] sehr skizzenhafte Entwürfe von linguistischen Repräsentationen, die als Auslöser für Denkprozesse figurieren, welche ihrerseits weitere skizzenhafte linguistische Repräsentationen hervorbringen, und so fort.«[15]

Auch mit Wittgensteins tastenden Einsichten ist ein solches Modell besser zu vereinbaren: »Was geschieht, wenn wir uns bemühen – etwa beim Schreiben eines Briefes – den richtigen Ausdruck für unsere Gedanken zu finden? – Diese Redeweise vergleicht den Vorgang dem einer Übersetzung, oder Beschreibung: Die Gedanken sind da (etwa schon vorher), und wir suchen nur noch nach ihrem Ausdruck. Dieses Bild trifft für verschiedene Fälle mehr oder weniger zu. – Aber was kann hier nicht alles geschehen! – Ich gebe mich einer Stimmung hin, und der Ausdruck *kommt*. Oder: es schwebt mir ein Bild vor, das ich zu beschreiben trachte. Oder: es fiel mir ein englischer Ausdruck ein, und ich will mich auf den entsprechenden deutschen besinnen. Oder: ich mache eine Gebärde, und frage mich: ›Welches sind die Worte, die dieser Gebärde entsprechen?‹ … Aber habe ich nicht die Gesamtform des Satzes, z. B., schon an seinem Anfang beabsichtigt? Also war er mir doch schon im Geiste, ehe er noch ausgesprochen war! – Wenn er mir im Geiste war, dann, im allgemeinen, nicht mit anderer Wortstellung …«[16]

Existierte ein universaler Denkcode und würde er nach universalen Algorithmen »automatisch« eins zu eins in eine beliebige Einzelsprache übersetzt, dann gäbe es an einem Satz in der Tat so wenig zu kritisieren wie an einem Schmerzensschrei. Das sprachlich Ausgedrückte wäre der Gedanke und das Gedachte das Gesagte, nur in einem anderen Code symbolisiert. So verhält es sich aber wohl gerade nicht. Es gibt eine Zwischenzone des Bewusstseins, in der Sprachsystem und die Denkcodes des Gehirns ineinander verzahnt sind und in der, in einem aktiven und teilweise sogar bewussten Denkvorgang, der Gedanke nach Maßgabe der bereitstehenden sprachlichen Mittel gefiltert und gemodelt wird, bis er seine endgültige kommunizierbare Gestalt angenommen hat. »Vor der Sprache« hat es ihn so gar nicht gegeben; erst mit der Sprache ist er ganz er selbst geworden.

Die Überführung des Gedachten in einen sprachlich gefassten Gedanken kann mehr oder weniger gut gelingen. Da wir Meister darin sind, das Gedachte hinter den Worten zu erfassen, können wir auch die Güte der Umsetzung beurteilen. Sie lässt sich kritisieren.

Die Sprachen sind einander in verschiedenem Grade fremd, und je fremder eine ist, desto schwerer lässt sie sich lernen. Am fremdesten sind jene, die sich auf allen Ebenen unterscheiden: die Laute besitzen, welche der Lernaspirant nicht artikulieren, die er nicht einmal hören kann; deren Wörter keinerlei sprachgeschichtliche Verwandtschaft mit den eigenen haben und darum völlig undurchsichtig sind; deren Begriffsrepertoire sich in einer anderen Kultur entwickelt hat und darum eine ganz andere Auswahl menschenmöglicher Konzepte abdeckt; deren Grammatiken von einem anderen Typ sind. So weit sind das Unterschiede, die man als »rein sprachlich« ansehen kann: Es muss einer nicht anders denken, sondern »nur« anders sprechen lernen, um selbst die fremdeste aller Fremdsprachen zu lernen. Wenn die Sprache tatsächlich die Sache eines nur für sie reservierten und gegen den Rest der allgemeinen Hirntätigkeit abgeschotteten Moduls sein sollte, müsste beim Fremdsprachenlernen nur dieses Modul umprogrammiert werden; die übrige Geistestätigkeit, das übrige Denken bliebe davon unberührt.

Aber wäre es damit wirklich getan? Ist es eine »rein sprachliche« Umstellung, wenn wir zum Beispiel dem Aspektsystem einer anderen Grammatik gerecht werden müssen? Aspekte sind grammatische Formen, welche die von Verben ausgedrückten Vorgänge aus der subjektiven Perspektive des Sprechers kennzeichnen. Englisch *I have read* kennzeichnet den Vorgang aus der Sicht des Sprechers als abgeschlossen, *I have been reading* als bis jetzt andauernd. Deutsch macht diese Unterscheidung nicht. Hier heißt beides *ich las* oder *ich habe gelesen*, und normalerweise ist dieser Aspekt im Deutschen gleichgültig; wer durchaus sagen will, dass er bis eben jetzt beim Lesen war, muss das umschreiben. Die englische Grammatik aber erzwingt diese Unterscheidung; wer richtig Englisch sprechen will, kann sich nicht vor ihr drücken. Beim Englischlernen muss ein Deutscher in dieser Hinsicht also mehr Umstände mitbedenken, als er aus seiner Muttersprache gewöhnt ist; Tempusfehler sind entsprechend häufig. Wer die Sprache der Makah-Indianer im pazifischen Nordwesten der Vereinigten Staaten lernt, muss deren »Evidenziale« denken lernen, Verbsuffixe, mit denen ein Sprecher routinemäßig signalisiert, wie zuverlässig ihm das Mitgeteilte vorkommt, die also so viel wie *anscheinend, angeblich, tatsächlich* bedeuten, eine Unterscheidung, die im Deutschen fakultativ ist.[1]

Schwer vorstellbar also, dass der Austausch eines reinen Sprachmoduls für das Sprachenlernen genügte: Jede Sprache, sogar jede Grammatik benötigt einen mehr oder weniger anderen Input von Informationen nichtsprachlicher Art.

Einem gewissenhaften Übersetzer, der vor allem den Sinn eines Textes genau und vollständig wiedergeben will, wird selbst beim Übersetzen aus nah verwandten Sprachen betrüblich klar, dass jede in Relation zur eigenen an der einen Stelle über-, an der anderen unterspezifiziert ist: dass an der einen Stelle etwas schwerfällig umschrieben werden oder ganz unter den Tisch fallen muss, weil die Zielsprache keinen äquivalenten Standardausdruck dafür besitzt, während an der anderen Stelle etwas hinzuzuerfinden ist, das in der Quellsprache streng genommen gar nicht dastand, weil die eigene Sprache eine höhere Spezifizierung verlangt. Ein simpler Satz wie *they go home* lässt sich auf mehrere Weisen übersetzen. Das englische Allerweltsverb *go* bringt die Tatsache der Fortbewegung an sich zum Ausdruck, nicht die Art der Fortbewegung. Im Deutschen fehlt solch ein allgemeines Verb. Hier muss man Farbe bekennen: gehen? laufen? fahren? reiten? Englisch ist in diesem Fall unterspezifiziert. Dem englischen Satz ist nicht anzusehen, welche Art der Fortbewegung gemeint ist. Der Übersetzer muss raten.

Wirkt die konkrete Einzelsprache in das nichtsprachliche Denken hinein? Die vielen, fein abgestuften, sowohl lexikalisch wie grammatisch verankerten obligatorischen Höflichkeitsbezeugungen des Japanischen zum Beispiel – setzen sie ein spezielles Denken voraus, das Nichtjapanern schwer fiele? Muss man in Japan, um sich einer Situation gemäß höflich ausdrücken zu können, nicht nur im Augenblick so denken, wie die Sprache es vorschreibt, sondern immer so gedacht und sich die nötigen Unterscheidungen gemerkt haben? Muss man also nicht nur Japanisch sprechen können, sondern seine gesamte soziale Kognition ständig entsprechend den sprachlichen Vorgaben mit Information versorgen und strukturieren?

Dass die Sprache in das außersprachliche Denken hineinwirkt, ist inzwischen mehr als ein bloßer Verdacht. Es gibt dafür direkte, unter den kontrollierten Bedingungen wissenschaftlichen Experimentierens gewonnene Erkenntnisse. Dass es sie gibt, ist einer konkreten Frage zu verdanken, die zu provozierend war, als dass sie die betroffenen Wissenschaften hätte ruhen lassen: Benjamin Lee Whorfs These der Sprachrelativität.

Whorf, ein amerikanischer Versicherungssachverständiger und Hobbylinguist, war nicht der Erste, der sie vertrat – über Whorfs Lehrer Edward Sapir lässt sie sich bis zu Wilhelm von Humboldt zurückverfolgen. Bei diesem lautete sie: »… in jeder Sprache [liegt] eine eigentümliche Weltansicht.« Whorf aber war der Erste, der sie aus dem Reich der Spekulation herausführte und empirische Belege dafür beibrachte. In den dreißiger Jahren hatte er die Sprache und das Denken der Hopi-Indianer auf den Tafelbergen von Arizona untersucht und war zu dem Schluss gekommen, dass sich beide grundlegend vom »englischen Denken« unterschieden. Insbesondere hielt Whorf das Zeiterleben der Hopi für etwas ganz anderes: Die Hopi-Zeit schien ihm nichts objektiv Messbares zu sein, nicht in objektive Abschnitte unterteilt, sondern ein immerwährendes subjektives Fließen:

Die Hopi-Sprache enthält keine Wörter, grammatischen Formen, Konstruktionen oder Ausdrücke, die sich direkt auf das beziehen, was wir »Zeit« nennen. Sie beziehen sich auch weder auf Vergangenheit, Gegenwart oder Zukunft noch auf Dauern oder Bleiben.[2]

Als Illustration für die andersartige Weltanschauung der Indianer, die ihnen von ihren Sprachen, insbesondere von deren Grammatik diktiert werde, wurde immer wieder ein Satz der Apache-Sprache zitiert, der sinngemäß übersetzt *Es ist eine tröpfelnde Quelle* zu lauten hätte, wörtlich übersetzt aber *Wie Wasser* (oder *Quellen*) *Weiße* (oder *Helligkeit*) *bewegt-sich abwärts* lautet.[3] Sonderbar gedacht und gesagt erscheint er uns in der Tat, wie jede wörtliche Übersetzung aus einer absolut fremden Sprache, aber schon längst nicht mehr so sonderbar, sobald man wenigstens die »rein sprachlichen« Mittel wirklich übersetzt: *Quellengleich rinnt Helles.*
Jedenfalls schrieb Whorf:

Man fand, dass das linguistische System (mit anderen Worten, die Grammatik) jeder Sprache nicht nur ein reproduktives Instrument zum Ausdruck von Gedanken ist, sondern vielmehr selbst die Gedanken formt … Die Welt präsentiert sich in einem kaleidoskopartigen Strom von Eindrücken, der durch unseren Geist organisiert werden muss – das heißt aber weitgehend: von dem linguistischen System in unserem Geist … Wir gelangen daher zu einem neuen Relativitätsprinzip, das besagt, dass nicht alle Beobachter durch die gleichen physikalischen Sachverhalte zu einem gleichen Weltbild geführt werden.[4]

Die unterschiedlichen Grammatiken forcierten unterschiedliche Weltansichten, und die Menschen seien in ihrem Denken »auf Gedeih und Verderb ihrer Sprache ausgeliefert«: »Kein Individuum hat die Freiheit, die Natur mit völliger Unparteilichkeit zu beschreiben, sondern ist, wo es sich am freiesten glaubt, auf bestimmte Interpretationsweisen beschränkt«[5] – jeder ein Gefangener seiner Sprache.

Whorfs kühne These wurde populär – ja, sie war mehr oder weniger die einzige These, die aus der Linguistik je bis in die breitere Öffentlichkeit vordrang. Allein die deutsche Ausgabe von Whorfs Aufsatzsammlung verkaufte sich hundertachttausendmal. In den mit dem Geist und der Sprache beschäftigten Wissenschaften stand sie dagegen fremd und störend herum. Die dominante Kognitionspsychologie untersuchte – auf der Grundlage der Computermetapher – Denkoperationen, die sie für allgemeinmenschlich hielt; die Linguistik machte sich mit dem Syntaxtheoretiker Noam Chomsky auf die Suche nach der aller Menschensprache zugrunde liegenden Universalgrammatik. Beide betonten die »psychologische Einheit« der Menschheit und neigten dazu, Unterschiede – zwischen den Einzelnen, zwischen den Ethnien, zwischen den Sprachen – zu übersehen oder herunterzuspielen. Das implizite Credo des Zeitgeistes lautete: Wir tragen verschiedene Kostüme, folgen verschiedenen Bräuchen, spielen verschiedene Rollen, sprechen auch verschiedene Sprachen, doch diese Unterschiede sind belanglos, oberflächlich, sind gesellschafts- und kulturbedingt, bloße Tünche, Verkleidungen, denn im Grunde, dort, wo wir denken und fühlen und Sprache bilden, sind wir alle gleich und sollten uns letztlich also auch verstehen und verständigen können.

So wenig Anklang die Whorf'sche Hypothese auch in den betroffenen Wissenschaften fand, in einem Sinn war sie nicht zu bestreiten und wurde nicht bestritten: Wofür eine Sprache keine Begriffe bereitstellt, darüber kann die betreffende Sprachgemeinschaft nicht sprechen. Ob diese Tatsache – Whorfs »linguistisches Relativitätsprinzip« in seiner allerschwächsten Form – so trivial ist, wie man gerne meint, sei dahingestellt. Aber es geht um mehr als den Umfang und die Bestückung des Wortschatzes. Es geht darum, ob die Grammatik einer Sprache das außersprachliche Denken prägt oder zumindest darauf abfärbt.

In dieser Hinsicht musste »Whorf« in der ersten Hälfte der achtziger Jahre ein seinen Kollegen hochwillkommenes Fiasko hinnehmen. Mehrere Forscher (Helmut Gipper[6], Ekkehart Malotki[7]) reisten zu den Hopi und brachten die Nachricht zurück, dass die »Zeitlosigkeit« ihrer Sprache eine Ente gewesen sei. Sie besitze sehr wohl Zeitausdrücke, und Whorf habe bloß nicht scharfsichtig genug danach gesucht.

Noch schlechter erging es Whorfs Behauptung (tatsächlich war es nur eine unverbindliche Nebenbemerkung gewesen[8]), die Sprache der Eskimos habe viele, mindestens sieben Bezeichnungen für *Schnee*, für den wir nur eine einzige hätten, bedinge also auch ein anderes und viel genaueres Denken über den Schnee. Von Lehrbuch zu Lehrbuch, von Magazin zu Magazin wurde die Zahl immer weiter aufgeblasen, auf 50, 100, 200. Steven Pinker, ein erklärter Gegner des Whorf'schen Relativismus, machte, um ihn noch lächerlicher dastehen zu lassen, daraus schließlich gar 400 angebliche *Schnee*-Wörter. Dann kam die Eskimoforscherin Laura Martin[9], suchte nach all diesen *Schnee*-Wörtern und fand sie nicht. Und Geoffrey Pullum[10] ließ 1991 den »großen Eskimovokabularschwindel« vollends platzen und unternahm selber einen Zählversuch, mit dem Ergebnis, dass es in der Sprache der Eskimos nicht mehr und nicht weniger Wörter für die verschiedenen Formen von Schnee gebe als in anderen Sprachen, nämlich etwa ein Dutzend (*Schnee, Flocke, Harsch, Firn, Pulver, Sulz, Schneedecke, Schneematsch* und so weiter).

»Whorf« erledigt, die Luft wieder rein, die psychologische Einheit der Menschheit wiederhergestellt? Etwa zur gleichen Zeit begannen andere empirische Befunde einzulaufen, die nicht ähnlich leicht aus der Welt zu schaffen sein dürften. Einige Anthropologen, Psychologen und Linguisten nahmen Whorf pedantischer beim Wort als er sich selbst, stellten seine Frage (Prägt die Grammatik das außersprachliche Denken?) präziser, begnügten sich nicht mit »Anekdoten« und sahen genauer hin.

Der erste und lange Zeit der einzige empirische Test, dem Whorfs Theorie unterzogen wurde, betraf die Farbbezeichnungen. Sie stellen ein äußerst günstiges Experimentierfeld dar, ein viel zu günstiges, wie sich dann zeigen sollte. Alle Menschen sehen das gleiche Spektrum farbigen Lichts, und es lässt sich objektiv festlegen, welche Farbe einer gerade sieht, unabhängig von der genauen Qualität seiner subjektiven Farbwahrnehmung, von der man nichts wissen kann.

Insgesamt kann das menschliche Auge etwa zwei Millionen Farbtöne unterscheiden, zweihundert Farben in je fünfhundert Helligkeitsstufen und zwanzig Sättigungsgraden. Jeder Farbton ist exakt definierbar: durch die Wellenlänge, die Stärke und den Weißanteil des Lichts. Sprachbegriffe gibt es nur für wenige dieser Töne; die englische Sprache, die vielleicht die meisten besitzt, hat etwa zweitausend. Die meisten sind an irgendetwas wie ein Ding, ein Material gebunden (*türkis*). Daneben haben alle Sprachen einige wenige – höchstens elf – Grundwörter für Farben. Es sind dies Farbbezeichnungen wie *rot*, die im allgemeinen Gebrauch sind, nicht weiter auflösbar (wie es etwa *giftgrün* oder *himmelblau* ist), nicht an bestimmte Dinge gebunden (wie *blond* oder *brünett*) und nicht in einer anderen Farbe enthalten (wie *karmesin* in *rot*). Manche Sprachen haben nur zwei solche Grundwörter, im Englischen und Deutschen sind es etwa neun – genauer lässt sich die Zahl nicht angeben, weil es in jedermanns Ermessen steht, ob er Farbbezeichnungen wie *orange* zu den Grundwörtern zählt.

Aber die einzelnen Sprachen greifen nicht beliebige Punkte im Spektrum heraus, segmentieren es auch nicht beliebig. Farbvokabeln decken zunächst die vier Primärfarben Rot, Gelb, Grün und Blau ab, dazu das achromatische Schwarz und Weiß. Keine dieser Farben ist klar definiert: Zu den Rändern hin werden sie unscharf – wir können nicht sicher, mit Verweis auf eine objektive Grenze angeben, wo der Rotbereich endet und der gelbe beginnt. Sprecher aller Sprachen jedoch halten etwa die gleichen Punkte im Spektrum für das »beste Rot«, das »beste Gelb«. Diese Punkte sind überall dieselben, nämlich genau jene, bei denen auch die Sensoren unserer Augen die stärksten Signale liefern. Dies sind die vier Fokalfarben. Die Sprachen folgen also nur der Neurophysiologie unserer Farbwahrnehmung, nicht umgekehrt. Von einem Whorf-Effekt keine Spur.

Der Anthropologe Brent Berlin und der Linguist Paul Kay untersuchten über Jahrzehnte hin und in schließlich hundertzehn Sprachen, ob es bei der Vergrößerung des Farbvokabulars innerhalb einer Sprache Regelmäßigkeiten gibt.[11] Ja, es gibt sie. Die Sprachen legen sich die Grundwörter für Farben in mehr oder minder fester Reihenfolge zu. In jenen Sprachen, in denen es nur zwei gibt, sind es immer *schwarz* und *weiß* beziehungsweise *hell* und *dunkel* – wobei *dunkel* die auch *kalt* genannte *blau/grüne* Hälfte des Spektrums abdeckt, *hell* die *warme, rot/ gelb*. Auf der zweiten Stufe wird *weiß* von *rot/gelb* geschieden, auf der dritten *schwarz* von *grün/blau*; auf der vierten folgt die Spaltung von *rot* und *gelb*, auf der fünften die von *blau* und *grün*. Damit sind dann sechs Grundwörter für die vier Fokalfarben und die beiden achromatischen Töne vorhanden, und erst jetzt treten weitere Farbbezeichnungen wie *braun, violett* und *grau* dazu. Auch diese Regelmäßigkeiten künden von der Universalität der Farbwahrnehmung, der die Sprachen folgen.

Interessant wird die Sache aber bei jenen Sprachen, die nicht für alle Fokalfarben Grundwörter besitzen. Die Tzeltal-Maya in Mexiko zum Beispiel haben nur ein Wort für grün und blau, sozusagen den Begriff »blün«. Sie können jedoch die beiden Farben wie alle Menschen sehr wohl unterscheiden, »wissen« also mehr, als sie in ihrer Sprache ausdrücken können. Die begriffliche Zusammenfassung der beiden Farben scheint ohne Einfluss auf ihre Farbwahrnehmung. Aber einen geringfügigen Whorf-Effekt entdeckte Paul Kay 1984 dennoch: Wenn eine Sprache wie das Englische zwei Wörter für *grün* und *blau* hat, so werden ihre Sprecher im Vergleich zu den *blün*-Sprechern gleichsam empfindlicher für die Unterschiede zwischen den Farbtönen an der Grenze zwischen beiden. Es ist, als wären sie unwillkürlich – und lange bevor sie das, was sie sehen, in Sprache zu fassen versuchen – bemüht, ihre Wahrnehmung gemäß den lexikalischen Vorgaben ihrer Sprache zu strukturieren.

Viel bewiesen ist damit nicht. Der geringfügige Whorf-Effekt ist nicht grammatischer Art. Auch ist das Farbvokabular winzig im Verhältnis zur Gesamtheit des Wortschatzes und kein so typischer Fall, dass es stellvertretend für »das Denken«

stehen könnte. Und bei der Beschränkung auf die reinen Grundbegriffe ist die lexikalische Diskriminierungsfähigkeit der Sprachen wohl unterschätzt worden. Auch grundwortarme Sprachen scheinen in Wahrheit viele Farbkategorien mehr zu haben, aber eben materialgebundene, wie unser *anthrazit* oder *oliv*.

Für den Status der Whorf'schen These wiegt darum schwerer, was der Anthropologe John Lucy 1992 zu berichten hatte.[12] Beim Studium der Sprache der Maya in Yucatán war ihm aufgefallen, dass sie mit Pluralen sparsamer umgeht als Englisch. Sie hat überhaupt nur wenige, und nur für Lebewesen. Alles andere gibt es bei ihnen nur in der Einzahl, so wie im Englischen (und Deutschen) bei Substanzen (*Fleisch, Schlamm, Wachs*). Durch ihre Pluralarmut scheint ihre Sprache die Maya zu nötigen, mehr auf das Gleichbleibende, die Substanz, das Material zu achten als auf so wechselhafte Qualitäten wie Form und Gestalt. Und nun machte Lucy Experimente. Er zeigte seinen Versuchspersonen zum Beispiel eine kleine Pappschachtel und dazu erstens eine ähnliche Schachtel aus Plastik und zweitens eine Karte aus Pappe – und fragte dann, was davon der Pappschachtel am ähnlichsten sei. Wer Englisch sprach, antwortete: die Plastik*schachtel*. Die Maya aber sagten: die *Papp*karte. Maya, so zeigten diese Experimente und andere, klassifizieren vorwiegend nicht aufgrund der Form, sondern aufgrund des Materials. Diese Eigenart bildet sich bei ihnen allerdings erst im achten Lebensjahr heraus – vorher klassifizieren Maya-Kinder wie englische. Die Sprache, und zwar ein Detail der Grammatik, überformt hier also das Denken, aber nicht von Anfang an; sie muss das Denken offenbar erst nach ihrer Fasson programmieren.

Die gravierendsten Befunde zur Whorf'schen These verdanken wir Stephen Levinson, dem Direktor der Abteilung Sprache und Kognition am Max-Planck-Institut für Linguistik in Nijmegen. Er hat in der ersten Hälfte der neunziger Jahre in etwa zwanzig Kulturen vor allem die Raumorientierung untersucht, die sprachliche wie die reale.

267

Wie man sich im Raum zurechtfindet – anders als die Farbbenennung ist das für die Menschheit seit jeher eine erhebliche, ja zentrale Frage gewesen, eine, auf die sie viel von ihrer überragenden Denkkunst verwendet haben muss. Levinson stellte fest, dass in mehreren Sprachen uns selbstverständliche und unentbehrlich scheinende Begriffe wie *links*, *rechts*, *davor*, *dahinter* fehlen, dass ihre Sprecher sich aber dennoch nicht schlechter räumlich orientieren als wir und sich darüber auch mühelos verständigen können.

Es gibt, wie Levinson herausfand, drei völlig verschiedene Arten der Raumorientierung.[13] Unsere ist die egozentrisch-relative: Wir sehen uns als Mittelpunkt des Raumes und positionieren alles in ihm relativ zum eigenen Ich. Wo ist jene Kiefer dort? Rechts vor mir. Einige australische und mittelamerikanische Sprachen dagegen ordnen den Raum an absoluten Koordinaten, oft den vier Himmelsrichtungen; wenn das Gelände es nahe legt, zuweilen auch an topographischen. Dort wäre jene Kiefer *südlich quer* oder *aufwärts quer* von uns. Die dritte Orientierungsweise ist die intrinsische, an einzelnen Objekten orientierte (*am Weißdornbusch*).

Das Entscheidende ist, dass diese drei Methoden nicht ineinander übersetzbar sind. Wenn uns ein absolut orientierter Tzeltal-Maya auf seine Art den Weg beschreibt (*erst westlich, an der Gabelung südlich und gleich darauf östlich*), können wir damit so wenig anfangen wie er mit unserem *links* und *rechts*. Welcher Methode wir folgen, ist uns von unserer Sprache vorgegeben. Damit wir dieser Vorgabe Genüge leisten können, müssen wir ständig ihr gemäß denken, müssen uns ständig entweder relativ oder absolut oder intrinsisch positionieren und alle Fortbewegungen unserem Gedächtnis innerhalb dieser unterschiedlichen Vorstellungsräume einprägen. Kurz, unser Denken muss von vornherein und nicht erst bei Bedarf dem Koordinatensystem unserer Sprache folgen.

Ein simpler Typ von Experiment zeigte auf, dass die sprachliche Beschreibungsweise tatsächlich das ganze Raumdenken durchdringt. Man lege vor der Versuchsperson einen

Pfeil auf den Tisch, der mutmaßlich für den einen *nach links*, für den anderen *nach Osten* zeigt, drehe den Probanden um hundertachtzig Grad vor einen anderen Tisch und bitte ihn, den Pfeil genau so wieder hinzulegen, wie er ihn eben liegen gesehen hatte. Der egozentrische Sprachrelativist wird ihn so legen, dass er, von ihm selber aus gesehen, aufs neue *nach links* zeigt, der Sprachabsolutist aber so, dass er *nach rechts* zeigt, wo jetzt der Osten ist. Und tatsächlich verstanden sich Sprecher »absoluter« Sprachen auch bei sprachfreien Orientierungsaufgaben jederzeit so zu positionieren, als hätten sie einen eingebauten Kompass – Aufgaben, bei denen »relativistische« Westler versagten.

Ob die Unterschiede zwischen den Sprachen auch auf die nichtsprachliche Kognition des Geistorgans abfärben – diese alte, aussichtslos erscheinende Frage scheint damit tatsächlich beantwortet: Ja. Erwiesen ist der Fall vor allem für die Raumorientierung. Wir denken auch außersprachlich ständig so, wie es uns unsere Sprache vorschreibt, egozentrisch, absolut oder intrinsisch. Insofern ist die Sprache zwar eine Veräußerlichung unseres Denkens, unser Denken aber, zumindest in Teilen, eine Verinnerlichung der uns zur Verfügung stehenden Sprache. Sprache und Denken greifen ineinander.

Die »psychologische Einheit« der Menschheit ist damit nicht aufgehoben. Theoretisch könnte es unzählige Arten der Raumorientierung geben, jede in der Sprache fixiert. Es gibt aber nicht unendlich viele, sondern nur ganz wenige, und jeder könnte jede gelernt haben und seine eigene nennen. Die Reichweite und die Grenzen unserer gemeinsamen Wahrnehmung, Kognition und Emotion verklammern uns. Aber in einem mehr als oberflächlichen Sinn scheint Whorf schließlich doch Recht zu behalten. Nicht nur metaphorisch, sondern ganz konkret kann die Sprache – nicht die Sprache an sich, sondern jede Einzelsprache, ihre besondere Grammatik und ihr besonderes Vokabular – das Denken beeinflussen, leiten, strukturieren. Sie hilft uns beim Denken, indem sie das mutmaßliche Gewaber und Gebrodel unserer verflochtenen

Konzepte konkretisiert, fixiert und stabilisiert, sie zu Begriffen zuspitzt und die Kombinationen dieser Konzepte mit der Grammatik in eine Ordnung zwingt.

Konkretisierung, Fixierung, Stabilisierung des Gedachten mithilfe sprachlicher Symbole: Bestenfalls läuft dies auf eine Präzisierung hinaus, wenn auch oft unter semantischen Verlusten. Bei einer Unterart des Denkens verhält es sich gewiss so, den mathematischen Fähigkeiten des menschlichen Geistes. Noch völlig sprachlose Kleinkinder haben bereits einen Sinn für Zahlen, einen gewissen »Zahlensinn«, wie der Pariser Neuropsychologe Stanislas Dehaene ihn nennt, können Mengen abschätzen und mit ihnen rechnen. Auch viele Tierarten – Affen natürlich, aber auch Ratten, Raben oder Tauben – haben ihn. Er ist altes evolutionäres Erbe. Kleinkinder und Tiere denken in diffusen Mengenbegriffen, die von größeren Mengen jedoch hoffnungslos überfordert sind. Meist versagt dieser intuitive, sprachlose, analoge, angeborene Zahlensinn oberhalb der Zahl Drei, endgültig aber oberhalb von Fünf oder Sechs. Die menschliche Algebra hat sehr viel mehr aus ihm gemacht, indem sie den Zahlen Namen gab und ihn so mittels sprachlicher Symbole konkretisierte, fixierte, stabilisierte und damit präzisierte. Dehaene: »… Tiere und Kleinkinder besitzen nur eine verschwommene Repräsentation von Mengenkonzepten, bei der die Ungenauigkeit mit der Größe der Menge zunimmt. Die Folge ist, dass nur sehr kleine Zahlen (bis etwa 3) genau repräsentiert werden können … Tiere sind dadurch gehandicapt, dass sie auf elementare, ungenaue und nichtsymbolische Berechnungen beschränkt bleiben, während wir symbolische Kalkulationen von jeder nur wünschenswerten Genauigkeit vornehmen können … Als Menschen werden wir mit mancherlei Intuitionen betreffend Zahlen, Mengen, zusammenhängende Quantitäten, Iterationen, Logik oder die Geometrie des Raums geboren. Durch die Sprache und die Entwicklung neuer Symbolsysteme ist uns die Fähigkeit zugewachsen, diese grundlegenden Systeme auszubauen und verschiedenerlei Verbindungen zwischen ihnen zu knüpfen.«[14] Diese Denkhilfe, die das

Gehirn durch das Symbolsystem der Sprache erhält, ist so erheblich, dass es geradezu darauf giert, möglichst viele Erfahrungsbereiche zu versprachlichen. Wirklich existent scheint uns nur das zu sein, was sich benennen lässt. Was wenigstens benannt werden kann, scheint schon halb verstanden und bemeistert zu sein.

Meist sind Linguisten implizit oder auch explizit überzeugt, dass es keine primitiven Sprachen gibt und sich folglich in jeder alles ausdrücken lässt. Primitive Sprachen sind tatsächlich nicht bekannt – die Sprachen mancher zivilisationsferner Völker scheinen sogar ganz besonders komplizierte Grammatiken zu haben. Aber daraus folgt noch nicht, dass sich in jeder alles gleich gut ausdrücken lassen muss. Die Realität des Whorf-Effekts spricht dagegen, unsere eigene Erfahrung mit fremden Sprachen spricht dagegen: Der Siegeszug des Englischen beruht unter anderem eben darauf, dass sich manches auf Englisch besser, genauer sagen lässt. Wir können nicht voraussetzen, dass letztlich jeder jeden verstehen und sich ihm völlig verständlich machen kann. Nach Jahrzehnten der Universaleuphorie täten wir nicht schlecht daran, auf etwas mehr Fremdheit gefasst zu sein.

Was hat »Whorf« mit der Frage zu tun, ob es Sprachkritik geben kann oder gar sollte? Eine Menge. Als die Gesellschaft für deutsche Sprache (GfdS) 1999 einmal die Bewertungsallergie der Linguistik überwand, sich milde besorgt über den großen Einfluss des Englischen auf die deutsche Gegenwartssprache zeigte und in einer Art Manifest zur Erhaltung der Sprachenvielfalt aufrief, standen darin ein paar Sätze, die der Nichtlinguist für die bare Selbstverständlichkeit halten mochte, die aber in Wahrheit innerhalb der Sprachwissenschaft eine Ketzerei, geradezu einen Affront darstellten, weil sie der reine »Whorfismus« waren: »Sprache, Denken und Wahrnehmung stehen in einem engen Zusammenhang, und die einzelnen Sprachen beeinflussen unser Denken und unsere Wahrnehmung in unterschiedlicher Weise. Verschiedene Sprachen ermöglichen uns verschiedene Zugänge zur ›Welt‹. Sie bieten uns verschiedene Perspektiven, verschiedene ›Brillen‹ an, und diese Vielfalt sollte nicht verloren gehen.«[15]

Diese Feststellung war also kein Schuss ins Blaue. Sie war begründet.

Was steckt in einem Wort?

Sprachphilosophen – und Computerlinguisten, die den Rechnern ein Simulacrum von Bedeutungswissen, von Semantik einbauen möchten – lieben klar definierte Begriffe. ›Definition‹ – im ursprünglichen Wortsinn bedeutete das Abgrenzung. Wie grenzt man einen Gegenstand am saubersten von einem anderen ab? Durch eine Aufzählung der ihm zukommenden wesentlichen Merkmale, jedes von ihnen notwendig und alle zusammen ausreichend. Besitzt ein Objekt alle notwendigen Merkmale, so ist es ein Soundso; fehlt ihm eins davon, oder ist eins dabei, das ihm nicht zukommt, so muss es etwas anderes sein. Kann man mit dem Ding Ferngespräche führen, so ist es ein Telefon; kann man hineinsprechen, aber nichts hören, dafür aber Toast rösten, so ist es keins; ein Halbtelefon in Kombination mit einem Halbtoaster wäre gar nichts. Es ist eine sauber verkästelte, eine digitale Welt. Alle Dinge haben eine scharfe Grenze, und hinter ihr beginnt etwas anderes. Tatsächlich gibt es viele Begriffe mit derart scharf umgrenzter Bedeutung. Der Begriff *drei* bedeutet *genau drei* und nicht *ungefähr drei*, jemand ist mein *Onkel*, oder er ist es nicht, und eine Frau kann bekanntlich nicht *ein bisschen schwanger* sein.

So klare, quasi digitale Verhältnisse herrschen aber nur in einem Teil des Wortschatzes, einem kleineren Teil. *Ein bisschen krank* kann jemand sehr wohl sein, und über die Grenze zwischen *krank* und *gesund* lässt sich endlos streiten – die Bedeutung beider Begriffe ist unscharf und nur relativ. Schon bei einem Begriff wie *Onkel* befallen einen Zweifel. Er ist so scharf, wie man ihn nur wünschen kann: der Bruder eines Elternteils. Aber das *onkelhafte Benehmen* bezieht sich auf keinen realen *Onkel*, die Erklärung *ein Benehmen wie Vaters Bru-*

der geht völlig am Gemeinten vorbei, und wer verstehen wollte, was ein *komischer Onkel* ist, fände die Definition nur hinderlich.

Tatsächlich hat sich im letzten Viertel des zwanzigsten Jahrhunderts gezeigt, dass ein Großteil des Wortschatzes ganz anders organisiert ist[1]: nicht klassisch, nicht »aristotelisch«, nicht quasi digital, sondern unscharf, *fuzzy*. Die Bedeutung eines Begriffs, so etwa sieht man es heute, schart sich um einige gute Beispiele oder einen Prototyp, das heißt einen imaginären typischen Vertreter seiner Kategorie, und sie zerläuft zu den Rändern hin. Die Begriffe für viele Dinge der Welt sind im Gehirn organisiert wie die Farbbegriffe: um einen Fokus, einen optimalen Punkt herum und an den Rändern weich in die benachbarten Kategorien verlaufend, vom rötesten Rot zu einem Rot, das fast schon gelb ist – nur dass sich der herangezogene Prototyp meist nicht so scharf und objektiv bestimmen lässt wie die Fokalfarben Rot, Gelb, Grün und Blau.

Es ist schwer zu sagen, welche Gestalt ein solcher Prototyp eigentlich hat, wie er im Gehirn repräsentiert ist. Er ist nicht mit einer platonischen Idee zu verwechseln; Ideales hat er nichts an sich. Ist er eine Bildvorstellung? Nicht nur, obwohl bildhafte Skizzen in ihm sehr wohl eine Rolle spielen können. Die Summe dessen, was man über das betreffende Ding weiß? Auch der uninformierte Verstand orientiert sich an Prototypen. Oder doch eine Merkmalsliste? Es gehen in ihn auch einzelne charakteristische Merkmale ein, aber deren Zahl ist offen, sie sind auswechselbar, und ihre Gewichtung kann sich im Licht neuer Erfahrungen verschieben. Am besten denkt man sich den Prototyp vielleicht als eine Art Knoten, in dem alles zusammenläuft, was das Gehirn zu einem Konzept assoziiert und woraus es ein multimodales Mittel errechnet.

Dächte man sich den Begriff ›Vogel‹ als eine Liste von Merkmalen, so zwänge einen der Strauß, das Merkmal »kann fliegen« daraus zu streichen. Welche Merkmale aber verblieben ihm dann überhaupt noch? »Hat Federn«? Das älteste deutsche Volksrätsel fragt nach dem »Vogel federlos«, meint damit aber gerade keinen Vogel, sondern die Schneeflocke, bestätigt also scheinbar die Notwendigkeit des Merkmals »hat Federn«. Aber sind Küken, da sie weder fliegen können noch Federn haben, vor der ersten Mauser keine Vögel? Und was ist mit den Pinguinen, in deren schuppenartigem Kleid nur Zoologen ein Gefieder erkennen? Solchen Haarspaltereien brauchen wir uns bei der Verwendung unserer Begriffe selten hinzugeben. Wir wissen, was ein Vogel ist, weil wir dafür einen anpassungsfähigen Prototyp besitzen. Der Prototyp des Begriffs ›Vogel‹, der sozusagen vogelhafteste Vogel, ist in Mitteleuropa etwa ein kleiner Singvogel wie die Meise; die Gans oder gar die Eule sind nicht so vogelhafte Vögel, der Strauß erst recht nicht, und der Pinguin rangiert irgendwo ganz am Rand des Begriffs. Für unseren naiven Begriffsverstand liegen krass untypische Exemplare zu weit vom prototypischen Mittelpunkt ihrer Kategorie entfernt; der informierte Begriffsverstand aber wird durchaus mit ihnen fertig.

Das heißt auch, dass die auf Prototypen bezogenen Begriffe nicht statisch sind, sondern immer in Bewegung. Wenn wir an die Küste ziehen, wird sich der Mittelpunkt unseres Begriffs ›Vogel‹ zu den Seevögeln hin verlagern, und wenn wir den ersten Strauß unseres Lebens identifiziert haben, müssen wir das Merkmal »kann fliegen« aus unserer Vorstellung des prototypischen Vogels streichen. Für Europäer, Asiaten und Amerikaner war ein unabdingbares Merkmal des Schwans immer sein weißes Gefieder. Dann wurde der schwarze Schwan Australiens entdeckt, und der ganze Rest der Welt musste den Begriff ›Schwan‹ korrigieren. Die Begriffe sind abhängig von unseren individuellen Erfahrungen. Sie bedeuten nicht für jeden genau, sondern nur ungefähr dasselbe, und man kann streiten, wer über die richtigere Bedeutung verfügt. Ihre Bedeutungen sind auch über das eigene Leben hin nicht konstant. Neue Erfahrungen zwingen uns ständig, Merkmale hinzuzufügen und abzuziehen und anders zu gewichten. Wer viel über eine Sache weiß, schärft seinen Begriff davon: Er nimmt ihm irrige und irreführende Merkmale und fügt zutreffende, aber weniger auffällige hinzu.

Auf seinem untersten Grund funktioniert das Gehirn wohl tatsächlich »digital« wie ein Computer. Im Verkehr seiner Neuronen gibt es nur zwei Zustände: Potenzial oder kein Potenzial, Signal oder kein Signal. Aber wie ein gutes digitales Bild die Pixel nicht erkennen lässt, aus denen es besteht, sondern die gleichen weichen, fließenden Übergänge zu haben scheint wie ein analoges, so muten auch die Konzepte, die sich unser Geistorgan bildet und auf die es die Sprache gründet, nicht digital an, sondern analog, fein durchschattiert auf eine Weise, die unsere Beschreibungskunst übersteigt.

Wie kommt das Gehirn zu einer Wortbedeutung? Kinder schlagen sie nicht im Lexikon nach, und nur manchmal üben erwachsene Sprecher mit ihnen Wörter und ihre Bedeutungen ein. Man kann es kaum anders sagen: Sie schnappen sie auf. Auch Erwachsene schlagen Definitionen im Lexikon meist nur nach, wenn sie sich anders gar nicht mehr zu helfen wissen und einen Abkürzungsweg zur Bedeutung suchen. Die Wörterbücher tun ihr Bestes, aber oft helfen einem ihre Definitionen wenig. Hat man ein Wort wie Kontingenz nicht in seinem Wortschatz, so nützte einem auch der Blick ins Lexikon wenig (»Zufälligkeit, Möglichkeit« und so weiter) – man könnte es trotzdem nicht richtig anwenden. Die genaue Bedeutung eines Wortes lernen Erwachsene wie Kinder nämlich auf eine andere Weise: indem sie Sätze hören und lesen, in denen es gebraucht wird, und aus dem Zusammenhang seinen Sinn zu erschließen suchen. *Üppig* bedeutet laut Lexikon ›in Fülle vorhanden‹, ›reichlich‹, ›verschwenderisch‹, ›rundlich‹. *Üppig* kann eine Mahlzeit sein, ein Warenangebot, ein Veranstaltungsprogramm oder auch ein Busen, aber ein *üppiges Geld*, eine *üppige Menschenmenge* oder einen *üppigen Bizeps* sagt man nicht und kann man nicht sagen. Wenn wir unserem Wortschatz das Wort *üppig* hinzufügen, müssen wir nicht nur gelernt haben, was es bedeutet – das ergibt sich in einem solchen Fall fast nebenbei (»irgendwie groß«). Wir müssen vor allem wissen, was uns oft kein Wörterbuch verrät, nämlich in welcher Art von Aussagen es angebracht ist und in welchen nicht. Der Begriff, der Bedeutungsknoten sitzt sozusagen im Schnittpunkt der für legitim gehaltenen Aussagen über ihn.

Das war Ludwig Wittgensteins bahnbrechende Beobachtung: »Die Bedeutung eines Wortes ist sein Gebrauch in der Sprache.«[2] Wohl niemand hat so insistent wie er über die Bedeutung von ›bedeuten‹ und ›wissen‹ nachgedacht, in immer neuen Ansätzen, die er sofort wieder in Frage stellte. Dass ein Wort seine Bedeutung nicht von der Sache erhalte, die es benennt, sondern von seinem Gebrauch – das war eine Einsicht, die sich gegen alle Selbstzweifel immer deutlicher herausschälte. Er stellte sie der traditionellen (»augustinischen«) Vorstellung gegenüber, die Bedeutung eines Wortes sei ganz einfach das, was es bezeichne – die Bedeutung von ›Hammer‹ etwa sei irgendein Hammer, und man müsse nur auf einen Hammer deuten, um zu erklären, was das Wort bedeute. Dagegen Wittgenstein: »Es ist inzwischen deutlich geworden, dass die Bedeutung eines Wortes nicht der Gegenstand ist, den es benennt oder bezeichnet, sondern die Rolle, die es in der Sprache spielt. Die Bedeutung eines Wortes liegt darin, wie es in der Sprache gebraucht, angewandt, wird. ›Die Bedeutung eines Wortes kennt man, wenn man es anzuwenden weiß.‹«[3] »Eine Bedeutung eines Wortes ist eine Art seiner Verwendung. Denn sie ist das, was wir erlernen, wenn das Wort zuerst unserer Sprache einverleibt wird.«[4] »Wie ein Wort funktioniert, kann man nicht erraten. Man muss seine Anwendung *ansehen* und daraus lernen …«[5]

Zunächst hat man eine Bedeutungsvermutung. Ein ganz bestimmter Denkinhalt scheint an die Leerstelle zu gehören, die das unbekannte Wort einnimmt. Diese noch schwammige Vermutung wird von weiteren Sätzen, in denen das fragliche Wort vorkommt, bestätigt oder widerlegt. Sie wird dabei enger, spitzt sich zu, und man wird immer sicherer, in welchen Aussagen das Wort angebracht ist und in welchen nicht. Schließlich probiert man es selber aus und bewirkt im Gebrauch seine semantische Feinabstimmung. Das heißt, die Bedeutung eines einzelnen Wortes wird zu einem Punkt in einem größeren Bedeutungszusammenhang, und nur in ähnlichen Bedeutungszusammenhängen wird man es selber verwenden. Sprachrezeption und -produktion, Lesen und Schreiben bedingen einander. Wer nicht viel Sprache hört und liest, lernt ihr Lexikon und ihre Grammatik nicht richtig kennen und kann sie selber dann auch nicht richtig anwenden; und wer sie nicht in der Kommunikation aktiv selber erprobt, dem wird es auch an Sprachverständnis fehlen.

Die Sprachwissenschaft hat sich ausgiebig darüber gewundert, aus wie unvollkommenen Sprachbeispielen Kinder eine vollkommene Grammatik erschließen. Nicht weniger staunenswert ist unsere Fähigkeit, aus einer unvollkommenen Äußerung den Gedanken zu extrahieren, den sie ausdrücken soll. Jeder von uns ist ein Virtuose im Erraten. Wir nehmen alles zu Hilfe, was uns Aufschluss geben könnte: alles, was wir über den Sprecher wissen, seine Mimik und Gestik, seinen Tonfall, die Gesprächssituation, die allgemeine Lebenserfahrung. Aus Indizien aller Art leiten wir eine Erwartung ab, sodass wir oft schon im voraus wissen, was einer sagen wird, und seine Worte gar nicht mehr brauchen – oder höchstens noch, um dem einen oder anderen zu entnehmen, dass er tatsächlich sagt, was wir erwarten. Gelegentlich half mir eine Slowenin im Haushalt, die zwar seit fünfzehn Jahren in Deutschland lebte, aber von ihrer sprachlichen Integration noch hoffnungslos weit entfernt war. Einmal zeigte sie auf einen Stuhl und fragte: »Du Keller?« Ich sah sie an, sah den Stuhl an, überlegte, was es sein könne, das sie in diesem Augenblick wissen wollte, und plötzlich hatte ich den Gedanken hinter ihren Worten: »Haben Sie vielleicht alte Stühle oder andere Möbelstücke, die Sie mir geben könnten? Wenn nicht hier, dann vielleicht unten im Keller?« In Verständnisschwierigkeiten kommen wir, wenn unser Gegenüber plötzlich gar nicht von dem redet, was wir erwarten. Wenn wir Gespräche mithören – etwa am Nebentisch im Restaurant –, bei denen wir keine Ahnung haben, wovon sie handeln könnten, und nicht einmal, in welcher Sprache sie stattfinden. Oder schon dann, wenn jemand plötzlich Namen nennt, die uns unbekannt sind und die wir nun wirklich erst Laut für Laut verstehen müssten, um in unserem Bedeutungsfilz nach ihnen zu suchen.

Damit sich Gesprächspartner überhaupt verstehen können, müssen beide Seiten die Spielregeln einhalten. Die Spielregeln, das sind einige elementare Verabredungen. Der amerikanische Sprachphilosoph Paul Grice hat sie zu vier »Maximen« zusammengefasst, den berühmten Grice'schen Konversationsmaximen.[6] Alle beruhen sie auf dem Willen, dem Gegenüber das Verstehen nicht schwerer als nötig zu machen (dem »Kooperationsprinzip«). Wo er fehlt, misslingt die Kommunikation, reden die Menschen aneinander vorbei. Maxime 1: Sei so informativ wie möglich und nicht informativer als nötig (Quantitätsmaxime). 2. Sag nichts, was du selber für falsch hältst oder nicht belegen könntest (Qualitätsmaxime). 3. Sei relevant: Sprich zur Sache (Relationsmaxime). 4. Sei deutlich: Sei nicht dunkel und nicht zweideutig, schweife nicht ab, ordne, was du zu sagen hast (Modalitätsmaxime). Das sind keine moralischen Forderungen, dazu bestimmt, in Konferenzsälen an die Wand gehängt zu werden, obwohl sie solchen Gebrauch durchaus verträgen. Es sind vielmehr logische Implikationen: das, was wir bei jedem Gespräch stillschweigend voraussetzen müssen, ehe wir auch nur beginnen können, unsere Gesprächspartner zu verstehen. Wir gehen davon aus, dass der andere uns entgegenkommen und alles in seiner Macht Stehende tun wird, um richtig verstanden zu werden; dass er nicht mehr und nicht weniger sagen wird, als die Situation erfordert; dass er nicht bewusst lügen wird; dass er beim Thema bleiben wird; dass er nicht extra undeutlich daherredet. Eine Beachtung dieser Maximen engt für den Hörer die verwirrenden Auslegungsmöglichkeiten, die jede Äußerung sonst hätte, von vornherein stark ein. Bemerkt er, dass der Sprecher gegen eine dieser Maximen verstößt und damit das Kooperationsprinzip aufgekündigt hat, so bricht jedes Gespräch ab. Wir verstehen vielleicht noch alles, aber wir wissen nicht mehr, wie es gemeint ist. Vielmehr wissen wir, dass das Gesagte jedenfalls nicht das ist, was der andere sich dabei gedacht hat, und dass unsere meisterliche Fähigkeit, selbst aus lückenhaften oder falschen Äußerungen den richtigen Sinn zu entnehmen, in diesem Fall ins Leere läuft. Wir wurden getäuscht. Das Gespräch ist missglückt. Wer nach der Zeit fragt, erwartet, dass der andere sie ihm nennt, schlicht und einfach, und nicht etwa eine wissentlich falsche (dass er also die Qualitätsmaxime beachtet), dass der Gefragte auch keinen langen Vortrag über die Probleme der Zeitmessung hält (Quantitätsmaxime), dass er sich nicht stattdessen über das Wetter auslässt (Relationsmaxime) oder mit einem Scherzrätsel antwortet (Modalitätsmaxime). Gesprächspartner müssen sich ein Minimum an Vertrauen entgegenbringen, sich aufeinander einstellen und sich in ihren Äußerungen entgegenkommen; dann gelingt die Kommunikation auch, wenn die Äußerungen nur teilweise verstehbar oder sprachlich defekt sind. Der Transport von Bedeutung mit dem Vehikel der Sprache gelingt nur als kooperativer Akt. Der Mensch hat ein genaues – aber zuweilen irrendes – Sensorium dafür, wie er seine Sprache der Auffassungsgabe eines Gesprächspartners anpassen muss. Das schlagendste Beispiel ist das *motherese*, die »Muttersprache«, die Mütter mit ihren Kindern sprechen und die sich laufend deren Lernfortschritten anpasst.

Wörter sind mehr als arbiträre Lautfolgen mit einer bestimmten Bedeutung, die man im Lexikon nachschlagen kann – sie sind tief in das individuelle Bedeutungsgewebe, den Bedeutungsfilz eines jeden Gehirns eingewirkt, haben einen Hof persönlicher Assoziationen um sich, führen bis dorthin, wo die episodischen Erinnerungen und die Emotionen zu Hause sind, haben außer ihrer objektiven eine subjektive Geschichte, bei jedem eine andere, aber nicht eine völlig andere, sonst wäre keine Verständigung möglich.

Dass jedes Inhaltswort einen Hof von Assoziationen um sich hat, wurde schon von Darwins Cousin Francis Galton entdeckt und nachgewiesen. Die erste ausführliche Studie dazu stammt aus dem Jahre 1910. Die New Yorker Psychiater Kent und Rosanoff[7] lasen damals 1008 Versuchspersonen hundert Wörter vor – zum Beispiel *Stuhl* – und fragten bei jedem, welches andere Wort ihnen dazu als erstes einfalle. Eigentlich waren sie auf der Suche nach überraschenden, bizarren Assoziationen, aus denen sie sich Aufschlüsse über die Denkweise ihrer geisteskranken Patienten versprachen. Die Wörter, die ihnen genannt wurden, waren aber wenig bizarr. Ihr Wortassoziationstest, der zu einem der berühmtesten psychologischen Tests überhaupt werden sollte, förderte vielmehr Regelmäßigkeiten zutage. Zum einen gehörten die assoziierten Wörter vorwiegend der Wortklasse des Stimuluswort an: Ein Substantiv führte meist zu Substantiven, ein Verb zu Verben, ein Adjektiv zu Adjektiven. Zum anderen waren zwar einige einmalige, sonderbare, individuelle Assoziationen dabei (*Kissen, Lehrer, Pflanze*), die meisten aber führten mitten in ein Gebiet von Bedeutungsverwandtschaften, das sich als überindividuell erwies und seitdem das »semantische Feld« genannt wird: *Tisch, Sitz, sitzen, Möbel, Holz, Ruhe, Hocker, Bequemlichkeit, Schaukelstuhl* … Jedes Wort aktiviert also nicht nur seine eigene Bedeutung, es aktiviert ein ganzes semantisches Feld, in das es eingewoben ist. Es bedeutet nicht nur das, was es bezeichnet (seine Denotation), sondern hat einen großen Umkreis von Konnotationen.

Einem zu weiten Auseinanderdriften dieser subjektiven Konnotationen, die man sich wohl besser als eine Art persönlichen Hallraum oder eine Sinnaura vorstellt denn als eine Serie diskreter Nebenbedeutungen, ist dadurch ein Riegel vorgeschoben, dass sich die Wörter in der Kommunikation ständig zu beweisen haben. Wer mit einem Wort etwas ganz anderes meint als die übrige Sprachgemeinschaft, wird mit Nichtverstehen bestraft. Eine semantische Schnittmenge muss bleiben, um die Verständigung zu gewährleisten. Wenn

jemand wie in dem hübschen Märchen von Peter Bichsel[8] beschließt, den *Tisch* hinfort *Bild* zu nennen, und wenn mehrere
es ihm gleichtun, dann bedeutet *Bild* neuerdings eben das,
was bis dahin *Tisch* bedeutete, und die Lexikographen müssten es so in ihren Wörterbüchern verzeichnen: »*Bild*, als Mö-
belstück dienende waagerechte, auf einer Stütze ruhende
Platte.« (Es ist eine Geschichte darüber, dass sich die Welt leider nicht durch eine Umbenennung ihrer Inhalte verbessern
lässt.) Wenn die Wörter einigermaßen stabile überindividu-
elle Kernbedeutungen haben, dann allein deshalb, weil sich
die individuellen Bedeutungen unablässig gegenseitig kontrollieren: Jeder, der in seinem eigenen Sprachgebrauch zu
weit von ihnen abwiche, würde von den anderen nicht mehr
verstanden. So endet Bichsels Geschichte über den Mann, der
die Dinge umbenannte, mit dessen völliger Vereinsamung:
»Der alte Mann im grauen Mantel konnte die Leute nicht
mehr verstehen, das war nicht so schlimm. Viel schlimmer
war, sie konnten ihn nicht mehr verstehen. Und deshalb sagte
er nichts mehr. Er schwieg, sprach nur noch mit sich selbst,
grüßte nicht einmal mehr.«
Dass die Wörter einen emotionalen Resonanzboden haben, den ihre rein definitorische Bedeutung nicht erfasst,
kann man sich am besten dort klar machen, wo sie eine Stimmung erzeugen sollen, die man selber nicht teilt. Das Wort
Heil machte in Nazideutschland Karriere, weil darin *gesund*
und *in Ordnung* und *heilig* und *heilig Vaterland* mitwaberte.
Nur darum wirkte es begeisternd. Fast bedeutungsgleich mit
Heil Hitler! wäre der Gruß *Prost Schicklgruber!* gewesen – die
Leute werden gewusst haben, warum sie das niemals riefen.
Die Reden, die 1934 auf dem Parteitag der NSDAP geschmet-
tert wurden, festgehalten in Leni Riefenstahls naiv-dreistem
Propagandafilm *Triumph des Willens*, wirkten seinerzeit nicht
nur wegen des Brimboriums der Inszenierung mobilisierend
(Uniformen, Marschkolonnen, Fahnen, Sonnensymbole,
Kränze, markige Mimik, gereckte Arme), auch nicht nur we-
gen des ohren- und verstandbetäubenden Geschreis der Red-

ner, sondern wegen der emotionalen Grundierung der Wörter unabhängig von ihrem Sinn, ja gerade darum, weil ihre emotional evokative Kraft groß war und ihre Bedeutung dünn und gar nicht näher zur Kenntnis genommen werden wollte. Ihr Hauptinhalt war nicht ihr Sinn, sondern ihr Pathos: *Macht – Kämpfer und Streiter – wahrhaftig – kompromisslos – Träger seines besten Blutes – Schwur – Führungsauslese – Musterung – kommende Jahrtausende – die Jugend ist uns verschrieben – höchste Verkörperung des deutschen Gedankens und Wesens – ewig – unzerstörbar – wird einst – zehren – Opfersinn – Bewegung – Begeisterung – der deutsche Staat – das deutsche Volk – das deutsche Reich …* Wenn die englischen Untertitel das Ende des Vorspanns mit *Adolf Hitler flew once again to Nuremberg to hold a military display* übersetzten, so gab das den bloßen Satzinhalt nicht falsch wieder. Riefenstahl aber hatte geschrieben, und zwar in wuchtigen Frakturbuchstaben: … *flog Adolf Hitler wiederum nach Nürnberg, um Heerschau abzuhalten über seine Getreuen* – und das war etwas ganz anderes.

Mit einer Terminologie kauft man unter Umständen eine ganze Weltanschauung, und die Rückübersetzung ihrer ehrfurchtgebietenden Begriffe in die der Alltagssprache lässt das ganze pathetische Gebäude kollabieren. Sie ist darum ein bewährtes Mittel der Entzauberung. 1935 notierte Bertolt Brecht: »Wer in unserer Zeit *statt Volk Bevölkerung* und *statt Boden Landbesitz* sagt, unterstützt schon viele Lügen nicht. Er nimmt den Wörtern ihre faule Mystik. Das Wort *Volk* besagt eine gewisse Einheitlichkeit und deutet auf gemeinsame Interessen hin, sollte also nur benutzt werden, wenn von mehreren Völkern die Rede ist, da höchstens dann eine Gemeinsamkeit der Interessen vorstellbar ist. Die Bevölkerung eines Landstrichs hat verschiedene, auch einander entgegengesetzte Interessen, und dies ist eine Wahrheit, die unterdrückt wird. So unterstützt auch, wer Boden sagt und die Äcker den Nasen und Augen schildert, indem er von ihrem Erdgeruch und ihrer Farbe spricht, die Lügen der Herrschenden … Für das

Wort *Disziplin* sollte man, wo Unterdrückung herrscht, das Wort *Gehorsam* wählen, weil Disziplin auch ohne Herrscher möglich ist und dadurch etwas Edleres an sich hat als Gehorsam. Und besser als das Wort *Ehre* ist das Wort *Menschenwürde*. Dabei verschwindet der einzelne nicht so leicht aus dem Gesichtsfeld.«[9]

Die Sprache scheint voller Synonyme. Wären die Begriffe aristotelisch, quasi digital gebaut, so wären Synonyme exakt bedeutungsgleich und unterschieden sich höchstens durch zusätzliche »Markierungen«, die sie trügen: *Hund* (unmarkiert), *Köter* (abwertend, umgangssprachlich), *Töle* (abwertend, umgangssprachlich, norddeutsch), *Wauwau* (kindersprachlich). Aber welche Markierung hätte *Kläffer*? Wie brächten wir es fertig, *Köter* und *Kläffer* richtig anzuwenden, wenn uns nicht ein feiner Bedeutungsunterschied zwischen ihnen bewusst wäre?

Eine Begriffsfolge wie *beherzt / kühn / mutig / unerschrocken / furchtlos / tapfer / heldenmütig / reckenhaft / heroisch / tollkühn / draufgängerisch* definitorisch auseinander zu halten, wäre außerordentlich schwer. Bedeuten alle das Gleiche, nur mehr oder weniger intensiv? Im Grunde gibt es kaum wirkliche Synonyme. Fast immer liegen Bedeutungsschattierungen vor. Selbst ein *Kind* ist nicht dasselbe wie ein *Kid*. Wir wüssten den Bedeutungsunterschied nicht genau zu definieren, trotzdem wissen wir, in welchen Sätzen das eine Wort und in welchen das andere angebracht ist. *Ihr Kids kommet, o kommet doch all!* wäre eine Satire. Bei jedem denken wir offenbar verschiedene Konzepte; das Wörterangebot unserer aktuellen Sprache lädt uns ein, an dieser Stelle zwei verschiedene Konzepte zu denken.

Eine Adjektivreihe wie die zu *Mut* ist eine Seltenheit. Oft stellt uns die Sprache nur Gegensatzpaare zur Verfügung. Es gibt immer nur zwei Wasserhähne, *warm* oder *kalt*, die Musik *laut* oder *leise*, das Licht *hell* oder *dunkel*, das Buch *lang* oder *kurz*, der Schaden *groß* oder *klein*, der Magen *gesund* oder *krank*, der Filmheld *gut* oder *böse* – obwohl wir es im Leben doch durchweg mit Zwischentönen zu tun haben. Zwei, drei Wörter für die ganze Palette, wie manche Sprachen nur zwei, drei Wörter für das ganze Farbspektrum besitzen, und beide sind sie relativ und bedeuten: im Vergleich zu einem gedachten durchschnittlichen Vertreter seiner Art, sodass der *kleinste* Storch *größer* ist als der *größte* Frosch und der *kleinste* Frosch *größer* als die *größte* Mücke.

Auch bei den Substantiven (besonders den abstrakten, die reine Denkfiguren sind) wimmelt es von Gegensatzpaaren: *Tag und Nacht, Himmel und Erde, Freud und Leid, Lachen und Weinen, Hass und Liebe, Dummheit und Klugheit, Ordnung und Chaos, Krieg und Frieden, Opfer und Täter, Sein und Nichtsein,* obwohl uns in der Realität vorwiegend Zwischen- und Mischformen umgeben. Sie verleihen unserem begrifflichen Denken etwas Holzschnitthaftes: Schwarz oder Weiß. Die Sprache zwingt uns binäre Entscheidungen auf, die wir ohne sie vielleicht gar nicht treffen würden. Bisweilen stellt sie uns vor die falschen Alternativen: *Geist und Macht, Körper und Seele* – das hat sich unserem Denken so eingebrannt, dass wir Mühe haben zu erkennen, wie das eine aus dem anderen hervorgeht, seinem vorgeblichen Gegensatz, dass und wie etwa körperliche Vorgänge zu geistigen und seelischen werden und umgekehrt.

Wie ordnet und speichert das Gehirn sein Begriffsrepertoire, um im richtigen Augenblick sofort das passende Wort zu finden? Wir finden es nur relativ schwer anhand seiner Lautgestalt: seinem Anfangslaut, seiner Silbenzahl, seiner Endsilbe. Begriffe sind im Gehirn vor allem nach Bedeutungen geordnet und eingewebt in ein dichtes Netzwerk von Bedeutungen.

Wir wären beispielsweise außerstande, alle uns bekannten Wörter herzusagen, die mit *Dau-* beginnen oder sich auf *-dau* reimen. Selbst wenn uns viel von der Lautgestalt eines gesuchten Wortes verraten wird, kommen wir darauf oft erst, wenn uns ein Fingerzeig auf seine Bedeutung nachhilft. Bei manchen Spielen soll man Wörter aus losen Buchstaben zusammensetzen. Ein Schüttelkreuzworträtsel nennt einem zum Beispiel die Buchstaben EECKR, und aus denen soll man nun ein passendes Wort bilden. Man weiß bei diesem Spiel von vornherein, was man bei dem schwierigeren Scrabble nicht wüsste: dass sich tatsächlich ein Wort daraus bilden lässt und dass dieses fünf Buchstaben enthält. Trotzdem fällt die Lösung nicht leicht. Wir finden sie nur, indem wir die Buchstaben probeweise so oder so kombinieren und uns ansehen, ob der Zufall dabei ein gültiges Wort entstehen lässt. Wenn wir es schließlich haben, wissen wir nicht, ob es nicht auch noch andere Lösungen gegeben hätte. Erfahren wir dagegen die dazugehörige Bedeutung, haben wir es sofort: *Held* – gesucht war also *Recke* und nicht *Ecker*. Die Achtung, die wir für den seltenen Reim empfinden, entspringt eben dem Umstand, dass es eine besondere dichterische Begabung braucht, auf ihn zu kommen – also Wörter nicht nur nach ihren Bedeutungen, sondern ebenso auch nach ihrem Klang zu ordnen und zugänglich zu machen.

Mit einem einfachen Experiment wies in den sechziger Jahren der Psychologe Paul Kolers nach, dass wir beim Sprachverstehen mehr auf die Bedeutungen achten als auf den Wortlaut.[10] Er legte seinen Versuchspersonen, die fließend Englisch und Französisch sprachen, nacheinander Wörter aus einer längeren zweisprachigen Liste vor, in der sich einzelne Wörter wiederholten, und dann fragte er, welche den Probanden im Gedächtnis geblieben waren. Erwartungsgemäß erinnerten sie sich am besten an die, die am häufigsten vorgekommen waren. Es war indessen gleichgültig, in welcher Sprache sie vorgekommen waren – viermal *maid* (und keinmal *bonne*) oder viermal *bonne* (und keinmal *maid*) wurden genauso gut erinnert wie zweimal *bonne* und zweimal *maid*.

Unser Konzeptsystem schafft Ordnung im Flux der beständig wechselnden Sinneseindrücke. Es ist so streng hierarchisch organisiert wie Linnés System der botanischen und zoologischen Klassifikation. Jedes Individuum, jedes Exemplar gehört darin zu einer Spezies (Beispiel: Schwalbenschwanz), nämlich einer »Art« sehr ähnlicher (weil stammesgeschichtlich verwandter) Lebewesen; jede Spezies zu einer Gattung ähnlicher Arten (Papilio); jede Gattung zu einer Familie ähnlicher Gattungen (Papilioniden); jede Familie zu einer Klasse (Insekten) von Stämmen (Gliedertiere); jeder Stamm in ein Reich (Tiere). Nichts kann zwei solchen Hierarchien gleichzeitig angehören; und wenn der Wal noch so sehr wie ein Fisch aussieht, er kann nicht gleichzeitig Fisch und Säugetier sein – das leuchtet auch unserm naiven Kategorisierungsverstand ohne weiteres ein, der sich in der Welt der menschlichen Artefakte durchaus mit hybriden Objekten abgefunden hat, mit Möbelstücken, die sowohl Sofa als auch Bett sind. Eine Kreuzung zwischen Pferd und Esel ist nicht ein bisschen Pferd und ein bisschen Esel, sondern etwas Drittes, ein Maultier, und mit jenen zusammen in der übergeordneten Kategorie versammelt, den Equidae, den Pferdeartigen.

Die ganze Welt mit ihren unendlich vielen Dingen in unendlich vielen Abstufungen könnte unser Geistorgan in unendlich viele Kategorien sortieren und sich so unendlich viele Konzepte bilden. Es tut das aber eben nicht. Der argentinische Dichter Jorge Luis Borges hat die lauernden Abgründe der Kategorisierung witzig ausgemalt, als er eine alte chinesische Enzyklopädie erfand, deren Kategoriensystem nicht hierarchisch, sondern beliebig organisiert ist: »Auf ihren weit zurückliegenden Blättern steht geschrieben, dass die Tiere sich wie folgt gruppieren: a) Tiere, die dem Kaiser gehören, b) einbalsamierte Tiere, c) gezähmte, d) Milchschweine, e) Sirenen, f) Fabeltiere, g) herrenlose Hunde, h) in diese Gruppierung gehörige, i) die sich wie Tolle gebärden, j) unzählbare, k) die mit einem ganz feinen Pinsel aus Kamelhaar gezeichnet sind, l) und so weiter, m) die den Wasserkrug zerbrochen haben, n) die von weitem wie Fliegen aussehen … Bekanntlich existiert keine Klassifikation des Universums, die nicht willkürlich und hypothetisch ist. Aus einem sehr einfachen Grund:

Wir wissen nicht, was das Universum ist.«[11] Hypothetisch ja, aber willkürlich eben nicht. Man kann relativ sicher sein, dass in keinem Gehirn eine solche Enzyklopädie existiert – sie wäre irre, kein Mensch, kein Tier damit lebensfähig.

Über die Menge der möglichen »vernünftigen« Konzepte und damit über die Wirklichkeit wirft die Sprache also ein außerordentlich grobmaschiges Begriffsnetz – und muss vielerlei Mittel aufbieten, um groben Begriffen einen aufs feinste nuancierten Ausdruck abzugewinnen: *Den Film fand ich gut – eher gut – recht gut – ziemlich gut – sehr gut – einigermaßen – toll – super – geil – trotz etlicher Längen, einer eklatanten Fehlbesetzung und einigen dramaturgischen Schwächen doch zumindest in photographischer Hinsicht insgesamt mehr oder weniger gelungen.* Die Menschen denken sehr viel nuancierter, als sie je sagen könnten, und nicht nur Berufsdenker. Auch wer den Begriff *handwarm* nicht in seinem Besitz hat, dreht sich das Leitungswasser zielbewusst handwarm, muss also, um am richtigen Hahn zu drehen, das entsprechende Konzept gedacht haben.

Was die Zahl der Sprachbegriffe so eng begrenzt, ist natürlich das Fassungsvermögen des menschlichen Gedächtnisses. Wenn wir versuchten, den Inhalt eines der großen Wörterbücher (des Großen Duden oder des Webster) zu lernen, käme mancher wahrscheinlich recht weit, aber irgendwo zwischen 100.000 und 200.000 wäre Schluss. Dass jeder sehr viel mehr Wörter versteht, als er kennt, liegt zum einen daran, dass sich die meisten aus einer sehr viel kleineren Zahl von verständlichen Elementen zusammensetzen und so auf Anhieb durchsichtig sind; zum anderen passen viele so genau auf ein vorhandenes, aber bisher namenloses Konzept, dass man sie auf Anhieb versteht, auch wenn man sie nur in einem einzigen Satz angewandt hört oder liest. Manchmal ist eine Lücke so eklatant, dass wir sie gierig auch mit einem falschen Wort besetzen. Für das Konzept »eine Ortschaft niederbrennen« stellt die deutsche Sprache keinen Ein-Wort-Begriff bereit, und so behalf man sich mit dem obsoleten Wort *brandschatzen*, das einmal etwas ganz anderes bedeutete, nämlich gerade ›*nicht niederbrennen*, sondern durch die Androhung einer Brandstiftung Geld erpressen‹.

Mit der Sprache hat der menschliche Verstand den Trick gefunden, aus ganz wenig unendlich viel zu machen: aus einer kleinen Zahl von Lauten eine größere Zahl von Zeichen und aus denen eine beliebige Zahl von Bedeutungen. Oder aus der anderen Richtung gesehen: Das Denken über unendlich viele Sachverhalte, Vorgänge, Dinge, Eigenschaften lässt sich auf einen kleinen, überschaubaren Satz von Bausteinen zurückführen. Der Trick heißt rekursive Kombination, also Kombination, Kombination von Kombinationen, Kombination von Kombinationskombinationen und so weiter.

Laute könnte der menschliche Vokaltrakt sehr viele bilden, aber als Sprachlaute verwendet jede Sprache nur wenige davon. Der kleinste bedeutungsunterscheidende Sprachlaut, der sich aus dem Schallstrom des Sprechens herauslösen lässt, heißt Phonem: Nimmt man dem Wort *Wert* das *-r-*, so geht ihm jede Bedeutung verloren; ersetzt man es durch ein *-l-*, so wird *Welt* daraus. Im Durchschnitt kommen die Sprachen mit rund 40 Phonemen aus. Die Sprache mit den wenigsten, 15, soll das Rotokas in Papua-Neuguinea sein, die mit den meisten das südafrikanische !Xu, das 141 besitzen soll. Die deutsche liegt im Mittelfeld, mit etwa 48, die wir mit den nur 29 Buchstaben unseres Alphabets wiedergeben.

Diese wenigen Laute werden in jeder Sprache nach bestimmten eigenen Regeln zu einer größeren, aber immer noch überschaubaren Zahl von bedeutungsunterscheidenden Lautfolgen zusammengesetzt, die die Linguistik Morpheme nennt. Morpheme sind nicht notwendig schon fertige Wörter, aber auch nicht identisch mit Silben. Das zweisilbige Wort *unter* ist ein Morphem, *bekannt* besteht aus zweien, *be-* und *-kannt*. Es gibt drei Arten von Morphemen. Zum einen Basismorpheme, die den Hauptinhalt des betreffenden Begriffs tragen (*sprech-* in *sprechen*, *-find-* in *Befinden*). Zum anderen Wortbildungsmorpheme wie *be-*, *ver-*, *-heit*, *-lich*, die keinen eigenständigen

Sinn tragen, aber als Präfixe oder Suffixe an Basismorpheme geheftet werden können und deren Bedeutung modifizieren. Die dritte Klasse sind Flexionsmorpheme wie -en in *bekannten* oder -st in *sprichst*, die ein Wort grammatisch verwendbar machen. Flexionsmorpheme besitzt Deutsch genau 16, Wortbildungsmorpheme einige Dutzend, Basismorpheme etwa 5000. Dazu kommen die aus anderen Sprachen importierten Morpheme. Da jede mit Morphemen ebenso knausert, ist auch deren Zahl nicht besonders groß. Es wurde ausgerechnet, dass sich der gesamte technische Fachwortschatz des Deutschen, der aus Millionen von Wörtern besteht, aus bloßen 4000 Morphemen zusammensetzt[12] – kein Wunder, dass ihm bei seinem rasanten Wachstum die Morpheme ausgehen. Mehrere Basismorpheme können zu neuen Begriffen zusammentreten, deren Bedeutung sich nicht notwendig aus der Bedeutung der einzelnen Bestandteile ergibt; *Segelboot* ist ein Boot mit Segel, aber *Segelflugzeug* kein Flugzeug mit Segel, und ein *Flugzeug* ist etwas sehr Bestimmtes und nicht einfach irgendwelches fliegendes Zeug.

Wie knapp die Morpheme einer Sprache sind, lässt sich auch daran ablesen, dass diese trotz des Risikos von groben Missverständnissen eine große Zahl von Homonymen in Kauf nimmt: gleich lautende und gleich geschriebene Wörter mit völlig unterschiedlichen Bedeutungen (*Mark* und *Mark*, *Schloss* und *Schloss*, *Ton* und *Ton*). Einem Computer fällt es sehr schwer, sie auseinander zu halten: Um ein Wort richtig zu interpretieren, brauchte er semantisches »Wissen«, also codierte Kenntnisse von seiner Bedeutung, und müsste dann versuchen, aus dem Textzusammenhang zu erkennen, in welchem Sinn das Homonym an einer bestimmten Stelle wahrscheinlich gebraucht wird. Dem Menschen machen sie normalerweise nicht die geringste Schwierigkeit – ein weiterer Beweis dafür, dass das Gehirn die Wörter nicht unter ihrer Lautform, sondern unter ihrer Bedeutung abgelegt hat und dann, wenn der betreffende Bedeutungszusammenhang aktiviert ist, mühelos die richtige Bedeutung findet. Ein weiterer

Beweis auch dafür, dass der eigentliche Träger der Bedeutung der Satz ist und nicht ein isoliertes Wort: »Die Bedeutung eines Zeichens kennt man, wenn man den Sinn der Sätze versteht, in welchen es vorkommt« (Wittgenstein)[13] – eine Hürde, die die Maschinenübersetzung in absehbarer Zeit nicht nehmen wird. Der Satz *Die Spitzen hingen in der Luft und waren damit zahnlos* scheint reiner Nonsens zu sein – bis wir wissen, dass er aus einem Fußballbericht stammt, und selbst als Nichtfußballer seine Bedeutung wenigstens ahnen. Wo ein Satz die dem Verständnis vorauseilende Bedeutungserwartung mutwillig unterläuft, kann er nur witzig gemeint sein: *Der Ton macht die Schüssel.*

Ein weiteres Indiz für die Sparzwänge, die in der Sprache walten, ist die große Zahl der Metaphern, also der bildhaften Vergleiche. Sie sind ja keineswegs nur eine Sache der Poesie (wie Georg Trakls »Bald nisten Sterne in des Müden Brauen«) – die ganze Sprache wimmelt von ihnen. Wenn ihr ein neuer Begriff hinzugefügt werden soll, wird in aller Regel kein neues Wort dafür gebildet. Vielmehr wird er aus bestehenden Morphemen zusammengesetzt. Fälle wie *Ufo* und andere Akronyme sind relativ selten, normal sind Fälle wie *Fernsehgerät*. Die neuen Zusammensetzungen sind anfangs zumeist Vergleiche, also Metaphern. Es wird sozusagen ein ›gleichsam‹ hinzugedacht: Das *Fernsehgerät* ist ein Apparat, mit dem sich »gleichsam in die Ferne sehen« lässt; seinerseits und viel weiter zurück war *Gerät* so viel wie »allerlei Rat und Hilfe«. Mit der Zeit gerät der ursprüngliche Wortsinn des Vergleichs in Vergessenheit: Die Wörter erstarren in ihrer neuen Bedeutung, sie werden »lexikalisiert«, werden undurchsichtig und sind dann nur noch mit sprachhistorischen Kenntnissen auf ihre Bedeutungswurzeln zurückzuführen. In *zerrinnen* und *verfließen* sind die Metaphern, die sie einmal waren, noch zu erkennen, auch wenn man bei ihrem Gebrauch kaum noch an sie denkt, in *vergessen* und *verlieren* nicht mehr, weil ihre Basismorpheme (dort *gessen* ›bekommen‹, wie englisch *to get*; hier *lieren* ›lösen‹) dem Deutschen schon lange abhanden gekommen sind.

So bildet eine Sprache aus vierzig Lauten Millionen von Wörtern, und diese Wörter wiederum können nach syntaktischen Regeln zu beliebig vielen Sätzen zusammengestellt werden, auch zu solchen, deren Bedeutung noch niemals gedacht und ausgesprochen wurde – das Ganze ein fabelhaft produktives System zur Generierung von Zeichen für alle denkbaren Bedeutungen.

Wie groß ist der Wortschatz tatsächlich? Das lässt sich nur sehr grob schätzen. Hämische Bemerkungen wie die, der Wortschatz eines Politikers, etwa der Adenauers, habe aus nicht mehr als 600 Wörtern bestanden, dürften in der Regel falsch sein; aber jemand, der immer nur ein paar fertige Formeln braucht (*Nabend – was gibts inner Glotze – nochn Bier*), dürfte sein Leben wirklich mit einem verwegen kleinen Wortschatz bestreiten. Der kleinste gerade noch brauchbare Wortschatz ist vermutlich der des Basic English, einer künstlichen, aus dem Englischen abgeleiteten Hilfssprache, die der Cambridger Sprachwissenschaftler C. K. Ogden 1930 ersann. Er umfasst 850 Wörter. Es sind solche, die sich nicht einfacher (das heißt nicht allein aus dem Vokabelvorrat von Basic English) paraphrasieren lassen. Beim Erlernen einer Fremdsprache gelten 4000 Wörter als unabdingbarer Grundwortschatz. Um in vielen verschiedenen Situationen zurechtzukommen, sind etwa 8000 nötig. Wo ist die obere Grenze? Der allgemeine Wortschatz des Deutschen, wie er in den größten Wörterbüchern verzeichnet ist, umfasst etwa 250.000 Wörter für 500.000 Begriffe (lexikalische Bedeutungen). Dazu kommen in jeder Fachsprache einige 10.000 – und in den Fachsprachen der Chemie und Biologie einige Millionen, sofern man die Bezeichnungen für die chemischen Verbindungen und die wissenschaftlichen Namen für Pflanzen und Tiere dazuzählen will, die aber auch der Experte nur zu einem kleinen Teil auswendig weiß und sich bei Bedarf ad hoc verschaffen muss. Englisch hat mehr – über 400.000, wenn man von den größten Wörterbüchern ausgeht – und ist damit wohl die wörterreichste Sprache der Welt. Aber die Auszählung von Wörterbüchern hat eine Schwäche: Man weiß nie, wie viele ihrer Wörter wirklich in Gebrauch sind; in den größten scheinen manche so ausgefallen und selten zu sein, dass sie den Verdacht nähren, sie würden dem aktuellen Vokabular vielleicht zu Unrecht zugerechnet. Für den englischen Wortschatz gibt es eine verlässlichere Basis, und die verrät, dass die Wörterbücher im Gegenteil noch untertreiben. Zwischen 1991 und 1994 wurde in Oxford ein großes Korpus zusammengetragen – über hundert Millionen Wörter insgesamt, eine etwa tausend Büchern entsprechende Menge –, welches beansprucht, das Gegenwartsenglisch ausgewogen zu repräsentieren. Quellen waren Textsorten von systematischer Vielfalt, ein gewisses Quantum Fachsprache und gesprochene Sprache eingeschlossen. Dieses British National Corpus (BNC) zählt etwa 900.000 verschiedene Wörter.[14] Mindestens in dieser Größe also ist der englische Gesamtwortschatz anzusetzen. Die allermeisten kommen in dem ganzen Korpus nur ein einziges Mal vor: Es sind die seltenen, bei denen fraglich ist, ob sie zum allgemeinen Wortschatz gezählt werden sollten. Knapp 10 Prozent davon, 89.000, kommen in dem Korpus zweimal oder öfter vor. Sie dürften den lebendigen allgemeinen Wortschatz des heutigen Englisch ausmachen.

Jeder kennt und versteht sehr viele Wörter mehr, als er je gebraucht. Wie groß die Diskrepanz zwischen seinem passiven und aktiven Wortschatz ist, hängt vor allem davon ab, wie viel und über wie viele verschiedene Gegenstände er spricht und schreibt. Je mehr, desto vollständiger wird er seinen passiven Wortschatz ausschöpfen. Einen Anhaltspunkt liefert eine empirische Untersuchung von Gerhard Augst aus dem Jahre 1977: Ein sechsjähriges Kind hatte einen aktiven Wortschatz von 5200 und einen passiven von 27.000. Im Normalfall dürfte das Verhältnis auch im Erwachsenenalter etwa gleich bleiben. Da der aktive Wortschatz eines Normalbürgers zwischen 10.000 und 15.000 liegt, dürfte er also passiv etwa über die fünffache Menge verfügen, 50.000 bis 75.000. Tatsächlich wird der passive Wortschatz eines durchschnittlichen amerikanischen College-Absolventen auf rund 60.000 geschätzt – eine Zahl, die auch für sein deutschsprachiges Pendant gelten dürfte.

Einen besonders großen Wortschatz vermutet man bei denen, die den sprachlichen Ausdruck zu ihrem Beruf gemacht haben: bei Schriftstellern. Einige Schriftstellerwortschätze wurden durchgezählt. Auf den ersten Blick erstaunt es, dass Gottfried Benns gesamte Lyrik aus bloßen 2700 verschiedenen Wörtern und Franz Kafkas Roman *Der Prozess* aus nicht mehr als 6500 gemacht sind. Aber man muss berücksichtigen, dass hier die Bemessungsgrundlage sehr schmal ist, ein paar hundert Seiten. Je mehr Text und je verschiedener die Gegenstände, von denen er handelt, desto mehr verschiedene Wörter werden darin verwendet. Bei dem umfangreicheren Dramenwerk von Shakespeare sind es 25.000, bei dem mindestens ebenso wortmächtig wirkenden James Joyce 32.000 (ohne die selbstgebildeten Kunstwörter von *Finnegans Wake*), und das 1946 begonnene Goethe-Wörterbuch, das 2004 beim Buchstaben H angelangt war, soll eines Tages 90.000 lexikalische Einheiten enthalten. Goethe hat so viel wie vielseitig geschrieben. Sein aktiver Wortschatz wird also etwa die Obergrenze des Menschenmöglichen bezeichnen.

Aus alldem geht hervor, dass eine beliebige Vermehrung des Vokabulars nicht möglich ist. Bereits der vorhandene Wortschatz überfordert das menschliche Wortgedächtnis. Jede Neubildung hat es schwer. Die meisten werden von der Sprachgemeinschaft ohne Diskussion abgewiesen. Wie heißen diese Stücke aus Rohrzucker, die keine *Würfel* sind, sondern viel unregelmäßiger, aber auch keine *Brocken*? Es gibt ein Wort dafür. Sie heißen *Lompen*. Zweifellos ein Mot juste – nett, wenn jemand es weiß, aber wird man das nächste Mal um die Schale mit den Lompen bitten? Man wird sich hüten und das Wissen tief in sich verschließen. Der Sci-fi-Spottautor Doug Adams stellte 1990 ein ganzes »Wörterbuch der bisher unbenannten Gegenstände und Gefühle« zusammen, in satirischer Absicht, versteht sich.[15] Die Satire litt ein wenig darunter, dass diese hübschen Kunstwörter und Definitionen allzu offensichtlich unnütz waren, weil die betreffenden Konzepte zu selten oder nie gedacht werden: »*Druffel, die* – Die verbeulteste Kartoffel in einem Kartoffelsack«, »*Neuwürschnitz, das* – Das kleine, gezwirbelte Darmstück, das eine Wurst von der anderen trennt«... Aber auch neue Wörter für durchaus nützliche Begriffe haben es nicht leicht. 1999 veranstaltete die Teefirma Lipton zusammen mit der *Duden*-Redaktion einen Wettbewerb, bei dem ein Wort für den Gegensatz zu *durstig* gefunden werden sollte, so wie es als Gegenstück zu *hungrig* das Wort *satt* gibt. Vorgeschlagen wurden Wörter wie *dulo* (durstlos), *nimedu* (nicht mehr durstig) oder *öff*; das Siegerwort lautete *sitt*. All die Vorschläge, das Siegerwort eingeschlossen, hatten nur eines gemeinsam: Niemand hat sie je gebraucht und wird sie je brauchen. Es ist so gut wie unmöglich, ein Wort absichtlich in Umlauf zu bringen. Wenn doch dauernd welche in Umlauf kommen, dann wie von selbst: weil sie genau in eine semantische Leerstelle passen, darum auf Anhieb einleuchten und jeder, der die mit den betreffenden Begriffen verbundenen Gedanken denken will, plötzlich nicht mehr ohne sie auskommt.

Fast dreiundzwanzigtausend Menschen aus hundertelf Ländern haben sich beteiligt, als der Deutsche Sprachrat (und mit ihm das Goethe-Institut) 2004 die Frage stellte, welches für sie persönlich das schönste deutsche Wort sei und warum. *Feierabend, Kartoffelpuffer, Kulturbeutel, Liebestraum, Pusteblume* ... Linguisten müssen die Haare zu Berge gestanden haben. Lauter hemmungslos und unverhohlen subjektive Bewertungen, die Begründungen oft irrational (*Einweckglas* »klingt so eckig«) oder gar rundheraus falsch (*Schmetterling*, »weil der in meinem Garten schmettert«) – und ohne von dem prinzipiellen Unterschied zwischen Wort und Sache auch nur Notiz zu nehmen (*Butterbrot*, »weil ich es gerne esse«). Die meistgenannten Lieblingswörter, in dieser Reihenfolge: *Liebe, Gemütlichkeit, Sehnsucht, Heimat, Kindergarten,*

Freiheit, gemütlich, Frieden, Sonnenschein, Schmetterling. Geliebt wird offensichtlich weniger das Wort als das, was es bezeichnet, obwohl zuweilen auch der Klang auf das Bezeichnete zurückwirkt (*Himbeere*, »klingt schon nach hmm«). Unter den fünf preisgekrönten Begründungen für die eigene Wahl nehmen nur zwei auf das Wort selbst Bezug. Einmal auf die äußere Gestalt: Das Wort *Augenblick*, schrieb eine hellhörige Teilnehmerin aus der Schweiz, sei »eine subversive Idee zu lang für das, was es besagt«. Einmal auf das Konzept als solches, welchem das Wort einen Namen gibt: »In meiner Sprache«, schrieb eine Teilnehmerin aus der Slowakei, »kann man die *Geborgenheit* nicht in Worte fassen. Das macht aus diesem Wort mein Lieblingswort der deutschen Sprache« – ein Kompliment, welches impliziert, dass Begriffe eben keine unbegrenzt zur Verfügung stehenden Selbstverständlichkeiten sind, sondern Entdeckungen, Errungenschaften. Linguistisch belanglos, waren es gleichwohl lauter Liebeserklärungen an einzelne Wörter wie an den ganzen *Wortschatz* (»schon von der Bezeichnung her ein Schatz«), die den Sprachgebrauch der Deutschsprechenden emotional grundieren, eine Massendemo der positiven Sprachkritik.

Mich selber rühren alte Wörter, die jahrhundertelang ihren Dienst getan haben und zum Aussterben verurteilt sind, obwohl das, was sie benennen, unverändert weiterexistiert: *darben, dünken, gebrechen, frönen, sputen, Augenweide, Gernegroß, Gleichmut, Huld, Mucker* ... Mich rührt es, wenn ein Nachrichtensprecher *wieder einmal* sagt und nicht *einmal mehr*, wenn ein Reporter sich *an einen Ort* begibt und nicht *vor Ort*, wenn auf *Meiers Vortrag* hingewiesen wird und nicht auf *den Meier-Vortrag*. Wörter stehen einem mehr oder weniger nahe; es wurmt, wenn man eins der nahen zum alten Eisen geworfen sieht.

Wörter sind überreichlich um uns herum, wir nehmen sie als gegeben wie die Atemluft und scheren uns nicht darum, woher sie kommen und was aus ihnen wird. Aber alle Wörter sind kulturelle Artefakte. Jedes ist eine Hypothese: dass das

Konzept, dem es einen Namen gibt, auf etwas tatsächlich Existentes verweist und dass es sich lohnt, darüber mit anderen zu sprechen. Jedes musste von jemandem erfunden werden, auch wenn sein Urheber in den seltensten Fällen namentlich bekannt ist. Jedes musste sich in der Sprachgemeinschaft durchsetzen und bewähren. Da es nicht beliebig viele geben kann, musste sich jedes gegen den allgemeinen Zwang zur Sparsamkeit behaupten. Dass es das getan hat, bezeugt, dass die mit ihm verknüpfte Hypothese vielen anderen eingeleuchtet hat.

Wörter sind nicht einfach nur die vorgegebenen Bausteine des Denkens – jenes Teils unseres Denkens, der zur Kommunikation geeignet und vorgesehen ist –, sie sind selber erdacht. Es ist vielen von ihnen anzusehen, was jene, die sie zum ersten Mal gebraucht und in den öffentlichen Verkehr gebracht haben, sich dabei gedacht haben könnten.

Als Artefakte und Gedankenprodukte lassen sich einzelne Wörter und Wendungen durchaus kritisieren, unter verschiedensten Aspekten und aus verschiedensten Perspektiven. Sie sind mehr oder minder scharf und sinngenau, mehr oder minder grob oder geschmeidig dem Begriff angepasst, den sie vertreten, sie bezeichnen das, was sie meinen, mehr oder minder deutlich, mehr oder minder elegant oder witzig, mehr oder minder missverständlich oder irreführend, mehr oder minder aufrichtig oder verlogen. Sie werten auf und werten ab, verurteilen und entschuldigen, manchmal offen, manchmal insinuierend, sodass sie nicht haftbar zu machen sind. Sie können verraten, was sie nicht verraten wollen; sie können verbergen, was nicht verborgen werden sollte. Ihre subjektiven Konnotationen heben die Wörter zudem über den Status bloßer funktionaler Gebrauchsgegenstände hinaus. Sie können Abneigung und Ekel, Liebe und Rührung hervorrufen. Ihr Schicksal geht manchen nahe.

Das »Lexikon« einer Sprache ist keine Selbstverständlichkeit. Es ist das kollektive Werk von Jahrhunderten und verdient schon darum Achtung. Ein geschärftes Begriffssystem, das die Dinge bei einem treffenden Namen nennt, ist etwas wert. Übertreibungen, ungehemmte Begriffserweiterungen, Sinnverwischungen machen ein Wort unbrauchbar. Die semantischen Differenzierungen, die mit einem ausgereiften Wortschatz erreicht wurden, sind erhaltenswert und müssen nicht der Bequemlichkeit oder einem kurzlebigen modischen Trend geopfert werden.

Ein angeborener Sprachcomputer?

Die Sprache ist dem Menschen angeboren. Oder um es von vornherein genauer – und fairer – zu formulieren: Etwas Wesentliches an seiner in der Natur einmaligen Sprachfähigkeit ist dem Menschen angeboren. Wäre es nicht so, könnte er nie eine Sprache erlernen.

Diese These – ihr offizieller Name ist Nativismus – gehört seit Mitte des zwanzigsten Jahrhunderts zum Credo der Sprachwissenschaft besonders dort, wo sie sich am strengsten wissenschaftlich geriert und Linguistik nennt. Sie ist an einen Namen gebunden: den überaus einflussreichen amerikanischen Grammatiktheoretiker Noam Chomsky, der sie gegen Ende der fünfziger Jahre aufbrachte. Er war allerdings nicht der Erste. Selber hat er darauf hingewiesen, dass zum Beispiel schon der Philosoph David Hume Mitte des achtzehnten Jahrhunderts ebenfalls angenommen habe, der Mensch empfange seine Sprache aus »der Hand der Natur«.[1] Aber Chomsky war derjenige, der sie in den modernen wissenschaftlichen Diskurs einführte. Nicht, dass er und seine weltweite Schule sich besonders intensiv mit ihr befasst oder dass alle Linguisten sie unterschrieben hätten. Immer gab es jene, die darauf beharrten, die Sprach- und Grammatikgene seien ein Märchen und die Sprache verdanke sich allein sozialem Lernen. Aber sie hatten keine debattenmächtige Leitfigur und sahen neben den Chomskyanern alt aus, wohingegen der Nativismus den einschüchternden Nimbus radikaler Modernität hatte. So war er einige Jahrzehnte lang eine Art dominante, stillschweigende Grundüberzeugung, zu der es beim jetzigen Wissensstand leider noch nicht viel Näheres zu sagen gebe, die aber irgendwie einfach wahr sein müsse.

Und das ist verblüffend. Denn als er aufkam, war der Sprachnativismus eine doppelte Provokation. Mitte des zwanzigsten Jahrhunderts regierte die Psychologie zumindest in Amerika noch der Behaviorismus, für den das Gehirn eine Art leerer Allzweckapparat war, ein amorpher Brägenklops, bei Geburt eine Tabula rasa (ein Begriff aus der Philosophie von John Locke), eine leere Tafel, die erst von der Erfahrung beschrieben wird. Alles, was die Menschen konnten und waren, so wollte es der Behaviorismus, mussten sie gelernt haben. Er sah sie ausschließlich als das Produkt ihrer Umwelt, ihrer Erziehung, ihrer Gesellschaft – und kam damit den sozialen und politischen Lieblingsüberzeugungen jener Epoche sehr entgegen. »Angeboren«, »erblich«, »begabt« waren aus dieser Sicht fast Schimpfwörter, reaktionärer »Biologismus«, politisch unkorrekt, lange bevor sich dieser Begriff einfand. Sie konnten einen Intellektuellen kompromittieren, eine akademische Karriere knicken. Chomsky war einer der Furchtlosen, die sich nicht um diese intellektuelle Großwetterlage zu scheren schienen.

Die andere Provokation des Chomsky'schen Nativismus bestand darin, dass er sich ausgerechnet den unwahrscheinlichsten Gegenstand gewählt hatte: die Sprache. Jedermann weiß, so sicher, wie er weiß, dass morgens die Sonne aufgeht: Er kann keine Sprache sprechen, ohne sie vorher gelernt zu haben. Die Sprache ist das Lernparadigma par excellence. Wenn etwas ohne Lernen nicht zu haben ist, dann sie. Vielleicht ist der eine darin begabter, der andere unbegabter; zugeflogen kommt sie keinem, lernen müssen sie sie beide. Die angeblichen Gegenbeispiele – das Zungenreden – gehören in den Einzugsbereich des Okkultismus. Chomskys These war, milde gesagt, kontraintuitiv, und gerade darin mag viel von ihrer Faszination bestanden haben. Die kontraintuitivsten Einsichten sind manchmal die wirklich bahnbrechenden. Auch dass die Erde eine Kugel oder der Raum gekrümmt sein soll, schienen einmal jedem gesunden Menschenverstand Hohn sprechende Theorien.

Auf unbestreitbare »harte« Daten wie in den Naturwissenschaften beruft sich der Nativismus der Chomsky-Schule nicht. Er stützt sich mehr auf Überlegung denn auf Beobachtungen oder gar Experimente. Er ist auch keine förmliche wissenschaftliche Theorie, die präzise Voraussagen erlaubte. Auch eine wissenschaftliche Hypothese ist er eigentlich nicht, bereit, im Experiment überprüft und dabei bestätigt oder widerlegt zu werden. Aber eine bloße aperçuhafte Vermutung ist er ebenfalls nicht. Er ist etwas dazwischen: ein kohärentes Argument. Seine einzelnen Aussagen sind wissenschaftliche Aussagen, nicht solche des gehobenen philosophischen Feuilletons. Es ist ihnen kein allgemeines »Irgendwie« hinzudenken. Sie sind wörtlich gemeint und wörtlich zu nehmen.

Ist dieses Argument zwingend? Ist es der Grundstein einer künftigen Theorie? Ich meine: Nein. Vorher aber möchte ich seine entscheidenden Gedankenschritte wiedergeben. Die Nebenschauplätze und Seitenwege sollen dabei um der Deutlichkeit willen außer Acht bleiben. Aber seine Eckpunkte seien pedantischerweise durch möglichst explizite und aktuelle Originalzitate belegt. Die Theorien der Chomsky-Schule haben nämlich im Laufe der Jahre starke Veränderungen durchgemacht und waren mancherlei Auslegungen ausgesetzt. Man trifft sie in vielerlei Formulierungen an, starken und schwachen, genauen und ungefähren, richtigen und irreführenden. Da möchte ich dem Verdacht zuvorkommen, ich baute aus einigen Missverständnissen einen Pappkameraden zusammen, und die nativistische These laute in Wirklichkeit ganz anders. Es ist heute nämlich absehbar, dass es bald niemand mehr gesagt haben will.

Der Ausgangspunkt für das Argument ist eine Beobachtung. Die Sprache ist etwas überaus Kompliziertes, und Kinder lernen es sehr schnell und fast von allein. Ihre Wörter werden ihnen zumeist nicht eigens beigebracht, indem jemand sie ihnen vorspricht und vordefiniert; sie schnappen sie auf. Die

Regeln der Grammatik desgleichen – die meisten Erwachsenen könnten sie ihnen gar nicht erklären, weil sie sie zwar beherrschen, aber sich dessen nicht bewusst sind. Für ihre einzelnen Regeln hört ein Kind nur wenige Beispiele, und einige davon sind unvollständig oder schadhaft oder geradezu falsch. Der Input also ist knapp, flüchtig, undeutlich und nicht widerspruchsfrei. Es braucht Generationen von Spezialisten, die Grammatik einer Sprache bewusst zu machen und auszuformulieren; kleine Kinder »können« sie nach ein paar Monaten. Der Spracherwerb ähnelt viel mehr einem Wachstum als einem Lernvorgang. Die Sprache scheint dem Kind in einer bestimmten Phase zuzuwachsen wie dem pubertierenden jungen Mann das Bärtchen. Kinder scheinen also mehr Sprache zu können, mehr über die Sprache zu wissen, als sie jemals zu lernen Gelegenheit hatten.

> Von den frühesten Stadien an weiß das Kind ungeheuer viel mehr, als die Erfahrung ihm zur Verfügung stellt. Das gilt sogar für simple Wörter. In den Spitzenzeiten des Sprachwachstums lernt das Kind im Tempo von einem Wort pro Stunde, obwohl es ihnen nur begrenzt und unter höchst vieldeutigen Bedingungen ausgesetzt ist. Die Wörter werden auf subtile und raffinierte Weise verstanden, die weit über jedes Wörterbuch hinausgeht … Der Spracherwerb ähnelt dem Wachstum eines Organs; er ist etwas, das dem Kind widerfährt, nicht etwas, das es tut (Chomsky 2000).[2]

Das Schlagwort für diesen Sachverhalt heißt ›Stimulusarmut‹, und das nicht von ungefähr. Erstmals tauchte die Beobachtung bei Chomsky 1959 in seinem Totalverriss von B. F. Skinners Buch *Verbal Behavior* auf[3], der nebenbei den ganzen Behaviorismus demolierte. Der Behaviorismus wollte alles Verhalten aus dem Lernen erklären und alles Lernen, auch das sprachliche, aus dem Mechanismus von *stimulus* und *response*, Reiz und Reaktion. Chomskys Punkt war: Im Fall der Sprache ist der Stimulus – die Spracherfahrung – zu dürftig, um aus ihm die Reaktion – die Sprachbeherrschung – erklären zu können; ein Vorwissen müsse das Kind beim Lernen unterstützen.

Dass es eine Diskrepanz zwischen Input und Output gibt, ist mehr oder weniger unbestritten – obwohl manche Sprachwissenschaftler heute der Meinung sind, der »Stimulus« sei gar nicht so dürftig, das Kind sei vielmehr sogar einem Überangebot an sprachlichen Stimuli ausgesetzt. Außerdem wird es nicht sofort in die volle Sprache der Erwachsenen gestürzt, in der es sich ganz allein zu orientieren hätte. Vielmehr führen es die Erwachsenen, bei denen es aufwächst, normalerweise behutsam zur Sprache hin und in die Sprache ein, indem sie ihr eigenes Sprechen ständig seinem momentanen Sprachvermögen anpassen. Die Sprache, die das Kind zu hören bekommt, wird also peu à peu schwieriger. Die wenigen dokumentierten Fälle von »Wolfskindern«, die ohne jeden sprachlichen Input aufwuchsen, zeigen: Sie haben nicht nur keine Sprache, wenn sie aus ihrer Isolation befreit werden, sie werden auch später nie eine volle, normale Sprache lernen; ohne sprachlichen Input wächst bei ihnen keinerlei Sprache heran, nicht nur kein Wortschatz von normalem Umfang, auch keine Grammatik, während sich die anderen »angeborenen« körperlichen Merkmale normal entfalten.[4] Die Diskrepanz zwischen Erfahrung und späterem Können ist darum wohl nicht ganz so dramatisch, wie die Chomsky-Schule sie dargestellt hat. Sehr sonderbar schnell und mühelos vollzieht sich der Spracherwerb dennoch. Irgendetwas muss im Gehirn des Menschen sein, das ihm entgegenkommt.

Wenn Chomsky »Sprache« sagt, meint er in der Regel Grammatik. Und wenn er »Grammatik« sagt, meint er nicht die Schulgrammatik irgendeiner Einzelsprache, sondern die Grammatik, die seiner Meinung nach sämtlichen Einzelgrammatiken zugrunde liegt: die Universalgrammatik. Er meint auch nicht, was sonst einen Teil der Schulgrammatik ausmacht, die Regeln der Wortbildung, die nicht zur Universalgrammatik gehören können, sondern allein die Schemata des Satzbaus, die Syntax. »Sprache« heißt bei Chomsky also so viel wie die universalen Regeln der Syntax. Dass mehr zur Sprache gehört als die Fertigkeit im Bau von Sätzen, ist ihm immer gewärtig gewesen, aber dieser Rest hat ihn selbst nicht weiter interessiert.

Die Sprache – also für ihn die eigenartige, sich wie von selbst einfindende syntaktische Kompetenz des Menschen – siedelt er in einem »Sprachorgan« an:

> Die Sprachfähigkeit lässt sich vernünftigerweise als ein »Sprachorgan« vorstellen, genau wie Wissenschaftler das Seh- oder das Immun- oder das Kreislaufsystem als Körperorgane betrachten. So verstanden ist ein Organ nichts, das sich aus dem Körper entfernen ließe, ohne den Rest in Mitleidenschaft zu ziehen. Es ist ein Subsystem einer komplexeren Struktur (Chomsky 2000).[5]

Die Organ-Metapher – denn um eine solche handelt es sich – hat es nicht allen Chomskyanern angetan. Der Linguist Steven Pinker, Verfasser mehrerer erfreulich heller, auch Nichtlinguisten zugänglicher Bücher zur Sprachtheorie und enthusiastischer Chomskyaner, spricht stattdessen lieber von einem »Sprachinstinkt«, was ebenfalls nur eine Metapher ist. Organ oder Instinkt, gleichviel: Mitsamt dem ihm eingebauten »Vorwissen« muss es genetisch angelegt sein:

> … das Sprachorgan ist insofern wie andere Organe, als sein Grundzustand eine Expression der Gene ist. Wie es dazu kommt, bleibt künftiger Forschung vorbehalten (Chomsky 2000).[6]

Was tut dieses Sprachorgan? Es erzeugt grammatikalische Sätze:

> [Peterchens Sprachorgan] generiert die Ausdrücke seiner Sprache. Die Theorie seiner Sprache heißt darum eine generative Grammatik (Chomsky 2000).[7]

Wohlgemerkt, für Chomsky ist eine Grammatik nicht das Gleiche wie für die Umgangssprache. Diese versteht unter einer Grammatik eine Sammlung von konkreten (präskriptiven oder deskriptiven) Regeln zur Wortbildung und zum Satzbau in einer bestimmten konkreten Sprache. Solche Grammatiken sind es, die man sich in Buchform zulegen kann, die man in der Schule büffelt und hoffentlich auch dann beherzigt, wenn man sie nicht verstanden hat, keines ihrer Fachwörter kennt und die Schullektionen in Grammatik total vergessen sind. Für Chomsky ist Grammatik etwas wesentlich Abstrakteres: nämlich eine linguistische Theorie, und zwar jene, die die innere, individuelle Sprache beschreibt, die im Sprachorgan noch vor jeder Erfahrung vorhanden ist.[8] Der Satz »Peterchens Sprachorgan verfügt über eine Grammatik« heißt also streng genommen: Die Grammatik besteht lediglich im Kopf des Linguisten, der zu beschreiben versucht, nach welchen impliziten Schemata Peterchens Sprachorgan noch vor jeder Erfahrung grammatikalische Sätze bildet. Praktisch dürfte diese Subtilität nicht viel ausmachen: Peterchens Sprachorgan wendet jedenfalls ihm angeborene grammatische Regeln an, der Linguist muss herausfinden, welche, und nennt sie dann Universalgrammatik.

Nächster Schritt: In der ganzen Natur besitzt nur der Mensch dieses Sprachorgan, und alle Menschen haben es, wie alle zwei Augen oder eine Leber haben. Es ist ein universelles Artmerkmal:

> Die menschliche Sprachfähigkeit scheint ein reines »Artmerkmal« zu sein, das bei den Menschen selbst nur wenig variiert und nirgendwo sonst [im Tierreich] ein Analogon von Belang hat (Chomsky 2000).[9]

Alles oder nichts – bei Licht besehen, ist dies eine zusätzliche Annahme, die aus dem Voraufgegangenen nicht notwendig hervorgeht und auf zwei weiteren Beobachtungen beruht: Erstens, dass der Sprachbesitz Mensch und Tier kategorisch unterscheidet, ganz so, wie es der französische Philosoph René Descartes postuliert hatte. Zweitens, dass alle Menschen über die gleiche Sprachfähigkeit verfügen. Der Nativismus will also nicht nur erklären, wieso ein Einzelner Sätze hervorbringen kann, die einer Grammatik gehorchen. Er erklärt gleichzeitig, wie die Grammatik in die Welt gekommen ist. Er will nicht nur eine These zum individuellen Spracherwerb sein, zur Ontogenese von Sprache, sondern auch zu ihrer Entstehung, der Phylogenese, und damit hat er sich unnötigerweise eine große Last aufgebürdet.

Ein Körperorgan, das natürlich immer nur aufgrund von genetischen Instruktionen angelegt wird, kann sich nebeneinander bei vielen Arten finden; und nicht bei jedem Vertreter einer Art hat der Phänotyp, der aus den genetischen Instruktionen hervorgeht, das gleiche Aussehen oder die gleiche Leistungskraft. Hunde werden durch ihre Gene dazu bestimmt, Hunde zu sein und nicht Kaulquappen, und jedes Hundedetail, jedes Härchen ihres Schwanzes steht unter genetischer Kontrolle. Trotzdem gibt es bekanntlich sehr verschiedene Hunde. Gene programmieren nämlich nicht nur Gleichheit, sondern zwangsläufig auch Variation, indem sie sich bei jeder Reproduktion ihres Trägers anders kombinieren und zudem immer wieder mutieren. Ohne Variation gäbe es keine Evolution, denn wie Darwin erkannt hat, beruht diese vor allem darauf, dass sich manche Varianten stärker vermehren als andere. Ein Alles oder Nichts gibt es in der Natur nur dort, wo ein Merkmal unter der Kontrolle eines einzigen Gens steht. Die Mukoviszidose etwa ist eine Erbkrankheit, die auf einem genetischen Irrtum, einer Mutation in einem einzigen Gen beruht. Sie kommt nicht in Graden – man hat sie oder hat sie nicht. Es wäre eine hanebüchene Vorstellung, dass ein hochkomplexes Merkmal wie die menschliche Sprachfähigkeit das Werk eines einzigen Gens sein könnte. Ist sie aber das kooperative Werk mehrerer, vieler Gene, so muss es sie in Graden geben, und in Teilen oder Graden oder Ansätzen ist sie auch bei anderen Arten zu erwarten. Wäre die Sprachfähigkeit bei allen tatsächlich völlig gleich und gäbe es bei keinem nichtmenschlichen Lebewesen etwas, das der Sprachfähigkeit wenigstens in Ansätzen ähnelt, so wäre das geradezu ein Beweis, dass sie nicht genetisch programmiert sein kann und als ein reines Wunder angesehen werden muss.

Darum war es vielleicht nicht klug von den Nativisten Chomsky'scher Prägung, die Sprachexperimente an Menschenaffen so in Bausch und Bogen abzutun, wie sie es getan haben. Wer nicht wusste, dass eine ihrer wackligen Grundüberzeugungen auf dem Spiel stand, musste die Bitterkeit jener Kontroversen unverständlich finden. Gewiss, den Schimpansen und Bonobos jener Experimente wurden mit hingebungsvoller Geduld nur ein paar Dutzend oder Hundert quasisprachliche Zeichen beigebracht (nicht Lautsprache, zu der ihnen die Artikulationsorgane fehlen, sondern andere Symbolsprachen), und ob ihre Art, mehrere Symbole aneinander zu reihen, auf eine rudimentäre Grammatik schließen ließ, blieb fraglich – eine ausgereifte Menschengrammatik war es auf keinen Fall. Aber man hätte diese tapsigen Sprachversuche unserer nächsten tierischen Verwandten ja immerhin interessant finden können. Die Anerkennung von Variation hätte das nativistische Argument nicht geschwächt, sondern gestärkt. Und an der rudimentären Schimpansensprache hätte sich vielleicht besser studieren lassen als durch die logische Analyse grammatikalischer englischer Sätze, aus welchen Komponenten sich die menschliche Sprachfähigkeit zusammensetzt und woraus sie im Laufe der Evolution hervorgegangen ist. Denn selbstverständlich braucht sie mehr als ein voll ausgebildetes grammatisches Regelsystem.

Tatsächlich aber blieb es dabei, dass es menschliche Sprache nur ganz oder gar nicht gibt, dass sie etwas in der ganzen Natur Einmaliges ist und dass die Unterschiede nicht nur in der individuellen Sprachkompetenz, sondern auch in der Architektur der Einzelsprachen nur geringfügig und linguistisch uninteressant sind. Differenzen zählen nicht, sie stören nur. Überall der gleiche Anfangszustand, ganz genetisches Vorwissen ohne jede Zutat aus der Erfahrung, und die Endzustände, nach der Addition von Erfahrung, ebenfalls ziemlich gleich:

… der Anfangszustand ist der ganzen Gattung gemein: Wenn meine Kinder in Tokyo aufgewachsen wären, sprächen sie wie alle Kinder dort Japanisch (Chomsky 2000).[10]
Die Umstände des Spracherwerbs machen es klar, dass der Prozess wie andere Wachstumsaspekte weitgehend von innen gesteuert sein muss, was bedeutet, dass alle Sprachen nahezu identisch und von ihrem Anfangszustand fixiert sind (Chomsky 2000).[11]
Natürlich finden Änderungen am Ausgangsstadium statt, die sich der Erfahrung verdanken: Englisch ist nicht Suaheli, wenigstens

nicht ganz und gar. Ein vernunftbegabter Marsbewohner fände die Unterschiede jedoch wahrscheinlich recht oberflächlich und käme zu dem Schluss, dass es nur eine einzige menschliche Sprache mit geringfügigen Varianten gibt (Chomsky 2000).[12]

Die Überzeugung, die menschliche Sprache sei etwas Universales und im Grunde Invariantes, hatte Konsequenzen für die Forschung. Ob alle Einzelsprachen wirklich in jeder Hinsicht die gleiche Leistungskraft haben – eine dringende Frage, mit der sich zum Beispiel mehrsprachige Schriftsteller und Übersetzer konfrontiert sehen –, wurde von der Linguistik nirgends untersucht. Und auch der IQ-Spur wurde nicht weiter nachgegangen. Bekanntlich hat der Intelligenzquotient – die von dazu entworfenen Tests gemessene Intelligenz – eine Erblichkeit von etwa 50 Prozent. Was bedeutet, dass die in einer Population gemessenen Unterschiede im IQ zur Hälfte auf eine unterschiedliche genetische Mitgift zurückgehen und zur anderen Hälfte auf nichtgenetische Ursachen, unter anderem auf Unterschiede in der Erziehung. Darüber, wie die Gene das betreffende Merkmal und seine unterschiedlichen Ausprägungen zustande bringen, sagt der Messwert der Erblichkeit zwar nicht das Geringste. Wenn alle das gleiche centgroße Muttermal am linken Ohrläppchen hätten, gäbe es in dieser Hinsicht keine messbaren Unterschiede, die Erblichkeit wäre null, und trotzdem wäre das Muttermal ganz und gar das Werk der Gene. Hat ein Merkmal eine niedrige Erblichkeit, so lässt sich daraus also nicht schließen, die Gene spielten bei seinem Zustandekommen nur eine geringe Rolle. Es kann so sein, muss es aber nicht, eben weil die Gene sowohl Varianz wie Invarianz programmieren. Aber ein anderer Schluss ist unabweisbar, wo eine Erblichkeit gleich welcher Höhe gemessen wird: Es müssen Gene im Spiel sein, und eines Tages wird man diese aufspüren. Die meistbenutzten IQ-Tests enthalten viele sprachliche Aufgaben; diese tragen bis zur Hälfte zum Gesamtergebnis bei. Was sie messen, ist also auch die sprachliche Intelligenz, und sie hat ebenfalls eine Erblichkeit von etwa 50 Prozent. Das bedeutet, dass es, genetisch bedingt, sehr wohl unterschiedliche Sprachbegabungen gibt. Es würde sich lohnen, diese Unterschiede zu studieren, nicht nur aus allgemeinem Forscherinteresse, sondern auch zum Nutzen der Pädagogik. Eine Leugnung genetischer Komponenten irgendeines Körper- oder Verhaltensmerkmals nützt der Menschheit gar nichts. Wenn bekannt wäre, welche Defizite bei minderer Sprachbegabung im Einzelnen bestehen, ließen sich möglicherweise zielsicherere Förderstrategien entwickeln, die genau diesen Defiziten entgegenarbeiten.

Aber was nun verrichtet besagtes Sprachorgan aufgrund seines genetischen Vorwissens? Für Chomsky verwirklicht es die Universalgrammatik, ein allen konkreten Grammatiken der Einzelsprachen zugrunde liegendes abstraktes Regelsystem. Die Suche nach dieser Universalgrammatik, die die Linguistik jahrzehntelang in Atem hielt, erwies sich allerdings als recht frustrierendes Unternehmen. In dem Maße, in dem immer weitere grammatische Gegebenheiten berücksichtigt wurden, geriet die Sache immer abstrakter, aber trotzdem immer komplizierter, und da von den etwa 6000 Sprachen der Erde bisher nur etwa 10 Prozent überhaupt analysiert sind, ist kein Ende abzusehen. So beschränkt sich Chomsky heute selber auf die Suche nach den »Prinzipien« der Grammatik – gewissen allgemeinen Grundregeln, die mutmaßlich von allen Sprachen befolgt werden. Im Genom verankert sind danach diese unbekannt vielen hypothetischen Prinzipien und für jedes von ihnen eine beschränkte Zahl von »Parametern«, Schaltknöpfen wie die Menüpunkte einer Computerbenutzeroberfläche; das heißt, in den konkreten Einzelsprachen werden die Prinzipien hier so, dort so angewandt. Das Adjektiv zum Beispiel kann in der einen Sprache vor, in der anderen hinter dem Substantiv stehen und in der dritten ganz woanders oder sowohl davor als auch dahinter. Allein die Erfahrung in Form der konkreten Sprache, in der jemand aufwächst, bestimmt, welche Parameter angetickt werden.

Heute ist die Annahme plausibel, dass die Prinzipien der Sprache fest stehen und angeboren sind (Chomky 2000).[13]

Die Prinzipien – und dazu dann auch die Parameter:

Wir können uns den Anfangszustand der Sprachfähigkeit als ein feststehendes Netzwerk vorstellen, das mit einem Schaltkasten verbunden ist; das Netzwerk besteht aus den Sprachprinzipien, während die Schalter die Optionen sind, die von der Erfahrung bedient werden. Wenn die Schalter auf eine Weise umgelegt werden, erhalten wir Suaheli; werden sie anders gestellt, Japanisch (Chomsky 2000).[14]

An Chomskys Stelle beschreibt Steven Pinker, mehr aufs Praktische bedacht und auf die näheren Umstände der Gehirnfunktion, was die hypothetischen Grammatikgene zu leisten hätten:

Diese Grammatikgene wären Teilstücke der DNS, die zu bestimmten Zeiten und an bestimmten Stellen im Gehirn Proteine codieren beziehungsweise die Transkription von Proteinen auslösen, welche ihrerseits Neuronen zu Netzen hinsteuern und sie dort verankern; diese Netze wiederum wären gemeinsam mit der synaptischen Abstimmung, die bei Lernprozessen stattfindet, erforderlich, um die Lösung eines grammatischen Problems – etwa die Wahl eines Affixes oder Wortes – zu berechnen (Pinker 1994).[15]

Andere Nativisten sind weniger bescheiden. Wozu auch sollte eine angeborene Grammatik dienen, wenn es noch gar keine Begriffe gibt, die sie miteinander verknüpft? Also braucht das Sprachorgan ebenfalls eine Art Begriffslexikon, ein Repertoire von Konzepten, und auch dieses müssen ihm die in den Genen fixierten Bauanweisungen liefern. Schwierigkeit: Das muss ein verteufelt umfangreiches Lexikon sein, wenn es sämtliche Konzepte enthalten soll, die in allen heutigen Sprachen zu Begriffen geworden sind, und in allen vergangenen und künftigen dazu. Lösung: So sehr viele müssten es gar nicht sein, wenn man sich jedes Konzept aus einer Reihe von Bausteinen zusammengesetzt denkt, auch »semantische Features« oder (Bedeutungs-)»Atome« oder »Primitivprädikate« genannt. Die Zahl solcher Bausteine könnte natürlich sehr viel kleiner sein als die Zahl der Konzepte. Aus nur zehn Ziffern – in der Maschinensprache nur aus zweien – lassen sich schließlich unendlich viele Zahlen bilden.

> Wenn der Mechanismus des Konzeptlernens im Testen von Hypothesen besteht (und worin könnte er sonst bestehen?), dann ist überhaupt kein neues Konzept erlernbar … [Mein Modell] setzt einen extremsten Nativismus voraus. Das mag aber gar nicht so schlimm sein, denn es gibt mehrere mildernde Umstände. So könnte es sein, dass komplexe Konzepte (wie etwa *Flugzeug*) aus einfacheren Konzepten (wie *Fliegende Maschine*) zusammengesetzt sind … Wenn es, kurz gesagt, elementare Konzepte gibt, aus denen sich alle anderen bilden lassen, dann brauchen nur jene angeboren (*unlearned*) zu sein (Fodor 1975).[16]

Oder in einer brandaktuellen Formulierung:

> Wenn wir den Lernprozess zurückverfolgen und uns fragen, woher die vorher gelernten Teile kommen und woher die in der Vorstufe dazugelernten Teile, so gelangen wir zwangsläufig an den Punkt, wo die elementarsten Teile gar nicht gelernt wurden: Sie sind dem Lernenden genetisch durch die Art der Gehirnentwicklung mitgegeben … So kommen wir zu dem Schluss, dass lexikalische Konzepte eine zusammengesetzte Struktur haben müssen und dass [der Lernende] Bedeutungen aus kleineren Teilen zusammenbaut (Jackendoff 2002).[17]

Die Prinzipien der Grammatik, deren Parameter, ein Lexikon von Begriffsbausteinen … reicht das als Ausstattung des Sprachorgans? Wenn man anfängt nachzugrübeln, kommt man leicht auf noch etliches mehr, ohne das ein Sprachorgan gar nicht auskäme. Man erschrickt geradezu, was noch alles hineinzupacken wäre, und lässt es lieber auf sich beruhen. Auch Steven Pinker hält sich zunächst an die hypothetischen Grammatikgene. An einer Stelle aber lässt er sich vom eigenen Schwung hinreißen und zählt unerschrocken auf, was den Genen noch alles abverlangt werden muss:

> [Der Sprachinstinkt] setzt sich aus vielen Komponenten zusammen: der Syntax mit ihrem diskreten kombinatorischen System für den Bau von Phrasenstrukturen; der Morphologie, eines weiteren kombinatorischen Systems für den Bau von Wörtern; einem geräumigen Lexikon; einem umgemodelten Vokaltrakt; phonologischen Regeln und Strukturen; Sprachwahrnehmung; Mechanismen für

die grammatische Analyse; Algorithmen für das Lernen. Diese Komponenten liegen physisch in Form kompliziert strukturierter neuronaler Schaltkreise vor, die von einer Kaskade zeitlich genau aufeinander abgestimmter genetischer Ereignisse angelegt wurden (Pinker 1994).[18]

Eine prominente Nebenrolle in dem nativistischen Argument spielt die Frage, ob das Sprachorgan als ein Gehirnmodul anzusehen ist. »Modul«, das heißt: eine autarke Funktionseinheit, die bei ihrer Spezialarbeit auf keine Zulieferung von außen angewiesen ist. Ist das Sprachorgan in diesem Sinn ein Modul (oder ein Bündel von Modulen), so verrichtet es seine Arbeit, und nur sie, ohne Unterstützung anderer Hirnbereiche: Es hat auf der einen Seite ein Interface, über das es die reinen Bedeutungen der vorsprachlichen Gedanken entgegennimmt, es verwandelt sie in Sprache und gibt diese über ein anderes Interface als Muskelbefehle für den sprechenden Mund oder die schreibende Hand aus. Beim Sprachverstehen läuft der Prozess rückwärts: Es dechiffriert die Signale, die aus den Ohren oder Augen kommen, zieht ihnen die sprachliche Einkleidung ab und reicht sie als nichtsprachliche Gedanken an das übrige Gehirn weiter. Ist das Sprachorgan dagegen kein Modul in diesem Sinn, so ist seine Arbeit in die übrige Gehirntätigkeit integriert und aus dieser nur schwer oder gar nicht herauszulösen – Sprache wäre Teil der Allgemeinen Intelligenz. Da die Kognitionspsychologie, auch wenn sie es nicht dauernd laut sagt, das Gehirn als eine Art höheren Computer zu verstehen sucht, muss ihr das Modul-Modell höchst verlockend vorkommen: klare Verhältnisse, für die sich Algorithmen finden lassen müssten. So müsste ein Softwareingenieur es machen, wenn er einen sprechenden Computer bauen wollte. Der große Vorteil eines autarken Sprachmoduls: Es müsste nicht bei jeder seiner Berechnungen erst lange Rücksprache mit wer weiß welchen anderen Gehirninstanzen halten, es könnte zügig die Transformationen vornehmen, für die es ausgelegt ist, es wäre schneller, es wäre automatischer.

[Der Phrenologe Franz Joseph] Gall hatte Recht, wenn er die Existenz vertikaler geistiger Fähigkeiten (bereichsspezifischer Computermechanismen) behauptete. Es ist sogar eine noch stärkere Behauptung möglich: dass die vertikalen Fähigkeiten Module sind (ohne Informationsfluss von innen nach außen und umgekehrt, neurologisch fest verdrahtet, genetisch festgelegt, und so weiter) (Fodor 1983).[19]
Da sich die Satzverarbeitung blitzschnell vollzieht, sollten wir solchen Theorien den Vorzug geben, die davon ausgehen, dass die Repräsentation eines Satzes, die aus ihm abgeleitet werden muss, seiner Oberflächengestalt relativ ähnlich ist. Die Rechenarbeit muss dort geleistet werden, wo sie am leichtesten unterzubringen ist: in Prozessen, die off-line stattfinden (Fodor 1975).[20]

Bewiesen ist die Modularitätsvermutung nicht, widerlegt auch nicht. Einige hirnanatomische Tatsachen scheinen für sie zu sprechen. Viele Gehirnfunktionen sind an bestimmten Stellen lokalisiert, wenn auch nicht bei jedem an den gleichen, viele der vielen Gehirnzellen sind in ihrer Funktion spezialisiert. Ein gleichmäßiges Nervengewebe, in dem jede Stelle jede Aufgabe übernehmen könnte, ist das Gehirn keinesfalls.

Das 1861 von dem Pariser Anthropologen und Chirurgen Paul Pierre Broca identifizierte, vier Quadratzentimeter große Feld im linken Stirnlappen direkt über der großen Sylvischen Furche war das erste Hirnareal überhaupt, das mit einer bestimmten Funktion in Verbindung gebracht wurde, und diese Funktion war eine sprachliche. Bei seiner Beschädigung (etwa durch einen Schlaganfall oder eine Kopfverletzung) kommt es zur sogenannten Broca'schen Aphasie: Sprachnot, Fehlern der Wortwahl, also einer starken Beeinträchtigung der Sprachproduktion, aber auch einem agrammatischen Telegrammstil, sodass sich hier ebenfalls ein Grammatikzentrum zu befinden scheint. Wenig später, 1874, fand der Breslauer Psychiater Carl Wernicke weiter hinten direkt unter der Sylvischen Furche, im Schläfenlappen, ein Hirnzentrum, dessen Beschädigung zu einer ganz anderen Sprachstörung führt. Bei der Wernicke'schen Aphasie herrscht auf den ersten Blick keine Sprachnot, die Sprache bleibt flüssig, aber sie ist grammatisch und semantisch entstellt – gestört scheint vor allem der den Wörtern und Sätzen beigemessene Bedeutungsgehalt, das Sprachverständnis. Inzwischen hat sich herausgestellt, dass normalerweise der ganze Hirnbereich beidseits der linken Sylvischen Furche mit der Sprachverarbeitung beschäftigt ist, vom Präfrontalen Cortex, wo das Wortbedeutungswissen mit dem übrigen Weltwissen verschmolzen wird[21], bis zu den Bezirken am hintersten Ende der linken Sylvischen Furche, wo Sprachlaute analysiert und Wortbedeutungen ermittelt werden. Innerhalb dieses Sprachbezirks gibt es erstaunlich spezialisierte Stellen: Eine bestimmte punktuelle Läsion stört abstrakte Nomina, aber nicht konkrete; eine die Bezeichnungen für leblose, aber nicht für belebte Objekte; eine die Bezeichnungen für Tiere und Pflanzen, aber nicht für Nahrungsmittel, Körperteile, Kleidungsstücke, Fahrzeuge oder Möbel.[22] Trotzdem bestätigen alle diese Lateralisierungen, Lokalisierungen und Spezialisierungen ganz und gar nicht die Vermutung, das »Sprachorgan« sei innerhalb des Gehirns ein eingekapseltes Modul. Die involvierten anatomischen Areale und die mit ihnen verknüpften Funktionen lassen sich nicht sauber und scharf voneinander abgrenzen, die Sprachstörungen, die auf eine punktuelle Schädigung des Nervengewebes im Gehirn zurückgehen, sind notorisch schwer zu interpretieren und meist mehrdeutig (eine Läsion des Wernicke-Zentrums etwa kann auch zu einer Störung führen, die eher einer Broca-Aphasie gleicht), der Ausfall einer Stelle kann Auswirkungen an ganz anderen Stellen mit sich bringen oder auf Störungen an ganz anderer Stelle zurückgehen, alle Funktionen hängen zusammen und sind aufeinander angewiesen, und ob und wie sie mit anderen Hirnbereichen und -funktionen außerhalb und unterhalb des Sprachcortex verbunden sind, ist offen. Gehirnanatomisch lassen sich Sprache und Denken jedenfalls nicht so sauber unterscheiden, wie es die Modularitätshypothese verlangte. Es sieht eher so aus, als seien die sprachlichen Gehirnfunktionen sowohl lokalisiert als auch aufs engste integriert.

Für die Frage, ob das Sprachorgan, der Sprachinstinkt angeboren ist, scheint es zunächst ohne großen Belang, ob die Architektur des Gehirns modulär oder nichtmodulär ist. So oder so, der Sprachnativismus käme in die Bredouille. Aber wenn er auf dem Modulcharakter des Sprachorgans besteht, kommt er gleich doppelt in die Bredouille.

Die Nativisten haben sich gegen jeden Sprachrelativismus nicht ohne Grund verwahrt. Es sollte nicht sein, dass konkrete Einzelsprachen, wie Whorf und andere behauptet hatten, das außersprachliche Denken beeinflussen. Verschieden denken mochten die Leute nach Herzenslust, aber nicht grammatisch verschieden sprechen. Die Differenzen zwischen den Einzelsprachen wären unerheblich, im Grunde sprächen alle eine fast identische universale Sprache, angelegt in und vordeterminiert von einem von den Genen gebauten Organ. Wenn dieses Organ ein eingekapseltes Modul ist, dann ist es für nichts zuständig als für die Hin-und-her-Übersetzung von Gedanken und Sprache und erhielte dabei keinerlei Hilfe von außen. Schematisch wie auf einem Schaltplan beschrieben, bestünde das Sprachverstehen darin, dass das Modul auf der einen Seite Input in Form von sprachlich verpackten Gedanken erhielte, diese auspackte, in den Denkcode des Gehirns umwandelte und auf der anderen Seite als Gedanken wieder ausgäbe, zur Freude jedes Ingenieurs. Wenn sich nun aber zeigen sollte, dass die Sprache mehr ist als eine bloße Verpackung des Gedachten, dass rein sprachliche Formen die sprachlosen Gedanken beeinflussen – und zwar nicht die reinen zeitlosen Formen der Universalgrammatik und des Universallexikons, sondern die unreinen lexikalischen und grammatischen Kategorien der konkreten Einzelsprache, in die einer zufällig hineingewachsen ist –, dann wäre das Sprachorgan nicht abgekapselt, und um die Modul-Idee wäre es geschehen. Genau das aber hat sich bei den Experimenten zur Überprüfung des Whorf'schen Sprachrelativismus gezeigt. Grammatische und lexikalische Kategorien der eigenen Einzelsprache bestimmen mit, was und wie einer im übrigen denkt. Sprache und Denken lassen sich nicht so sauber, so kategorisch gegeneinander abgrenzen, wie die Modul-Idee es verlangt. Ein autarkes Modul im strengen Sinn kann das Sprachorgan, falls es das gibt, nicht sein.

Was also ist von dem nativistischen Argument zu halten? Ist es richtig? Ist es falsch? Ist es teils richtig, teils falsch? Oder weder noch?

In einem sehr weiten und ungefähren Sinn ist die These, dass Sprache angeboren sei, zweifellos von vornherein richtig. Da die Sprache vom Gehirn verarbeitet und dessen Neuronengewebe nach den in den Genen fixierten Bauplänen angelegt wird, hängt auch die menschliche Sprachfähigkeit letztlich von den Genen ab: Ohne Gene keine Hirnstrukturen und -funktionen, und ohne diese keine Sprache. Sprachlich ausgedrückt werden kann nichts, was das Gehirn nicht denken kann – undenkbare Konzepte, undenkbare grammatische Figuren werden sich in keiner menschlichen Sprache finden. Ob wir die Sprache der Außerirdischen denkerisch nachvollziehen könnten, wäre eine offene Frage. Der Satzlänge zum Beispiel ist durch das Fassungsvermögen des Arbeitsspeichers eine Grenze gesetzt, und diese ist letztlich genetisch bedingt.

In diesem allgemeinen Sinn ist das Argument jedoch gerade nicht gemeint. Vielmehr behauptet es, dass das Gehirn vom Genom mit elementarem sprachspezifischem »Wissen« – Grundregeln für den Satzbau und eventuell für die Wortbildung, für die Analyse von Sprachlauten, eventuell auch mit einer Art von Wortschatz – ausgestattet wird und etwas so undurchschaubar Komplexes wie eine natürliche Sprache ohne dieses genetische Vorwissen überhaupt nicht meistern könnte. Das Genom müsste also nicht ein zweckneutrales Neuronengewebe erzeugen, es müsste dieses mit sprachlichen Inhalten füllen; es müsste, um im Computerbild zu bleiben, in der Hardware auch die nötige Software installieren.

Das nativistische Argument sagt immer wieder: nicht, dass etwas erwiesenermaßen so und so ist, sondern dass etwas einfach so und so sein müsse. Es muss es sich gefallen lassen, wenn ihm entgegengehalten wird, dass etwas so, wie es das verlangt, auf gar keinen Fall sein kann. Es bringt zwar die Biologie ins Spiel und nennt sich selbst Biolinguistik, ist aber eigentümlich biologiefern und geradezu biologiewidrig. Vor allem zwei Schwachstellen stellt es zur Schau: Wie soll dieses Vorwissen in das Genom hineingekommen sein? Ist es nicht einfach zu viel, was dem Genom da abverlangt wird?

Von den Genen zur Sprache ist es ein sehr weiter Weg. Gene stellen keine Konzepte und keine grammatischen Regeln her. Sie residieren in den Zellkernen und regulieren, wann und unter welchen Umständen die Zelle welche Proteine herstellt. Wie sie überhaupt zu mentalen Gebilden führen könnten, ist bislang kaum vorstellbar. Wie aber auch immer, es muss sich schlechterdings um einen Transfer von Information handeln. Das Genom ist ein Informationspool. In ihm hat sich im Verlauf seiner biologischen Evolution alle Information angesammelt, die ein Organismus für seine Konstruktion und seinen Betrieb, genannt Leben, benötigt. Es codiert diese Information ähnlich wie eine Computerdatei, als eine lange, lange Kette nicht von Nullen und Einsen, sondern von immer wieder denselben vier Nukleotiden (Thymin, Cytosin, Adenin, Guanin). Ein Gen ist ein Abschnitt aus einem langen DNA-Molekülstrang; dieser besteht aus einem durchlaufenden »Rückgrat«, auf dem eine Kette (»Sequenz«) aus diesen vier Nukleotiden sitzt: TCAGGGCAGTT und immer so fort. Die jeweils aktiven Strecken dieser Kette werden im Zellkern abgelesen und außerhalb des Zellkerns in ein Protein übersetzt; dabei fügen sich zwanzig relativ kleine Aminosäure-Bausteine zu langen Proteinketten aneinander, die sich dann zu aktiven Proteinen falten, jedes mit einer charakteristischen räumlichen Struktur. In gewisser Weise wird so die im Genom enthaltene Information ab- und umgeschrieben. Erst steckte sie im Gen, dann in den Aminosäuren, jetzt steckt sie in der Struktur der von ihm erzeugten Proteine. Wie bei allen Umcodierungen geht dabei eine Menge Information verloren – aber neue kommt auf dem Weg keine hinzu. Alle Information, die im von Chomsky so genannten »Anfangsstadium« der Sprache steckt, dem noch von jeder Erfahrung unbeleckten Ausgang der menschlichen Sprachkompetenz, muss im Genom von vornherein enthalten gewesen sein, und nach der Expression der Gene muss sie in den Strukturen der erzeugten Proteine stecken.

Da man keinerlei Ahnung hat, wie aus einer Bauanleitung für Eiweiße so etwas wie Begriffe und grammatische Prinzipien werden, weiß man auch nicht, wie viel Information erforderlich wäre, um einen Begriff oder eine grammatische Regel in einer Hirngewebestruktur, einem neuronalen Schaltkreis zu realisieren. Gewiss brauchte nicht jeder Begriff, jede Regel einen ganz und gar eigenen Schaltkreis; die meisten Neuronen lassen sich wahrscheinlich in mehreren Schaltkreisen verwenden. Dennoch müsste für jede angeborene sprachbezogene Hirnfunktion bis hinunter zu jedem einzelnen Begriff eine eigene neuronale Struktur geschaffen werden, und diese müsste genetisch spezifiziert sein.

Nicht um eine ernsthafte Rechnung aufzumachen, sondern nur um spaßeshalber vorzuführen, auf welche Informationsmengen man sich einzulassen hätte: Es gab einmal die Theorie, dass sich im Gehirn Gedächtnismoleküle befänden – ein Molekül, eine Erinnerung. Sie war offensichtlich absurd, denn wie sollte in einem Molekül eine spezielle Erinnerung codiert sein? Aber wenigstens gäbe es beliebig viele verschiedene Moleküle, mit denen ein solches Modell operieren könnte. Es gibt aber nicht beliebig viele Gene. Das menschliche Genom zählt 25.000 bis 30.000 Gene mit zusammen etwa 2,3 Milliarden Nukleotiden, etwa 77.000 pro Gen. 95 Prozent davon sind »Junk DNA«, produzieren keine Proteine, haben keine erkennbare Aufgabe, sind, soweit bisher bekannt, Müll. Bleiben 115 Millionen Nukleotide. Zu 99 Prozent ist das menschliche Genom identisch mit dem des Schimpansen, der keine menschliche Sprache besitzt. Die Information für diese müsste sich also in den 1,15 Millionen Nukleotiden finden, in denen sich der Mensch vom Schimpansen unterscheidet. Ein Großteil dieser unterschiedlichen DNA würde für das unterschiedliche äußere Erscheinungsbild gebraucht; sagen wir die Hälfte. In einer halben Million Nukleotide des genetischen Codes ließe sich durch die geschickteste Kombinatorik, zu der die Natur fähig ist, sicher eine ganze Menge mehr Information unterbringen als in einer halben Million Bits – 72 Kilobyte – des Computercodes. Andererseits geht auf dem langen Weg vom Gen zur neuralen Realisierung mit Sicherheit auch eine Menge Information verloren. Im Computercode jedenfalls reichte eine Sequenz von 72 KB Länge nicht aus, um auch nur ein einziges kleines Lexikon einer einzigen Sprache darin unterzubringen, nicht einmal das kleinste aller Lexika, Basic English. Aber der Nativismus verlangt, dass sämtliche Lexika sämtlicher vergangener, gegenwärtiger und zukünftiger Sprachen darin Platz finden oder zumindest die Bausteine zu sämtlichen denkmöglichen Konzepten der Menschheit und dazu unbekannt viele grammatische Prinzipien, bei denen man sich noch weniger vorstellen kann, wie viel Information auch nur ein einziges von ihnen erforderte – wenig bestimmt nicht.

Steven Pinker immerhin hat sich Gedanken über die Informationsmengen gemacht, die hier im Spiel sein müssen, und irgendwie ausgerechnet, dass für die Codierung sämtlicher Unterschiede zwischen Mensch und Schimpanse 10 Megabyte DNA zur Verfügung stünden. Er findet, das sei »genug für die Universalgrammatik und [lasse] noch reichlich Platz für die übrigen Instruktionen, wie aus einem Schimp ein Menschenwesen zu machen ist«[23]. All das andere, was er einige Seiten später dem Genom aufbürden wird, lässt er an dieser Stelle großzügig außer Acht. Zu der höheren Zahl von 10 Megabyte kommt er wohl, weil er von einer größeren Zahl von Genen ausgeht und die Junk-DNA nicht berücksichtigt. 10 Megabyte also – und die CD-ROM mit dem Paul'schen *Deutschen Wörterbuch* nimmt allein schon 20 in Anspruch!

Die Frage der Informationsmenge, die aus dem Genom in neurale Struktur zu übertragen wäre, bringt den Nativismus ganz offensichtlich in eine Zwickmühle, und darum wohl ist er ihr geflissentlich ausgewichen. Je mehr es wäre, umso mehr »Vorwissen« hülfe dem Kind, das vor der Aufgabe steht, seine Muttersprache zu lernen. Ohne ein im Wortsinn gründliches Vorwissen könnte es das ja angeblich gar nicht. Je mehr es sein müsste, umso unwahrscheinlicher wird aber das ganze Modell auch. Wäre es dagegen scheinbar gar nicht so viel, wären es zum Beispiel nur Chomskys grammatische Grundprinzipien und keinerlei Lexikon, so scheint das Modell viel eher denkbar, dem Kind wäre aber auch viel weniger geholfen, und es müsste das meiste Wissen, das es zur Erlangung seiner Sprachkompetenz benötigt, doch aus der eigenen Erfahrung beziehen, das heißt lernen. Die Universalgrammatik ist ein heroischer Versuch, die konkreten Einzelgrammatiken der Welt mit ihren unzähligen zufälligen Einzelregeln denkerisch bis auf den Grund zu durchdringen und logisch auf wenige Grundregeln zurückzuführen. Je tiefer und abstrakter, desto weniger werden es zwar, umso dünner werden sie aber auch. Niemandem hülfe es beim Erlernen irgendeiner konkreten Sprache, wenn ihm die Prinzipien der Universalgrammatik mitgeteilt würden – brauchte es auch nicht, denn jeder soll sie ja schon unbewusst intus haben und wie selbstverständlich befolgen. Aber da jede konkrete natürliche Einzelsprache ein unauflösliches grammatisch-lexikalisches System ist, mit grammatifizierten Wörtern und an bestimmte Wörter gebundenen Satzbauregeln, und überdies nicht seine Einordnung in die Wortgrammatik und seine semantische Definition über die richtige Verwendung eines Wortes entscheiden, sondern der größere Bedeutungszusammenhang, in dem es auftaucht, bliebe der zusätzliche Lernbedarf doch sehr groß, fast so groß wie ohne Universalgrammatik, die Frage also die gleiche: Wie schafft das Kind das nur?

Aber es geht doch, kommt der Einwand. Die Natur macht doch vor, dass es geht, dass sich aus wenig DNA eine fast unendliche Informationsvielfalt herauslesen lässt. Was dieses Informationswunder vollbringt, ist angeblich das Immunsystem. Dies aber taugt als Beispiel ganz und gar nicht. Es zeigt im Gegenteil, dass die Natur solche Probleme auf ganz andere Weise löst.

Das Immunsystem führt eine ständige Abwehrschlacht: Es verteidigt den Körper gegen eindringende Viren und Bakterien. Seine Waffen sind zwei Arten von weißen Blutkörperchen: T-Zellen, die sich selbst auf feindliche Eindringlinge stürzen und sie verschlingen oder vergiften, und B-Zellen, die die Pathogene »erkennen« und aufgrund der in ihnen enthaltenen genetischen Information Antikörper produzieren, welche die Feinde außer Gefecht setzen. Für jeden Typ von Pathogen ist ein spezieller Antikörper nötig, und jede B-Zelle ist nur für eine Art von Antikörper zuständig. Die Feinde aber sind viele und vielgestaltig, und das Genom muss gleichsam im voraus »wissen«, was da kommen könnte, um ihm sofort den einzig passenden Antikörper entgegensetzen zu können. Was von keiner B-Zelle »erkannt« wird, könnte nicht bekämpft werden.

Bis Mitte der sechziger Jahre dachte man, das Genom besitze tatsächlich bis ins Letzte detaillierte Baupläne für Tausende, Hunderttausende verschiedener Antikörper, holte bei gegebenem Anlass (dem Kontakt mit einem Pathogen) sozusagen den passenden heraus und begänne mit der Produktion. Aber wie konnte es schon im voraus die Struktur sämtlicher Eindringlinge kennen, auch solcher, die ihm noch nie begegnet waren, zum Beispiel künstlicher organischer Moleküle, die in der Natur gar nicht vorkommen? Tatsächlich kennt es sie gar nicht, muss sie auch gar nicht kennen. Die Zigtausende von verschiedenen Bauplänen besitzt es nicht.

Es macht die Sache ganz anders. Drei normalen Körpergenen werden in Milz und Lymphknoten einige Hundert Genabschnitte entnommen. Diese werden durch mehrmaliges Mischen und Kombinieren aufs Geratewohl zu Mikrogenen zusammengestellt. Der Zweck der Prozedur besteht nicht darin, bestimmte Mikrogene zu erzeugen; es müssen nur möglichst viele verschiedene sein. So schwimmen im Blut des Menschen ständig über eine Million verschiedene Typen von B-Zellen mit, jede auf ihren eigenen Typ von Antikörper und damit auf einen Typ von Pathogen spezialisiert. Die meisten Typen kommen nie zum Zug. Sobald aber eine B-Zelle ein Pathogen »erkennt«, weil nämlich ein Stück ihrer Oberfläche genau auf ein Stück der Oberfläche dieses Pathogens passt, heftet sie sich an ihn, beginnt ihren Antikörper zu erzeugen und sich selbst wie wild zu klonen. In kurzer Zeit stehen mehr und immer mehr aktivierte Zellen des gleichen Typs zur Verfügung und produzieren mehr und immer mehr spezifische Antikörper.

Trotzdem genügt dieser eine Mechanismus zur Erzeugung von Vielfalt noch nicht. Viren und Bakterien haben die leidige Eigenschaft, ihre Struktur oft und schnell zu verändern; das heißt, sie haben eine hohe Mutationsrate. Die B-Zelle, deren Antikörper eben noch passten, sieht sich plötzlich mit Eindringlingen konfrontiert, die unvorhersehbar anders sind, die sie darum nicht erkennt und denen ihre Antikörper nichts anhaben können. Darum wird an diesem Punkt ein zweiter Mechanismus zur Erzeugung von Vielfalt wirksam: Die B-Zelle erhöht ihre eigene Mutationsrate, und nicht nur ein wenig, sondern gleich millionenfach. Sie synthetisiert, wiederum aufs Geratewohl und ohne Kenntnis des Feindes, ihre Antikörper in ständig leicht abgewandelter Form und kommt so den launigen Abwandlungen des Pathogens – hoffentlich – zuvor.

Was in den Mikrogenen der Lymphozyten vorliegen muss und vorliegt, ist also nicht Information über die Beschaffenheit sämtlicher denkbarer Pathogene, sondern nur die allgemeine Bauanleitung für eine B-Zelle und dazu für die Einrichtung eines doppelten Mechanismus zur Produktion von Vielfalt, der dafür sorgt, dass die B-Zelle erst sich selbst und dann ihre Antikörper in möglichst vielen abgewandelten Versionen reproduziert, egal welchen. Es liegen zwei genetische

Instruktionen vor. Die eine, wirksam in Milz und Lymphknoten, lautet: Mache aufs Geratewohl möglichst verschiedene B-Zellen. Die andere, wirksam in der aktivierten B-Zelle selbst: Mache Antikörper und mutiere dabei wie wild. Die Gene programmieren keine bestimmten B-Zellen und keine bestimmten Antikörper, sondern deren reine Vielfalt. Die Natur schießt mit Schrot. Meist ist eine Kugel dabei, die trifft.

Ein Lexikon aber, egal ob es aus semantischen Bausteinen oder ganzen oder sogar komplexen Konzepten besteht, lässt sich auf diese Art nicht herstellen. Ein Mechanismus, der ständig aufs Geratewohl möglichst viele verschiedene Konzepte erzeugte, egal welche, in der Hoffnung, dass irgendwann ein paar passende dabei sind, würde niemandem zum Denken und zur Sprache verhelfen. Die Vorstellung hat ihre Komik: »Chef: Du solltest doch Salz an die Suppe tun. Küchengehilfe: Tut mir leid, was Sie ›Salz‹ nennen, kann ich anscheinend nicht mehr denken. Bei mir muss das Konzept zu ›Pfeffer‹ mutiert sein.« Das Lexikon eines Menschen kann nichts anderes sein als eine Sammlung aller seiner Begriffe, und wenn diese in den Genen archiviert wäre, müssten dort die informationellen Äquivalente aller denkbaren Lexika aller Menschen stehen und immer gestanden haben. Das ist schlechterdings unmöglich. Es kann nicht sein.

Es wäre auch unbiologisch und geradezu naturwidrig. In der Natur ist ein Preis ausgesetzt für Flexibilität und Anpassungsfähigkeit, wie auch der laufende Wettstreit zwischen wandlungsfähigen Pathogenen und noch wandlungsfähigeren Antikörpern zeigt, von dem alles höhere Leben abhängt. Der Preis ist das Überleben, des Individuums und mit ihm seiner Art. Der Mensch, der in fast allen irdischen Umwelten zu überleben versteht, ist das anpassungsfähigste aller Tiere, und das Nonplusultra seiner Anpassungsfähigkeit ist die Sprache: das Werkzeug, mit dem er aus einer kleinen Zahl von Lauten eine nicht sehr große Zahl von Morphemen, aus diesen eine stattliche Zahl von Wörtern und aus denen eine unendliche Zahl von Sätzen bilden kann, viele einmalig, noch nie gesagt und nie wieder gesagt. Mit diesen Sätzen kann er eine unendliche Zahl von äußeren und inneren Gegebenheiten und Sachverhalten abbilden und fixieren, auch solche, die neu auftreten und noch nie bemerkt wurden, auch rein imaginäre. So schlau ist die Natur nicht, dass sie ihre eigene Zukunft voraussehen könnte und das Lexikon von Anfang an wirklich vollständig und für alle Zeiten ausreichend wäre. Aber so dumm ist sie auch nicht, dass sie ihr Geschöpf zu diesem Zweck mit einem festen, starren Repertoire von Begriffen ausstattete, in dem es von Adam und Eva bis zum Armageddon gefangen wäre. Jeder Grammatikleitfaden, jedes Lexikon in Buchform ist schon in der Stunde seiner Veröffentlichung überholt. Eine starre, unflexible Grundlage wäre ein hanebüchener Widersinn. Das Begriffsrepertoire und der Regelkodex der Grammatik müssen sich verändern können, sie haben sich immer verändert und verändern sich unter unseren Augen. Sie machen ihre eigene Evolution durch, und diese ist eine kulturelle, keine biologische.

Womit die andere Schwachstelle des Sprachnativismus erreicht wäre: Wie soll all die Information, auf der die Sprachkompetenz beruht, denn eigentlich in das Genom hineingelangt sein?

In das Genom gelangt von außen keinerlei Information. Aus der Erfahrung lernt es nichts. Die große Vielfalt der Lebewesen ist allein dadurch in die Welt gekommen, dass sich die Genome im Inneren veränderten. Sie verändern sich, weil beim Kopieren einer Zelle zuweilen Fehler unterlaufen. Solche Fehler heißen Mutationen: Ein paar Buchstaben des Codes, ein paar Nukleotide, manchmal auch nur einer, werden falsch abgelesen, wo T hingehörte, steht irrtümlicherweise C oder A oder G, und an dieser Stelle produziert das Gen der neuen Zelle eine andere Aminosäure und am Ende dann möglicherweise ein etwas anders gefaltetes Protein. Alle Zellen, die aus der mutierten Zelle abstammen, haben deren verändertes Genom in sich. Tritt die Mutation in einer Keimzelle auf, so wird sie an alle Körperzellen des aus ihr entstehenden Organismus weitergegeben. Dann hat sich der Bauplan des Ganzen minimal verändert. Manche Mutationen scheinen keine Folgen zu haben und werden in der Stammlinie der Zelle unauffällig weiter mitgeschleppt. Die meisten sind schädlich, da die voneinander abhängigen Instruktionen nun nicht mehr genau zueinander passen und die Zellen zur falschen Zeit das falsche Protein erzeugen. Manche sind tödlich. Bisweilen aber ist eine Mutation dabei, die dem Organismus in irgendeiner Hinsicht zum Vorteil gereicht, sodass seine Überlebens- und Reproduktionschancen wachsen. Dann hat er mehr Nachkommen als seine Artgenossen ohne diese Mutation, und allmählich setzt diese sich in der ganzen Population durch. Just dieser Prozess – erst die zufällige Mutation, dann die Bewährungsprobe im Leben – ist besser bekannt unter dem Namen Evolution (durch natürliche Auslese).

Evolution gibt es also nur in kleinen Schritten, von Mutation zu Mutation. Sie braucht Zeit. Falls nennenswerte Teile der menschlichen Sprachkompetenz im Genom begründet sind, muss diese graduell, in vielen kleinen Schritten, hineingeraten sein. Dann aber müsste es eine kontinuierliche Linie der Sprachfähigkeit aus dem Tierreich über die Hominiden zum heutigen Menschen geben, in deren Verlauf sich immer mehr von der benötigten Information im Genom angesammelt hat. Diese »gradualistische« Auffassung scheint die einzige vernünftige; auch Steven Pinker vertritt sie.

Sie aber steht offensichtlich in Konflikt mit der anderen Annahme des Nativismus: dass allein dem Menschen die Sprache angeboren und alle Menschen ohne Unterschied im Besitz der gleichen vollen Sprachkompetenz seien. Dieser Konflikt ist nicht ganz so offensichtlich, wenn man unter Sprache nur die angeblich angeborenen Prinzipien der Grammatik versteht; dann müsste nicht gar so viel angeboren sein, und es wäre eher vorstellbar, dass die entscheidenden Änderungen im Genom in kürzerer Zeit stattgefunden haben. Bei Lichte besehen, ist dies aber keine plausible Annahme. Wozu hätte eine Grammatik gedient, wenn die Begriffe noch gar nicht da gewesen wären, deren Anordnung sie regeln soll? Wozu hätte sich das Gehör die Fähigkeit zulegen sollen, Sprachlaute zu analysieren, wenn es noch gar keine Sprache gab? Wozu hätte der Stimmapparat, der die Sprache artikuliert, die dazu erforderliche, außerordentlich feine Muskelkoordination leisten sollen, ehe überhaupt eine Sprache da war? Da hier alles voneinander abhängt und ohne einander unnütz wäre, hätte also doch alles zusammen evolvieren müssen.

Der Linguist Derek Bickerton hat Kreolsprachen erforscht, jene neuen Mischsprachen, die sich aus der Begegnung zweier Sprachen ergaben. Wo der europäische Kolonialismus Menschen miteinander in Kontakt brachte, die keinerlei gemeinsame Sprache hatten, behalfen sie sich zunächst mit einem Pidgin: einzelnen ad hoc designierten Wörtern aus einer der beiden Kontaktsprachen, aneinander gereiht ohne bestimmte Grammatik. Auch so kann man sich notdürftig verständigen. Das eigentlich Interessante jedoch geschieht beim Spracherwerb der Kinder der Pidgin-Sprecher. Ihre Sprache hat plötzlich ein relativ stabiles Lexikon und eine feste Grammatik – das Pidgin ist »kreolisiert«, zu einem Kreol geworden. Bickerton meint aus diesen scheinbar spontan aus dem Nichts geschaffenen Kreolsprachen, deren Grammatiken sich sehr ähnlich seien, die angeborene Universalgrammatik herauslesen zu können. Sie wären dann der bisher überzeugendste Beweis, dass es überhaupt so etwas wie eine Universalgrammatik gibt. Der Übergang vom Pidgin zum Kreol soll aber abrupt sein. Es gebe keine Zwischenstadien, keine graduelle Entwicklung, so wie es keinen Übergang zwischen der grammatiklosen »Protosprache« der Kleinkinder und der grammatikgebundenen Sprache des nächsten Stadiums gebe. Die volle Sprachfähigkeit trete mit einem Schlag, jedenfalls in sehr kurzer Zeit ein. Der logische Schluss? Bickerton hat ihn ausdrücklich gezogen:

… Tatsachen bezeugen, dass sich die Sprache nicht graduell aus einer Protosprache entwickelt haben kann und dass es keine Zwischenformen gibt. Dann muss die Syntax mit einem Mal fertig aufgetreten sein – am wahrscheinlichsten aufgrund einer einzigen Mutation, die die Organisation des Gehirns verändert hat. Da Mutationen zufällig und vorteilhafte selten sind, wäre es nicht plausibel, mehr als eine einzige Mutation anzunehmen (Bickerton 1990).[24]

Der ganze Sprachkomplex, mit einem Mal und nur an einer Stelle in der Natur entstanden, mit einer einzigen Mutation! All die neuralen, sensorischen und motorischen Strukturen und Verschaltungen, die zur Sprache gehören, das Werk einer einzigen Mutation in einigen Buchstaben des genetischen Codes! All die für ihre Programmierung nötige Information mit einem Griff in die Lostrommel gezogen! Ein Wurf! Man zerlege ein dickeres Buch aus dem Regal in seine einzelnen Buchstaben, werfe diese in einen großen Würfelbecher, schüttle, kippe ihn um, und siehe da – sie fallen genau so, dass das Buch wieder da ist. Hoffnungsloser hat sich selten eine Idee selbst ad absurdum geführt.

Aber schon die Voraussetzungen, aus denen Bickerton seinen radikalen Schluss abgeleitet hatte, wurden angezweifelt. Nicht alle Kreols seien aus einem grammatiklosen Pidgin entstanden, haben seine Kritiker eingewendet; auch seien ihre Grammatiken weniger ähnlich als behauptet, und die tatsächlich bestehenden Übereinstimmungen ließen sich besser aus ihrer Abstammung aus gemeinsamen Herkunftssprachen – oft den afrikanischen Sprachen deportierter Arbeitssklaven – erklären als durch ein »Bioprogramm«.[25]

Das Biologische an der Sprache muss sich mit biologischer Langsamkeit ergeben haben, Schritt auf Schritt. Einen abrupten Bruch zwischen totaler Sprachlosigkeit und voll entwickelter Sprache kann es nicht gegeben haben. Die menschliche Sprache muss allmählich aus weniger entwickelten Formen der Kommunikation hervorgegangen sein. Die neuralen Fähigkeiten, an der ihre Evolution ansetzte und auf die sie aufbaute, könnten, wie wiederholt vorgeschlagen, die komplexen Fertigkeiten des Sehsystems und der feinmotorischen Kontrolle sein. So sieht es der englische Sprachursprungsforscher Robin Allott: »Wenn Pinker, Chomsky …

bestreiten, dass die präadaptive Grundlage der Sprachevolution im Gesichts- und im motorischen System zu suchen ist, weil sich in keinem von beiden die Formalismen der generativen Grammatik … unterbringen lassen, so übersehen sie die unwillkommene Möglichkeit, dass nicht mit dem Darwin'schen Prozess der Evolution … etwas nicht stimmen könnte, sondern mit ihren linguistischen Theorien.«[26]

Ich riskiere die Voraussage, dass sich nirgends im Kopf ein von den Genen angelegtes Begriffslexikon finden wird. So etwas tun Gene nicht. Konzepte und die Wörter für sie kommen allein aus der Erfahrung, sind kulturelles und nicht biologisches Eigentum.

Chomskys grammatische »Prinzipien und Parameter« dagegen mag es tatsächlich geben, und in gewisser Weise mögen sie sogar angeboren sein. Dann wird ein Weltverband der Linguisten vielleicht eines Tages eine triumphale Pressekonferenz anberaumen und wie bei der Beendigung des Genomprojekts dem Erdkreis verkünden, es sei geschafft: Nach Generationen syntaxtheoretischen Denkerfleißes seien nunmehr sämtliche der allgemeinmenschlichen Grammatik zugrunde liegenden Prinzipien ermittelt, und die paar nebensächlichen Parameter, die sich der Ermittlung bisher entziehen konnten, würden beim Durchkämmen weiterer Sprachen bald auch noch gefasst. Die Freude der beteiligten Linguisten wäre groß, aber das Fernsehen würde vielleicht doch nicht kommen. Dies läge daran, dass nur Syntaxtheoretiker die Großtat, die es zweifellos wäre, richtig zu schätzen wüssten und der Rest der Welt bloß mit den Achseln zucken würde: Na und? Und das wiederum läge nicht allein an der vielbeklagten Ignoranz der Öffentlichkeit, die sich um linguistische Errungenschaften noch nie geschert hat, sondern hätte einen noch viel schmerzlicheren Grund: Der Triumph wäre einer der logischen Durchdringung und Beschreibung, nicht aber der Erklärung. Es wäre, als hätte man die »Prinzipien« erkannt und beschrieben, die sämtlichen konkreten einzelnen Verkehrsregeln der Welt zugrunde zu liegen scheinen: »Kollisionsvermeidung«,

»zügiger Verkehrsfluss«, »Koexistenz verschiedenartiger Verkehrsteilnehmer« und so weiter. Diese Prinzipien haben eine Art von Realität, und wer weiß, vielleicht decken sie sich sogar mit angeborenen Verhaltenstendenzen; denkerisch mögen sie sich noch weiter zurückführen lassen bis auf die Zehn Gebote. Gleichviel, die Menschheit könnte nichts weiter mit dieser großen einheitlichen Universalverkehrsregelung anfangen, als beifällig »Denn is ja gut« zu nicken – und sich zum Erwerb des Führerscheins mit mehr Nutzen weiterhin der jeweils aktuell gültigen Straßenverkehrsordnung widmen.

Vielleicht stammen die Probleme, die der Sprachnativismus Chomsky'scher Prägung mit den Tatsachen der Biologie und mit sich selbst hat, ja aus einem Denkfehler besonderer Art: dass er nicht falsch gedacht ist, sondern das Falsche zu denken versucht. Es mag ein grundlegender Fehler sein, die Sprachfähigkeit als »Wissen« zu beschreiben und dieses in »Vorwissen« und »Erfahrungswissen« aufzusplitten. Die Lunge »weiß« nicht, was Luft ist, wie viel der Körper davon braucht und was sie mit ihr anzustellen hat, obwohl sie es ganz genau zu wissen scheint. Die Art, wie das Auge und der Sehapparat im Gehirn mit dem Licht umgehen, impliziert zwar eine hochkomplexe Theorie des Lichts und der sichtbaren Außenwelt, und diese ließe sich möglicherweise auch formulieren, aber man könnte nicht hoffen, ein neurales Ebenbild der Prinzipien dieser Theorie irgendwo im Gehirn oder im Genom implementiert zu finden; sie muss ihm auch nicht durch einen Schöpfungsakt Gottes oder der Natur (eine katastrophische Megamutation) einprogrammiert worden sein. Das Auge und die ihm zugeordneten Neuronenstrukturen des Gehirns »wissen« gar nichts, sie *tun* eine Reihe von Dingen mit dem Licht, beileibe nicht alle, die sich tun ließen, aber lauter solche Dinge, die sich im Laufe seiner Evolution als nützlich erwiesen haben. Die Sehfähigkeit ist kein Wissen, sondern ein Bündel bewährter praktischer Verfahrensweisen. Das »Wissen« ist allein die Sache des Forschers, der zu verstehen sucht, was das Auge tut. Diese Verfahrensweisen sind in

Graden vorhanden oder zumindest denkbar, alle können im Laufe der Evolution nach und nach dazugekommen sein. Augen sind in der Natur an mehreren Stellen unabhängig voneinander entstanden; Insektenauge und Säugetierauge haben verschiedene Verfahrensweisen, die sich nur darin gleichen, dass beide versuchen, einem Ausschnitt aus dem Spektrum der elektromagnetischen Wellen Informationen über die Außenwelt zu extrahieren; ihre Ähnlichkeiten werden ihnen von der Natur des Lichts diktiert. Wer das Sehen erklären will, muss nicht beschreiben, wie eine Gesamttheorie des Sehens zu lauten hätte, und deren Prinzipien vollständig auflisten, er muss beschreiben – wie Hubel und Wiesel es gemacht haben –, was der Sehapparat im Einzelnen tut und wie er es tut.

Auf die Frage angewandt, was an der Sprachfähigkeit angeboren ist, heißt das: Es muss kein komplettes Sprachorgan, kein neuraler Sprachapparat mit eingebautem sprachspezifischem formalem Wissen genetisch programmiert sein. Was programmiert sein muss, ist die Erzeugung bestimmter Neuronentypen in einer bestimmten Entwicklungsphase des menschlichen Gehirns, die in der Lage sind, bestimmte für das Sprachvermögen erforderliche mentale Operationen auszuführen – und außerdem eine starke psychische Motivation, die für die Inbetriebnahme und den Gebrauch dieser Neuronen nötige Information aus der Außenwelt zu beschaffen, sie aus der Außenwelt aufzusaugen: eine spezifische intensive Aufmerksamkeit. Solche konkreten, beobachtbaren Operationen sind gesucht, nicht Prinzipien; die empirische Hirnforschung ist zuständig, nicht die Linguistik und die Sprachphilosophie.

Diese wird von Glück sagen können, wenn ihre durch reines Nachdenken aufgespürten »Prinzipien« sich am Ende einigermaßen mit den durch experimentelle Hirnforschung aufgefundenen neuralen Funktionen decken. Die grammatikspezifischen Operationen der Sprachzentren mögen sich am Ende als die neuralen Realisierungen einer Reihe von grammatischen Grundprinzipien erweisen, vielleicht sogar mehr oder weniger den gleichen, die die Syntaxtheorie postuliert. Aber die Forschungsrichtung wäre eine ganz andere, nicht deduktiv von oben nach unten, sondern induktiv von unten nach oben: Wie funktioniert der neurale Sprachapparat tatsächlich, nicht: Wie müsste er funktionieren, wenn ihn ein Softwareingenieur zu konstruieren hätte?

Als eins der angeborenen parametrisierten »Prinzipien« zum Beispiel wurde vorgeschlagen: »Die menschliche Sprache ist immer eine rasche Folge von einzelnen Stimmlauten.« Das Genom legt danach einen neuralen Apparat an, der Stimmlaute von anderen Geräuschen unterscheiden kann, und spezifiziert darüber hinaus hundertsechzig Parameter für alle in den menschlichen Sprachen vorkommenden Vokale und Konsonanten. Die konkrete Einzelsprache, mit der jemand aufwächst, tickt einige dieser Parameter an: Sie werden aktiviert, die neuralen Verschaltungen für sie werden verstärkt, die übrigen verfallen. So wäre die Tatsache erklärt, dass das Sprachgehör des Erwachsenen die Laute fremder Sprachen zum Teil gar nicht mehr unterscheiden kann.

Es wäre das jedoch ein sehr umständliches Vorgehen: Das Genom müsste von vornherein festlegen, genau welche diese hundertsechzig menschlichen Sprachlaute sein sollen, und für jeden einzelnen von ihnen eine bestimmte Erkennungsprozedur bereitstellen. Leichter fiele der Natur vermutlich ein summarisches Vorgehen. Zunächst müsste nur die Fähigkeit programmiert sein, überhaupt Geräusche wahrzunehmen. Dann kämen nach und nach Erkennungsprozeduren hinzu, mit deren Hilfe einzelne Arten von relevanten Geräuschen unterschieden werden können, und mit ihnen verfeinerte sich der Hörapparat; bei Lauten der menschlichen Stimme, die für das Menschenkind besonders relevant wären, wäre der evolutionäre Nutzen jeder Verfeinerung besonders hoch. So wüchse das Repertoire der erkennbaren Stimmlaute nach und nach zusammen mit dem Repertoire der Laute, die die Artikulationsorgane hervorbringen können; und wie das in der Evolution üblich ist, wüchse deren Repertoire wiederum mit der

Zahl der vom Ohr unterscheidbaren Laute. Diese Unterscheidungsprozeduren müssten weder vorspezifiziert sein, noch müsste es für jeden Stimmlaut eine eigene geben. Durch unterschiedliche Kombinationen einer kleinen Zahl von Analyseverfahren ließe sich eine sehr viel höhere Zahl von Lautunterscheidungen erzielen. Auch müsste kein autarker eigener Nervenapparat für Sprachlaute angelegt werden; das Sprachgehör könnte vielmehr auf den Analysefähigkeiten des übrigen Gehörs aufbauen und sie mitbenutzen. Eine evolutionäre Diskontinuität zwischen Tier und Mensch wäre nicht nur nicht erforderlich, sie wäre sogar unwahrscheinlich. Viele Wirbeltiere haben sehr feine Ohren, feinere als der Mensch, und manche unterscheiden sogar menschliche Sprachlaute – selbst Pferde scheinen den Unterschied zwischen »hü« und »brr« zu verstehen, sogar auf Englisch, wo man »gee« und »whoa« sagt. Am Ende sähe es dann so aus, als wären dem Menschen genau hundertsechzig Sprachlaute vorbestimmt gewesen und als wäre dies eins seiner Artmerkmale; aber es sähe nur so aus.

Den Genen sollte also besser nicht die Vorausregelung zu vieler unberechenbarer Details des Lebens zugemutet werden. Der Mensch hat ein in der Natur einzigartig leistungsfähiges Gehirn, damit er sich flexibel auf die verschiedensten Rahmenbedingungen und Wechselfälle des Lebens einstellen kann – und sein wichtigstes Werkzeug dafür ist eben die Sprache. Es ist in diesem Fall »biologischer«, dem Lernen eine größere Rolle zuzuweisen. Damit das Lernen trotz »Stimulusarmut« gelingt, muss aber eine andere natürliche Mitgift postuliert werden: eine speziell auf die Sprache zugeschnittene Lernbereitschaft und dazu ein unaufhaltsames Lernbedürfnis. Beides führt dazu, dass Sprache schnell und in einer Reihenfolge gelernt wird, die eine Art universalem Gesetz zu folgen scheint.

Der Säugling muss nicht erst mühsam eruieren, welche Geräusche seiner Umwelt Sprachlaute sind und nicht nur ein Summen oder Schnalzen. Bald nach der Geburt unterscheidet er Stimmen von Musik; mit zehn Monaten beginnt er die Sprachmelodie seiner Muttersprache nachzuahmen. Er segmentiert und analysiert die sich überstürzenden Sprachlaute seiner Umwelt. Im Babbelstadium verknüpft er gehörte Sprachlaute mit denen, die seine Artikulationsorgane zunächst aufs Geratewohl hervorbringen, übt sich also im Training seiner artikulatorischen Möglichkeiten und legt sich langsam auf jene fest, die er in seiner künftigen Sprache brauchen wird. Die Neuronennetze für die ungebrauchten werden nicht stabilisiert und verfallen allmählich, sodass man sein Leben lang Mühe haben wird, Fremdsprachen akzentfrei zu sprechen. Auch merkt der Säugling, dass es nicht auf einzelne Laute, sondern auf Lautfolgen ankommt, und erkennt ähnliche Sequenzen wieder. Gleichzeitig entdeckt er, dass bestimmten Lautfolgen bestimmte Bedeutungen beigemessen werden. Er entdeckt es an sehr einfachen Beispielen, viele von ihnen der Deutlichkeit halber verdoppelt: Vor jedem Spaziergang sagt die Mutter »Ata-ata«, und wenn sie auf den Hund zeigt, sagt sie »Wau-wau«, was der Hund überzeugend mit ähnlichen Lauten beantwortet.

So lernt er in den ersten zwölf Monaten, was Wörter sind, und beginnt sie selber zu gebrauchen. Grammatik gibt es noch nicht: Mit zwischen zwölf bis achtzehn Monaten spricht er (zehn bis fünfzig) Einwortsätze. Es sind »Sätze«, weil seine Einwortäußerungen mehr bedeuten als einzelne Wörter: Das *wauwau* des Kindes in diesem Stadium des Spracherwerbs kann nicht nur *ein Hund* bedeuten, sondern je nach Situation *sieh mal, da ist ein Hund* oder *ich will diesen Hund da streicheln* oder *dass der mich nur nicht beißt!* Auf das Stadium der Einwortsätze folgt das der Zweiwortsätze (*nein Bett, Keks da*). In ihnen deutet sich erstmals so etwas wie Grammatik an, wenn auch noch nicht die der Erwachsenensprache – viele dieser Kombinationen nehmen sich aus wie Subjekt und Prädikat oder Prädikat und Objekt. Das etwa ist die Stufe, die auch Schimpansen mit ihren Zeichensprachen unter großer Mühe erreichen und über die sie nie hinausgelangen. Wenn diese Phase mit etwa zwei Jahren endet, wird dem Kind offenbar klar, dass die Erwachsenensprache einer anderen Grammatik gehorcht, und sobald es das gemerkt hat und sie selber zu erproben beginnt, werden seine eigenen Sätze schnell länger und komplexer. Es ist, als sei nun der Knoten geplatzt, und der weitere Spracherwerb vollzieht sich geradezu implosionsartig.

Lässt sich in diesem Augenblick, dem des raschen Grammatikerwerbs, erkennen, ob die Grammatik »von innen« oder »von außen« kommt? Eine der formalgrammatischen Eigenschaften der Einzelsprachen ist die Platzierung des »Kopfes«: vorne oder hinten. Im Beschreibungsschema der Phrasenstrukturgrammatik baut sich ein vollständiger Satz hierarchisch aus beliebig vielen verschieden eng zusammengehörigen Wortgruppen auf, die sie Phrasen nennt (das Wort bedeutet in der Linguistik etwas anderes als im Alltagsdeutsch). Den Satz *Das Mädchen mit dem roten T-Shirt möchte auf dem schwarzen Pony reiten*, das die traditionelle Schulgrammatik in Subjekt (*das Mädchen*), Prädikat (*möchte reiten*) und Umstandsbestimmung zerlegt, zerlegt sie in seine Phrasen: eine Nominalphrase NP (*das Mädchen mit dem roten T-Shirt*), die eine Präpositionalphrase PP enthält (*mit dem roten T-Shirt*), gefolgt von einer Verbalphrase VP (*möchte auf dem schwarzen Pony reiten*), ebenfalls mit einer Präpositionalphrase (*auf dem Pony*) – eine effiziente Methode zur Beschreibung des logischen Aufbaus beliebiger Sätze. Jede Phrase wird von ihrem »Kopf« angeführt, dem Wort, das ihr den Namen gibt: die Nominalphrase von dem Nomen *das Mädchen*, die Verbalphrase von dem Verb *reiten*, die Präpositionalphrasen von den Präpositionen *mit* und *auf*.

Nun unterscheiden sich einzelne Sprachen darin, wo innerhalb der betreffenden Phrase typischerweise der Kopf steht, vorn oder hinten. Englisch ist eine konsequent kopfinitiale Sprache: RIDE *a horse* ist eine Verbalphrase, ON *a horse* eine Präpositionalphrase, PROUD *of her horse* eine Adjektivphrase – fast immer stehen im Englischen die Köpfe vorn (beziehungsweise links). Deutsch ist weder betont kopfinitial noch kopffinal: Die Adjektivphrase *schwarzes Pony* ist kopfinitial, die Nominalphrase *das schwarze Pferd* ist kopffinal, die Verbalphrase *das Pony reiten* ist kopffinal, und in der Präpositionalphrase *auf das Pferd hinauf* steht der Kopf sowohl vorne wie hinten. Japanisch dagegen ist so betont kopffinal, wie Englisch kopfinitial ist: Die Köpfe japanischer Phrasen stehen typischerweise an ihrem Ende. Wort für Wort übersetzt, lautet der japanische Satz *Anna ga tegami o yonda* (*Anna las den Brief*) Anna-(Name) Brief-den las, und *Otto ga Anna ni hon o yatta* (*Otto gab Anna das Buch*) lautet wörtlich *Otto-(Name) Anna-*(Dativ *der*) *Buch-*(Akkusativ *das*) *gab*. Aus der Sicht der europäischen Sprachen hat im Japanischen alles einen merkwürdigen Hang nach hinten, nach rechts, und wer Japanisch lernt, muss sozusagen seiner Wortstellungsautomatik eine andere Drehrichtung geben.

Was nun tun Kinder, wenn sie mit etwa zwei Jahren beginnen, grammatikalische Sätze zu bilden? Sind ihre Phrasen wahllos kopfinitial und kopffinal, weil sie eine angeborene Universalgrammatik besitzen, deren eines »Prinzip« besagt: Jede Phrase, aus denen du deine Sätze zusammensetzt, braucht einen Kopf (und nicht etwa deren zwei), der vorne oder hinten stehen kann? Müssen sie dann in ihrer zufälligen Muttersprache beobachten, wo diese die Phrasenköpfe hinstellt, und bei sich selbst entsprechend den Parameter »vorn« oder »hinten« anticken? Tatsächlich scheinen sie es anders zu machen. Beim Erwerb einer kopfinitialen Sprache wie Englisch oder Französisch kommen die Köpfe in der Regel gleich vorne und in kopffinalen Sprachen wie Japanisch oder Türkisch gleich hinten zu stehen. Das könnte bedeuten, dass sie die »Parameter« blitzschnell, ohne langes Probieren setzen. Es kann aber auch bedeuten, dass das Kind der Sprache, die zu lernen es im Begriff steht, überhaupt kein »Vorwissen« entgegenbringt, dass ihm weder die Prinzipien des Phrasenbaus noch ihre offenen Parameter angeboren sind, dass es also nicht erst herausfinden muss, welche davon unter welchen Umständen gültig sind, sondern gleich die gültigen und nur sie lernt.

Das Wichtige daran ist, dass der praktische Unterschied gering sein dürfte. In jedem Fall müsste das Kind zunächst herausfinden und beobachten, wie seine Muttersprache es hält. Bei Sprachen wie Deutsch, die kopfinitial und kopffinal zugleich sind, muss es sogar sehr genau hinhören und sich vor voreiligen Verallgemeinerungen hüten: Setzt es Parameter, so muss es sie für einzelne Phrasentypen anders setzen. Der Nativismus tut, als wäre der Spracherwerb buchstäblich ein Kinderspiel, wenn die Prinzipien der Grammatik ererbt und die möglichen Parameter vorgegeben sind. Ein genetisches Vorwissen über die universal in Frage kommenden Parameter würde dem Kind in diesem Fall jedoch herzlich wenig nützen: Der Kopf einer Phrase kann überhaupt nur vorn oder hinten oder mal vorne und mal hinten stehen, und die genetische Vorgabe würde ihm die Analysearbeit nicht leichter machen, indem es viele andere Möglichkeiten von vornherein ausschlösse. Um herauszufinden, wann dieser und wann jener Parameter zu setzen ist, muss das Kind sehr genau hinhören und seine Schlüsse aus oft sehr dürftigem Material ziehen. Die damit verbundene Analyse- und Lernarbeit wäre kaum weniger schwer als beim reinen Erfahrungslernen, und dass es sie dennoch ohne sonderliche Mühe leistet, bliebe so und so erstaunlich.

Wahrscheinlich also sind es gar nicht konkrete grammatische Formalismen und semantische Bedeutungspäckchen, die genetisch vorgegeben sind, wohl aber die zu ihrem Erlernen nötigen neuralen Mechanismen. Diese unabdingbaren Fähigkeiten mögen ganz andere sein als jene, die man erwarten würde, wenn man allein nach jenen Kategorien suchte, die die Linguistik zur Beschreibung der Sprache bereithält.

Die grundlegende Fähigkeit überhaupt ist die Fähigkeit zur Kategorisierung der Wahrnehmungseindrücke, also zur Bildung von Konzepten. Sie reicht weit ins Tierreich zurück. Experimente haben gezeigt, dass selbst Tauben zum Beispiel Gewässer und Nichtgewässer, Menschen und Tiere, Männer und Frauen und sogar impressionistische und kubistische Gemälde kategorisch voneinander unterscheiden können, egal wie das Einzelexemplar vor ihren Augen aussieht. Die nächste Stufe, die bewältigt werden musste, ist die Symbolisierung der Konzepte. Willkürliche Zeichen – akustische, visuelle, chemische – müssen an die Stelle der Dinge selbst treten, sie »bedeuten« können. Wie weit diese Fähigkeit zurückreicht, ist weniger klar; aber gewiss sind Menschenaffen zur Symbolisierung fähig. Welche neuralen Strukturen und Verschaltungen die Grundlage für Kategorisierung und Symbolisierung bilden, ist bisher nicht geklärt. Doch man kann jede Wette wagen, dass es solche neuralen Substrate gibt, dass ihre Baupläne im Genom fixiert sind und dass sie nicht abrupt entstanden, sondern im Laufe der Evolution allmählich – »gradualistisch« – heranreiften. Sprachspezifischere Grundfähigkeiten des menschlichen Gehirns werden in seinem feinen, schnellen und genauen Sequenzierungsvermögen und in seiner stattlichen rekursiven Kapazität gesehen. Auch sie sind gewiss nicht eines Tages vom Himmel gefallen.

Einer der Testfälle für das nativistische Modell mit seinem mehr oder weniger gegen den Rest des Gehirns abgeschotteten Sprachorgan sind die Sprachstörungen, die Aphasien, zu denen es durch Gehirnläsionen oder auch aus genetischen Gründen kommt. Wäre das Sprachmodul tatsächlich autark, so ginge das Denken auch ohne Sprache unverändert weiter; es bliebe nur die Übersetzung in Sprache aus. Gibt es solche Fälle eines reinen, sprachlosen Denkens? Gibt es eine Aphasie, bei der keinerlei Sprache vorhanden ist, die nichtsprachliche Gehirntätigkeit aber so weit intakt scheint? Nein, die gibt es nicht. Aber gibt es zumindest Fälle, bei denen die Sprache stärker gestört zu sein scheint als das Denken? Oder das Denken stärker als die Sprache? Letztere gibt es tatsächlich.

Die Sheffielder Sprachwissenschaftlerin Jill Boucher hat in der ganzen Forschungsliteratur nach Fällen gesucht, bei denen sich eine Diskrepanz zwischen Denken und Sprechen zumindest andeutet, weil eine Hirnschädigung beide verschieden stark in Mitleidenschaft gezogen hat. Das Ergebnis: Wo die Sprachentwicklung retardiert ist, ist niemals nur das Vokabular, aber nicht die Grammatik, oder nur die Grammatik, aber nicht das Vokabular unterentwickelt. Immer sind Grammatik, Vokabular und Phonologie gemeinsam betroffen. Die Sprachkompetenz bildet also eine unaufspaltbare Funktionseinheit. Aber dass die einzelnen Sprachfunktionen aufeinander angewiesen sind, heißt noch keineswegs, dass sie autark wären und nicht auch ständig angewiesen auf andere, sprachunabhängige Dienste des Gehirns.

Am ehesten lässt sich bei Kindern mit dem Williams-Beuren-Syndrom (WBS) eine gewisse Diskrepanz zwischen Denk- und Sprachentwicklung beobachten. Es sind dies die Kinder mit dem Elfen- oder Koboldgesicht: dicke Augenlider, kugelige Nasenspitze, Pausbacken, aufgeworfene rote Lippen, ein kleines Kinn. Von der Krankheit sind in Deutschland etwa tausendfünfhundert Menschen betroffen; ihre Ursache ist im übrigen identifiziert: der Totalausfall mehrerer hintereinander liegender Gene. Diese Elfenkinder sind meist vertrauensvoll und anhänglich, oft musikalisch, manchmal sogar überdurchschnittlich, aber in der Regel aufs schwerste geistig behindert, so schwer, dass sie unfähig zu einem selbständigen Leben sind. Auch ihr Spracherwerb ist deutlich verzögert, aber gemessen an ihrem niedrigen Intelligenzquotienten scheint ihre Sprache weniger stark betroffen; aber ihre soziale und ihre praktische Intelligenz scheinen relativ normal. Bouchers vorsichtiger Schluss lautet: Erstens ist die Sprache nicht unabhängig vom Denken – sonst verfügten sprachbehinderte Kinder über einen höheren IQ, als sie gemeinhin haben. Zweitens ist die Sprache nicht konstitutiv für das Denken – sonst wären die »Elfen« im Denken so vergleichsweise normal, wie es ihre Sprache ist.[27]

Aber welche speziellere Fähigkeit des Gehirns könnte für die Diskrepanz zwischen dem Sprach- und Denkvermögen der WBS-Kranken verantwortlich sein? Boucher vermutet, dass es sich vor allem um die Sequenzierungsfähigkeit, nämlich die Fähigkeit zur Verarbeitung vieler schnell aufeinander folgender Wahrnehmungen und Ausführungsbefehle handelt. Musik zum Beispiel setzt ein intaktes Sequenzierungsvermögen voraus. »Elfen« mit dem Williams-Beuren-Syndrom sind geistig behindert, aber meist musikalisch, können singen, tanzen, Instrumente spielen – ihre Sequenzierungsfähigkeit scheint nicht beeinträchtigt, wohl aber andere kognitive Kompetenzen, bei denen es nicht so sehr auf Sequenzierung ankommt. Ihr intaktes Sequenzierungsvermögen könnte es auch sein, das ihrer – gemessen an ihrer allgemeinen Intelligenz – besser entwickelten Sprache zugrunde liegt.[28]

Diese informierte Vermutung deckt sich mit einem Befund aus ganz anderer Richtung. Ein »Sprachgen« ist tatsächlich identifiziert worden. Bestimmte Sprachstörungen treten nur in bestimmten Familien auf und müssen also erblich sein. Als Kognitionswissenschaftler um 1990 eine große Familie mit einer solchen vermutlich genetisch bedingten Sprachstörung näher in Augenschein nahmen, zeigte sich, dass nicht alle ihre Mitglieder unter der gleichen schweren Behinderung zu leiden hatten, sondern in drei aufeinander folgenden Generationen nur jeweils die Hälfte, Frauen wie Männer, während die andere Hälfte das ganze Leben lang davon frei blieb. Aus einem solchen Erbgang schlossen sie, dass es sich um eine monogenetische Erbkrankheit handeln musste, verursacht von einem Defekt auf einem einzigen Gen.[29] Er ist typisch »autosomal-dominant«: Die Krankheit bricht aus, wenn das Kind das defekte Gen von Vater und Mutter erbt, aber sie bricht ebenfalls aus, wenn das Kind nur ein defektes Gen erbt, gleich ob von Mutter oder Vater – in diesem Fall ist das defekte Gen »dominant«, das gesunde kann sich dagegen nicht durchsetzen, es ist »rezessiv«. Nur wenn es von keinem Elternteil ein defektes dominantes Gen erbt, bleibt es verschont. »Autosomal« heißt: Dieses Gen sitzt jedenfalls nicht auf dem Geschlechtschromosom, denn die Krankheit befällt beide Geschlechter gleichmäßig.

Darauf begann die langwierige Suche nach diesem einen Gen. Das Genom der betroffenen Familie wurde mit den Genomen von vielen Familien ohne diese Erbkrankheit auf einen charakteristischen Unterschied hin verglichen. Zehn Jahre später war er gefunden: eine winzige Mutation von nur wenigen Nukleotiden auf einem Gen namens FOXP2, gelegen auf Chromosom 7q31.[30]

Eine einzige Genmutation – und die Folge ist eine schwere, spezifische Sprachstörung. Natürlich lässt sich aus dieser Tatsache mitnichten schließen, dass »die Sprache« in einem einzigen Gen angelegt wäre. Aber eine einzige Differenz in einem 715 Aminosäuren langen Protein kann die Sprache aufs schwerste beeinträchtigen. Worin besteht diese Störung genau? Das Krankheitsbild ist wie üblich nicht leicht zu interpretieren: Die Kranken sprechen schwer verständlich und ungrammatisch, oft fehlen ihren Wörtern die Endungen, aber genau welche an der Sprache beteiligten Fähigkeiten gestört sind, lässt sich schwer sagen. Eine Arbeitsgruppe, die die Kranken allen erdenklichen Sprachtests unterzog, stellte fast, dass sie in jeder Hinsicht gestört waren, artikulatorisch, syntaktisch, und dass sie nicht nur sprachgestört waren, sondern dass ihr Defizit weit über das rein Sprachliche hinausreichte. Das Kerndefizit, so fanden die Forscher, besteht wahrscheinlich in einer Störung ihres *procedural learning* (des Erwerbs von automatischen motorischen Fertigkeiten wie Fahrradfahren oder Maschineschreiben) – und ihres Sequenzierungsvermögens.[31] Wieder das Sequenzierungsvermögen: Es scheint eine der genetisch bedingten neuralen Voraussetzungen für die Sprache, aber nicht nur für sie zu sein. Womit nicht gesagt sein soll, dass eine hochentwickelte Sequenzierungsfähigkeit schon alles wäre, was die Natur dem Menschen verschaffen musste, um ihn mit Sprache zu begaben, sondern nur, dass man die biologische Grundlage der Sprache wohl eher in solchen allgemeinen Gehirnfunktionen finden wird als in Genen für Syntaxprinzipien oder Begriffsbausteine.

Eine andere elementare Fertigkeit des Gehirns, die der Sprache zugrunde liegen könnte, hat unbeabsichtigt der Primatenforscher David Premack vorgeschlagen. Jahrzehntelang hat er die erstaunlichen, aber allen Anstrengungen zum Trotz doch nur rudimentären Sprachfähigkeiten von Schimpansen erforscht – und sich gefragt, was der Mensch ihnen eigentlich voraus hat, dass er nahezu mühelos und wie von selbst die volle Sprachfähigkeit erlangt, während sie ihnen versagt bleibt. Seine Antwort: Es ist die Rekursivität des menschlichen Denkens. Schimpansen können nicht rekursiv denken, nur der Mensch kann es.[32]

Das Wort ›rekursiv‹ stammt aus der formalen Logik und bezeichnet den Trick, durch den sich mit einer endlichen Zahl von Regeln eine unendliche Zahl von Sätzen bilden lassen, indem dieselben Regeln immer wieder auf ihre eigenen Produkte angewendet werden. Rekursiv ist ein Denken, dem der Gedanke »ich stelle mir vor, dass du dir vorstellst, dass ich mir vorstelle …« möglich ist. Die Grammatiken der natürlichen Sprachen sind rekursive Systeme. Sie gestatten die Erzeugung von eingebetteten Satzstrukturen und die Einbettung des Eingebetteten, bis sich Sätze von beliebiger Länge und Komplexität ergeben. In dieser »diskreten Unendlichkeit« sieht auch Noam Chomsky das Hauptmerkmal der menschlichen Sprache: Aus einer begrenzten Zahl einzelner Zeichen lassen sich unendlich viele, immer komplexere Aussagen bilden.[33]

Ein hübsches Beispiel für Rekursivität ist der immer länger werdende englische Kinderreim »This is the house that Jack built«, der folgendermaßen endet: »Dies ist der Bauer bei der Aussaat seines Getreides, / Der den Hahn hielt, der am Morgen krähte, / Der den rasierten und geschorenen Priester weckte, / Der den zerlumpten und zerschlissenen Mann verehelichte, / Der die unglückliche Jungfrau heiratete, / Die die

Kuh mit dem zerknautschten Horn molk, / Die den Hund wegschleuderte, / Der die Katze ärgerte, / Die die Ratte tötete, / Die das Malz fraß, / Das in dem Haus lag, das Jack baute« – so viele ineinander eingebettete Sätze, dass einem davon schwummerig im Kopf wird, wohl weil man nicht alle Glieder gleichzeitig im Gedächtnis halten kann. Aber man weiß: Das ist alles grammatisch richtig und verstehbar. Kleinkinder in der Zweiwörterphase haben noch keine rekursive Grammatik. Wenn das, was die Schimpansen nach intensivem Sprachunterricht lernen, überhaupt einer Grammatik folgt, dann ist es eine lineare, keine rekursive. Damit fehlt ihrer Sprache die nahezu unbegrenzt wirkende Plastizität der menschlichen Sprache, wie auch ihrem sonstigen Verhalten die menschliche Flexibilität fehlt. Premack schließt, die rekursive Sprache sei die Voraussetzung für das rekursive Denken. War erst die Henne oder das Ei? War erst das rekursive Denken und dann die Sprache oder erst die rekursive Sprache und dann das intelligente Denken? Sie werden zusammen evolviert sein. Welche Gehirnfunktionen ermöglichen rekursive Denkoperationen? Sicher ist ein genügend großes Kurzzeitgedächtnis nötig, das gleichzeitig den Satz und den einzubettenden Satzteil im »Arbeitsspeicher« halten kann; vielleicht noch viel mehr.

Wenn dies richtig ist, sind Sequenzierungsfähigkeit und die Kapazität des Kurzzeitspeichers genetisch angelegte Voraussetzungen für den Spracherwerb. Weitere werden sich finden. Wenn alle gefunden sind, könnten Grammatikgene und ein Genlexikon überflüssig werden.

Was nicht den Spracherwerb, sondern die Sprachentstehung und speziell die Grammatikentstehung angeht, so gibt es eine Alternative zum Nativismus: die Grammatikalisierungstheorie, wie sie etwa der Leipziger Linguist Martin Haspelmath vertritt.[34] Nichts an den grammatischen Wörtern und Satzbauschemata, behauptet sie, sei von der Natur vorgegeben, alles werde in der sozialen Interaktion geschaffen, und zwar bei jeder Sprache von neuem. Die meisten grammatischen Elemente (Vor- und Nachsilben zur Kennzeichnung von grammatischen Kategorien wie Tempus oder Numerus, Artikel, Präpositionen, Frage- oder Negationspartikel) gingen auf volle konkrete Inhaltswörter der betreffenden Sprache zurück, und zuweilen sei ihnen das noch anzusehen. Beim französischen Wort für ›niemand‹, (*ne* ...) *personne*, ist die Herkunft aus ›Person‹ offensichtlich. Dass das deutsche *niemand* auf ›kein Mann‹ zurückgeht, ist weniger offensichtlich. Das deutsche *kein* wiederum ist aus dem Vorläufer von ›nicht‹ und dem Zahlwort ›ein‹ entstanden, das *nicht* aus der Negation ›ni‹ und dem Vorläufer von ›etwas‹, und das *ni* verliert sich im Dunkel der Vorgeschichte. Was die syntaktischen Schemata angeht, so beruhten die meisten auf lockeren diskursiven Ausgangsstrukturen. So gingen Relativsätze auf grammatiklos nebeneinander stehende Hauptsätze zurück, die durch ein anaphorisches (zurückverweisendes) Demonstrativpronomen verbunden waren: *Dort steht ein Mann – Der hackt Holz* wurde zu *Dort steht ein Mann, der Holz hackt.* Immer sei bei der Grammatikalisierung die Entwicklungsrichtung die gleiche: von konkreten Inhaltswörtern zu abstrakten Funktionswörtern, von einfachen lockeren Satzstrukturen zu kompakten und festen. »*Grammatik ist geronnener Diskurs.* ... Grammatikalisierung [ist] ein *allmählicher Prozess*, der sich über Jahrhunderte hinziehen kann, nicht etwas, das von heute auf morgen geschieht oder von einer Generation zur nächsten.«[35] In diesem Modell geht das, was die Linguistik »Performanz« nennt (der tatsächliche Sprachgebrauch, das zufällige individuelle Sprechen, Saussures *parole*), nicht aus einer vorgegebenen »Kompetenz« hervor (dem Sprachwissen, dem überindividuellen grammatischen System, Saussures *langue*). Vielmehr erzeugt erst die Performanz die Kompetenz, diese wirkt zurück in die Performanz, und so immer weiter – das Ergebnis ist ständiger Sprachwandel.

Das ist nicht revolutionär. Die Grammatikalisierungstheorie ist damit nur wieder beim Ursprung der modernen Linguistik angelangt, bei Ferdinand de Saussure: »Das Sprechen [*parole*] ist erforderlich, damit die Sprache [*langue*] sich

bilde; historisch betrachtet, ist das Sprechen das zuerst gege-
bene Faktum … Es besteht also eine gegenseitige Abhängig-
keit von *langue* und *parole*; diese ist zugleich das Instrument
und das Produkt von jener.«[36]

In der Sprachwissenschaft hat seit Mitte der neunziger Jahre
der Bann von Universalgrammatik, Sprachorgan, Gramma-
tikgenen und so weiter etwas nachgelassen.[37] Möglicherweise
befinden wir uns mitten in einem Paradigmenwechsel, weg
von den Universalien, hin zu den Differenzen. Zunehmend
interessiert man sich wieder für das Nichtewige und Nicht-
gleiche an der Sprache, für ihre Vielfalt, für das Kulturelle an
ihr. Es stehe aber noch ein heftiger und langer intellektueller
Kampf bevor, schreibt ein Beobachter der Szene: auf der einen
Seite das »zwischenmenschliche Lager«, das an der altertüm-
lich wirkenden Ansicht festgehalten hat, die Sprache sei zusammen mit ihrer Grundlage, dem symbolischen Denken, in
der zwischenmenschlichen Kommunikation entstanden und
entstehe dort immer wieder neu, auf der anderen Seite das
mächtige Lager derjenigen, die die Sprache als das Werk eines
dem menschlichen Gehirn von Anfang an eingebauten und
fest verdrahteten Computers sehen möchten.[38]
   Das Schlusswort soll darum Stephen Levinson haben, jener
Linguist, der den bislang überzeugendsten Beweis dafür geliefert hat, dass an dem Whorf'schen Sprachrelativismus etwas
dran sein muss:

Das Hauptmerkmal des Einfachen Nativismus ist die Behauptung,
alle wesentlichen Eigenschaften der Sprache … würden von einem
eingebauten geistigen Apparat diktiert. Die beobachtete Variation
der Sprachen wäre einfach ›Rauschen‹ und nicht weiter interessant
… Es ist dies eine Theorie der angeborenen (also biologischen) Mitgift außerhalb der Biologie. Es existiert nämlich kein biologischer
Mechanismus, der dafür zuständig sein könnte, uns mit allen Bedeutungen aller möglichen Wörter in allen möglichen Sprachen auszu-
statten – es gibt schließlich nur 30.000 Gene (etwa so viele wie die
Grundwörter einer einzelnen Sprache), und das Gehirngewebe ist
funktional nicht entfernt spezifisch genug dafür. [Außerdem] ver-

kennt [die Theorie] die elementarste biologische Spezialisierung unserer Gattung: dass diese sich in Koevolution mit der Kultur entwickelt hat … Die Kultur stellt den Großteil der Konzeptpakete bereit, die in einer bestimmten Sprache codiert sind … Der Inhalt der Sprache und ein großer Teil ihrer Form sind weitgehend das Ergebnis kultureller Tradition – doch gleichzeitig werden diese kulturellen Elemente auf vielerlei Weise von der biologischen Natur unseres Organismus eingegrenzt, vor allem seiner Lernkapazität … Der Einfache Nativismus hat jahrzehntelang eine vernünftige und informierte Diskussion über die Beziehung zwischen Sprache und Denken verhindert. Wenn die Tatsachen der sprachlichen Vielfalt erst gebührend verstanden werden, wird der Einfache Nativismus jedes Interesse verlieren (Levinson 2003).[39]

Was hat dies alles mit den Meinungsverschiedenheiten zwischen Sprachwissenschaft und Sprachkritik zu tun? Es führt direkt zu ihrem Kern.

Wenn Linguisten selber so gut wie nie als Sprachkritiker auftreten und auf deren Treiben mit unterschiedlichen Gemischen von Gleichgültigkeit und Verachtung hinabsehen, dann spielt sicher auch die verbreitete Geringschätzung des Experten für den Laien hinein. Der Hauptgrund aber ist wohl ein ganz anderer: Linguisten verstehen die Sprache gern als ein Naturphänomen, das zu kritisieren völlig unangebracht wäre. Der Ackerbauer kritisiert seine Pflanzen, wenn er auf den geringen Ertrag einer Sorte schimpft; der Tierzüchter kritisiert seine Pferde, indem er das eine eher als das andere zur Fortpflanzung heranzieht. Beide sind praktische Bauern. Sie messen die Pflanzen und Tiere an ihrem relativen Nutzwert. Aber der Entomologe kritisiert keine Käfer, der Geologe keine Erdbeben – er beschreibt sie, analysiert sie, versteht sie, erklärt sie; über ihren positiven oder negativen Nutzwert sollen andere nach ihren Interessen und Bedürfnissen befinden.

Für den Linguisten, der das nativistische Argument verinnerlicht hat, gibt es nicht nur am Sprachsystem selbst, sondern auch am Sprachgebrauch überhaupt nichts zu kritisieren. Der Nutzwert einer Sprache interessiert ihn nicht. Sie ist, was ein universales Sprachorgan nach universalen Regeln hervorbringt. Man muss sich keine Sorgen um sie machen. Sie selbst ist unverwüstlich, kein Sprachgebrauch kann ihr etwas anhaben. Körperorgane kritisiert man nicht; man muss ihnen nur die Möglichkeit einräumen, ihr Leben zu führen. Die Fehler, die die natürliche Universalsprache hier und da zu machen scheint, zeigen nur, wie einfallsreich sie sich verteidigt.

In dem Buch von Steven Pinker folgt gleich nach dem Kapitel, in dem er den »Urknall« beschreibt, der vermeintlich die genetische Grundlage der menschlichen Sprache erschaffen hat, eins über die »Sprachhüter« Amerikas, über die er den gleichen Spott, die gleiche Häme ausgießt wie deutsche Linguisten über die Stilfibeln und journalistischen Sprachglossen deutscher Autoren: linguistisch ahnungslos, anmaßend, schulmeisterlich, wirkungslos, eine marottenhafte Verteidigung von Normen, die keine mehr sind oder nie welche waren. Das Kapitel beginnt: »Stellen Sie sich vor, Sie sehen einen Naturfilm. Gezeigt werden die üblichen großartigen Aufnahmen von Tieren in ihrem natürlichen Lebensraum. Doch dann klärt Sie der Sprecher über einige bedenkliche Fakten auf. Die Delphine machen falsche Schwimmbewegungen, der Kuckuck ruft zu nachlässig, … das Lied des Buckelwals enthält verschiedene wohlbekannte Fehler, und die Schreie der Affen sind schon seit Hunderten von Jahren in einem stetigen Verfall begriffen. Wahrscheinlich würden Sie denken: Was um alles in der Welt soll es bedeuten, dass das Lied des Buckelwals einen ›Fehler‹ enthält? Singt er denn nicht so, wie ein Buckelwal eben singt? Und wer zum Teufel sagt das eigentlich?«[40]

Und ausdrücklich: »Die meisten der von diesen Sprachpflegern aufgestellten präskriptiven Regeln sind … sinnlos. Sie sind eine Art Volksgut, das aus unerfindlichen Gründen vor mehreren Jahrhunderten entstanden ist und sich bis heute gehalten hat … In Wirklichkeit weisen die meisten ›ignoranten Fehler‹, mit denen diese Regeln aufräumen sollen, ein scharfsinniges Gespür für das grammatische Gewebe der Sprache auf, das den Sprachpflegern selbst völlig abgeht … Buchstäblich alle Phänomene der Sprache, sogar die angeblichen Ausnahmen, [folgen] systematischen Mustern.« Pinkers deutsche Übersetzerin fügt aus Eigenem hinzu: »Einer der bekanntesten Verfechter eines sauberen deutschen Sprachstils war Ludwig Reiners. Auch an ihm hätte Whorf seine helle Freude gehabt …«[41] Whorf nennt sie an dieser Stelle als einen der üblen Kerle, die dem Sprachrelativismus das Wort geredet haben (mit dem die Möglichkeit von Sprachkritik viel eher zu vereinbaren ist als mit jedem universalistischen Nativismus). So schließen sich selbst hier die Reihen.

Wenn sich nun aber Sprache und Denken nicht so sauber trennen lassen, wie der linguistische Nativismus behauptet; wenn Whorfs These der Sprachrelativität gar nicht so abwegig ist, wie sie lange hingestellt wurde; wenn die Sprachkompetenz der Erfahrung mehr verdankt als den Instruktionen der Gene; wenn die konkrete Sprache kein Naturphänomen, sondern ein kulturelles Artefakt ist; wenn jeder Einzelne und jede Sprachgemeinschaft ihre Sprache immer wieder neu finden und erfinden und umerfinden müssen; wenn die Kritik an der Sprachkritik insgesamt also auf schwankendem ideologischem Boden steht – dann kann sie im Einzelnen noch und noch Recht haben, im Grundsatz ist sie verfehlt.

Zum Schluss sei auf jede Diplomatie verzichtet. Ich will überdeutlich zuspitzen, worauf alles Vorhergegangene hinausgelaufen ist. Die Bewertungsphobie der Linguistik kommt zwar im Namen des wissenschaftlichen Objektivitätsgebots, wertneutraler Ideologieabstinenz daher, ist jedoch in zweierlei Hinsicht selber hochgradig ideologisch kontaminiert. Zum einen entspringt sie einer vorgefassten Parteinahme gegen den elaborierten Code des Bürgertums, den sie für ein Repressionsmittel hält, deren Nutzen für die sprachlich Unterprivilegierten, denen sie zugute kommen soll, indessen höchst zweifelhaft ist. Zum anderen beruht sie auf einer pseudobiologischen Theorie, deren Effekt, wenn nicht Absicht es ist, kulturelle Differenzen für unerheblich und oberflächlich zu erklären, für folkloristische Kostümierungen, die Sprache als unversehrbar durch irgendeinen Sprachgebrauch hinzustellen und die tiefe sprachliche (und damit kognitive) Gleichheit aller Menschen zu behaupten.

Es dürfte sich um eine doppelte Illusion handeln. Lass deine Sprache nicht allein.

Vervollständigung der Kurzverweise in den thematisch gebündelten Literatur-
nachweisen

Vorweg

Seite Fußnote
8   1 Juhász in Polenz u. a. 1986, S. 12–17.

Sprachkritik und Sprachwissenschaft – Ein folgenreicher Dissens

Seite Fußnote
15   1 Sternberger in Sternberger u. a. ³1968, S. 32.
18   2 Kolb 1960, S. 168–177. Auch in Sternberger u. a. ³1968, S. 245.
18   3 Polenz 1963. Auch in Sternberger u. a. ³1968, S. 306.
18   4 Sternberger in Sternberger u. a. ³1968, S. 276–277.
23   5 Polenz 1963. Auch in Sternberger u. a. ³1968, S. 309.
23   6 Heringer (Hg.) 1982, S. 161.
23   7 In Sternberger u. a. ³1968, S. 12.
24   8 Sitta in Gellhaus / Sitta (Hg.) 2000, S. 96.
24   9 Sitta in Niederhauser / Szlêk (Hg.) 2000, S. 260.
24   10 Dieckmann in Wimmer (Hg.) 1991, S. 364.
25   11 Sanders 1992, S. 17.
25   12 Dieckmann in Wimmer (Hg.) 1991, S. 361, 364.
25   13 Dieckmann in Wimmer (Hg.) 1991, S. 369.
29   14 Polenz 1999, S. 311.
31   15 Hall 1950, S. 248.
31   16 Polenz 1963, S. 246–268. Auch in Sternberger u. a. ³1968, S. 247.
32   17 Heringer (Hg.) 1982, S. 10, 97, 98.
32   18 Glück in Glück / Krämer (Hg.) 2000, S. 62.
34   19 Gauger 1985, S. 60, 61.
35   20 Hoberg in Hoberg (Hg.) 2002, S. 173.
35   21 Leweling u. a. 2002, S. 19–23.
47   22 Polenz in Heringer (Hg.) 1982, S. 87, 88.
50   23 Gauger 1985, S. 61.
51   24 Heringer in Heringer (Hg.) 1982, S. 98–99.
52   25 http://home.t-online.de/home/Erich.R.Andersen/pagehome.htm.

55	26	Wustmann [1891] ⁸1920, S. 272.
55	27	Dieckmann in Wimmer (Hg.) 1991, S. 363.
56	28	Korn 1959, S. 182.
57	29	Müller in Gellhaus / Sitta (Hg.) 2000, S. 41–59.
57	30	Polenz in Heringer (Hg.) 1982, S. 165–166.

»DIE INTELLIGENS STIRBT AUS«

Seite Fußnote
59	1	Artelt u. a. 2001.
79	2	Bredel in Franzmann / Neumann / Takors (Hg.) 2001, S. 151–152.
79	3	Bredel in Franzmann / Neumann / Takors (Hg.) 2001, S. 151–152.

SEHR BESCHRÄNKT, DER CODE

Seite Fußnote
83	1	Bernstein 1970.
84	2	Reichwein 1967, S. 309–330. – Labov 1970, S. 30–87. – Labov 1976–78.
86	3	Flynn in R. J. Sternberg (Hg.) 1994, Bd. 1, S. 617–623.
87	4	Neisser 1997, S. 440–447.
88	5	Franzmann in Franzmann (Hg.) 2001.
89	6	Myrtek 2001, S. 220.
90	7	Vgl. Schiffer / Ennemoser / Schneider 2002, S. 12.
91	8	Moore, Wes: »Television: Opiate of the Masses«. Davis CA: *The Journal of Cognitive Liberties*, 2, 2, 2001, S. 59–66, online www.cognitiveliberty.org/5jcl/5JCL59.htm.
91	9	Die wissenschaftlichen Arbeiten, auf die sich diese *urban legend* beruft, sind gar nicht leicht aufzufinden. Darum hier die Nachweise. 1. Herbert E. Krugman: »Brain Wave Measures of Media Involvement«. New York: *Journal of Advertising Research*, 11, 1 (Februar) 1971, S. 3–9. Der Werbepsychologe Krugmann hatte bei einer einzigen Versuchsperson gemessen, dass im Hinterhaupt-Elektroenzephalogramm bei fernseh-ähnlichen Werbespots mehr langsame Alphawellen auftraten als beim Betrachten gedruckter Anzeigen; über die Lateralisierung der Bildschirmwahrnehmungen steht bei ihm kein Wort. 2. T[homas] Mulholland / C. R. Evans: »Oculomotor Function and the Alpha-Activation Cycle«. London: *Nature*, 211, 5055, 17. September 1966, S. 1278–1279. Der Biofeedbackforscher Mulholland hat sich mit dem Fernsehen überhaupt nicht befasst, wohl aber mit dem langsamen Alpharhythmus des Hinterhaupt-EEGs. Seine Hauptfeststellung war die, dass es zu einer kurzzeitigen Erhöhung der Alphaanteile in den Gehirnströmen kommt, wenn man die Augen hebt, dass sie aber gerade nichts mit der höheren oder niedrigeren Aufmerksamkeit für irgendein Bild zu tun hat, sondern allein mit der Steuerung der Augenbewegung, denn jenen

kurzen Alpha-Ausbruch gibt es bei offenen wie geschlossenen Augen. Seine späteren Messungen galten nicht der Überschwemmung des Gehirns mit Alphawellen, sondern ihrer spontanen Blockierung (z.B. D. Goodman / T. Mulholland: »Detection of cerebral lateralization of function using EEG alpha contingent visual stimulation II«. Amsterdam: *International Journal of Psychophysiology*, 6, 1988, S. 255–261). Falls am Ursprung der Legende irgendjemand diese Arbeiten nachgelesen haben sollte, hätte er sie völlig missverstanden.

91   10 Sturm in Groebel / Winterhoff-Spurk (Hg.) 1989, S. 40.

92   11 Sie wurden in drei Teilen veröffentlicht: der Teil über Fernsehkonsum und Lesekompetenz in Ennemoser / Schiffer / Schneider 2002, der über Fernsehkonsum, Sprachkompetenz und Intelligenz in Schiffer / Ennemoser / Scheider 2002, der über Fernsehkonsum, Sprachkompetenz und Sozialstatus in Ennemoser / Schiffer / Reinsch / Schneider 2003.

92   12 Ennemoser / Schiffer / Schneider in Groeben / Hurrelmann (Hg.) 2002, S. 240.

93   13 Ennemoser / Schiffer / Schneider in Groeben / Hurrelmann (Hg.) 2002, S. 245.

94   14 Schiffer / Ennemoser / Schneider 2002, S. 11.

95   15 Ennemoser / Schiffer / Reinsch / Schneider 2003, S. 23.

97   16 Empirische Belege für die »Wissensklufthypothese« (*knowledge gap*) z.B. in Berg u.a. (Hg.) 1996, S. 157, S. 284–287 und in Jäckel / Winterhoff-Spurk (Hg.) 1996.

97   17 Hippler in Franzmann / Neumann / Takors (Hg.) 2001, S. 168.

97   18 Tichenor u.a. 1970, S. 159–170.

97   19 Bonfadelli in Schenk (Hg.) 1987, S. 305–323.

97   20 Opaschowski 1999, S. 51.

98   21 Weiss 2002, S. 31–59. Auch im Internet: www.v-weiss.de/pisa3.html.

99   22 Gottfredson 2003, S. 24–31.

McDeutsch

Seite Fußnote

105   1 Stickel in Stickel (Hg.) 1999, S. 15–22.

106   2 Polenz 1999, S. 402.

106   3 Bär 2001, S. 182.

106   4 Busse 2001, S. 50.

107   5 Schlobinski 2003, S. 536–537.

107   6 Schlobinski 2003, S. 537.

108   7 Polenz 1999, S. 264–265.

108   8 Kirkness in Stickel (Hg.) 2001, S. 105–130.

109   9 Carstensen u.a. 1996, 2001.

109   10 Junker (Hg.) 2004. – Bartzsch u.a. [6]2004.

110   11 Telling 1987.

110   12 Wittstock 1990.

115 13 Blanche Schwappach, ZMBH Heidelberg, pers. Mitteilung.

115 14 Vgl. Zimmer 1986, bes. S. 25–30, Zimmer 1998, 2002, S. 7–104.

127 15 Der Gießener Germanist Alfred Götze in *Muttersprache*, 51, 1936, Sp. 7 f., zitiert nach Polenz 1967, S. 128.

127 16 Polenz in Lämmert (Hg.) 1967, S. 135–138.

128 17 Campe 1801, ²1813.

131 18 Bartzsch u. a. ⁶2004.

134 19 Hoberg 2002, S. 172.

145 20 Zimmer 1997, S. 54–55.

150 21 Mit Linkliste zu weiteren Sites: www.apostrophen-alarm.de.

152 22 Schlobinski 2003, S. 536–537.

153 23 Glück in Glück u. a. (Hg.) 2000, S. 66. Englisch hat mehr, etwa 600.000, über eine Million, wenn man die Dialekte und wissenschaftlichen und technischen Fachsprachen dazuzählt, und ist damit die wortreichste Sprache der Welt.

158 24 Ergebnis einer Untersuchung der deutschen Anglisten Thomas Finkenstaedt und Dieter Wolff (*Ordered Profusion: Studies in Dictionaries and the English Lexicon*, Heidelberg: Winter 1973, S. 88–97), resümiert in www.wordiq.com/definition/English_language.

159 25 http://listserv.linguistlist.org/cgi-bin/wa?=A2=ind0202&L=hel-l&D= 1&F=&P=8193

162 26 Goethe, Johann Wolfgang von: *Maximen und Reflexionen*, 1016–1019.

DIE FEHDE UM DIE RECHTERE SCHREIBUNG

Seite Fußnote

177 1 Der *Duden* von 1986 schrieb vor: *Auspuffflamme, Sauerstoffflasche, fetttriefend, Balletttruppe, Balletttheater, Bettuch.*

181 2 Der Text lautete:

In den folgenden Sätzen sind 72 Wörter falsch – das heißt Duden-widrig – geschrieben. Wahrscheinlich ist niemand in den deutschsprachigen Ländern imstande, sie ohne Blick in den Duden alle zu finden.

1. Irgendjemand fletzte sich auf dem Divan neben dem Büffett, ein anderer räkelte sich rhytmisch auf der Matraze, ein Dritter plantschte im Becken.

2. Man stand schlange und Kopf, lief Ski und eis, wollte Rad und Auto fahren, und wer Diät gelebt und Haus gehalten hatte, hielt jetzt Hof.

3. Auf gut Deutsch heißt das, die lybische Firma hat pleite gemacht, aber die selbstständigen Mitarbeiter konnten ihre Schäfchen ins Trockene bringen.

4. Alles Mögliche deutet darauf hin, daß sich etwas ähnliches widerholen wird, obwohl alles Erdenkliche getan wurde, etwas derartiges zu verhindern und alles zu anullieren.

5. In einem nahegelegenen Haus fand der Fotograph das nächst gelegene Telefon, im Portemonaie den nummerierten Bon.

6. Im Zenith ihres Rums wagten sie die Prophezeihung, man werde trotz minutiöser Prüfung weiter im Dunkeln tappen und aufs beste hoffen, und in soweit werde alles beim Alten bleiben.

7. Auch wer aufs ganze geht und überschwänglich sein bestes tut, tut manchmal Unrecht, hält es aber gern für rechtens.

8. Er war stattdessen disperat bemüht, den zugrunde liegenden Konflikt – also den Konflikt, der ihrem Dissenz zugrundeliegt und allen Angst macht – zu entschärfen, und infolge dessen kam er mit allen ins Reine.

9. Wie kein Zweiter hat sich der Diskutand dafür starkgemacht, auch die weniger brillanten Reflektionen der Koryphähen ernstzunehmen.

10. Daß es nottut, alles wieder instandzusetzen, darf ein Einzelner nicht infrage stellen.

Worttrennungen: Exa-men; Ex-otik; Hek-tar; ig-no-riert; Lan-dau-er; Li-no-le-um; Psy-cha-go-ge; psy-chi-a-trisch; Psy-cho-lo-ge; pä-da-go-gisch; pä-do-phil; Pä-de-rast; Sow-jet; Sy-no-nym.

(Aus Dieter E. Zimmer: Die Elektrifizierung der Sprache. Zürich: Haffmans, 1990, S. 115–118.)

190 3 Deutsche Akademie für Sprache und Dichtung, 2003, S. 29–140.

DAS ZUTREFFENDE WORT

Seite Fußnote
219 1 An George Sand, 10.–14. 3. 1876.
219 2 An George Sand, 3. 4. 1876.
220 3 An Mlle Leroyer de Chantepie, 12. 12. 1857.
222 4 Orwell, George: *1984* (1949). Deutsch: *1984*. Frankfurt/Main u.a.: Ullstein, 1984, S. 303.
223 5 James B. Watson: *Behaviorism*. Chicago: U of Chicago Press, 1930. Deutsch: *Der Behaviorismus*. Berlin: DVA, 1930, S. 298–299.
224 6 Wittgenstein 1960, S. 410–411 (*Philosophische Untersuchungen* [1929–1945], § 327–328).
224 7 Wittgenstein 1960, S. 411 (*Philosophische Untersuchungen* [1929–1945], § 329).
224 8 Wittgenstein 1960, S. 64 (*Tractatus logico-philosophicus* [1920/22], § 5.6).
226 9 Gardner, Howard: *Frames of Mind: The Theory of Multiple Intelligences*. New York: Basic Books, 1983. Deutsch: *Abschied vom IQ – Die Rahmentheorie der vielfachen Intelligenzen*. Stuttgart: Klett-Cotta, 1991.
230 10 Interview mit Alvin Toffler. Chicago: *Playboy*, 1964, in Vladimir Nabokov: *Deutliche Worte*. Reinbek: Rowohlt, 1993, S. 65–65.
231 11 Interview mit Anne Guérin, *L'Express*, 1959, in Vladimir Nabokov: *Eigensinnige Ansichten*. Reinbek: Rowohlt, 2004, S. 44.

231 12 Dürrenmatt, Friedrich: *Der Winterkrieg in Tibet – Stoffe I*. Zürich: Diogenes: 1981, 1984, S. 12.
231 13 Einstein in Hadamard 1945, S. 142–143.

GESUCHT: DIE UNIVERSALE SPRACHE DES GEISTES

Seite Fußnote
235 1 Wygotski 1977, S. 165–166.
236 2 Vgl. Miller, George A.: »Die Wortbedeutung als lexikalisiertes Konzept zu definieren, verschiebt nur die Frage ›Was heißt Bedeutung?‹ zu ›Was heißt Konzept?‹ Keine einfache Antwort findet allgemeine Zustimmung, denn an der grundlegenden Natur der Konzepte ist noch vieles nicht geklärt« (Miller 1996, S. 152).
237 3 Siehe Rosch 1973, S. 328–350.
240 4 Chesterton, G. K.: *G. F. Watts*. London: Duckworth, 1904.
241 5 Fodor 1975.
241 6 Fodor 1975, S. 79.
242 7 Fodor 1975, S. 82.
244 8 Goldin-Meadow / Zheng in Carruthers / Boucher (Hg.) 1998, S. 26–54.
245 9 Fromkin 1971, S. 27–52.
245 10 Wiese, Richard: *A speech error database*, online http://staff-www.uni-marburg.de/~wiese/German-errors.html.
246 11 Fromkin in Fromkin (Hg.) 1980, S. 117.
246 12 Meringer / Mayer 1895.
246 13 Freud, Sigmund: *Zur Psychopathologie des Alltagslebens – Über Vergessen, Versprechen, Vergreifen, Aberglaube und Irrtum*. Berlin: Karger, 1904. Erstveröffentlichung in Basel: *Monatsschrift für Psychiatrie und Neurologie*, 10 (1 und 2), 1901.
256 14 Wittgenstein in *Schriften 3*, 1967, S. 235.
257 15 Dennett in Carruthers / Boucher 1998, S. 285.
257 16 Wittgenstein 1960, S. 412–413 (*Philosophische Untersuchungen* [1929–1945], § 335, § 337).

DIE FARBE ›BLÜN‹

Seite Fußnote
260 1 McWhorter 2001, S. 181.
262 2 Whorf 1956, deutsch 1984, S. 102.
262 3 Vgl. Clark / Clark 1977, S. 554.
262 4 Whorf 1984, S. 12.
262 5 Whorf 1984, S. 12.
263 6 Gipper ²1978.
263 7 Malotki 1983.
264 8 Vgl. Whorf 1984, S. 15.

264	9	Martin 1986, S. 418–423.
264	10	Pullum 1991.
266	11	Kay / Kempton 1984, S. 65–79. – Kay / Maffi 1999, S. 743–760.
267	12	Lucy in John Gumperz / Levinson (Hg.) 1996, S. 37–69.
268	13	Levinson in Gumperz / Levinson (Hg.) 1996, S. 177–202. – Levinson in Pederson / Nuyts (Hg.) 1997, S. 13–45. – Levinson in Mittelstrass / Singer (Hg.) 2000. – Levinson in Gentner / Goldin-Meadow (Hg.) 2003, S. 25–46.
270	14	Dehaene 2001.
272	15	»Stellungnahme der Gesellschaft für deutsche Sprache zum englischen Einfluss auf die deutsche Gegenwartssprache«, Wiesbaden: *Der Sprachdienst*, 43 (6), 1999, S. 217. Online www.fachdidaktik-einecke.de/3_sprachdidaktik/ist_das_noch_deutsch.htm.

WAS STECKT IN EINEM WORT?

Seite Fußnote

274	1	Siehe vor allem Rosch in Warren (Hg.) 1977, S. 1–49.
277	2	Wittgenstein 1960, S. 311 (*Philosophische Untersuchungen* [1929–1945], § 43).
277	3	Wittgenstein 1967, S. 237 (*Thesen* [ca. 1930]).
277	4	Wittgenstein 1970, S. 24 (*Über Gewißheit* [1949/51], § 61).
277	5	Wittgenstein 1960, S. 414 (*Philosophische Untersuchungen* [1929–1945], § 340).
279	6	Grice [1967] in Grice 1989, S. 22–40.
281	7	Kent, Grace Helen / Aaron Joshua Rosanoff: »A study of association in insanity«. Baltimore, MD: *American Journal of Insanity*, 67, 1910, S. 37–96, 317–390. Zur forschungsgeschichtlichen Einordnung des Kent-Rosanoff-Wortassoziationstests vgl. Miller 1996, S. 155–158.
282	8	Bichsel, Peter: »Ein Tisch ist ein Tisch«, in *Kindergeschichten*. Neuwied: Luchterhand, 1969.
284	9	Brecht, Bertolt: »Fünf Schwierigkeiten beim Schreiben der Wahrheit«, in *Gesammelte Werke*, Band VIII – *Schriften 2: Zur Literatur und Kunst, Politik und Gesellschaft*. Frankfurt/Main: Suhrkamp, 1967, S. 222–239.
286	10	Kolers 1968.
288	11	Borges, Jorge Luis: »Die analytische Sprache John Wilkins'« (1952), in *Gesammelte Werke*, Band 5/II: *Essays 1952–1979*. München: Hanser, 1981, S. 112.
290	12	Reinhardt, Werner / Gunter Neubert: *Das deutsche Fachwort in der Technik*. Leipzig: Verlag Enzyklopädie, 1984.
291	13	Wittgenstein 1967, S. 246 (*Thesen* [ca. 1930]).
293	14	Siehe online http://www.natcorp.ox.ac.uk.
294	15	Adams, Douglas / John Lloyd: *The Deeper Meaning of Liff*. London: Pan, 1990. Deutsch, übersetzt von Sven Böttcher: *Der tiefere Sinn des Labenz*. Hamburg: Rogner & Bernhard, 1992.

Seite Fußnote

299 1 Chomsky 2000, S. 4.
302 2 Chomsky 2000, S. 6–7.
302 3 Chomsky 1959, S. 26–58.
303 4 Vgl. »Tarzans arme Vettern«, in Dieter E. Zimmer: *Experimente des Lebens.* Zürich: Haffmans, 1989, S. 19–47.
304 5 Chomsky 2000, S. 4.
304 6 Chomsky 2000, S. 4.
304 7 Chomsky 2000, S. 5.
305 8 Chomsky 2000, S. 118.
305 9 Chomsky 2000, S. 3.
307 10 Chomsky 2000, S. 4–5.
307 11 Chomsky 2000, S. 122.
308 12 Chomsky 2000, S. 118.
310 13 Chomsky 2000, S 122.
310 14 Chomsky 2000, S. 8.
310 15 Pinker 1994, S. 322. Deutsch: Pinker 1996, S. 373–374.
311 16 Fodor 1975, S. 96.
311 17 Jackendoff 2002, S. 334.
312 18 Pinker 1994, S. 362. Deutsch: Pinker 1996, S. 421.
313 19 Fodor 1983, S. 119.
313 20 Fodor 1975, S. 154.
314 21 Hagoort u. a. 2004, S. 438–441.
314 22 Pinker 1994/96, S. 362–364.
319 23 Pinker 1994/96, S. 408.
327 24 Bickerton 1990, S. 190.
327 25 Mufwene 2001.
328 26 Allott, Robin: »Language Instinct? Gradualistic Natural Selection is not a good enough explanation«. *Language Origins Society*, Universität Pecs, Ungarn, 1995. Online: www.percepp.demon.co.uk/pinker.htm.
338 27 Boucher in Carruthers / Boucher (Hg.) 1998, S. 74.
339 28 Boucher 1998, S. 73.
339 29 Gopnik / Crago 1991, S. 1–50.
340 30 Lai u. a. 2001, S. 519–523.
340 31 Watkins u. a. 2002, S. 452–464.
341 32 Premack 2004, S. 318–320.
341 33 Chomsky 2000, S. 4.
342 34 Haspelmath in Krämer / König (Hg.) 2002, S. 265–276.
343 35 Haspelmath in Krämer / König (Hg.) 2002, S. 270, 271.
344 36 Saussure [1916] ²1967, S. 22–23.
344 37 Siehe Tomasello 1995.
344 38 Hobson 2004, S. 127–128.

345 39 Levinson in Gentner / Goldin-Meadow (Hg.) 2003, S. 2–4. Online:
        www.mpi.nl/world/pub/lang&mind.pdf.
346 40 Pinker 1994/96, S. 431.
347 41 Pinker 1994/96, S. 434–435.

LITERATURNACHWEISE
(THEMATISCH GEBÜNDELT)

SPRACHKRITIK

Bär, Jochen A.: »Gegenstände der Sprachkritik: Wörter – Worte – Das Wort«. Mannheim: *IDS Sprachreport*, 3, 2002, S. 14–20

Dieckmann, Walther: »Sprachwissenschaft und öffentliche Sprachdiskussion – Wurzeln ihres problematischen Verhältnisses«. In Rainer Wimmer (Hg.): *Das 19. Jahrhundert. Sprachgeschichtliche Wurzeln des heutigen Deutsch.* IDS-Jahrbuch 1990, Berlin: 1991, S. 355–373

Engel, Eduard: *Deutsche Stilkunst.* Wien: Tempsky, 1911–1931

Gauger, Hans-Martin / Wulf Oesterreicher / Helmut Henne / Manfred Geiger / Wolfgang Müller: *Sprachgefühl? Vier Antworten auf eine Preisfrage (Ist Berufung auf »Sprachgefühl« berechtigt?).* Heidelberg: Schneider, 1982

Gauger, Hans-Martin: *Brauchen wir Sprachkritik?* In *Jahrbuch 1984 – Henning-Kaufmann-Stiftung zur Pflege der Reinheit der deutschen Sprache.* Marburg: Jonas, 1985, S. 31–63

Glück, Helmut / Walter Krämer (Hg.): *Die Zukunft der deutschen Sprache – Eine Streitschrift.* Leipzig: Klett, 2000

Griesbach, Thorsten / Jörg Kilian: »Sprachkritik als Unwortkritik. Die Aktion ›Unwörter 2000‹ und die laienlinguistische Wortkritik«. Mannheim: *IDS Sprachreport*, 3, 2001, S. 11–17

Habscheid, Stephan: »Die Grenzen der Kritik«. Mannheim: *IDS Sprachreport*, 4, 2003, S. 9–12

Hall, Robert A[nderson]: *Leave Your Language Alone!* Ithaca, NY: Linguistica, 1950, Garden City, NJ: Anchor Books, ²1960

Heringer, Hans Jürgen (Hg.): *Holzfeuer im hölzernen Ofen. Aufsätze zur politischen Sprachkritik.* Tübingen: Narr, 1982

Heringer, Hans Jürgen: »Normen? Ja – aber meine!« In Heringer (Hg.) 1982, S. 94–105

Heringer, Hans Jürgen: »Der Streit um die Sprachkritik. Dialog mit Peter von Polenz im Februar 1981.« In Heringer (Hg.) 1982, S. 161–175

Hoberg, Rudolf (Hg.): *Deutsch – Englisch – Europäisch.* Mannheim: Dudenverlag, 2002

Jancke, Oskar: *Restlos erledigt? Neue Glossen zur deutschen Sprache.* München: Knorr & Hirth, 1938

Juhász, János: »Sollen, wollen, dürfen, können wir eine sprachliche Norm haben?« In Polenz u.a. 1986, S. 12–17

Kolb, Herbert: »Der inhumane Akkusativ«. *Zeitschrift für deutsche Wortforschung* (Berlin), 16 (Neue Folge I), 1960, S. 168–177. Auch in Sternberger u.a. 1968, S. 229–245

Korn, Karl: *Sprache in der verwalteten Welt*. Olten: Walter, 1959

Lanthaler, Franz / Hanspeter Ortner / Jürgen Schiewe / Richard Schrodt / Horst Sitta: »Sprachkritik und Sprachwissenschaft – Anmerkungen zu einer komplizierten Beziehung«. Mannheim: *IDS Sprachreport*, 19 (2), 2003, S. 2–5

Leweling, Beate / Kersten Sven Roth / Jürgen Spitzmüller: »Sprachkritik – Eine unlösbare Aufgabe?« Mannheim: *IDS Sprachreport*, 1, 2002, S. 19–23

Moser, Hugo: »Entwicklungstendenzen des heutigen Deutsch«. Seelze: *Der Deutschunterricht*, 6 (2), 1954, S. 87–107

Müller, Richard Matthias: »Gibt es belastete Wörter?« In: Axel Gellhaus / Horst Sitta (Hg.): *Reflexionen über Sprache aus literatur- und sprachwissenschaftlicher Sicht*. Tübingen: Niemeyer, 2000, S. 41–59

Polenz, Peter von: »Sprachkritik und Sprachwissenschaft«. Frankfurt/Main: *Neue Rundschau*, 74 (3), 1963. Auch in Sternberger u.a. 1968, S. 289–310

Polenz, Peter von: »Funktionsverben im heutigen Deutsch«. *Wirkendes Wort* (Düsseldorf), Beiheft 5, 1963. Auch in Sternberger u.a. 1968, S. 246–268

Polenz, Peter von: »Sprachpurismus und Nationalsozialismus: Die ›Fremdwort‹-Frage gestern und heute«. In Benno von Wiese / Rudolf Henß (Hg.): *Nationalismus in Germanistik und Dichtung: Dokumentation des Germanistentages in München vom 17.–22. Oktober 1966*. Berlin: Erich Schmidt, 1967, S. 79–112. Auch in *Germanistik – eine deutsche Wissenschaft*. Frankfurt/Main: edition suhrkamp, 1967, S. 111–165

Polenz, Peter von: »Sprachkritik und Sprachnormenkritik«. In Heringer (Hg.) 1982, S. 70–93

Polenz, Peter von / Johannes Erben / Jan Goossens (Hg.): *Sprachnormen: lösbare und unlösbare Probleme*. Tübingen: Niemeyer, 1986

Polenz, Peter von: *Deutsche Sprachgeschichte vom Spätmittelalter bis zur Gegenwart*, Band III: *19. und 20. Jahrhundert*. Berlin: de Gruyter, 1999

Pörksen, Uwe: *Plastikwörter. Die Sprache einer internationalen Diktatur*. Stuttgart: Klett-Cotta, 1988

Reiners, Ludwig: *Deutsche Stilkunst*. München: Beck, 1943–1991

Sanders, Willy: *Sprachkritikastereien und was der »Fachler« dazu sagt*. Darmstadt: Wissenschaftliche Buchgesellschaft, 1992, ²1998

Schiewe, Jürgen: *Die Macht der Sprache. Eine Geschichte der Sprachkritik von der Antike bis zur Gegenwart*. München: Beck, 1998

Schlosser, Horst Dieter: *Lexikon der Unwörter*. Gütersloh: Bertelsmann, 2000

Sitta, Horst: »Wie Sprachkritik nicht sein sollte«. In Jürg Niederhauser / Stanislaw Szlêk (Hg.): *Sprachsplitter und Sprachspiele. Nachdenken über Sprache und Sprachgebrauch*. Bern: Lang, 2000

Sitta, Horst: »Was publizistische Sprachkritik sein könnte«. In Axel Gellhaus / Horst Sitta (Hg.): *Reflexionen über Sprache aus literatur- und sprachwissenschaftlicher Sicht*. Tübingen: Niemeyer, 2000, S. 95–114

Steger, Hugo: »Sprachnorm, Grammatik und technische Welt«. *Sprache im technischen Zeitalter* (Berlin), 3, 1962. Auch in Friedrich Handt (Hg.): *Deutsch – Gefrorene Sprache in einem gefrorenen Land?* Berlin: Literarisches Colloquium, 1964, S. 61–74

Sternberger, Dolf / Gerhard Storz / Wilhelm E. Süskind: *Aus dem Wörterbuch des Unmenschen.* Hamburg: Claassen, [3]1968

Weinrich, Harald: *Wege der Sprachkultur.* Stuttgart: DVA, 1985

Wimmer, Rainer: »Neue Ziele und Aufgaben der Sprachkritik«. In Albrecht Schöne (Hg.): *Kontroversen, alte und neue. Akten des VII. Internationalen Germanistenkongresses, Göttingen 1985,* Band 4: *Sprachnormen: lösbare und unlösbare Probleme.* Tübingen: Niemeyer, 1986, S. 146–158

Wustmann, Gustav: *Allerhand Sprachdummheiten. Kleine deutsche Grammatik des Zweifelhaften, des Falschen und des Häßlichen.* Leipzig: Grunow, 1891. Berlin: Grunter, [8]1920. Neubearbeitung durch Heinrich Schulze: Berlin: de Gruyter, [10]1935, zuletzt [14]1966

»Die Intelligens stirbt aus« – Sehr beschränkt, der Code

Artelt, Cordula / Jürgen Baumert / Eckhard Klieme / Michael Neubrand / Manfred Prenzel / Ulrich Schiefele / Wolfgang Schneider / Gundel Schümer / Petra Stanat / Klaus-Jürgen Tillmann / Manfred Weiß (Hg.): *PISA 2000 – Zusammenfassung zentraler Befunde.* Berlin: Max-Planck-Institut für Bildungsforschung, 2001

Berg, Klaus / Marie-Luise Kiefer (Hg.): *Massenkommunikation V – Eine Langzeitstudie zur Mediennutzung und Medienbewertung 1964–1995.* Baden-Baden: Nomos, 1996, S. 157, 284–287

Bernstein, Basil: *Class, Codes and Control,* I. London: Routledge and Kegan Paul, 1971. *Soziale Struktur, Sozialisation und Sprachverhalten – Aufsätze 1958–1970.* Amsterdam: de Munter, 1970 (Raubdruck)

Bonfadelli, Heinz: »Die Wissenskluftforschung«. In Michael Schenk (Hg.): *Medienwirkungsforschung.* Tübingen: Mohr, 1987, S. 305–323

Bredel, Ursula: »Schreiben – ein Privileg junger, gebildeter Computer-Freaks?« In Franzmann / Neumann / Takors (Hg.) 2001, S. 151–156

Ennemoser, Marco / Kathrin Schiffer / Wolfgang Schneider: »Empirisches Beispiel: Die Rolle des Fernsehkonsums bei der Entwicklung von Lesekompetenzen«. In Norbert Groeben / Bettina Hurrelmann (Hg.): *Lesekompetenz – Bedingungen, Dimensionen, Funktionen.* Weinheim: Juventa, 2002, S. 236–247

Ennemoser, Marco / Kathrin Schiffer / Christiane Reinsch / Wolfgang Schneider: »Fernsehkonsum und die Entwicklung von Sprach- und Lesekompetenzen im frühen Grundschulalter – Eine empirische Überprüfung der SÖS-Mainstreaming-Hypothese«. Göttingen: *Zeitschrift für Entwicklungspsychologie und Pädagogische Psychologie,* 35 (1), 2003, S. 12–26

Flynn, James R.: »IQ Gains Over Time«. In R. J. Sternberg (Hg.): *Encyclopedia of Human Intelligence.* New York: Macmillan, 1994, Bd. 1, S. 617–623

Franzmann, Bodo / Birgit Neumann / Herbert Takors (Hg.): *Leseverhalten in*

Deutschland im neuen Jahrtausend – Eine Studie der Stiftung Lesen. Mainz: Stiftung Lesen / SPIEGEL-Verlag, 2001

Franzmann, Bodo: »Die Deutschen als Leser und Nichtleser«. In Franzmann / Neumann / Takors (Hg.) 2001, S. 7–31

Gottfredson, Linda S.: »Der Generalfaktor der Intelligenz«. Heidelberg: *Spektrum der Wissenschaft spezial*, 5, 2003, S. 24–31

Hippler, Hans-J.: »Tummelplatz Internet oder: Ist Lesen eine veraltete ›Technologie‹?«. In Franzmann / Neumann / Takors (Hg.) 2001, S. 165–174

Jäckel, Michael / Peter Winterhoff-Spurk (Hg.): *Mediale Klassengesellschaft?* München: Fischer, 1996

Krugmann, Herbert E.: »Brain wave measures of media involvement«. New York: *Journal of Advertising Research*, 11 (1), 1971, S. 3–9

Labov, William: »The Study of Language in its Social Context«. Heidelberg: *Studium generale*, 23, 1970, S. 30–87

Labov, William: *Sprache im sozialen Kontext.* Kronberg/Ts.: Scriptor, 1976–78

Myrtek, Michael: »Exzessiver Fernsehkonsum – Psychophysiologische Untersuchungen«. Mainz: *Kinderärztliche Praxis*, 4, 2001, S. 216–226

Neisser, Ulric: »Rising Scores on Intelligence Tests«. New Haven, CT: *American Scientist*, September/Oktober 1997, S. 440–447

Opaschowski, Horst W.: *Generation @.* Hamburg: British American Tobacco, 1999

Reichwein, Roland: »Sprachstruktur und Sozialschicht«. Göttingen: *Soziale Welt*, 18, 1967, S. 309–330

Schiffer, Kathrin / Marco Ennemoser / Wolfgang Schneider: »Die Beziehung zwischen dem Fernsehkonsum und der Entwicklung von Sprach- und Lesekompetenzen«. Göttingen: *Zeitschrift für Medienpsychologie*, 14, 2002, S. 12–13

Sturm, Hertha: »Medienwirkungen – ein Produkt der Beziehungen zwischen Rezipient und Medium«. In Jo Groebel / Peter Winterhoff-Spurk: *Empirische Medienpsychologie.* München: Psychologie Verlags Union, 1989, S. 33–44

Tichenor, Phillip J. / George A. Donahue / Clarice N. Olien: »Mass Media Flow and Differential Growth in Knowledge«. Oxford: *Public Opinion Quarterly*, 34, 1970, S. 159–170

Weiss, Volkmar: »Zur Vererbung der Intelligenz, zu Sozialstruktur und Familienpolitik – eine Nachbetrachtung zum Bericht PISA 2000«. In *Wege aus der Krise*, Veröffentlichungen der Gesellschaft für Freie Publizistik, 18, 2002, S. 31–59. Auch im Internet: www.v-weiss.de/pisa3.html

McDeutsch

Ammon, Ulrich: »Deutsch unter Druck von Englisch in Wissenschaft und Politik«. In Hoberg (Hg.) 2002, S. 139–151

Bär, Jochen A.: »Fremdwortprobleme – Sprachsystematische und historische Aspekte«. Wiesbaden: *Der Sprachdienst*, 45 (4), 2001, S. 121–133 und 45 (5), 2001, S. 169–182

Bartzsch, Rudolf / Reiner Pogarell / Markus Schröder: *Wörterbuch überflüssiger Anglizismen.* Paderborn: IFB Verlag, [6]2004

Best, Karl-Heinz: »Unser Wortschatz – Sprachstatistische Untersuchungen«. In Eichhoff-Cyrus / Hoberg (Hg.) 2000, S. 35–52

Busse, Ulrich: »Anglizismen im Gegenwartsdeutschen – Eine Taskforce für die deutsche Sprache oder alles bloß Peanuts?« Seelze: *Der Deutschunterricht*, 53 (4), 2001, S. 42–50

Campe, Joachim Heinrich: *Wörterbuch zur Erklärung und Verdeutschung der unserer Sprache aufgedrungenen fremden Ausdrücke.* Braunschweig: Schulbuchhandlung, 1800, ²1813

Carstensen, Broder / Ulrich Busse / Regina Schmude: *Anglizismen-Wörterbuch – Der Einfluß des Englischen auf den deutschen Wortschatz nach 1945*, 3 Bände. Berlin: de Gruyter, 1996, 2001

»Deutsch und Englisch – Stellungnahme der Gesellschaft für deutsche Sprache zum englischen Einfluss auf die deutsche Gegenwartssprache – Tutzinger Thesen zur Sprachenpolitik in Europa.« Wiesbaden: *Der Sprachdienst*, 43 (6), 1999, S. 217–222

Eichhoff-Cyrus, Karin M. / Rudolf Hoberg (Hg.): *Die deutsche Sprache zur Jahrtausendwende – Sprachkultur oder Sprachverfall?* Mannheim: Dudenverlag, 2000

Eisenberg, Peter: »Die grammatische Integration von Fremdwörtern – Was fängt das Deutsche mit seinen Latinismen und Anglizismen an?« In Stickel (Hg.) 2001, S. 183–177

Földes, Csaba: »Kontaktsprache Deutsch – Tendenzen im Deutschen unter Mehrsprachigkeitsbedingungen«. Mannheim: *IDS Sprachreport*, 4, 1996

Földes, Csaba: »Was ist die deutsche Sprache wert? Fakten und Potenzen«. Trier: *Wirkendes Wort*, 2, 2000, S. 275–296

Glück, Helmut / Walter Krämer (Hg.): *Die Zukunft der deutschen Sprache – Eine Streitschrift.* Leipzig: Klett, 2000

Glück, Helmut: »Dürfen Linguisten werten?«. In Glück / Krämer (Hg.) 2000, S. 62–70

Hoberg, Rudolf: »Sprechen wir bald alle Denglisch oder Germeng?« In Eichhoff-Cyrus / Hoberg (Hg.) 2000, S. 303–316

Hoberg, Rudolf (Hg.): *Deutsch – Englisch – Europäisch.* Mannheim: Dudenverlag, 2002

Hoberg, Rudolf: »English rules the World. Was wird aus Deutsch?« In Hoberg (Hg.) 2002, S. 171–183

Junker, Gerhard (Hg.): *Die Anglizismenliste 2002.* Paderborn: IFB Verlag, 2002

Kirkness, Alan: »Europäismen / Internationalismen im heutigen deutschen Wortschatz – eine lexikographische Pilotstudie«. In Stickel (Hg.) 2001, S. 105–130

Krämer, Walter: *Modern talking auf deutsch.* München: Piper TB, 2001

Lämmert, Eberhard (Hg.): *Germanistik – eine deutsche Wissenschaft.* Frankfurt/Main: Suhrkamp, 1967

Meyer, Hans Joachim: »Abschied von der deutschen Sprache als Ideologie«. Bonn: *Forschung & Lehre*, 12, 2003, S. 662–663

O'Halloran, Edel: *Ist Mode englisch? – Französische und englische Einflüsse auf die deutsche Mode- und Gemeinsprache im 20. Jahrhundert*. Frankfurt/Main: Lang, 2002

Polenz, Peter von: »Sprachpurismus und Nationalsozialismus: Die ›Fremdwort‹-Frage gestern und heute«. In Lämmert (Hg.) 1967

Schlobinski, Peter: »Die Jagd auf Fremdwörter – Anglizismen sind keine Gefahr für die deutsche Sprache«. Bonn: *Forschung & Lehre*, 10, 2003, S. 536–537

Stickel, Gerhard: »Zur Sprachbefindlichkeit der Deutschen«. In Gerhard Stickel (Hg.): *Sprache – Sprachwissenschaft – Öffentlichkeit*. Berlin: de Gruyter, 1999, S. 15–22

Stickel, Gerhard (Hg.): *Neues und Fremdes im aktuellen deutschen Wortschatz – Aktueller lexikalischer Wandel*. Jahrbuch 2000, Institut für deutsche Sprache, Mannheim. Berlin: de Gruyter, 2001

Tellenbach, Elke: »Neologismen der neunziger Jahre – Vom Textkorpus zur Datenbank«. In Irmhild Barz / Ulla Fix / Gotthard Lerchner (Hg.): *Das Wort in Text und Wörterbuch*. Stuttgart: Hirzel, 2001, S. 105–118

Telling, Rudolf: *Französisch im deutschen Wortschatz*. Berlin: Volk und Wissen, 1987

Wittstock, Otto: *Latein und Griechisch im deutschen Wortschatz*. Berlin: Volk und Wissen, 1990

Zifonum, Gisela: »Überfremdung des Deutschen – Panikmache oder echte Gefahr?«. Mannheim: *IDS Sprachreport*, 18 (3), 2002, S. 2–9

Zimmer, Dieter E. »Neudeutsch«. In *Redens Arten*. Zürich: Haffmans, 1986

Zimmer, Dieter E.: »Neuanglodeutsch«. In *Deutsch und anders*. Reinbek: Rowohlt, 1997, Rowohlt TB, 1998, 2002

RECHTSCHREIBREGELUNG

Augst, Gerhard / Karl Blüml / Dieter Nerius / Horst Sitta (Hg.): *Zur Neuregelung der deutschen Orthographie – Begründung und Kritik*. Niemeyer: Tübingen, 1997

Deutsche Akademie für Sprache und Dichtung (Peter Eisenberg, Barbara Seelig, Birgit Wolf-Bleiß): *Zur Reform der Deutschen Rechtschreibung – Ein Kompromissvorschlag*. Göttingen: Wallstein, 2003

Eroms, Hans-Werner / Horst Haider Munske: *Die Rechtschreibreform – Pro und Kontra*. Berlin: Schmidt, 1997

Kuhlmann, Heide: *Orthographie und Politik – Zur Genese eines irrationalen Diskurses*. Magisterarbeit, München, 1999. Im Internet: www.heide-kuhlmann. de/ma_frame.html

Nerius, Dieter: *Deutsche Orthographie*. Leipzig: VEB Bibliographisches Institut, ²1989

Munske, Horst Haider: »Die letzte Chance – Was der Rat für Rechtschreibung tun muss«. Frankfurt/Main: *Frankfurter Allgemeine Zeitung*, 17. 12. 2004, S. 33

Strunk, Hiltraud: *Stuttgarter und Wiesbadener Empfehlungen*. Frankfurt/Main: Lang, 1992

Strunk, Hiltraud: »Gab es etwas einzustampfen? – Bemühungen des Reichserziehungsministers Rust um eine Rechtschreibreform während des Dritten Reiches«. Seelze: *Der Deutschunterricht*, 2, 1998, S. 90–95

Zabel, Hermann: *Die neue deutsche Rechtschreibung – Überblick und Kommentar.* München: Bertelsmann Lexikon Verlag, 1997

Denken & Sprechen

Augst, Gerhard / Andrea Bauer / Annette Stein: *Grundwortschatz und Ideolekt – Empirische Untersuchungen zur semantischen und lexikalischen Struktur des kindlichen Wortschatzes.* Tübingen: Niemeyer, 1977

Bickerton, Derek: *Language & Species.* Chicago IL: University of Chicago Press, 1990

Bierwisch, Manfred: »Erklären in der Linguistik – Aspekte und Kontroversen«. In Krämer / König (Hg.) 2002, S. 151–189

Boucher, Jill: »Pre-requisites for language acquisition«. In Carruthers & Boucher (Hg.) 1998, S. 55–75

Bowerman, Melissa / Stephen C. Levinson: *Language Acquisition and Conceptual Development.* Cambridge: Cambridge UP, 2001

Brown, Penelope / Stephen Levinson: *Politeness.* Cambridge: Cambridge UP, 1987

Brown, Roger / David McNeill: »The ›Tip-of-the-tongue‹ phenomenon«. New York: *Journal of Verbal Learning and Verbal Behavior*, 5, 1966, S. 325–337

Carpenter, Siri: »Wait, don't tell me!« Washington DC: *Monitor on Psychology*, 31, 10. 11. 2000. Online: www.apa.org/monitor/nov00/sw.html

Carruthers, Peter (Hg.): *Evolution and the Human Mind.* Cambridge: Cambridge UP, 2000

Carruthers, Peter / Jill Boucher (Hg.): *Language and Thought.* Cambridge: Cambridge UP, 1998

Carruthers, Peter: *Language, Thought and Consciousness.* Cambridge: Cambridge UP, 1996

Chomsky, Noam: »A review of B. F. Skinner's Verbal Behavior«. Baltimore MD: *Language*, 3, 1959, S. 26–58

Chomsky, Noam: *New Horizons in the Study of Language and Mind.* Cambridge: Cambridge UP, 2000

Clark, Herbert H. / Eve V. Clark: *Psychology and Language.* New York: Harcourt Brace Jovanovich, 1977

Clark, Eve V.: *The Lexicon in Acquisition.* Cambridge: Cambridge UP, 1993

Cowan, Nelson: »The magical number 4 in short-term memory: A reconsideration of mental storage capacity«. Cambridge: *Behavioral and Brain Sciences*, 24 (1), 2001, S. 87–114

Damasio, Antonio R. / Hanna Damasio: »Brain and Language«. New York: *Scientific American*, 1992, 267 (3), S. 89–95

Dehaene, Stanislas: »Précis of ›The Number Sense‹«. Oxford: *Mind & Language*, 16, 2001, S. 16–36. Online: www.unicog.org/publications/Dehaene_Precis NumberSense.pdf

Dennett, Daniel C.: »Reflections on language and mind«. In Carruthers & Boucher (Hg.) 2002, S. 284–294

Einstein, Albert: »A Testimonial from Professor Einstein«. In Jacques Hadamard: *An Essay on the Psychology of Invention in the Mathematical Field*. Princeton NJ: Princeton UP, 1945, S. 142–143

Flaubert, Gustave: *Briefe*, übersetzt von Helmut Scheffel. Zürich: Diogenes, 1977

Fodor, Jerry: *The Language of Thought*. New York: Crowell, 1975

Fodor, Jerry A.: *The Modularity of Mind*. Cambridge MA: MIT Press, 1983

Fodor, Jerry A: »Précis of *The Modularity of Mind*«. Cambridge: *The Behavioral and Brain Sciences*, 8 (1), 1985, S. 1–42

Fromkin, Victoria A.: »The non-anomalous nature of anomalous utterances«. Baltimore MD: *Language*, 47 (1), 1971, S. 27–52. Auch in Victoria A. Fromkin (Hg.): *Speech Errors as Linguistic Evidence*. Den Haag: Mouton, 1973, S. 215–242

Fromkin, Victoria A.: »Grammatical aspects of speech errors«. In Victoria A. Fromkin (Hg.): *Errors in Linguistic Performance*. New York: Academic Press, 1980, S. 117–138

Gipper, Helmut: *Denken ohne Sprache?* Düsseldorf: Schwann, ²1978

Goldin-Meadow, Susan / Ming-Yu Zheng: »Thought before language: the expression of motion events prior to the impact of a conventional language model«. In Carruthers & Boucher (Hg.) 1998, S. 26–54

Gopnik, Myrna / M. B. Crago: »Familial aggregation of a developmental language disorder«, Lausanne: *Cognition*, 1991, S. 1–50

Grice, [Herbert] Paul: »Logic and Conversation« [1967], in Peter Cole / Jerry L. Morgan (Hg.): *Speech Acts. Syntax and Semantics*, Bd. 3. New York: Academic Press, 1975, S. 41–58. Nachdruck in Paul Grice: *Studies in the Way of Words*. Cambridge: Harvard UP, 1989, S. 22–40

Gumperz, John Joseph / Stephen C. Levinson (Hg.): *Rethinking Linguistic Relativity*. Cambridge: Cambridge UP, 1996

Hagoort, Peter / Lea Hald / Marcel Bastiaansen / Karl Manus Petersson: »Integration of Word Meaning and World Knowledge in Language Comprehension«. Washington DC: *Science*, 304, 16. 4. 2004, S. 438–441

Haspelmath, Martin: »Grammatikalisierung: von der Performanz zur Kompetenz ohne angeborene Grammatik«. In Krämer / König (Hg.) 2002, S. 262–286

Hobson, Peter: »Symbol minded«. London: *Nature*, 431, 9. 9. 2004, S. 127–128

Humboldt, Wilhelm von: *Über die Verschiedenheit des menschlichen Sprachbaues und ihren Einfluß auf die geistige Entwicklung des Menschengeschlechts*. Berlin: Dümmler, 1836

Jackendoff, Ray: *Foundations of Language*. Oxford: Oxford University Press, 2002

Jäger, Ludwig: »Medialität und Mentalität«. In Krämer & König (Hg.) 2002, S. 45–75

Jäger, Ludwig: »Ohne Sprache undenkbar«. Heidelberg: *Gehirn und Geist*, 2, 2003, S. 36–42

Kay, Paul / Chad K. McDaniel: »The Linguistic Significance of the Meanings of Basic Color Terms«. Baltimore MD: *Language*, 54 (3), 1978, S. 610–648

Kay, Paul / Willett Kempton: »What is the Sapir-Whorf Hypothesis?« Arlington VA: *American Anthropologist*, 86, 1984, S. 65–79

Kay, Paul / Luisa Maffi: »Color Appearance and the Emergence and Evolution of Basic Color Lexicons«. Arlington VA: *American Anthropologist*, 101 (4), 1999, S. 743–760

Kolers, Paul A.: »Bilingualism and Information Processing«. New York: *Scientific American*, 218 (3), März 1968, S. 78–86

Krämer, Sybille / Ekkehard König (Hg.): *Gibt es eine Sprache hinter dem Sprechen?* Frankfurt/Main: Suhrkamp, 2002

Lai, C. S. / S. E. Fisher / J. A. Hurst / F. Vargha-Kadem / A. P. Monaco: »A fork head-domain gene is mutated in a severe speech and language disorder«. London: *Nature*, 413, 2001, S. 519–523

Levinson, Stephen C.: »Relativity in Spatial Conception and Description«. In Gumperz & Levinson (Hg.) 1996, S. 177–202

Levinson, Stephen C.: »From Outer to Inner Space: Linguistic Categories and Non-Linguistic Thinking«. In Eric Pederson / Jan Nuyts (Hg.): *With Language in Mind: The Relationship between Linguistic and Conceptual Representation*. Cambridge: Cambridge UP, 1997, S. 13–45. Online: www.mpi.nl/world/pub/ nuyts&ped.pdf

Levinson, Stephen C.: »Language as Nature and Language as Art«. In Jürg Mittelstrass / Wolf Singer: *Proceedings of the Symposium on ›Changing Concepts of Nature and the Turn of the Millennium‹*. Vatikanstadt: Pontificia Academia Scientiarium, 2000. Online www.mpi.nl/world/pub/vatican.pdf

Levinson, Stephen C.: »Language and Mind: Let's Get the Issues Straight«. In Dedre Gentner / Susan Goldin-Meadow (Hg.): *Language in Mind: Advances in the Study of Language and Cognition*. Cambridge MA: MIT Press, 2003, S. 25–46. Online: www.mpi.nl/world/pub/lang&mind.pdf

Lucy, John A. »The Scope of Linguistic Relativity«. In Gumperz / Levinson (Hg.) 1996, S. 37–69

McWhorter, John: *The Power of Babel: A Natural History of Language*. New York: Holt, 2001

Malotki, Eckehard: *Hopi Time: A linguistic analysis of the temporal concepts in the Hopi language*. Berlin: Mouton, 1983

Martin, Laura: »Eskimo words for snow«. Arlington VA: *American Anthropologist*, 1986, 88, S. 418–423

Meringer, Rudolf / Karl Mayer: *Versprechen und Verlesen – Eine psychologisch-linguistische Studie*. Stuttgart: Göschen, 1895. Nachdruck: Amsterdam: Benjamins, 1978

Miller, George A.: *The Science of Words*. New York: Scientific American Library, 1996. Deutsch: *Wörter – Streifzüge durch die Psycholinguistik*. Heidelberg: Spektrum Akademischer Verlag, 1993

Mufwene, Salikoko S.: *The Ecology of Language Evolution*. Cambridge: Cambridge UP, 2001

Pinker, Steven: *The Language Instinct*. New York: Morrow, 1994. Deutsch: *Der Sprachinstinkt – wie der Geist die Sprache bildet*. München: Kindler, 1996

Pinker, Steven: *Words and Rules: The Ingredients of Language.* London: Weidenfeld & Nicolson, 1999

Premack, David: »Is Language the Key to Human Intelligence?« Washington DC: *Science,* 303, 16. 1. 2004, S. 318–320

Pullum, Geoffrey K.: *The Great Eskimo Vocabulary Hoax and Other Irreverent Essays on the Study of Language.* Chicago IL: Chicago UP, 1991

Pulvermüller, Friedemann: »Words in the Brain's Language«. Cambridge: *Behavioral and Brain Sciences,* 22, 1999, S. 253–336

Putnam, Hilary: *Representation and Reality.* Cambridge MA: MIT Press, 1988. Deutsch: *Repräsentation und Realität.* Frankfurt/Main: Suhrkamp, 1991

Rosch, Eleanor: »Natural Categories«. Orlando FL: *Cognitive Psychology,* 4, 1973, S. 328–350

Rosch, Eleanor: »Human Categorization«. In Neil Warren (Hg.): *Studies in Crosscultural Psychology,* Bd. 1. London: Academic Press, 1977, S. 1–49

Saussure, Ferdinand de: *Cours de linguistique générale* [1916, 1922]. Deutsch: *Grundfragen der Allgemeinen Sprachwissenschaft.* Berlin: de Gruyter, ²1967

Tomasello, Michael: »Language Is Not an Instinct«. New York: *Cognitive Development,* 10, 1995, S. 131–156

Watkins, K. E. / N. F. Donkers / F. Vargha-Khadem: »Behavioural analysis of an inherited speech and language disorder: comparison with acquired aphasia«. Oxford: *Brain,* 125, 2002, S. 452–464

Whorf, Benjamin Lee: *Language, Thought, and Reality: Selected Writings.* Hg. John B. Carroll. New York: Wiley, 1956. Deutsch: *Sprache – Denken – Wirklichkeit: Beiträge zur Metalinguistik und Sprachphilosophie.* Reinbek: Rowohlt TB, 1963

Wiese, Richard: *A speech error database.* Online http://staff-www.uni-marburg.de/~wiese/German-errors.html

Wittgenstein, Ludwig: »Tractatus logico-philosophicus« [1920/22], in *Schriften 1: Tractatus logico-philosophicus – Tagebücher 1914–1916 – Philosophische Untersuchungen.* Frankfurt/Main: Suhrkamp, 1960, S. 11–83

Wittgenstein, Ludwig: »Philosophische Untersuchungen« [1929–1945], in *Schriften 1: Tractatus logico-philosophicus – Tagebücher 1914–1916 – Philosophische Untersuchungen.* Frankfurt/Main: Suhrkamp, 1960

Wittgenstein, Ludwig: *Schriften 3: Wittgenstein und der Wiener Kreis. Gespräche, aufgezeichnet von Friedrich Waismann* [1927/28]. Hg. B. F. McGuiness. Frankfurt/Main: Suhrkamp, 1967

Wittgenstein, Ludwig: *Über Gewißheit.* Frankfurt/Main: Suhrkamp, 1970

Wygotski, Lew Semjonowitsch: *Denken und Sprechen.* Frankfurt/Main: Fischer TB, 1977